从播下一颗种子开始

——一名草根校长的办学追求

金志刚　著

文汇出版社

序

强国必先强教，强教必先强师。应大力弘扬教育家精神，教育工作者要树立躬耕教坛培育英才的志向和抱负，踔厉奋发为民族复兴伟业作出新贡献。教育家精神既源于千百年来师者的优良传统，又立足于当今强国建设、民族复兴的时代使命，是新时代教育队伍建设的重要核心和重要抓手，为广大教育工作者带来了极大价值引领和精神鼓舞。

金志刚校长的《从播下一颗种子开始——一名草根校长的办学追求》，正是体现了学校领头雁在办学理念和办学行为上的教育文化自觉与饱满的教育热情，以明确的立德树人的办学方向与先进的学校教育文化引领学校教育改革，践行学校发展的追求。这本专著也是这位农村校长数十年来的办学之路与校长职业发展的感悟，有着丰富的教育思想内涵与办学实践经验，是难得的教育管理与领导方面的专著。

金校长是农村教育的耕耘者、教育梦的追随者。他以学术性实践与实践性学术相结合，对办好新优质农村小学作了理性思考，阐述自己的教育观念，践行学校的价值领导，建构"启梦之魂"的学校文化；以学校的发展与战略管理，阐述了"百年老校在特色创建中提升办学质量"，提出了学校特色建设打造是学校"自己选择自己的结果"，呈现了学校五育并举与教育特色并蒂绽放的"野百合也有春天"的景象。这本专著展现了学校教育创新拓展学校办学之路的全景：全市闻名的德育品牌——"五恩教育"：孩子，让世界充满感恩。学校通过近二十年的感恩教育形成了教育特色，明晰教育品牌的真正的意义——学生的可持续发展。专著也为我们呈现了在"播下一颗颗兴趣的种子，（开）启（点）亮一个个孩子的梦想"课程理念下，学校课程教学系统的建构经历了从学校课程文化的再构，发展到"双素养五性统合性课程体系"的实践形态，得出了一条学校课程教学改革的"融合、统整"基本经验。本专著从办学重点领域到学校文化的孕育，显现了金校长对教育实践的教育哲学思考，以"道"与"术"的融合，明体达用、体用贯通，践行办学的"启梦之魂、统合之道"，即教育之精神、教育之专业，为我们呈现了"百年老校在特色创建中提升办学质量"的精彩景象。

本专著的三十余万字向我们展现了一位校长在义务教育高品质均衡发展背景下，在办学之路上不断磨练心智、有所追求的"启梦之魂"历程，从中感悟了校长的办学追求是学校活力的源头活水、校长的办学智慧是学校活力的生命基因、校长的办学引领是学校活力的生长激素。展现了校长作为办学的思想领导者，用智慧和文化引领着学校的发展。我们可以感受到全体教师在专业发展之路上，心怀梦想、坚持前行的坚定步伐，也可以看到学生们在优质教育的沐浴下，健康快乐地成长。

学校走内涵发展之路，以实现教育新的突破和发展。任何一所学校只有从实际出发，在内涵发展上寻找到新的突破口和新的增长点，其内涵发展才有可能取得理想效果。在这一方面，罗店中心校所创造的鲜活经验，契合本校学生发展需要和学校实际条件而进行的学校教育的鲜活实践，在我们面前展现了一所普通小学如何进行教育改革与发展的思考脉络和实施路径，的确具有"新优质"的样本意义。

值得我们关注的是，这样一所普通的学校，校长和教师们透过他们对学校改革的关注点、创新点、落脚点，让我感受到他们的教育思想的境界、专业发展的水准、文化自觉的程度。平凡中间见功力，朴实背后有深意。这就是我尤为欣赏罗店中心校之处。每所学校都可以像该校一样，从自身的实际出发，找到适合自己发展的具体方向和道路，扎实坚定走向新优质，肩负起新时代赋予我们的历史任务。

本专著是金校长长期以来在校长岗位上学术性实践与实践性学术结合的办学经验总结与提升，倾注了金校长的智慧与心血，难能可贵。本专著特别对于农村校长有示范效应，具有普遍经验价值，值得推广。

感谢校长，感谢所有付出心血的教师们。你们的努力和坚持，让每一个孩子的梦想都能在这片教育的沃土上生根发芽，开花结果。相信通过金志刚校长和罗店中心校在学校教育改革与发展中的不断探索，展开双翼，在办学之路上将获得更美好的成功。

华东师范大学教育高等研究院院长 丁纲

2024年5月

目　　录

第一章　我的教育观念

一、学校的价值领导

（一）学校价值领导的必要性

1. 教育均衡发展的价值思考

"确保包容和公平的优质教育，让全民终身享有学习机会"是联合国2030年可持续发展议程目标之一。近年来，不少国家在促进教育发展方面不断取得新进展，进一步加大投入，提高教育质量，共同推动教育均衡发展。随着国家把民生问题放到突出地位，教育发展从精英教育走向大众教育，强调人人享有公平教育，走教育均衡发展之路，这是我国实现高质量义务教育的现实需要。

当今我国教育在新的起点上推动基础教育转型发展，以"为了每一个孩子的健康快乐成长"作为出发点和落脚点，加快战略突破和转型，走出一条以促进公平和提高质量为重点的内涵发展道路。因此上海基础教育必须实现五大转型，一是在教育价值上，突破对功利价值的过度追求，更加关注教育对"人"本身的价值。二是在教育质量观上，突破以学科知识传授为主的单一质量追求，更加关注以人的全面多样发展为特征的全面质量。三是在教育管理方式上，突破以行政手段为主推动教育发展的方式，更加注重思想领导和专业引领。四是在培养模式上，突破高度统一的标准化培养模式，更加注重需求导向的个性化、多样化的培养。五是在教师专业成长上，突破强调掌握学科知识和教学技能，更加注重教育境界和专业能力的提升。这五大转型任务，科学规划了上海基础教育优质均衡发展的行动路径，使上海基础教育改革的着力点向效益、质量转移，改革的发生深入到学校、课堂、教师、学生等内核之中。

2005年教育部下发《关于进一步推进义务教育均衡发展的若干意见》，明确指出，"把农村教育作为教育工作的重中之重，有力地促进着我国区域之间、城乡之间义务教育的均衡发展。各地也积极采取措施，努力缩小义务教育发展中的差距。由于我国仍处于社会主义初级阶段，各地经济社会发展不平衡,城乡二元结构矛盾突出,尽管近年来各地义务教育都有了新的发展,但城乡之间、地区之间、学校之间的差距依然存在,在一些地方和有些方面还有扩大的趋势,成为义务教育发展中需要高度关注的问题。"从国家对教育均衡化发展的战略决策价值上考量,必须把推进义务教育均衡发展摆上重要位置,把义务教育工作重心进一步落实到办好每一所学校和关注每一个孩子健康成长上来,有效遏制城乡之间、地区之间和学校之间教育差距扩大的势头,积极改善农村学校和城镇薄弱学校的办学条件,逐步实现义务教育的均衡发展。从教育公平的价值取向上把握,我们"把工作的着力点放在推进县(市、区)域内义务教育均衡发展上来,并力争在更大范围内逐步推进;要在促进义务教育整体发展的同时,把提高农村学校教育质量和改造城镇薄弱学校放在更加重要的位置",正是基于这样的教育价值取向,上海进行教育管理创新,采取了一系列举措提出促进农村学校的内涵发展。

教育均衡发展的价值在于教育的可持续发展。可持续发展教育——是实现人类社会可持续发展目标的重要手段。"我们必须彻底改变对教育在全球发展中所发挥作用的认识,因为教育是个人福祉和全球未来的推进器,……今天,教育尤为任重道远,要契合21世纪的各种挑战和愿景,培养实现可持续的包容性增长以及和平共处所需的正确价值观和技能。"(联合国教科文组织总干事伊琳娜·博科娃)"教育不仅能够而且必须促进全球可持续发展新愿景。"(联合国教科文组织,2015年)要走上可持续发展的道路,我们须要彻底转变思考和行动的方式。每个人都必须成为可持续性变革的推动者。为了促进可持续发展,人们需要掌握必要的知识、技能、价值观和态度,增强自身的能力。教育对于实现可持续发展至关重要。可持续发展教育(ESD)方式使得学习者能够做出知情决定和采取负责任的行动,从而促进环境的完整、经济的活力和社会的公正,造福当代和子孙后代。可持续发展教育旨在发展个人的能力,增强其权能,以便其从社区和全球视角出发,审视自身行为是否符合人类可持续发展。可持续发展教育也被视为优质教育的组成部分,为终身学习概念所固有,所有教育都应当把可持续发展问题视为自身的责任。可持续发展教育提供了一种重要的教育,是全方位的变革式教育,涉及学习内容和成果、教学法以及学习环境。但是,不是所有的教育模式都能支持可持续发展。可持续发展教育要求从"教"转向"学"。它要求实行注重行动、变革的教学法,这种教学法支持自主学习,鼓励参与和协作,注重解决问题和跨学科学习,强调把正规与非正规学习联系起来。只有运用这种教学方式,才有可能发展必要的重要能力,促进可持续发展。

2. 基础教育转型发展的价值思考

教育均衡发展是相对的概念、动态的概念,"不是一刀切,均衡也不是一成不变的。"这主要表现在四个方面:城区和郊区之间的教育均衡;同一个区内区域之间的教育均衡;同一个区域学校和学校之间的教育均衡;户籍人口和外来人员之间的教育均衡。我们正在努力缩小这些方面的差距。教育的均衡发展本身是有价值导向的,通过均衡是为了使所有学校优质发展,当前基础教育转型发展,是均衡发展的重要价值取向。

宝山区罗店中心校是一所农村学校,对于教育均衡特别有所感触。上海市郊区中小幼学生数占全市在校生总数的比例逐年增加,2008学年这个比例高达67%,这意味着上海基础教育要真正迈向现代化,必须迅速提升农村教育"短板"。另一个现状更不容忽视,占全市在校生总数33%的中心城区集聚了丰富的优质教育资源和品牌机构,而农村学校则面临着共同的"瓶颈":办学理念相对落后,管理粗放;教师教学方法陈旧,效益不高;绩效评价机制滞后,导致骨干教师和生源流失严重。农村学校内涵发展的制约因素究竟是什么?随着农村城市化进程的日益提速,农村学校的硬件条件已与城市无异,但观念、文化和管理上的粗放性却与教育现代化所要求的精致程度相去甚远。而要让农村教育迅速可持续发展,将先进的教育理念与实践"植入"农村学校"土壤",是农村学校用最短的时间走上均衡发展之路的有效途径。

上海基础教育站在了一个新的发展起点上,尽管优化资源配置、加大学校硬件设施建设和经费投入的力度仍然需要,但已经不再是突出矛盾;尽管保持学生良好学业成绩仍然重要,但已经不再是教育发展的全部价值追求;尽管教育资源的均等配置和教育质量的标准化仍然必要,但还是须要满足人民群众对高质量、多样化教育的新要求。必须按照科学的教育质量观要求,把"为了每一个孩子的健康快乐成长"作为出发点和落脚点,加快战略突破和转型,走出一条以促进公平和提高质量为重点的内涵发展道路。在教育价值取向上,要从过度追求现实功利转向追求教育对人的发展的价值。不能再把学业成绩和升学率作为评价教育质量的唯一标准,不能忽视学生的身心发展、终身发展,造成教育价值观的误导。必须树立"为了每一个学生终身发展"的理念,即关心全体学生的成长。在学生培养模式上,要改变高度统一的标准化模式,更加注重培养模式如何更有利于培养学生的实践能力与创新能力。必须加强对学生的研究,把教学着力点从教师如何"教"转变为学生如何"学",在培养学生基本素养的同时,更加注重因材施教,开发学生多元智能,为学生提供多类型的课程和个别化的教学。在教师专业成长上,要从单纯强调掌握学科知识和教学技能转向更加注重教育境界和专业能力的提升,树立现代教育理念,掌握科学教育方法。在教育管理方式上,要从单纯依靠行政手段,转向更加注重思想引导和专业引领。通过教育价值观倡导,促进学校提高教育质量和办学水平。基础教育转型发展势在必行,应创新可持续教育和均衡发展模式,全面促进素质教育。

3. 教育价值领导的借鉴与启发

早在20世纪20年代末,在国际管理学界,就有学者提出"无形领导"即"看不见的领导(invisible leadership)"这一概念。"无形领导"一般包含共同的驱动目标、个体成员对目标的崇高信仰和感情投入、汇聚集体力量的人力资源、超越个人利益的意愿等方面的含义。柔性管理已经引起人们的关注。国际组织发展咨询专家麦克唐纳博士、美国南加利福尼亚大学学校政策设计与发展教授Catherine Burke博士认为,"最差的领导者总是解释自己的制作法:'首先我给他们同意我的机会,如果他们不这样做,我解雇他们。'"进一步指出,"领导者的工作是激发、维护、提升一群人,以便他们实现目标,并继续这样发展。"(Ian Macdonald,2006)

世界已经面临一种崭新的社会经济形态——知识经济。传统的管理模式已经受到巨大的挑战。随着管理学界对文化价值认识的加深,领导理论与实践也不断出现,价值领导模式就是其中之一。美国著名学者豪斯(R. J. House)于20世纪90年代中期在综合了近几十年以来的领导理论后提出"以价值为基础的领导学"理论。价值的领导的要义是领导与其下属之间以价值观为基础的关系。以价值为基础的领导者通过明确表达愿景,向组织和工作注入价值观,它们与追随者所持有的价值观和情感发生共鸣,从而实现追随者对组织和组织愿景的认同,促进追随者自我功效和自我价值的提高。豪斯教授的研究结果指出,价值导向的动机比实际导向的动机更强、更广泛、更持久。这种领导方式比传统的管理理论要优秀。美国著名的社会心理学家亨利·明茨伯格指出,知识型职工不需要管理人员的直接监督,他们需要的是保护和支持。知识型企业的知识型员工不适合功利的外部报酬和处罚,因为员工的业绩目标不容易详细说明和度量,领导者难以把外部的报酬与个人业绩相联系,宜采用基于价值的领导。这对学校的办学管理有很好的启发,以知识与智慧工作的教师,更需要软性的价值领导。

(二)校长价值领导的认识

1. 我对学校价值领导的理解

在传统管理中管理被视为一种程序化的控制工作,以一种非个人化的态度面对目标,侧重管理技术,注重当前,而价值领导是一种变革力量,以一种积极价值态度对待目标,从全局考虑问题,注重发展方向,以组织愿景激励成员,制定策略推动变革。简言之,"管理者是做事正确的人,而领导者是做正确的事情的人"。(罗伯特·欧文斯:教育组织行为学,华东师范大学出版社,2001)校长应该成为一个价值领导者。

以价值为基础的领导理论认为:被领导者对领导者所信奉的、并已融入组织文化中的价值的共享和认同程度越高,领导行为就越有效。也就是说,持有明确价值观的领导者,通过明确表达愿景,向组织和工作注入自己的价值观,使之与被领导者所持有的价值观和情感发生共鸣,从而唤起被领导者对集体目标和集体愿景的认同,并实现被领导者自我价值的提高,进而更好地提高领导行为的有效性。以价值为基础的领导理论还认为,促使组织成员对领导者所信奉的价值观产生强烈认同,并内化为自身的价值观后,将得到强烈的激励效果,这些行为被称为以价值为基础的领导行为。它包括:清楚地表达组织愿景;向员工展示领导者自己的良好素质,领导者自己对愿景的不懈追求和牺牲精神;传达对员工的高档次期望,表达对他人的高度信心;树立追求组织愿景的个人榜样;用智慧的手段将富有创造性的人团结在自己周围。以价值为基础的领导理论强调价值观念的感召作用,这种感召能够不断吸引有能力的人加入组织。在一个有着强烈的共同价值的组织中,即使有困难出现,人们也会为了共同的价值而同甘共苦,一起渡过难关。大量的实证研究表明,领导者采用以价值为基础的领导行为,将会对下属产生巨大的影响和积极的效果。当下属认同领导者所信奉和倡导的价值观后,这种认同会逐渐内化成为自身价值的一部分,成为其为人处事的相关原则。

国际上对价值领导已经有了相当多的研究,有不少真知灼见,可以很好地启发我们关于学校价值领导的思考与实践。基于学校的知识型特征,学校办学更应该重视价值领导。成功的领导者属于那些为组织注入核心价值观,并能够为建立以此价值观为核心的组织文化而坚持不懈,从而实现以价值为基础对组织进行领导的人。

　　教育价值就是对教育活动的有用性的看法和评价。在审视和判断教育的价值时，人们总是以一定的利益和需要为根据的。教育价值是教育主体对教育客体和对象是否满足其需要的评价和态度，也是指教育主体使教育客体和对象变成符合其希望（或者理想）和需要的客体及对象的过程与结果。人对教育具有某种需要才能产生某种教育价值观，有了某种教育价值观才能产生发展教育、从事教育活动的动机和行动，才能确定教育的目的以及内容、方法等。但有时候教育达到的目的符合人的需要，与正性教育价值要求一致；有时则不符合人的愿望与要求，就成为负价值。教育形成人的价值就是要通过有价值的知识、能力和品德的教育形成人的精神价值。精神价值是人的最高价值，是人的价值与其他事物的价值的根本区别，其实质是知识、能力和思想品德的价值。在办学过程中，我一直关注教育价值问题，就是提醒自己作为校长要关注自己的办学是否符合教育的合理、正确的教育价值观。

　　在办学过程中我的体会是：教育价值观念不是抽象、空洞的，而是在自己工作之中实实在在的，是可以感受到，可以付之行动的。首先要清楚教育价值有哪些具体表现。我一般分为以下七个方面：

　　（1）教育的内在价值和外在价值。教育的内在价值：为了知识而教育、为了能力而学习、为了真理而学习和教育。教育的外在价值：实现别的目的的手段、方法或途径。教育的实质就是使人掌握知识、发展能力和形成良好思想品质，形成德智体全面发展的人，这是教育内在价值的根本。重新审视教育的价值就是强调教育的内在价值。

　　（2）教育的社会价值和个人价值。教育的社会价值：教育对社会存在、延续和发展需要的满足，以及在满足社会需要过程中体现出自身的价值。教育个人价值：教育对人的生活和人自身发展需要的满足，在满足个人需要中体现出自身的价值。教育及其教师和学生都应该是社会化和个性化的统一，能正确处理人类、国家和个人利益，以及长远利益和现实利益的关系。当代教育是满足社会教育需要和个人教育需要、社会本位和个人本位相统一的教育。教育应以促进人的社会化和个性化统一发展为不懈的追求和最高目标。

　　（3）教育中的价值和教育的价值。教育中的价值：经济价值、政治价值、科学价值、道德价值、美感价值，等等。教育中的价值是指教育中应该在学生身上培养哪些价值，这与教育目的相联系。即教育活动中应该达到什么教育目的，实现哪些人生价值和应该教给学生一些什么价值内容。教育的价值：

怎样的教育活动才具有教育上的价值，才能有效获得那些教育中的价值，这与教育内容、方法相联系。即在教育活动中应该怎样活动，应该采取哪些方式方法才能达到教育的要求，收到教育效果。

（4）教育的人文价值和科学价值。教育的目的是有助于人们接受人类精神文化，并在文化的传递与接受文化的过程中，使每个受教育者的人格得到陶冶，这才是教育的本质和目的，也是教育的全部价值的核心和精华所在。科学的教育价值观应是教育的德智体美等方面价值高度统一的价值观，教育的人文价值和科学价值高度统一的价值观。当代教育改革的目的就是要形成新的教育价值，形成科学精神与人文精神统一的人类精神。

（5）教育的继承价值和创新价值。人类要生存，必须继承传统；要发展，既要继承传统，更要超越传统和创造未来。形成创新教育必须处理好传授和学习知识与培养和发展能力的关系、发展一般能力和发展创新能力的关系、形成创新精神和品德与形成其他良好品德和精神的关系，但首先必须形成开放和民主的教育。而形成开放和民主的教育首先必须形成开放、民主和创新的社会。开放、民主和创新的社会，是开放、民主和创新教育的必要条件或者基础。

（6）教育的长远理想价值和现实价值。教育的目的就是为了超越现实，去追求理想和实现理想。教育只有坚持乌托邦精神才能既立足现实又面向未来，克服工具主义倾向，实现本体主义。

（7）教育的专门价值和公共价值。教育既有通过选拔培养专门人才、精英人才的专门价值，也有普遍提高公民科学文化和思想道德素质的公共价值。两者相辅相成，应该保持平衡发展。

在多年来的办学实践中，我十分重视学校办学的价值取向问题。美国著名管理学家彼得·德鲁克在其代表作《管理学》中指出：管理不只是一门科学，还是一种文化，有它自己的价值观、信仰、工具和语言。"管理是受文化制约的，管理就是一种文化，文化与管理具有共生性。"（王钰城，2004）办学作为一种特定的管理，其本身也蕴含着一种办学文化，表现在办学思想、办学理念、办学机制、办学方式等。一定的办学价值取向制约着办学模式的建构、办学行为的舍取。

学校办学价值取向大致可以分为两大类型——硬性办学的价值取向与软性办学的价值取向。

"硬性办学的价值取向"的指导思想是以硬性的办学管理方式处理学校

办学问题,以下指令、下发材料等,推进主管者认可的一套教育、教学方式,通过要求下属被动执行以达到同一的一种学校办学价值取向。这种学校办学价值取向有着不同理论假设。硬性办学的价值取向在理论上是持 X 理论的,认为人没有进取性,宁愿听从别人指挥;以自我为中心,不关心组织目标;人习惯于保守,反对改革;只有少数人才具有解决组织问题所需的想象力和创造力。因此硬性办学的价值取向的方法往往以强制性的指令、模具式的方式实施。

"软性办学的价值取向"是在以人为本的核心价值观念指引下,以建构先进的学校文化为核心,以感情融合为基础,确立办学各方民主参与的办学机制,通过教育项目的有效支持、教育经验本土化、管理机制长效化,实现学校自主良性发展的一种学校办学价值取向。软性办学的价值取向在理论上是持 Y 理论,认为人并非生性懒惰,要求工作是人的本能;一般人在适当的鼓励下,不但接受而且追求责任;外力的控制和处罚,并不是使人朝着组织的目标努力的有效方法,只要管理适当,人们会将个人目标和组织目标统一起来,运用自我指导和自我控制来使二者协调。

软性办学价值取向强调,学校办学并没有唯一的形式。在办学过程中不断寻找最适宜学校的办学形式、提升学校教育综合实力的途径与方法。软性办学价值取向强调专业引领,学校自我发现、自我更新,增强学校办学的能力。软性办学价值取向不是强制执行学校日常工作管理,导致学校的自我发展机制萎缩。软性办学价值取向强调民主办学,认为责任承担不等于行政强制,尊重学校各方的主体地位,关注他们的发展需要。软性办学价值取向强调学校办学是个案解决,不是连锁式推进。学校办学是推进具体学校办学的一种改革,是个案解决推进学校办学的策略,是开放式办学的一种形式。软性办学价值取向强调办学工作不能停留在技术层面上,应该突出学校文化的培育。麦克唐纳指出,"领导工作就是创造一种文化。"(Ian Macdonald, 2006)怎样的学校文化就会有怎样的学校。

软性办学价值取向本质上是价值领导。学校办学的实践表明必须关注办学的价值取向,以及教育观念转变,这也验证了学校办学价值领导的适切性。

学校的组织行为与个体行为都取决于其价值观。学校价值观念在学校办学过程中起着导向、凝聚作用。组织价值观是学校文化的核心,价值领导本质上就是文化管理。文化是最终竞争力。当一个学校缺少明确的学校文化，或者主流文化不能形成，也就表明这样的学校没有核心价值。一个学校缺少核心价值，也就是缺少办学的灵魂，更难以履行育人的重责。学校需要价值领导，学校价值领导的关键是校长。

校长的价值领导是指以校长为核心的团队对学校发展做出准确的价值定位，有意识地将其转化为学校的共同价值观，去激发、引导和整合教职工的个体价值观，并将其体现在学校理念、文化制度、教育教学行为和环境建设等诸多方面，以实现学校的发展目标。校长必须有明确的目标和明确的价值取向。价值领导理论认为，领导和其下属的关系是以共同价值为基础的。

价值领导是以正确的价值理念引领、影响组织成员的领导模式。当校长把自己的价值观融入每一个学校成员心中后，他们就会自觉地为实现这个价值去工作、去创造。从这个角度说，提升校长的价值领导力是学校发展所必需的，是学校真正成为一个教育共同体所必需的。

2. 校长价值领导缺失的回归

教育价值领导对于校长来说不仅重要，而且也是一个难题。基础教育不是精英教育，它是培养公民的教育。在育人方面，学校实际上深受"智育第一"的影响，来自学校的成员、家长，以及社会的教育观念干扰很多。学校教育功利主义倾向导致办学行为短视，急功近利，以分数为中心的教学模式漠视了学生作为个体的生命的价值，漠视了生命活动的真实存在。这是当前学校办学价值迷失的典型现象。分数成为了学校办学的唯一价值指向，与把学生的全面发展作为自己的办学定位和价值诉求相距甚远。忽视了学生的特点、需要及权利，追求的主要目标实际上是以升学率或者分数排名来提高学校的地位。这种现象的产生不能简单地归因于校长和教师的道德责任，它的根源在于办学质量上的价值观。

"公共性和公益性是公共教育的根本属性。"（金生鈜：保卫教育的公共性 [J] 教育研究与实验，2007.3）教育价值取向视野中的公共性可以理解为教育作为一种公共资源的均衡合理分配。校长经常碰到的是择校问题，值得我们深入反思。择优的背后是一种利益驱动，优惠的政策、优越的设施、优良的师资、优秀的生源，这些使可以择校的学校可能成为一个巨大的利益集团。而所有这一切与基础教育，尤其是义务阶段基础教育的公共性和公益属性是不相符合的。"教育已经不以教育价值的实现为使命，而是以获取最大利润或利益为办学和办教育的目的。"（金生鈜：中国教育制度变革滞后带来的三个问题 [J]．中国教育学刊，2008.12）利益驱动会使学校在发展过程中曲解基础教育的育人目标,看不到教育的育人价值。

我们应该实现在教育的公共性和公益性价值取向基础上的教育均衡发展,促进农村学校的高品质的办学。国家在分配教育资源时除了更多地从教育的公共性和公益性的角度向农村学校倾斜之外,更应该鼓励学校自己内部的主动变革,提高农村学校的办学质量。

每个学校都以一定的价值观对学校进行领导。其不同点在于:这种价值领导是否是有意识和有目的的,是否是自觉的、有效的,是否具有结构化和系统性。当前,学校价值领导存在多种缺失的表现:

一是学校价值领导的意识不强。学校教育价值观作为学校文化的核心,关系到如何指导学校的组织行为。一些校长对这一点认识不足,他们总是着重于管理的系统性、制度化和科学性等刚性的东西,而不太注重价值观、精神激励等看似软性的东西。校长们往往比较关心具体事务的管理,如学校规模的扩大、教学设备的添置、教师队伍的建设、学校知名度的打造、如何使得更多的学生升入高一级的重点学校等,很少从学校发展的战略高度去思考学校教育的价值、培养目标,不重视社会多元价值对学校层面的影响。有的校长甚至认为,进行观念引领、文化管理是一件务虚的事情,无助于学校升学率的提高,没有认识到基于共同价值观的领导能力比管理和经营更重要。

二是学校价值领导没有体系化。学校有符合学校实际的价值系统,或者价值系统中的理念只是一种言语表达形式,与学校各个领域的工作貌合神离,常常表现为学校的管理制度、教师的教学行为与所倡导的价值追求不一致。比如,学校追求的是以生为本,而学校的课堂教学行为依然呈现以教师为中心。这表明校长有价值领导的意识,但是缺乏整体思考与实践行为的系统性。

这些现象表明学校应该确立价值领导,而实际上不少学校领导把价值领导意识丢失了。价值领导回归学校是办好一所学校的重要条件,学校办学首先要确立正确的办学价值观与教育价值观,这成为了学校办学的重点所在。

转变办学中价值导向缺失是一个关键问题。在学校有时会遇到这样的骨干教师,接近退休年龄,学校开展教学示范课活动,常回应:"我们再干几年就要退休了,还参加什么示范课,让年轻人去搞吧。"还会碰到这样的中年教师,在被评上小高职称前工作热情很高,各类优质课比赛及论文评比活动都积极参加,评上职称后,学校推荐他参加市、区级公开课比赛,他却推脱说:"又不打算评中高,也没有这个可能,还是让没有评上高级的老师去参加吧。"

上述两个例子说明学校中部分教师的价值追求和生存状态问题值得我们深思。从学校层面考量，在办学上，一些学校确立现代学校制度主要是靠经验，或者即使能用上几句先进的教育理念也是空心的。一些学校缺乏办学的核心理念，缺少对学校的整体规划，制定规划时缺少对学校现状的正确分析，发展目标也没有明确的指向，教师对学校发展目标和学生培养目标认同不够。学校办学中缺失办学愿景的引领、教育观念的引导，教师只是埋头按照传统教课本知识。一些学校的现代学校制度建设则相对滞后，主要表现在岗位权责不清，学校里的大小事情都由校长决定成为老师们行为的依据，学校制度建设也就流于形式。

同时，我也感到教师在教育工作的价值观念上存在差异，有的学校地处农村地区，相对封闭，教师眼界较窄、竞争压力小，容易故步自封、进取性较弱。农村学校的教师相对缺少研究的习惯，他们的办公室少了一份研究的氛围，他们的图书室很少见到教师阅读与学习的身影，他们的信息技术应用能力不足，他们缺乏交流与共享意识，科研意识淡薄，科研能力普遍较低。导致这样的现状的最根本原因是传统的教育价值观对教师价值观有相当大的影响力。让先进的教育价值观与健康的教师发展观成为学校的主流文化，是办好学校的基础性任务，成为了学校改革所要解决的关键任务。

3. 校长价值观对学校发展的影响

我在办学中一直告诫自己，校长并不意味着权力，而是思想领导，于是在实践中我逐步明晰地提出并践行着校长价值领导——"价值引领，点亮教师教育梦想，点亮学生成长的梦想。"这一句话成为了我办学的座右铭。

学校教师现状：两头多，中间少。如何让前十年的"新苗"早日开花绽放？如何让后十年的"老树"依然绿意盎然？

价值引领，点亮教师教育梦想，点亮学生成长的梦想——这就是我的办学回应。我勉励自己，也激励教师们："做最好的自己，做学生成长道路上的燃灯者。"在这样的教育价值引领下，学校形成德育上的"'五恩'教育"、课程教学上的"课程统整"，学校的办学特色，成为了有影响力的教育品牌。全体教师在专业发展之路上，心怀梦想，坚持前行。全体学生更是沐浴着优质的教育，健康快乐的成长。

校长的价值领导力会对学校人员，特别是教师的价值追求和工作状态产生深刻影响,作用于他们行为的潜在因素是价值取向。学校要营造产生预期结果的环境,关键在于学校的价值领导力的强弱,也在于"领头羊",其中校长是学校很重要的"领头羊"。校长的价值领导力如何,很大程度影响着一个学校的生存与发展的状态。教师能否认同学校核心价值,工作激情与能力能否被学校愿景激发,关键看校长的价值理念和与此有关的人格与道德力量。学校成员是否接受校长提出的价值、远景目标以及通过动员支持将远景目标转化为行为和成果,是检验校长领导力强弱的一个重要标志。

教育价值观的不同会促成不同类型的校长:

(1)应付型校长。这类校长很多时间用于文山会海和上传下达,满足于完成上级下达的各项任务,维持学校稳定不出乱子,在管理行为上注重做具体事情。这类型校长缺乏对价值领导重要性的认识,学校办学目标的价值追求不明确,学校缺少发展的激情。

(2)任务型校长。这类校长有自己的办学目标和育人目标,能把学校办学思想、价值追求表达出来,并体现在自己的办学实践中,但有时理念与行为脱节,理念系统不清晰。这类校长管理行为中常常用目标激励教师,运用制度管理教师。在此类管理方式下教师有目标追求,但容易着眼于经济利益,有动力,但更多的是压力带来的动力,学校往往会因缺乏学校文化与战略管理,持续发展受制约。

(3)价值型校长。这类校长是一面旗帜,领导和成员之间形成的关系受价值驱动,学校成员认同学校的教育价值观,并共同建构学校主流文化。这类校长能准确地把握教育发展的规律和教育本质,对当代基础教育改革中的主流价值有正确判断,有较高的教育理想追求。学校形成了在核心价值理念引导下由不同层次的观念系统和学校精神构成的精神系统以及实现精神系统的一整套支撑系统和策略。在管理行为上,能运用先进、合理的价值观念激励、引导和教育全体成员,让他们自主接纳、认同、实践学校的价值观。

真正形成有效领导的是第三种类型的校长,他们是以先进的价值观念引领学校工作。前两种类型校长的管理模式与后一种价值领导反映了传统管理与价值领导的区别。领导蕴含着价值,在教育领导中价值观是不可分割的部分,不解决价值观冲突,无法有效领导。

校长的价值领导力是指校长在实施领导过程中所表现出来的学校核心价值的建构、运用、转化和创造的能力。价值领导的过程就是一个组织核心价值观念的提出并付诸实践,并表现在组织领导理念、制度、行为乃至环境建设之中的过程,即在实际工作中信仰和贯彻组织核心价值观的过程。价值领导是领导者有意识实现组织价值的行为。只有每一层的领导者都用组织的价值标准去判断工作中的一切问题,构建一套行为体系,使价值体系体现和落实在工作的各个方面和所有的环节,使价值观念真正成为组织成员的行为指导,才能使组织核心价值观融入实际工作中和组织成员的心中。领导者应具有确立组织核心价值观,创造激励组织成员期盼的远景,将之转化为行动并贯彻达成的能力。

4. 校长价值领导力

教育本身意味着价值传承、价值引导和价值教化,是关系到价值使命的事业。"培养什么样的人"的问题,最关键的是形成什么样的价值观的问题,当前教育存在的最大问题也是价值观问题,传统学校管理活动中价值领导往往显得不足。社会转型期出现的价值混乱、价值断裂和价值冲突更迫切要求学校具有正确的教育价值观念,并以此引领学校的办学。强化价值领导力成为了学校发展的关键问题,也是学校变革的必然要求。学校价值领导力是运用价值领导的思想、原则与艺术解决办学实践中的问题、引导与影响组织或个人行为、实现学校发展目标的能力。它是区别于运用行政方式和运用经济手段实施管理的一种新型领导能力。

校长价值领导是指校长把学校的发展置于学校核心价值建构与培育上进行引领,通过一系列价值建设、价值导向,有计划、有步骤地将确定的核心价值转化为学校的主流价值观,并将其贯穿在学校办学的各项活动与任务之中,以期实现学校办学目标与学校发展目标。校长的价值领导对于学校的价值观念体系的形成与发展有着重要的作用。拿破仑有句名言:"一头狮子带领99只绵羊可以打败一只绵羊带领的99头狮子。"这是领导力研究中一句经常被引用的话。这说明了一所学校的校长的价值领导力对学校办学绩效与学校教育工作发展有着重要作用。

在办学过程中我体悟到了校长的价值领导力的四个主要特征:

(1)教育性。这是教育作为价值领导力的客体所决定的基本性质,即这个价值领导是发生在学校的,是指向学校的教育、教学的。这区别于企业的价值领导,即学校领导的价值观主要是关于教育的价值观,包括对学校领导的价值观。

(2)校本性。这是校长作为价值领导的主体所决定的属性,因为校长的办学是具有特定性的,即其任职的学校有特定性,不具有普适性。每一所学校有着其办学的传统,有着不同的区位,也就是每所学校的校情不同,因此价值领导必须依据学校的条件与发展需要,确定其核心价值。

（3）主流性。价值领导实际上是以形成、发展学校主流文化的核心价值来实施的领导。但是在每一所学校是由不同价值观的个体所组成的,这些价值常处于和谐或者冲突之中,价值冲突时而明显、时而模糊。价值领导必须以主流文化消解消极的价值冲突,引领非主流价值,但是必须尊重多元文化。

（4）民主性。这是价值领导必须具备的前提与条件,没有民主为内核的价值总是专制的,这不是人类社会所祈求的。同时,也只有在民主的环境里,才能获得组织成员真正的价值认同与确立共同的愿景,才能实现真正意义上的领导。

5. 校长价值领导力的基本要求

我在校长岗位上不断践行学校价值领导,反思自己的价值领导行为,逐步悟出了提升自己校长价值领导力的基本要求。

（1）坚持软性办学价值领导取向。

从领导的本质方面考量,领导力是权力、能力和影响力的统一。其中,权力是领导力的有形方面,影响力是领导力的无形方面,校长的能力是介于有形领导力与无形领导力之间的中介,具有有形与无形的双重性质。作为影响力的"无形领导"是一种柔性领导力。柔性领导力与刚性领导力相对应:刚性领导力主要靠硬权力起作用,靠约束、命令、制度等刚性方式进行管理活动,靠直接的、外显的手段去指挥、监督下属。柔性领导力则主要靠非强制性的影响力即软权力起作用,靠激励、沟通、协调、引导等柔性的方式进行领导活动,靠间接的、内隐的领导艺术去支持追随者。校长的"无形领导"作为一种看不见的,即"不知有之"的领导力,必然不是高高在上,大权独揽,脱离群众,听不进不同意见;而必然是置身于师生之中,为广大师生提供服务,提供支持,提供机遇,提供条件,让追随者在感觉不到被强制的情况下,受到了影响从而被引导。正是这种无形而有吸引力和感召力的"磁场"实现其领导力。

（2）注重价值领导的自觉建构过程。

学校价值领导的过程是学校领导走向自觉的过程,通过不断的价值选择、更新、聚焦、积累,实现价值领导力的发展。价值领导在于实现"最大价值率法则",即任何人类主体(个人、集体和社会)都会最大限度地提高自己的价值总量或利益总量。总之,"追求价值最大化"是人类一切行为和思想必须遵循的基本原则。学校办学的"最大价值率"表现为追求长远的价值而不是眼前的,是整体的而不是局部的,是全面价值层次的而不是单一价值层次的,是客观意义的而不是主观意义的,是综合性的而不是片面性的。我们应该摒弃狭义片面与机械地追求办学价值最大化,或负价值,应该自觉把追求可持续发展的价值最大化确定为价值领导的基本理念。

（3）重视价值领导的影响力。

价值领导力是一种双向的影响力,它反映了办学中领导者与追随者之间具有影响性的相互关系。价值领导意味着领导力在学校中产生与目标追求密切相关,相互影响的领导行为的一个过程,也就是一个影响的过程。领导力应该是正向的影响力。但是,不是所有的影响力都构成领导力。那种不纯的办学思想与做法,违反教育价值取向与目标,也会产生负影响力,但是这种影响力不能形成领导力,至多是一种强制力。只有正面的影响力,才能形成领导力,才能赢得追随者的尊重和爱戴。校长价值领导力依赖的并不是官衔,也不是行政的管辖权。价值领导正是通过影响与引领,让学校师生认同与追随,达成领导的目的。从这个意义上讲,校长通过自己的价值理念以及价值践行努力去影响师生与学校的办学,并产生一定的影响效果而实现领导。校长的价值影响力应该引领学校及其成员,从而导致他们行动上有意义的变化。校长的领导活动应该为学校的成员接受,积极响应并行动,准确获取领导实践活动的反馈,并形成新的决策,转化为领导行为。通过这样一个不断发展的过程,实现价值领导的双向互动,使领导活动有了完整的意义,从而实现学校办学价值。

（4）注重提升价值领导能力的行为表现。

价值领导不是喊口号式的领导,而是由一系列具体的价值领导行为组成的,是通过领导者价值观念的凝聚、确立,以及价值观念的引领与践行的实际行为实施的。美国哈佛商学院斯蒂芬博士在其《领导的四个角色》中指出,领导力包括:探索航向（Pathfinding）,创造一个把使命与客户需求相联系的愿景;整合体系（Aligning）,创造一个技术完善的工作体系;授能自主（Empowering）,发掘人的才能释放能量,鼓励贡献;树立榜样（Modeling）,建立互相信任等四方面的能力。校长价值领导力是办学的一种能力。校长价值领导力是在运用领导理论、方法与策略完成办学任务,以顺利推进学校工作策划、决策、实施、评价等一系列过程中所显现出来的。不同的校长在这些价值领导环节上表现出的行为能力水平不同,领导的效果也就不同。由于价值行为是非常具体的,因而校长的价值领导力是具可操作性的。正如美国著名的领导学专家约翰·马克斯韦尔在《领导人21品质》中指出的,"职位不能叫一个人发挥领导力,反而是一个领导人能使职位发挥作用。"(黄勋敬:领导力模型与领导力开发,北京邮电大学出版社,2008.10)

(5)注重价值领导的科学性与艺术的融合。

由于领导者与追随者总是复杂而有差异的,校长要取得一定的领导效果,就必须研究如何增强在学校成员间产生的影响效果,这对于获得卓越的领导效果是十分必要的。彼得·德鲁克指出,将事做好是不够的,取得成效的关键是做对事。校长有效领导的基本职能是帮助学校成员确立正确的价值取向,制定学校发展的工作目标,以使他们获取更大的业绩,提高他们自我领导的能力。

学校价值领导的科学性强调有效的领导必须遵循和运用其科学规律和原则,但学校领导力主体与客体是多样化的,其领导力的形成与发展的方式也是多元的。虽然关于领导方法的研究专家学者提出了很多有益的建议,但在不同的具体情况下实施领导,相当程度上则是一种创新的过程。从这个意义上说,校长价值领导力的运用需要讲究艺术。

"领导能力是把握组织的使命及动员人们围绕这个使命奋斗的一种能力;领导能力的基本原则是:领导力是怎样做人的艺术,而不是怎样做事的艺术,最后决定领导者的能力的是个人的品质和个性。领导者是通过其所领导的员工的努力而成功的。领导者的基本任务是建立一个高度自觉的、高产出的工作团队;领导者们要建立沟通之桥。"(海森贝恩、柯恩:领导者的对话:德鲁克基金会获奖杂志对领导艺术的深入讨论,中国科学技术大学出版社,2002)校长在学校办学过程中必须注重学校价值领导的科学性与艺术性的融合。

(6)善于建构学校主流价值观念。

学校价值观念是学校全体师生在教育、教学与管理等办学活动中认同,并共同践行形成的主流价值教育观念,这是学校文化的核心,是影响学校办学目标、基本信念及行为规范的一种价值力,是学校发展的内驱力,是推进教育创新的灵魂。学校价值观促进学校形成一种相对稳定的群体心理,产生自觉的价值行为。自觉的价值行为不是仅靠制度约束产生的,它是在共同价值支配下创生的一种和谐结果,是一种认同,一种归属,这需要学校师生不懈努力、共同创造。学校的正确教育价值观明晰了,学校内涵发展的灵魂也就有了,发展的方向和路径也就明确了,学校才能站在时代的高度,深刻把握教育发展的走向,建构起具有校本化办学思想的价值领导力。这要求校长同教师一起善谋价值领导、培育学校主流文化。

二、"启梦之魂"——学校的文化建构

(一)"做有智慧的校长,用文化引领学校"

回顾自己办学的历程,最为深刻的体悟就是——学校的文化建构。学校工作千头万绪,怎么抓好学校工作? 如何摆脱烦琐的事务性工作,既把握学校发展的大局、全局,又能统领具体工作沿着办学目标发展,这是我走上校长岗位后一直在思考的问题。我梦想着办一所优质农村小学,我梦想着开启农村孩子的梦想,这两个梦想如何实现? 为了这个答案我花了整整30多年。在这过程中我与农村小学教育结下了不解之缘。前十几年,作为第一线的教师,主要从事教育教学的实践活动。在老领导的关心和老教师的悉心带教下,我从教育战线的一名新兵逐步地成长,直到能够独立完成教育教学的实践活动。后十几年,我作为学校的校长、党支部书记主要从事学校教育教学的管理。在教育局领导的关心下,我从一名管理学校的新手逐步成长为一位称职的学校负责人。我成长在"罗小"这片肥沃的教育园地上,这足够我感恩一辈子的。30多年来,我把整个身心扑在学校教师和学生的发展上,以现代的办学理念推进学校素质教育的建设,打造富有"罗小"特色的"五恩教育",实践着"让师生充满智慧、让校园洋溢文化",带领着一所农村老校在高质量教育均衡发展之路上开展教育改革与发展。"做有智慧的校长,用文化引领学校",这是我作为一个历经办学之艰辛的校长的深切体会。我面对的是有生命、有思想的师生。学校要发展,要在艰辛复杂的办学中发展,校长更要有端正的价值观与先进的教育思想。我总觉得在校长岗位上,应该多学、多看、多想,积累经验,丰富思想,努力办好学。我一直勉励着自己做一个进取的校长,要多做事、多走路、多探索,推进学校发展,用文化领导学校,用心做个智慧的校长,不辜负领导、师生们对我的殷切期望。

在此我重温2019年撰写的一文,回述"教育梦"的践行与"教育魂"萦绕着的我的心路历程。

"启梦"之旅

前一阵，我有幸参加了上海教育学会年会的校长微论坛。当时，主持人出了一道选择题：假如有两所学校，其中一所学校的教师对于高级职称和区校骨干评审等专业发展的需求旺盛，呈现"僧多粥少"现象；而另一所学校的教师都秉承"低调做人"的原则，不愿意积极申报。面对这样的两所学校，你们会做何选择？当时，我所发表的观点是：这是两种完全不同状态的学校，第一所学校的老师主动发展的内驱力已经得到激发，校长面临的是一种幸福的烦恼；而第二所学校老师的自主发展意识不够，校长的工作重点应该是不断地去丰厚教师自主发展的土壤，这里的土壤就是学校的精神、文化、共同的价值取向等。我会选择第二所学校，虽然有困难，但更有挑战性。说实话，很多年前，我们罗店中心校的教师队伍也处于第二种类型，但是经过这些年的努力，目前已经逐步转变为第一种类型。这期间，我们做了许多工作，其中促使教师最大程度发生转变的应该就是创建新优质学校这一项目让我们这所农村老校不断激活新生命，焕发新活力。今天，我就新优质学校创建中的课程建设对教师成长带来的影响这一角度谈谈一些想法。

（一）价值引领，点亮教师的教育梦想

因为我校地处农村，和城区学校相比，存在着家长对教育的重视程度不够、学生课外生活方式比较单一、校外活动场所无法满足需要等一系列实际问题。这些问题在一定程度上都制约着孩子们的成长，也制约着学校的发展。我担任校长后，每当参与各项市区级活动，看到城区的孩子们熟练地演奏着各种乐器，看到他们跳着优美的舞蹈，看到他们拿着照相机、举着摄像机、挂着记者证东奔西跑的时候，我的心里总有一种异样的感觉。我非常渴望看到我们罗小的孩子也能在各方面得到锻炼和发展，在各级各类比赛中也能出现他们的身影。

基于这样的想法，我和新优质项目建设核心团队重新凝练了学校的办学理念：播下兴趣的种子，奠基孩子的未来——让每个学生健康快乐地成长。我们希望罗小能成为孩子们的乐园，我们想给孩子们播下一颗颗兴趣的种子：科学兴趣的种子、艺术兴趣的种子、运动兴趣的种子、学习兴趣的种子和感恩意识的种子，希望这些种子在孩子们小学五年的时间里慢慢发芽、生长。我们决定致力于校本课程的开发与实施，把课程命名为"启梦"，是因为我们希望"启梦"课程能开启、点亮罗小每一个孩子的梦想，能奠基、成就他们的未来。在学校核心团队共同斟酌这些想法的时候，每一句话，每一个词，都在我们眼前展现出美好的景象。

于是，我在教师会上把新优质的创建项目、最新的办学理念、学校的初步设想、美好的未来前景做了全面的解读，动员全体教师为了罗小的孩子，为了罗小的发展，积极投入到"启梦"课程建设中来。不仅在我心里，在大家的心里都有这样一幅画面，它是学校发展的愿景，是前进的方向标，是我们共同的价值追求。就这样，我的教育梦想延伸了，丰满了……"启梦"之旅，我并不孤单，我的身后有一群教师。

（二）课程建设，提升教师的专业能力

为了满足学生的多样发展需求，让孩子们找到自己喜欢的课程，2014年，我们集全校教师之力共同开发了富有地域特色、学校特色的160课时《蒲公英》种子课程；2015年，我们创设了深受孩子们喜欢的积点评价；2016年，我们设计了主题教育形式的《野百合》活动课程；2017年，我们完善了丰富多彩的一百门《七色花》社团课程；2018年，我们出版了学校拓展型校本课程《启梦》一书。在这一过程中，我们确立了课程理念、构建了课程结构、建立了培育体系，开发了系列课程，提练了颇多经验……所有的这一切，学校老师们人人参与，没有一个例外。

回顾"启梦"之旅，其间，我们有迷茫、有困惑，也有坚持；我们品味了各种滋味，有辛苦、有煎熬，也有快乐。记得2017年，教师暑期培训期间，我们设想集全体教师的力量完成《七色花》社团课程的开发。每一位教师，要分析科目的实施背景、制定科目的活动目标、罗列科目的活动内容、预设科目的实施要点、拟定科目的评价方式，还要设计16个课时的活动方案……这是一项艰巨的任务，也是一次极大的挑战。但是，没有一位老师向我提出不愿意申报课程，没有一位老师在困难面前退缩。因为大家始终抱着一个信念："对学生成长有利的事，再麻烦也要做；对学校发展有利的事，再辛苦也要做。"大家心往一处想，劲往一处使，最终共同开发完成了涉及科技、艺术、德育、体育健康、语言文学、数学思维、英语会话等8大板块的86个社团课程。我们又通过课程研讨、论证，选择了50个精品社团在新学期实施。在9月1日的开学典礼上，我们把这些凝聚着老师们汗水和智慧的社团，通过扫描二维码的方式作为礼物向孩子们进行介绍，供孩子们自主选择。看着学生们脸上洋溢的笑容，暑期所付出的心血早已化成满心的欢喜。

"启梦"课程，让每一位教师从被动的实践者转变为主动的设计者和实施者。在这一过程中，教师的教育理念得以转变，专业能力得以提升，课程意识得以加强,更为重要的是教师自主发展的内驱力得以激发。"学生健康快乐地成长,学校更快更好地发展"成了罗小每一位教师的共同愿景。

（三）项目创建,激发教师的合作精神

众人拾柴火焰高,一个人可能走得更快,但一群人才能走得更远。在新优质学校创建过程中,我们通过一个个项目的创立,充分发挥骨干教师的专业引领作用和团队合作精神。目前,科技特色教育、德育感恩教育、语文学科教学、学校少年宫等已成为学校一个个品牌项目、金字招牌。譬如,我校的科技特色项目,由学校科技辅导员王伟龙老师带领着十多位教师组成团队,包括自然、音乐、美术、数学、语文、信息科技等各个学科的教师,一起开展研讨、集思广益,使得学校的科技教育在传承中不断创新,在创新中不断发展。就今年,我们在国际发明创新展、全国车模科技创意决赛、市青少年创新大赛、百万少年儿童"明日之星"等比赛中,荣获多项金奖,屡创佳绩。尤其是头脑奥林匹克代表队荣获中国区总决赛"铁人三项之旅"冠军,又在美国艾奥瓦州立大学举行的世界总决赛中,获得世界亚军。科技辅导员王伟龙被评为了"上海市乡村名师",学校一批具有科技教育能力的青年教师也孕育而生。

学校就是这样通过项目的创立,团队的组建,骨干的引领,让一位骨干带动一批教师,激活一个项目,从而带动整所学校的发展,营造出一个合作成长的绿色生态环境。无论是骨干还是团队成员,在项目创建过程中获得了成功、充实了人生、实现了自我、感受到了职业幸福,在不断超越中成长。

新优质学校的创建项目助推着教师的专业成长,教师的专业成长带动着学校的优质发展。在"启梦"课程建设之旅中,我们罗小以"点亮教师的教育梦想"为基石,"提升教师的专业能力"为核心,"激发教师的合作精神"为支撑,促使教师主动发展的土壤越来越肥沃,教师主动发展的内驱力越来越旺盛。罗小的教师在"启梦"之旅中将继续不忘初心,心怀梦想,主动作为,执着前行。

（二）我的办学理念

1. 坚持不懈建构学校办学理念

没有办学理念的学校是糊涂的学校。似乎每一所学校都有自己的办学理念,但是有的是贴在墙上的理念,有的是挂在嘴上的理念,我们要的是指引我们办学的理念,融于每位师生的心中,见之于行动的,贯穿于办学之中的理念。

办学理念是学校文化的核心。学校价值领导首先应该表现在构建学校文化上,对学校教育价值认识上。没有文化的领导是没有生命力的领导。领导是一种文化。学校价值领导力与领导文化具有共生性。美国著名管理学家彼得·德鲁克在其代表作《管理学》中指出：管理不只是一门科学，还是一种文化，有它自己的价值观、信仰、工具和语言。领导是受文化制约的。学校的领导文化是其成员在办学实践活动中形成的，能引领与影响学校师生的思维与行为、赋予成员归属感、激发积极性和创造性的共同的理想信念、价值观念、道德规范和行为准则等精神因素的总和，其核心是共同的办学的价值观。

在办学实践中，学校的文化作为一种共同体的文化，会影响到学校的办学。校长要不断地把办学理念融合到各项工作中，形成由学校教育、教学、管理各方面的工作理念组成的价值体系，成为相对稳定的学校价值文化影响力，成为学校办学的价值导向，并奠定师生的行为准则。通过学校文化核心的学习、办学理念的建构，建立学校管理的长效机制，符合本土化的逐步推进，为罗店中心校提供可持续发展的最大可能性。

我们学校在办学过程中，不断探索适合农村小学、适合自己学校师生的教育理念，我有了学校实情的把握与教育理论的支撑，认识到"学校发展是自己选择自己的结果"，学校的改革与发展必须符合教育规律，有了点底气以价值领导为抓手推进学校的继承与发展的关系。我对学校教育问题作价值判断，什么最适合本校，然后选择、聚焦，并不懈坚持。

我们提出了罗店中心校的办学理念——"播下兴趣的种子，奠基孩子的未来——让每个学生健康快乐地成长。"

在2020年6月我曾专题介绍了我们学校的办学理念及其践行。

我的办学理念与实践

一、学校概况

我们罗店中心校地处古镇"金罗店"，始建于1911年，是一所农村老校。百年办学，薪火相传，风风雨雨，几经撤并搬迁。今学校占地47亩，有30个教学班，89名教工，1 173名学生，生源52%是本地农村孩子，48%是外来务工人员子女。学校致力于满足不同孩子的发展需求，促进每个学生的个性成长，学校是全国特色学校、全国乡村学校少年宫、全国优秀科学教育实验基地、全国科技发明示范基地、全国青少年棒球发展计划定点培训学校、全国中小学中华优秀文化艺术传承学校。

二、办学理念

"播下兴趣的种子，奠基孩子的未来——让每一个学生健康快乐地成长"。

小学是义务教育的奠基阶段,在这个阶段,应该坚持全面发展,为孩子的未来成长奠基,所以我们的定位是播种兴趣和奠基未来。

播种兴趣是指给孩子们播下一颗颗兴趣的种子,这兴趣的种子是全方位的,结合我校的实际与特色,是指学习兴趣的种子、科技兴趣的种子、艺术兴趣的种子、运动兴趣的种子以及感恩意识的种子。

奠基未来是希望这些兴趣的种子在每个孩子心中生根、发芽、成长,去开启、点亮他们的梦想,能奠基、成就他们的未来。

三、办学实践

基于这样的办学理念,我在传承的基础上开启了创新之路。

(一)创办蒲公英学校少年宫

2012年,我校创办了宝山区第一所学校少年宫,旨在通过少年宫的社团课程给孩子们播下兴趣的种子。为此,我们白手起家,从无到有,从有到优,开创了一个个特色项目,铜管乐、沪剧、棒球、彩灯、车模、陶艺等,为孩子们的双休日生活增添了丰富的色彩。

(二)争创新优质学校

2013年起,我们积极争创宝山区首批新优质学校。以科学人文素养核心课程建设为抓手,确立课程理念、构建课程结构,我们力求惠及每一个孩子,旨在播下兴趣的种子,让每一个孩子找到合适自己的课程来学习。

(三)开发孩子们喜欢的课程

为了满足学生的多样发展需求,让孩子们找到自己喜欢的课程,从2014年至今,五年的寒暑假,全体老师自主开发了160课时的"蒲公英"种子课程。另外,在快乐半日活动开发了51门社团课程,在学校少年宫中开发了31门社团课程,在"每天快乐330"时开发了18门社团课程。每周总计有100门"七色花"社团课程,供孩子们发展兴趣,个性成长。

(四)开展孩子们喜欢的活动

除了"七色花"社团课程,我们还设计开展孩子们喜欢的"野百合"活动课程。学校每年有童话节、数学节、英语节、科技节、艺术节、体育节、感恩节、彩灯节;有罗小好声音、罗小达人秀、罗小好图画、罗小好创意、六一展演、各年级成长礼等活动。丰富多彩的活动给每一个孩子提供了成长和展示的舞台。

(五)创设孩子们喜欢的评价

为了鼓励孩子成长,我们还首创了深受学生喜爱的积点评价机制,涉及学科类、活动类、行规类三个方面,孩子们在校内外的每一次参与、每一份努力、每一个进步,都会获得相应的积点。孩子们用积点可以兑换物质奖励、荣誉奖励、活动奖励。积点评价让每一个孩子都得到了关注、认可和激励。

四、办学特色

办学实践的过程中,在传承学校文化的过程中,自然而然形成了学校的办学特色。

关于办学特色,我觉得我校的校训做了很好的诠释:崇尚科学、践行感恩。崇尚科学,对应的是传承了30多年的科技教育;践行感恩,对应的是绵延了20多年的感恩教育。科技教育和感恩教育就是我校传统的办学特色,也是适合我校成长的独特土壤,这独特土壤是在学校历史的传承和积淀中生成的。

科技教育起步于1986年,至今已传承了30多年,每年一届的科技节也已成为学校的品牌文化。30多年的积淀,已绵延成为精神的引领和文化的传承,在科技特色创建的道路上形成了头脑OM、创造发明、生物与环境、车辆模型四个科技品牌项目,学校已成为全国特色学校、全国科技教育优秀试验基地、全国创造发明示范基地,获得世界头脑奥林匹克总决赛的亚军和季军,夺得国际发明展金奖,拥有120多项发明专利。

感恩教育源于20世纪90年代中期,至今也已有20余年。学校已形成了"五恩"教育体系,并出版发行了《孩子,让世界充满感恩》的专著。每年八大感恩主题月,每月一个感恩统一行动日,每班一个感恩实践点,每年一届感恩节,这些都已深入人心,并已成为学校独有的感恩文化。

如果说科技教育和感恩教育是学校在坚持传承中形成的办学特色,那么基础教学上的四大学科建设、满足学生个性发展的《启梦》特色课程、培养学生兴趣的"蒲公英少年宫"则是在不断创新中形成的新的办学特色。学校也已成为了全国乡村学校少年宫、全国青少年棒球发展计划定点培训学校、全国中小学中华优秀文化艺术传承学校,学校的沪剧社团、管乐社团登上了上海国际艺术节的舞台,彩灯社团则走进了央视"传承的力量"栏目。

百年薪火不断的办学,百年学校文化的传承。学校已发展成为德、智、体、美、劳全面注重、百花齐放的学校。所以,某种意义上而言,我觉得我们学校现在越来越趋于无特色,越来越趋于平衡。这或许与我们的办学理念是匹配的,因为我们播下的兴趣的种子不是单一的,而是全方位的。

春风化雨,善施教化,我们将继续播下兴趣的种子,奠基孩子的未来,让每个学生健康快乐地成长。

2. 坚信学校的办学理念

我们学校的办学理念是"播下兴趣的种子,奠基孩子的未来——让每个学生健康快乐地成长",这个办学理念以学生为中心,即以人为本。

（1）"奠基孩子的未来"

"奠基孩子的未来"的办学理念有着两个教育的时间维度:"为今日的素养提升"和"为明天的发展奠基"。这一理念要求学校的教育,不仅要对学生的学校生活负责,更要对学生的终身负责。教育要带给学生希望、力量,带给学生内心的光明、人格的健全,带给学生对自我、对生活、对未来、对人类的信心,使每一个学生都能成为未来社会的建设者和幸福人生的创造者。在内容维度上主要体现为:

一是为学生身心健康成长奠基,培养学生乐观、坚毅、诚信的人生品格。

二是为学生终身学习奠基,培养学生终身学习的意识、愿望及能力。

三是为学生实现可持续发展奠基,教会学生吸纳人类优秀的文化,树立远大的人生目标。

学校的办学理念——"奠基孩子的未来",体现了基础教育的本质,体现了教育是人类得以生存和延续最基本的手段,是培养下一代的事业,承认小学教育对人的生命意义,具有奠基的价值,突出孩子的"明天"是教育面向未来的教育价值取向的集中体现。这要求我们从教育的内容到教育形式,必须系统地符合这个价值取向。"明天"是终身教育思想的集中体现,确立了小学教育也要对人的终身负责,同时也确立了小学教育是基础教育的性质,这个理念有利于学校具体教育任务的定位。"奠基"意味着让学生学会学习,学会学习是当今时代最重要生存和发展的能力,是对每个学生负责的具体要求。"奠基孩子的未来"激励学校的每一个师生:在学习中增长知识、提升智慧、体验学习进步的快乐;在行动中培养能力、增强才干、成功走向美好的未来。

（2）"让每个学生健康快乐地成长"

我们的办学理念中的"让每个学生健康快乐地成长",是对教育"以学生为本"的最本质的诠释,也是天赋教育权的严正表达。这是人文主义思想的重要体现,承认人的生命意义,尊重人的发展价值。

"让每个学生健康快乐地成长",体现了国家对儿童、对民族的承诺。儿童是民族的未来,是世界的未来。关注所有的儿童就是对民族和人类负责。《儿童生存、保护和发展世界宣言》庄重承诺,"对儿童的权利,对他们的生存及对他们的保护和发展给予高度优先"。这个理念充分体现了公平教育和教育机会均等的思想,也体现了建构和谐社会在教育上的基本要求。这是教育均衡发展的必然逻辑，也是全社会追求的公平教育。

"让每个学生健康快乐地成长"这个理念符合国际的《仁川宣言》——"教育2030：迈向全纳、平等、有质量的教育以及全民终身学习"的宗旨。这个理念是全纳教育思想的集中体现。教育对于每一个孩子来说都是重要的，教育必须关注每一个学生的生存和发展，更要求每一个教育工作者对弱势学生群体和个体要特别予以关心，研究有关弱势学生群体的教育问题。这是全纳性教育思想的体现，学校教育必须关注每一个学生，无论他的生理是否有缺陷、学习是否有困难、行为是否有障碍，都是我们培养的对象，都是我们服务的对象。

"让每个学生健康快乐地成长"体现了教育的"发展性"这个基本价值，意味着为了每个孩子的成长和进步，教育的职能在于最大限度地促进每一个儿童获得发展。"让每个学生健康快乐地成长"，意味着我们的教育必须关心所有孩子最充分的发展，学校的责任是提供能使每个儿童达到他可能达到的最高学习水平的学习条件。这是以学生为本的教育行动的诉求。

"让每个学生健康快乐地成长"，是对儿童生存价值和生命意义的充分肯定。这个理念凸显学生的教育价值主体地位以及学生个体的主体性，正是在主体性上，显现真正的"重要"。"让每个学生健康快乐地成长"，强调摒弃对教育价值充满功利的追求，摒弃教育选择优胜者的做法，确立"教育为了每一个孩子"的观念。我们教育的最高目标是实现"个性化"的教育，即个体纵向发展，而不是个体横向比较，达到促进学生真正的发展，实现个体的自我实现。每个学生都存在这差异，针对这些差异进行教育，提供"适合"个体差异的教育，才是最好的教育。

"让每个学生健康快乐地成长"，要求我们的教育应该让学生学会学习。每个学生都有自己的潜能，最充分地开发学生的潜能，"相信每一个学生都能带来变化，每一个学生都能发挥作用"，用最适宜的方法让学生学会学习，使每个学生在其原有的基础上不断地进步和发展，就是这个理念的本义。"学会学习"也是新课程改革的主要价值取向之一。

"让每个学生健康快乐地成长"，还体现了非选择性获得公平教育的价值。办好每一所学校的标志应该是让学校每一个学生获得发展。以学生发展为价值取向的"让每个学生健康快乐地成长"是非选择性获得公平教育的表征，也是优质教育的一种实现形式和发展形式。"办好每一所学校"是一种教育制度，所有儿童均可以不通过选择就可以享受到优质教育。注重学生的健康成长，凸显重在让学生在教育过程层面上更充分享受各种教育资源，满足人民群众对孩子接受优质教育的急切需求。《国家中长期教育改革和发展规划纲要（2010—2020年）》中明确指出，教育公平的关键是机会公平，根本措施是合理配置教育资源。当前加快缩小教育差距，城乡教育均衡发展已经成为政府发展教育的重中之重，上海也推出了多种举措，以实现上海城区与农村地区教育均衡化。教育均衡发展，关心每个学生，促进每个学生主动地、生动活泼地发展；尊重教育规律和学生身心发展规律，为每个学生提供适合的教育。

"让每个学生健康快乐地成长"，这个教育理念对学校教育提出了高要求，是我们教育事业的理想，是我们教育工作者的追求，也是我们行动的号角。我们确信，不因为是理想而不追求，不因为是高标准而不行动，应该用积极的行动实践我们的教育理念。

（3）"播下兴趣的种子"

我们学校的办学理念"播下兴趣的种子，奠基孩子的未来——让每个学生健康快乐地成长"中的"播下兴趣的种子"对于学校办学行为有着举足轻重的意义。教育家郑强在浙江大学演讲时指出：杜绝摧残式的教育和掠夺式的启发，教育要树立精神和唤醒兴趣。这体现了教育的基本原则，也更适切小学教育对儿童兴趣培养的重要性。

"学习兴趣"是当今教育常用词汇。兴趣的本质及其对学习的影响是一个古老而又崭新的话题，它是教育理论和教育实践所要解决的核心问题，但现代的系统研究开始不久。学习兴趣是学习动机的重要心理成分，是学习积极性中最现实，最活跃的成分，是学习的动力，也是发展智力潜能的契机。乌申斯基说："没有丝毫兴趣的强制性学习，将会扼杀学生探究真理的欲望。"如能将兴趣转化成为一种学习需要，就可以使学生从"要我学"到"我要学"。

赫尔巴特把发展广泛的兴趣视为教育的主要目标之一，并认为主要是兴趣引起对物体正确的、全面的认识，它导向有意义学习，促进知识的长期保持，并为进一步的学习提供动机。杜威也是兴趣问题最有影响的理论家之一，1913年出版了专著《教育中的兴趣和努力》，提出以兴趣为基础的学习的结果与仅仅以努力为基础的学习的结果有质的不同。涂阳军博士等（2012）指出"自杜威开其端，兴趣研究经历了漫长的行为主义沉睡期，直至20世纪80年代才逐渐复苏，而有关兴趣的系统分类研究，直到20世纪90年代才初现端倪"。在西方，从行为主义兴起到认知心理学的革命以后，兴趣研究一直没有大的进展，兴趣在教育心理学理论体系中也缺乏应有的地位。80年代，西方关于兴趣的本质及其对学习的影响的研究开始复苏。由此可见对"兴趣"这个问题须要很好地研究与运用,并不是想象中的那么简单。

杜威指出,"除非一个对象或一个观念里面有了兴趣,否则便没有鼓励人去做事的原动力"。布鲁纳曾指出,"学习的最好刺激乃是对所学材料的兴趣"。学习兴趣是一个人倾向于认识、研究获得某种知识的心理特征,是可以推动人们求知的一种内在力量。学生对某一学科有兴趣,就会持续地专心致志地钻研它。小学教育必须充分认识学习兴趣的品质,把握增强学习兴趣,才能有的放矢激发学生学习与成长。学习兴趣对正在进行的学习活动起推动作用。学习兴趣是一种具有浓厚情感的志趣活动,它可以使人集中精力去获得知识,并创造性地完成当前的学习活动。美国著名华人学者丁肇中教授就曾经深有感触地说:"任何科学研究,最重要的是要看对自己所从事的工作有没有兴趣,换句话说,也就是有没有事业心,这不能有任何强迫。"兴趣对后续的学习活动起着推动作用。例如,对于一名小学生来说,对数学感兴趣,就可能激励他积累各种数学知识,学习各种数学知识与技能,为后续学习数学做准备。学习兴趣对活动的创造性态度起着促进作用。对学生来说,对一项活动例如足球感兴趣,会促使他勤奋训练,不仅会使他的球技大大提高,而且会极其注意改进训练方法。学生的兴趣不仅是在学习、活动中发生和发展起来的,而且也是认识和从事各项活动的巨大动力。学习兴趣是学生发展的内在要素,也是可以发展的与培养的。

3. 坚持不懈践行学校的办学理念

办学理念是学校文化的核心,也是价值领导的关键所在。办学的关键是建构学校先进的文化,并以此产生学校教育文化的影响力。学校办学理念决定了学校办学行为的价值取向,什么样的办学理念决定了什么样的办学方式。学校办学不是个人行为,而是依托学校全体成员,要以学校文化,以学校的先进教育理念的影响力凝聚学校师生。如何发挥学校办学理念的作用是学校办学中值得关注的重要问题,办学理念的践行是办学理念的真正意义所在。同时,办学理念的践行也是检验学校办学理念的合理性的重要方式,所谓实践出真知。

2016年1月我对学校办学理念的践行做了介绍:

播种兴趣 遇见未来 奠基幸福
——让每一个学生健康快乐地成长

我们罗店中心校是一所百年老校,在"播下兴趣的种子,奠基孩子的未来——让每一个学生健康快乐地成长"的办学理念指引下,我们恪守"崇尚科学,践行感恩"的校训,迈步走在争创新优质学校的道路上。回顾近几年的创建之路,我们经历了各个阶段,有迷茫、有困惑,也有坚持;我们品味了各种滋味,有辛苦、有煎熬,也有快乐!

一、荟萃学校的特色:在传承中寻找学校最近发展区

在我校"科技之路"长廊上,有学校第一任科技辅导员滕锡高老师的浮雕。很多人为之诧异:为什么要为一位已经去世的普通老师立浮雕?我想告诉大家的是:正是这位普通老师开启了我校的科技之路,延续至今30多年。科技教育已成为我校传承中最为精粹的特色。这块浮雕就是学校科技教育发展的历史,这段历史积淀成我们学校草根的精神:只要肯努力,每个人都能改变学校!受滕老师终其一生无私奉献农村学校科技教育的精神感染,又逐步形成了学校的感恩教育、语文教学特色、乡村少年宫等特色项目。

创建区新优质学校之初,通过一次次深入学习,我们了解了新优质不是戴帽挂牌争排名,不需要我们另辟蹊径,另起炉灶。创建新优质学校恰恰是要求我们沉下心来,回归教育的本原。经过一次次头脑风暴,我们统一了思想,找到了答案:做好传承和创新。于是,我们设想把学校原有的特色项目加以整合,进行"农村小学科学人文素养教育的统合性课程建设"。它就像一枚蓄势待发奔向素质教育天空的火箭,承载着罗小全体师生共同发掘特色教育资源,培育科学人文素养的愿景、决心和能力。初态调研会上,市新优质学校项目组副组长沈祖芸老师给予的评价是:这样一个课程是长在罗店中心校这样一所学校土壤上的。专家和领导的肯定更加坚定了我们争创的决心。

二、面向未来的选择:在推进中聚焦科学人文素养课程建设

学校必须为每一个学生提供丰富的学习经历,努力使学校课程具有多样性、多层面、可选择的特征,满足学生的个性发展需求。基于这样的认识,我们确立了我校科学人文素养课程的核心理念——"播种兴趣、遇见未来、奠基幸福"。我们要为学生发展播下学习兴趣的种子、科技兴趣的种子、艺术兴趣的种子、运动兴趣的种子和感恩意识的种子,让每个孩子在学习和活动中遇见自己的未来,感悟自己的未来,为自己的幸福未来奠基。

这是我们科学人文素养课程构建图。横向四排,是国家规定的基础型课程、拓展型课程、探究型课程和周六实施的学校少年宫课程。纵向四列,是我们根据科学人文素养培育把四类课程归类划分为四大模块,即科学与社会课程、人文与艺术课程、健康与运动课程和+课程模块。其中,拓展型课程中包括了"蒲公英课程""七色花课程""野百合课程"。在课程实施的过程中,我们针对基础型课程的性质,实施了不同的课程配置方案,同时关注学习兴趣的培养,开展形式多样的赏识教学实验。在拓展型课程领域,我们形成了"限定＋自主"的实施模式。在探究型课程实施中我们关注主题式社会实践活动,少年宫课程中重点开展兴趣的专项培训。

三、满足孩子的需求:用孩子喜欢的方式进行科学人文素养教育

(一)美化孩子们喜欢的校园

2013年8月,我校从市一路老校整体迁入新校。如何让新校园充满人文气息?起初,我们广泛征求教师的意见:如果你是校长,你怎样布置我们的新校园?你想在学校的墙面上看到些什么?你喜欢的学校风格是怎样的?……一张张问卷,一次次讨论,众说纷纭。孩子们究竟喜欢怎样的校园?是不是更应该听听孩子们的心声?果然,孩子们眼中的世界超乎我们的想象:"我要在学校的墙面上办我的个人画展""我们学校申请了那么多发明专利,应该在校园里布置出来""我们喜欢五彩缤纷的校园"……我们采纳了孩子们的想法,用儿童特有的眼光去装点校园。现在我校行政楼墙面上有老师的个人作品展,更有定期更换的学生作品展;科技长廊内陈列了学校科技活动、发明专利、科技奖项介绍。长廊地面上的一个个脚印象征着我校在科技之路上迈出的坚实的步伐!学校少年宫主楼各楼面以科技、书画、自然、音乐为主题装扮。每个班级外墙上有班级特色介绍、学生作品展示和科学人文素养知识宣教。我们还有罗小梦工场,有科技创新屋,有少先队活动室,有泥趣坊、彩灯屋、蔬果园、安全体验室、车模赛场……我们力求让学校的每一堵墙壁都会说话,每一个角落都会启智传情,让校园环境发挥无限的教育资源,使学生润物细无声地受到科学人文素养的教育和熏陶。很多老师对我说,学校太花了,色彩太多了,我说没有关系,这都是孩子们的想法,他们喜欢就可以了,学校是他们的。

(二)开发孩子们喜欢的课程

我们认为科学人文素养课程设计必须关注每一个孩子,让每一个孩子找到合适自己的方式来有节奏、有差异地学习和实践。因此,我们决心集全校之力,共同开发拓展型校本课程,命名为"启梦",希望通过"启梦"课程给孩子们播下一颗颗兴趣的种子,希望这些兴趣的种子在每个孩子心中生根、发芽、成长,去开启、点亮每一个孩子的梦想,能奠基、成就他们的未来。

2014年,开发《蒲公英》课程。"蒲公英"就是我们学校的种子课程,此课程一学年32课时,五年共160课时。各个年级均包含四大板块,分别为"走进罗店""崇尚科技""践行感恩"和"播种兴趣"。我们设想通过教师们自主开发的160课时限拓型课程实施,让具有地域特色、学校特色的项目像蒲公英的种子一样广泛播撒,在每个孩子心田生根发芽。

2015年,设计《野百合》课程。"野百合"就是我们学校的活动课程,包括每月主题活动节:科技节、感恩节、艺术节、彩灯节、童话节、数学节、英语节、体育节;包括每个年级主题成长礼:一年级入团仪式,二年级入队仪式,三年级十岁生日,四年级大手牵小手活动,五年级毕业典礼。我们希望通过丰富的校园活动,给农村孩子搭建展示自我的舞台,让农村孩子也能像野百合一样绚丽开放,迎来属于自己的春天。

2016年,首创《彩虹桥》课程。"彩虹桥"是我们特有的家长课堂。学校大力动员,让家长从自己的工作、兴趣出发,把有益孩子身心健康的课程带入校园。三年来,已有400多名家长为孩子们带来形式多样的教育内容。这些微课不仅让孩子开阔了视野、增长了见识,更是创新了教育形式。周边兄弟学校甚至其他区县学校纷纷效仿我们这一做法。

2017年,完善《七色花》课程。"七色花"是我们学校的社团课程。学校集全体教师智慧,共开发了8大体系100余个社团课程。目前,我们通过课程研讨、论证,选择了部分精品社团在不同时间段进行活动,包括每周快乐半日活动的51个社团、每天放学后"快乐330"的24个社团和双休日学校少年宫的31个社团。在开学典礼上,我们把"七色花"作为礼物供孩子们自主选择,做到了人人报名,人人参与。这些社团的实施,让孩子们的身体得到锻炼、能力得以提升、个性得到张扬。

2018年,出版《启梦》一书。这本书通过"启梦之缘""启梦之魂""启梦之花"和"启梦之果"四部分介绍了我校《启梦》拓展型校本课程建设的缘由、理念和架构。这本书既是全体教师开发的校本课程典型案例集,也是我们走过的六年"启梦"之旅的阶段性总结,呈现了我校教师在课程改革中累积的经验与智慧。

伴随着"启梦"课程的开发、实施,学校得到了发展,教师得到了提升,而归根结底最受益的是孩子。因为丰富的课程,我们的孩子有机会跟宝山沪剧团的专业演员学唱沪剧,有机会跟上海棒球队的退役球员学打棒球,有机会跟上海申花队的退役明星一起踢球,有机会和香港英华小学同场竞技,有机会到北京与全国各地的同学进行车模比赛;因为丰富的课程,我们的孩子见识了外面的世界,登上了国际艺术节和国际发明展的舞台,在各级各类赛场上展现自我;因为丰富的课程,我们的孩子们获得了更多教育、锻炼、成长的机会,变得更自信、更阳光、更大气。

(三)创设孩子们喜欢的评价

怎样来验证和评价科学人文素养教育的效果呢?我们用积点评价促进评价改进,设计开展了最受学生欢迎的积点评价活动。评价内容涉及学科类、活动类、行规类三个方面。孩子在校内外的每一次参与、每一份努力、每一个进步,学校都会通过赠予积点的方式给予相应的肯定。之后又在征求了学生的需求之后,从物质奖励、荣誉奖励、活动奖励等方面分别制订了相应的兑换方案。琳琅满目的奖品、各种各样的活动、令人羡慕的荣誉都能成为孩子们兑换的内容。同时,孩子们还能选择用积点成就他人的梦想、结识更多的朋友。其中的"和校长喝下午茶""和老师共进午餐""到喜欢的老师家里去玩"等最赚人气。积点评价活动产生了"蝴蝶效应",既评价了学生积极参与学校各种活动的积极性,又在改进学生和家长与学校和教师之间的关系方面探索出了一种新的路径。

四、打造智慧的团队:用科学人文素养提升教师专业化水平

农村老校要想成为现实名校,教师是名片。在科学人文素养课程的推进过程中,首先要让科学人文素养成为教师的自觉需求,成为教师获取知识的源头活水,用科学人文素养提升教师专业化水平,陶冶生活情趣,用科学人文素养提升教师师德水平和育人水平,激励教师德业兼修。学校通过搭建平台、组建团队、校本培训、项目引领等途径不断激发每一位教师主动发展的内驱力,以教师的优质发展带动学校的优质发展,以教师的良好科学人文素养滋润学生。我们集聚全体教师的智慧,通过团队合作共同开发科学人文素养课程;我们利用教师暑期培训开展团队拓展游戏,体验水培种植、陶艺制作等课程;我们通过每周五教师科学人文素养微讲座给每个老师上台展示的机会;我们开展青年教师活力课堂、中年教师魅力课堂、骨干教师风采展示等活动搭建面向全体教师的发展平台;我们让有特长的教师自主申报项目,用项目引领带动专业成长;我们通过评比学生、家长心目中的好老师,用身边的榜样带动教师队伍的整体提升;我们鼓励教师开展赏识教育,每年开展"爱生月"主题活动,通过各种活动增进师生感情,融洽师生关系。

作为校长,虽然我也知道我们罗小的老师很辛苦很忙碌,但是我还是在不断地给他们压力、鼓励和动力。我们达成了这样的共识:对学生成长有利的事,再麻烦也要做;对学校发展有利的事,再辛苦也要做。"学生健康快乐地成长，学校更快更好地发展"是我们的共同愿景。

五、争创一流的小学：持之以恒追求卓越的明天

争创新优质学校的过程是不断提升学校办学品位的过程，给我们学校的整体发展带来了不少的新变化。教学形式、教学内容更加丰富了；教师的课程领导力显著增强了；学校教师团队更有凝聚力了；学校管理有层次，效率高了；师生关系融洽了；孩子更喜欢学校，更喜欢学习了，更有才艺更加自信了……这种变化让我们感到兴奋，也使我们更加坚定了前行的脚步。伴随着新优质创建，我们逐渐成为了一所家长称赞、学生向往的学校，一所具有全新发展理念的区级示范学校。学校连续2届获得全国头脑奥林匹克比赛冠军、2018世界头脑奥林匹克总决赛亚军、2019世界头脑奥林匹克总决赛季军、全国创新大赛一等奖、全国车模比赛冠军、国际发明金奖、拥有120多项发明专利等。辛勤的耕耘和付出让我们罗店中心校这所农村老校焕发了新枝，学校获得了全国特色学校、全国乡村学校少年宫、全国优秀科学教育实验基地、全国青少年棒球发展计划定点培训学校、全国宋庆龄少年儿童科技发明示范基地、全国中小学中华优秀文化艺术传承学校、全国生态文明教育特色学校等荣誉。我们坚持在传承的基础上不断创新，才让罗小各项工作不断焕发新的生命力，呈现百花齐放、齐头并进的良好趋势。我们将继续把学校的优质发展作为持之以恒的追求，努力把学校建设成为"环境整洁优美的花园、科学人文素养的乐园、农村孩子幸福的家园"，争创一流的农村小学。

在办学实践中深刻认识到办学的有效开展是基于一种为全体学校成员认同的学习办学理念的价值追求，并逐步整合成为长效机制，最后成为了师生共同自觉的行为，这就是学校理念转化为践行。学校办学理念成为师生普遍自觉的观念和方式，办学理念的认同力量直接影响办学的方式与学校发展方式。

不同的办学理念可以形成不同的办学特质，造就不同的学校、不同的师生群体。我们不能把学校理念与学校文化视作空泛的套话，时髦话语。在学校办学中最难的是师生发自内心的对学校教育理念与教育方式的认同。校长自认为最先进的一套教育方法或者模式，并不一定为学校师生认同。这不一定是教师们不识货，重要的原因是提出的办学理念是否适合学校，是否将一般的教育观念进行校本化。有时学校所采取的办学方式只是用强制力改变了学校的表象，而未能触及学校的核心文化，也只能维持一时表象，而不能转化为学校自主发展的动力。

践行办学理念的十分重要的任务是引领学校文化建设,推动学校办学的发展。这个"引领—推动"体现了价值领导的本质。正确的办学理念才能引领学校的文化建设,促进学校文化的自觉选择、更新与积累。在践行"播下兴趣的种子,奠基孩子的未来——让每一个学生健康快乐地成长"学校办学理念过程中,我们经历了教师教育价值观念转变、重建、认同与确立的过程。起初教师思想观念相对闭塞,满足于"教"而不"研"的"教书匠"生活,专业发展愿望不足,缺乏创新与竞争意识,学校潜隐着自足与封闭的文化心态,缺乏清晰的发展愿景与发展的内在动力。我们感到罗店中心校的学校文化有其特定状态,把握学校的文化基础与个性化发展学校的关系,引领学校发展成为了我们办学无法回避的职责。我们以学校传统文化为底蕴,以文化为引领,以文化融合、文化更新、文化锤炼为本质特征,经过领导、师生反复梳理、总结、探索、研究、提炼,最终确立了学校的办学理念,这就是"播下兴趣的种子,奠基孩子的未来——让每一个学生健康快乐地成长"。

以价值领导不断引领学校文化建设,我们坚持"播下兴趣的种子,奠基孩子的未来——让每一个学生健康快乐地成长"的办学理念,在建构学校自己的教育理念的过程中,即尊重学校原有文化和积极的办学价值取向,在辩证分析、审慎取舍的基础上,以价值引领的方式使罗店中心校内质不断优化,特质日益凸显,影响与日俱增,广大师生在"让每一个学生健康快乐地成长"的学校文化浸润下得到了可持续的发展。

4.办学理念践行的两个要务

办学理念的践行中,我深感两个方面值得关注:

(1)关注学生的"两个成长"

"让每一个学生健康快乐地成长"强调了"健康成长"与"快乐成长"。"健康成长"是学生成长的客观性,表征着学生的德智体美劳的和谐发展,以自己诸多方面的进步呈现出来,展现学生的自我。让每个学生通过各类学习活动,开发潜能,锻炼基本能力,张扬学生的个性,具有自我实现与创新精神。"快乐成长"是学生成长的主观体验,表征着学生内生态与外部提供的成长环境相和谐,从而增强主观成长的意愿,强化了展现自我成长的自我形象。

"健康成长"与"快乐成长"是学生成长的两个方面,成为一个整体。没有学生的"健康发展",也就没有了学生发展的实质性内容,发展成为抽象的空洞的发展。只有每一位学生在德智体美劳诸方面获得发展才是健康的发展。没有学生的"快乐发展",也就失去了学生发展的过程意义与形式价值。学生的发展过程会扭曲变形,引导学生成长的教育会变得缺乏人性、人道。

（2）关注让"每个学生充分展现自己"

"让每个学生充分展现自我"是教育的本质,体现了教育的"发展性"这个基本价值。人人都有其价值,人人都应该充分展现自己,获得应有的成长。教育意味着为了每个孩子的成长和进步,教育的职能在于最大限度地促进每一个学生获得发展。教育是为了人,"让每个学生充分展现自我"应该成为学校师生共同的教育价值观和行为准则。教育的目标应是让百分之百的孩子都能展现他自己的才能,只有让他们的才能展现出来之后才知道孩子的天赋,才会有最佳的表现。要培养具有美丽的心灵、自我的头脑、灿烂的笑颜、明亮的眼睛和灵巧的双手的学生。著名的"马斯洛层次需求理论"指出,人的较高层次的需要是爱的需要、尊重的需要,最高层次的需要是自我实现。让学生在生活与学习中充分表现自己,焕发人性,激发自尊,感受生命的价值与幸福。要激活学生内心鲜活的生命,必须尊重学生的生命,释放他们的潜能,其有效途径就是让学生充分地去表现,体验到自己有能力可以表现,不断地感受到自己被关注与尊重,感受到自己的每天都过得很新鲜、很有活力。

"让每个学生充分展现自己"强调每个学生都能健康成长,是积极教育理念体现,强调和理解人的积极品质和积极力量,是一种发展性教育活动。"让每个学生充分展现自己"强调提供机会帮助学生形成一种良好的学习心理和学习行为,促进学生积极学习,积极开发学生的潜力,促进学生面向未来的成长。同时"让每个学生充分展现自己"也是全纳教育思想的体现,不论学生的出身、文化背景、家庭状况、个人生理心理条件差异,都应该获得促进其积极成长的教育。"让每个学生充分展现自己"强调把教育重心放在促进学生积极的潜力上,通过培养或扩大学生固有的积极力量而使学生真正成为一个积极发展的人,强调教育促进学生的发展功能,尽可能地给每位学生提供适应其潜能开发和个性发展的条件,使所有学生的潜力得到充分的发挥,并生活得幸福,体现了教育博爱。

践行学校办学理念可以从我们学校的特教上来体现。为了践行"让每一个学生健康快乐地成长"的办学理念,我在学校随班就读的特教上提出了两个基本要求:一是个性化需求,二是全面支持保障。这体现了践行办学理念的两个要务:关注学生的"两个成长"与关注"让每个学生充分展现自己"。

基于个性化需求,提供全面支持保障

一定会有一些马,想回到古代,一定有一些孩子,会与众不同。今天,我想先讲述一个孩子的故事,一个发生在我校的真实案例。

五年前——小灰

五年前,幼升小招生时,一位名叫小辉的特殊孩子引起了我们的注意。小辉,智商<45,智力残疾三级,多动症,行为情绪化、偏执化,带有强迫性、攻击性。生母患精神分裂症长期服药,小辉家人也曾带孩子去精神卫生中心求医,医生告诉家长:"你们家孩子没办法了,能够上学已经很不错了。"

入学后,安排随班就读,我们很快发现:他学习困难,连一个字都不会;与人沟通存在障碍,从不参与集体活动,经常独自一人行动;不听从老师的教育,上课或躺在地上,或溜出教室,甚至大喊大叫,影响正常教学;情绪波动极其厉害,抢夺同学物品,动手攻击同学;常有各种破坏行为,锁住厕所门、堵住抽水马桶、偷摘果子、撕坏图书……这就是五年前的小辉,他带给我的色彩是灰色的,我在心里把他称为"小灰"。

五年后——小辉

五年后的今天,不可思议的奇迹发生了,我们有了童话般美好的结局:小辉变得爱学习了,会写字、爱看书、能流利地朗读,能做一些力所能及的作业;变得有礼貌,能主动打招呼问好;变得能沟通,能接受别人意见,能融入集体活动。从灰色到明辉,我心里的"小灰"成了真正的"小辉"。

奇迹是怎样发生的

故事讲到这里,可能大家会好奇,奇迹是怎样发生的? 秘诀在于两个字——"支持"。根据各类残障学生的个性化需求,学校着重在人文环境、课程设计、专业团队三方面提供适切的支持!

一、基于个性化需求的环境支持

一要有融合的人文环境。当小辉这样的特殊孩子进入班级,除了班主任、任课教师做好接纳各项准备之外,我们也要让普通孩子做好准备。在区特教指导中心及区德育室的支持下,我们开设了《贝慈在行动》小学生社会情感心理微课程,微课程基于社会情感,分成了自我了解、情绪管理、人际交往、自我激励、社会决策五大模块,通过情景故事、游戏体验等多种方式,在为特殊学生发展提供支持的同时,让普通学生在协助他人的过程中发展自我,让他们关注身边人、身边事,树立"我们不一样,我们都一样"的理念。于是,在伙伴们包容、接纳的和谐氛围中小辉有了逐步转变：课前会做好准备、课间能参加讨论、课后和伙伴们一起活动……终于，他被推荐为"罗小进步之星"，还如愿以偿成为了校车模社团的成员。

二要有优质的资源空间。 2012年，随着随班就读学生人数的增加，我校第一批配备了资源教室，为这个特殊的群体，开辟了一个补偿发展的空间；2014年学校来了一名脑瘫儿童小豪，为了方便他的学习，我们向教育局申请配备了无障碍电梯，同时配套改建了学校的坡道、走廊、厕所等无障碍设施。

三要有规范的管理制度。 普通学校担负保障学生平等权益、促进学生全面发展的重任，在实施融合教育中承担主体责任。基于这样的理念，学校创新了多项管理制度，例如《罗店中心校随班就读学生综合评价制度》，结合普通学生绿色评价指标，形成了思想品德、社会适应、文化知识、缺陷补偿、潜能发展等多方并进的综合评价指标（见表1）。再如《罗店中心校骨干教师评选制度》，对于学校资源教师及任课教师评选骨干教师、先进教师给予倾斜政策。

表1：罗店中心校随班就读学生综合评价表

学校_____ 学生姓名_____ 年　级_____
总分_____ 班 主 任_____ 评价日期_____

评价对象	指 标 体 系		权重	评 定 标 准			
	一级指标	二 级 指 标		4	3	2	1
				好	较好	一般	不好
随班就读学生	思想品德	1. 遵纪守法	0.06				
		2. 尊老爱幼、友爱同学	0.05				
		3. 关心集体，能为集体做力所能及的事	0.05				
		4. 诚实守信、乐于助人	0.06				
		5. 举止文明、礼貌待人	0.06				
	文化知识	1. 坚持到校，不迟到、不早退、不旷课	0.05				

（续表）

评价对象	指标体系		权重	评定标准			
	一级指标	二级指标		4	3	2	1
				好	较好	一般	不好
随班就读学生	文化知识	2. 上课认真,主动参与教学活动	0.05				
		3. 能按时完成作业	0.04				
		4. 有一定的兴趣爱好,并有所发展	0.04				
		5. 学业成绩	0.03				
	缺陷补偿	1. 自尊自信	0.06				
		2. 能与同学交流沟通	0.05				
		3. 在集体中有合作意识	0.05				
		4. 健康稳定的情绪	0.05				
		5. 有较强的意志品质和自我约束力	0.05				
	社会适应	1. 个人生活自理能力	0.06				
		2. 基本劳动能力(公益劳动、家务劳动)	0.05				
		3. 社会交往能力	0.05				
		4. 积极参加学校、社区各类活动	0.03				
		5. 有安全意识,知道常用的求助报警电话	0.06				
	合计:∑权重＊评定分数						
	百分数:原始分＊25						

二、基于个性化需求的课程支持

一是顶层设计整体规划。由教导处牵头制定《罗店中心校随班就读课程计划》(如图1),基于随班就读学生的能力需求分析,设置好普通课程与特设课程两类课程。普通课程重点对语数英三门基础型学科进行目标与内容的调整,其他学科根据情况适时调整;特设课程则以解决学生核心障碍为目标的,依据不同障碍类型学生的需求开设,例如:适合小辉情绪行为矫正的《课堂行为习惯训练课程》;适合脑瘫生小徐的《脑瘫儿童徐同学的趣味键盘记忆输入教学课程》;适合智障生范同学的《OH卡牌游戏言语表达训练课程》……

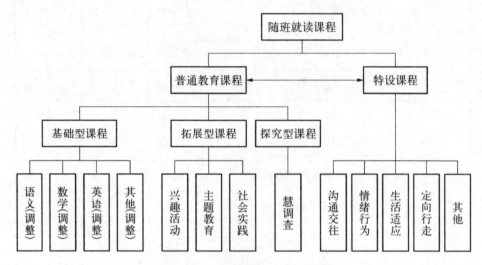

图1:罗店中心校随班就读课程架构图

二是责任到人落实课表。在具体课程安排上我们强调通过3张课表安排,将课程安排落实到位:第一张是随班就读学生课表,以班主任为责任人,资源教师及任课教师相协作,根据随班就读学生的个别化教育计划制定。表2就是小辉同学的个性化课表。

表2:小辉同学个别化教育课程表(周)

节/周	一	二	三	四	五
早自修	行为训练与辅导		行为训练与辅导	行为训练与辅导	行为训练与辅导
1	数学	语文	英语	语文	数学

（续表）

节/周	一	二	三	四	五
2	体保	美术	语文	数学	语文
3	语文（助教）	英语	语文	写字	语文补偿（资源）
4	唱游	数学	语文补偿（资源）	语文	体保
中午	行为训练与辅导		行为训练与辅导	行为训练与辅导	送教上门小组训练
5	班团	唱游	自然	语文	
6	限拓	探究	体活	体保	
7	OH卡（融合活动）	品社	看护	看护	
8	看护	体活	看护	看护	
放学后	评价激励与训练		评价激励与训练	评价激励与训练	评价激励与训练

　　第二张是随班就读资源教室课表（见表3），以资源教师为责任人，根据全校随班就读学生个别化教育需求制定，确保每一节资源教室课时安排时间、地点、教师落实到位。

表3：罗店中心校随班就读资源教室课程安排表

节次	周一	周二	周三	周四	周五
一					
二					卡牌写作（范丽萍）
三					语文补偿（周轶辰/马锦辉）

（续表）

节次	周一	周二	周三	周四	周五
四			语文补偿（周轶辰/马锦辉）		
午	行为/心理（马锦辉）		行为/心理（马锦辉）	行为/心理（马锦辉）	送教上门
五					
六			语文补偿		
七	OH卡游戏（融合活动）				

第三张是学校随班就读学生个别化教育总课表。由教导处特教分管领导为责任人，根据随班生一生一表及资源教室课表，汇总学校随班就读学生个别化教育总课表（见表4）。

表4：罗店中心校特殊教育专职教师课程安排表

姓名	周一			周二			周三			周四			周五		
	节次	地点	课程	节次	地点	课程	节次	地点	课程	节次	地点	课程	节次	地点	课程
马锦辉	3	教室	助教				1	教室	助教	2	教室	助教	3	资源教室	语文补偿
	午	资源教室	行为心理				4	资源教室	语文补偿	午	资源教室	行为心理			
	7	资源教室	OH卡融合				午	资源教室	行为心理						

（续表）

姓名	周一			周二			周三			周四			周五		
	节次	地点	课程	节次	地点	课程	节次	地点	课程	节次	地点	课程	节次	地点	课程
周轶辰	7	资源教室	OH卡融合				4	资源教室	语文补偿				3	资源教室	语文补偿
范丽萍	7	资源教室	OH卡融合				6	资源教室	语文补偿				2	资源教室	卡牌写作
徐一豪（送教）	7	资源教室	OH卡融合				2	资源教室	拼音键盘	2	资源教室	拼音键盘			
							3	资源教室	家长辅助	3	资源教室	家长辅助			
							随机	资源教室	自主游戏	随机	资源教室	自主游戏			

　　三是因材施教有效实施。根据随班就读学生的个别化教育计划中设置的个性化课程，着重在资源教室由资源教师进行个别训练和小组训练。采用了个训＋助教＋随堂关注＋课后辅导等多种形式，同时推进计划的实施。

　　如：脑瘫儿童徐同学的《趣味键盘记忆输入教学课程》设计了趣味键盘记忆输入法：形象记忆，自编儿歌——儿歌提示，熟练认读——念念字母，熟悉键盘——联想记忆，创编故事——指法正确，摸出字母——根据音节，拼读输入。通过一年的训练，学生认识了拼音字母，手指运动灵活度增加，能够初步掌握拼音输入的方法。再如：小辉的《课堂行为习惯训练课程》通过四步法，即：A.安全基地，倾述明理。B.学习任务，合理安排。C.游戏疗法，有趣有效。D.团队合作，争创奇迹。在资源教师的助教下，课堂行为有了明显的改善：课上吵闹少了，安静听课多了；躺在地上的现象少了，坐姿端正的时候多了……一年以后，他已经能够独立听课。

三、基于个性化需求的团队支持

实践证明，在随班就读运行机制中，人员支持系统最是重中之重。校内的资源教师、任课教师、学生家长、学生伙伴等，校外的特教专家、指导医生、特教指导中心教师，构成了随班就读运行的人员保障网（如图2所示）。

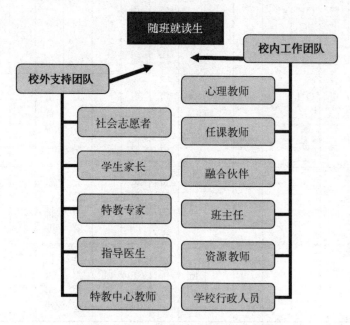

图2：罗店中心校随班就读团队结构图

一是康复训练合作。脑瘫儿豪豪2013年9月进入我校，指导医生、学校资源教师及家长在评估的基础上共同为其制订了康复方案（见表5）：周六上午到金惠康复医院进行理疗及肢体康复训练；学校资源教师每天安排2课时，进行精细动作训练及轮椅助行训练；家长负责日常生活自理能力的训练；指导医生每周四到学校进行40分钟推拿。经过一年的训练，下肢肌力恢复良好，现在已经能够扶着轮椅行走。

表5：罗店中心校徐同学脑瘫康复训练安排表

训练项目	教育训练	肢体康复训练	推拿治疗	生活自理能力训练
训练时间	每天1小时	每周六上午	每周四	日常
训练内容	言语、认知、精细动作、轮椅助行	大运动、物理因子、肌力、矫形器、轮椅助行等	四肢及身体推拿	吃饭、穿衣、刷牙、上厕所、轮椅助行等
训练地点	资源教室	金惠康复医院	学校资源教室	家里
训练人员	资源教师	金惠医院康复医生	罗店中医院中医师	家长

二是教师教学合作。怎样做到班级集体和特殊生个体间教学的整合？我们尝试了资源教师、任课教师协同教学。例如：资源教师助教支持，其主要任务是：指导学生矫正课堂中的不当行为；配合任课教师运用教学具进行个别辅导，帮助随班生突破难点掌握知识；观察记录随班生的课堂学习行为，分析课堂学习效果并与任课教师沟通，协助任课教师及时调整教学策略。

三是教学研讨合作。怎样提升教师的专业能力？我们在华师大、区特教中心的专家指导下建立了教研机制，通过网上教研、专题教研、融合教研等多种形式，进行"随班就读课堂教学有效性""促进小学行为情绪异常生随班就读适应能力的教学研究""随班就读评估与个别化教育计划制定"等课题的研究。引导全体教师更加注重目标的制定，更加关注随班生在班级群体、团队活动中的个性化需求，活动设计更加具有可操作性与可检测性。

四是家庭教育合作。学校为每一个随班就读学生建立的QQ群成为家校合作的平台：为家长提供最前沿的特教资讯和教学案例，对家长进行特殊教育理论宣讲，对家长提出的疑难问题及时解答。资源教师每天撰写小辉的成长日记，坚持至今整整五年，累计已有数百篇，多达50余万字，积累了小辉成长的点点滴滴。

故事背后的思考

基于个性化需求的制度设计、团队支持、课程设计、师资培养以及人文关怀，所做的努力都是为每一个特殊需求学生的发展提供了专业支持。这样的努力和付出，这样的坚持和不放弃，或许就是历经五年后奇迹终于发生的原因。

小辉的成长让我们看到了生命的改变,感受到了特殊教育的意义,体会到了教师的价值所在。我们参与在生命的改变中,很辛苦,很幸福。当看到小辉写的这首小诗和带有错别字的感恩话语,我们觉得所有的付出都值得。

小辉的成长让我们看到了生命的改变,感受到了特殊教育的意义。虽然他只是我校随班就读工作中的一例个案,但有时我觉得,特殊教育就是普通教育,或者说普通教育就是特殊教育。因为每个孩子都是不一样的,每个孩子都是唯一的,每个孩子都是特殊的,每个孩子都需要融合。

在这过程中,要有牵着蜗牛去散步的耐心,慢慢陪伴每个孩子的成长;要有水滴石穿的坚守,静静等候每个生命的绽放。要坚信,再黑的乌云,经过太阳的亲吻,也会变成绚丽的彩霞。

(三)学校文化的继承与发展

2009年,我接过前任校长的接力棒,担任罗店中心校的校长。当校长的第一天,我站在校长办公室的窗口,看着自己熟悉的师生忙碌的身影,深感自己身上的担子沉甸甸的。那时我心里热血沸腾,刚当校长的我,一心想把校长这个新岗位工作做好,很容易以"强势"的行政方式去推进工作。其实,学校是一所具有100余年历史的农村老校,有着太多优秀的传统值得骄傲,光是把学校优秀的办学传统发扬光大就不是件易事,要锦上添花就更难了。当时尽管我铆足了劲,但是我冷静下来了。我深知,办好一所学校,仅靠一个人的力量和努力是远远不够的,必须有一个团结、进取、高效、务实的领导团队,必须要有敬业、勤奋、爱生、专业的教师群体,更要有厚积薄发的激励师生奋进的学校主流文化。"新官上任三把火"曾经使我躁动过,差点误把别出心裁简单地看成创新。我经常提醒自己必须谨慎思考"继承与发展"这对关系,不能浮躁,要努力学习学校积淀的教育文化,学习历任校长的办学风范,学习老师们兢兢业业的品格。这些使我从心坎里听到了一种责任的呼唤:要把这所农村老校视为一个品牌来经营和维护,力求实现品牌增值。同时,品牌学校又应该是有特色的,我更感到历史的责任。在各级领导和教育前辈的谆谆引导下,我着力关注传统继承与战略管理的关系。

有了这样的认识,我有追求、有自信、有创造,并能快乐地工作着。学校德育工作的思考、教师队伍的建设、课题教学的研究、教科研的探索,经常盘旋在我的脑海里。我力求在继承上求发展,依靠科研兴校。我们继承了学校感恩教育，开展了"'五恩'体验—践行"教育模式的实践研究，并发展为"五恩教育"。学校提出了"孩子：让世界充满感恩"，以此来凝练学校个性，熔炼品牌精髓，在特色上做文章，初步确定了学校德育的办学特色，被评为2011年上海市德育优秀项目，2022年获得上海市教学优秀成果二等奖。就是这样，在正确的教育价值观念的引领下，我秉持"启梦之魂"，逐步走上了"启梦之旅"。

前十年，后十年

学校教师现状：两头多，中间少。如何让前十年的"新苗"早日开花绽放？如何让后十年的"老树"依然绿意盎然？

价值引领，点亮教师教育梦想。校长勉励教师："做最好的自己，做学生成长道路上的燃灯者。"在这样的教育价值引领下，学校形成多元的培训模式，有行政成员的"问题化"研讨、骨干教师的主题论坛、"学科青芃坊"的主题研讨、班主任的网络培训、师徒结对的捆绑带教、全体教师的"菜单"管理、读书交流讲座、课题嘉年华等，还推出了"六类课型"的主题课堂研讨模式等。全体教师在专业发展之路上，心怀梦想，坚持前行。

项目创建，成就教师职业幸福。在学校发展过程中，通过项目创立，形成团队建设，发挥骨干教师引领作用，不断激发教师主动发展的内驱力，让他们在获得成功的同时，感受到职业幸福。如科技辅导员带领多个学科的一批青年教师组成科技团队，集思广益，使得科技特色在传承中创新发展，今年在世界头脑奥林匹克总决赛、国际发明展、全国青少年创新大赛等比赛中，荣获多项金奖。科技辅导员被评为"上海市乡村名师"，这批青年教师也得以成长。

课程建设，助推教师专业成长。在创新优质学校之路上，以课程建设为抓手，带领全体教师开启课程开发之路。2014年，集全校教师之力开发了160课时的《蒲公英》种子课程；2015年，创设了深受孩子们喜欢的积点评价；2016年，设计了孩子们喜欢的《野百合》活动课程；2017年，完善了孩子们喜欢的100门《七色花》社团课程；2018年，出版了学校拓展型校本课程《启梦》一书。所有的这一切，学校老师们人人参与，没有一个例外。学校课程得以完善的同时，无论是老教师，还是小青年，跨学科教学的专业能力得以发展，课程整合意识、课程执行力也得以提升。

继承与发展实际上是一个学校教育文化理性的问题。文化理性是态度和行为的统一体,不仅表现为对待文化的态度,还外显为对待文化的行为。文化传承不仅需要人,其最终目的也是为了成就人、发展人。在现代社会中,文化传承表现为主体的多元化和方式途径的多样化,并集中体现为有意识传承与无意识渗透相统一的特点。学校教育文化传承需要文化理性,它既遵循了文化传承的特点和规律,也是学校教育文化传承的现代诉求。

学校文化理性作为教育者认识办学与教育的一种价值取向,人们赋予其认识论的意义和色彩。我认为,学校文化理性主要的含义是:第一,是一种世界观,它把世界看成是一个合乎理性的世界,运用理性认识教育与世界的关系,相信教育的力量;第二,是一种教育哲学,以理性看待教育,遵循理性把握教育规律;第三,是一种学校教育文化传统,它尊重学校文化形成与发展,崇尚学校教育文化的扬弃。学校文化的扬弃强调继承和发扬学校以往内部积极、合理的因素,同时抛弃和否定以往内部消极的、丧失必然性的因素,是发扬与抛弃的统一,更是继承与发展的统一。校长应该具有文化理性,教育文化理性不仅是认识论上的理性,也是理性态度和理性行为的统一。学校文化理性的态度让我们始终持有对学校办学的理性精神,从理性的角度认识学校办学现实;理性的行为,让我们坚持实事求是,从学校的本来状态出发,理性地把握学校办学实践的方向,寻求完满办学路径。(王平,文化理性:学校教育文化传承的现代诉求,教育科学论坛,2010,第6期)

本着学习文化的理性,我在办学过程中认真处理好继承与发展,下面是2015年我的一次大会发言。

历史精神文化
——校园创新文化建设的传承与发展

今天站在这里——宝山区科技节闭幕式的舞台上,吴站长要求我谈学校文化的传承与发展这么高大上的主题,时间5分钟,我觉得很难。再三思虑之下,仍觉诚惶诚恐,因才疏学浅,只能姑妄言之,大家姑妄听之。

今天让我们相聚在一起的是学校科技工作。科技教育,作为学校教育的一个重要组成部分,需要用文化的方式引领和发展。而学校优秀文化的形成和坚持,需要历史的积淀、精神的引领和文化的传承和发展。近期来过我们罗店中心校的老师都走过我们的科技长廊,看到过我们科技长廊地面上那绵延的一个个脚印。事实上,那里的每一个脚印都是一种传承,脚印与脚印之间每一次向前的跨越和落地都象征着一次发展。

一段历史积淀一种精神

每一所学校的发展都离不开适合其生长的土壤，而适合其生长的土壤就是在学校历史的传承和积淀中生成的。在我们学校的"科技之路"长廊上，有我校第一任科技辅导员滕锡高老师的浮雕。浮雕上的这位老人开启了我校的科技之路，是他作为领军人物成就了我校的科技特色，历经几任校长、几任科技辅导员衍续至今整整30年。受滕老师终其一生无私奉献农村学校科技教育的精神感染，之后在我们学校的各个岗位上涌现出许许多多这样的好老师。这块浮雕就是学校的一段历史，这段历史积淀的正是一种学校精神。一所学校草根的、独有的、平民化的东西变成了学校的精神。这也就是我们学校2013年9月搬迁至新校舍后我坚持从老学校移植了三棵香樟树过去的原因。这三棵香樟树是26年前我和学校一些老教师一起亲手栽下的，它们"见证"了学校的点滴发展和进步，"目睹"了教师的无私奉献和付出。滕老师的浮雕和香樟树不仅是一种物化资源，更是一种教育资源；它们，不单单是一段历史见证，更是一种学校精神的象征。

一种精神引领一种文化

一所学校是会被学校精神所熏染的，从这个学校走出来的每一个老师、每一个学生都会被深深烙上这所学校所特有的精神烙印。久而久之，这种精神烙印就形成了一种学校文化。文化，是长期坚持后自然而然形成的。比如说：在滕老师的带领下，学校每年11月份是校园科技节，就算科技辅导员换了一个又一个，我们的科技节还是每年一次，雷打不动，至今已举办了27届。它在孩子们的心中就像中秋节吃月饼、元宵节吃汤圆一样自然。又如：学校有很多的制度和规范，这些制度和规范经学校成员的认同后，不仅能促进师生良好品行和价值观念的形成，更能凝结为一种无须强制就能在师生中自然传承的精神文化传统。再如，学校凝练的办学理念、校风校训、育人目标等都是一种精神，它指引着学校的办学方向，影响着校内成员的价值取向，经过历史的积淀、选择、凝聚，最终也会形成一种更高境界的文化。

一种文化塑造一所学校

说到底，一所学校还是要靠文化来塑造的。在这个过程中，"传承"和"发展"仍旧是两个关键词。"传承"，让学校文化拥有根系，把师生的"血脉"连接上"历史"。让学校文化汲取"原来历史"中的"营养"。"创新"，让学校文化持续发展。给师生的"血脉"连接上"未来"。因此，学校要在传承的基础上积极做出符合时代要求的文化重构，才能取得在学校未来发展选择中的自主地位,才更有可能建成底蕴深厚、内涵丰富、品质优良的特色学校。

近几年,我校在"传承"的基础上不断"创新"。在坚持科技特色创建的道路上逐步形成了头脑OM、创造发明、生物与环境、车辆模型四个科技品牌项目,先后加入了区车模联合体、创造发明联合体、工程技术创新教育联合体;学校大力培养优秀科技教师团队,开展丰富多彩的社团活动,让科技特色教育的普及面和参与面大大提升;学校积极整合校本资源,推进科学人文素养核心课程建设,鼓励每一个孩子积极动手动脑,发明创造;学校大力建设科技创新屋、"泥趣坊"、少先队活动室、"梦工场",开辟校外实践点,让孩子们在亲身体验中自主学习、快乐感悟;学校用积点评价活动激发学生参与活动的积极性和主动性,让孩子们的点滴进步和努力都得到肯定。学校从宝山区科技特色学校,发展成为上海市科技特色学校、上海市创新培育基地、上海市知识产权试点学校,直至全国科技教育优秀试验基地、全国特色学校、全国创造发明示范基地,这些都是文化"传承"与"发展"后结出的硕果。

历史经过积淀变成精神,精神通过发展成为文化,而文化则是学校可持续优质发展的宝贵财富。我们的学校就是在历史的积淀中,在精神的引领下,在文化的传承与发展中薪火相传、生生不息的。本届校园科技节提出的"让学生成为科技活动的主人"这一理念,就是一种精神。我相信,这种精神也必将成为一种文化,这种文化也必将推动我们宝山科技教育走向更加辉煌的明天。

在多年的办学中,校长要增强学校文化的理性,应关注两个方面:

一是学校办学中文化传承需要理性的态度。学校文化的理性态度要求我们必须认识到什么是学校文化传统,有哪些学校文化传统。学校文化传统不是文字游戏,应该是学校师生在长期的从事教育与学习过程中、学校发展中经过不断的文化选择、文化更新、文化积累而形成的,具有学校组织与群体的文化特质。有学者就把文化传统分为知识经验、价值体系、思维方式和语言符号这样几个方面。学校文化传统的存在,不仅是作为一种客体的存在,而且受到师生思想和实践活动的影响,带有深深的学习成员的烙印。它在师生的影响下产生、发展、传承和创新。正是因为学校文化传统与办学之间的这种关系,才使得学校文化传统对学校办学产生了极其重要的影响:学校师生在学校文化的滋润下发展与成长,在学校文化的传承中影响自己的价值观与思维方式的形成,并最终影响师生的成长与发展。校长对办学中的学校文化传承,不仅要认识到学校文化自身的价值和意义,还要认识到学校文化对学校成员的积极作用。

二是学校办学中文化传承需要理性的行为。学校文化的传承主要通过课程来实现。课程在文化传承中占有重要的地位。但是也不应该片面地把课程看作是学校中文化传承的唯一渠道,在学校文化传承中,一味地强调开设地方课程、研发校本课程,让传统文化走进校园,走进课堂。其实,学校文化传承有着多渠道、多方位、多形式的实然状态。学校教育中文化传承的方式、方法,必须尊重文化传承的本有特征和属性,否则不仅不符合文化传承的规律,造成文化传承效果的不理想,而且也不符合学校教育自身的特点,甚至会造成学校教育秩序的混乱与功能的下降。学校文化理性强调学校文化传承与发展,课程不是学校教育文化传承的唯一手段,要注重学校中其他的文化传承方式,把单一的课程传承方式和其他传承方式结合起来,特别要重视学校中隐性文化形态在学校文化传承中的作用。积极建设好校园文化、班级文化,组织和利用好社团活动等多种文化传承的平台,实现学校文化传承的多样化,发挥学校的文化传承功能。

学校文化的创新发展
——"启梦"之旅

我们学校地处上海市"一城九镇"之一的古镇"金罗店",始建于1911年,是一所百年农村老校。生源一半是本地农村孩子,一半是外来务工人员子女。

因为地处农村,和城区学校相比,存在着家长对教育的重视程度不够、学生课外生活方式比较单一、校外活动场所无法满足需要、精神文化生活贫乏等一系列实际问题。这些问题在一定程度上都制约着孩子们的成长,也制约着学校的发展。说实话,每当参与各项市区级活动,看到城区的孩子们在舞台上熟练地演奏着各种乐器,看到他们跳着优美的舞蹈,看到他们拿着照相机、举着摄像机、挂着记者证东奔西跑的时候,我的心里总是有一种异样的感觉。异样是因为与之成鲜明对比的是在市、区各级比赛中,很少有我校孩子的身影。作为一名校长,我非常渴望看到我们罗店中心校的孩子也能在各方面得到锻炼和发展。

经过认真的思考,又通过多次班子会议、行政例会的商量和讨论,我们重新凝练了学校的办学理念:播下兴趣的种子,奠基孩子的未来——让每个学生健康快乐地成长。我希望我们学校是孩子们的乐园,我想给孩子们播下一颗颗兴趣的种子,结合我校实际,有科学兴趣的种子,有艺术兴趣的种子,有运动兴趣的种子,有学习兴趣的种子,有感恩意识的种子。我希望这些种子在小学五年的时间里慢慢发芽、生长,能奠基、成就孩子们的未来。

基于这样的办学理念,我带领全校老师们开启了我校的"启梦"之旅。

（1）创办蒲公英学校少年宫

2012年,学校克服重重困难创办了宝山区第一所学校少年宫,旨在通过少年宫的社团课程给孩子们播下兴趣的种子。为此,我们白手起家开创了一个个特色项目,铜管乐、沪剧、车模、棒球、足球、彩灯、陶艺等,从无到有,从有到优,目前少年宫有31个活动项目,每周六上午有900多名学生免费参与活动,为农村孩子们的双休日生活增添了丰富的色彩。

（2）争创新优质学校

2013年起,我们积极争创宝山区首批新优质学校。我校以科学人文素养课程建设作为新优质学校创建的有力抓手,确立了课程理念、构建了课程结构、建立了培育体系。在这个过程中,我们力求惠及每一个孩子,旨在播下兴趣的种子,让每一个孩子找到合适自己的课程来学习和实践。

（3）开发孩子们喜欢的课程

为了满足学生的多样发展需求,让孩子们找到自己喜欢的课程,从2014年至今,整整四年时间,老师们放弃了寒暑假的休息时间,自主开发了160课时的限定拓展课,在自主拓展型课程领域开发了51门社团课程,在蒲公英学校少年宫中开发了31门社团课程,在每天快乐330时开发了18门社团课程。每周在不同时段总计有100门社团课程,供孩子们发展兴趣,个性成长。

（4）开展孩子们喜欢的活动

围绕课程建设和实施,我们设计和开展形式多样的活动课程,每年有不同主题和内容的童话节、数学节、英语节、科技节、艺术节、体育节、感恩节、彩灯节;有罗小好声音、罗小达人秀、罗小好图画、罗小好创意、六一展演等专题性活动;有各年级成长礼:一年级入团仪式,二年级入队仪式,三年级十岁生日礼,四年级大手牵小手活动,五年级毕业典礼;每年有八大感恩主题月,每月有一个感恩统一行动日,每班有一个校外感恩实践点;每天中午有家长任教的微课,有每班轮流的罗小天天演。丰富多彩的活动给每一个孩子提供了成长和展示的舞台。

（5）创设孩子们喜欢的评价

在新优质学校创建过程中,我们设计开展了深受学生喜爱的积点评价活动。涉及学科类、活动类、行规类三个方面。孩子在校内外的每一次参与、每一份努力、每一个进步，都会获得相应的积点。孩子们用积点可以兑换物质奖励、荣誉奖励、活动奖励。积点评价让每一个孩子都得到了关注、认可和激励。

（6）梳理架构《启梦》课程。

经过六年的实践，我们构建了学校"科学人文素养"课程体系。在这过程中，我们把重点放在拓展性课程的开发与实施上，因为我们想给每一个孩子播下兴趣的种子，想让每一个不同的孩子找到适合他（她）兴趣发展的个性课程。经过梳理和架构，我们把我校的校本拓展型课程命名为"启梦"。之所以命名为"启梦"，是因为我们希望"启梦"课程能开启、点亮孩子的梦想，能奠基、成就他们的未来。

我们的"启梦"课程包含"蒲公英"课程、"七色花"课程、"野百合"课程和"积点"评价。

"蒲公英"课程相当于学校的种子课程，一至五年级每周1课时，五年共计160课时，旨在让学生了解具有地域特色和学校特色的众多社团项目，让这些社团项目像蒲公英的种子一样广泛播撒，在每个孩子心田生根发芽。

"七色花"课程就是学校的社团课程，旨在通过每周不同时段100个社团的开设，让每个孩子能根据自己的兴趣爱好，自主选择参与七色花般丰富多彩的社团，满足个性发展的需求。

"野百合"课程就是学校的活动课程，旨在通过丰富多彩的活动，给孩子们搭建展示自我的舞台，让我们的农村孩子也能像野百合一样绚丽开放，迎来属于自己的春天。

"积点评价"是我们学校实施《启梦》课程后自主创设的评价机制，它让每个参与《启梦》课程的孩子得到关注和鼓励，深受孩子们喜欢。

《启梦》一书是我校《启梦》校本拓展型课程的汇编，是我们走过的六年"启梦"之旅的阶段性总结。在这过程中，我们学校上下一心，众志成城。我们心怀教育理想，不断努力，坚持前行，终有回报：这几年，我们获得了全国特色学校、全国乡村学校少年宫、全国优秀科学教育实验基地、全国创造发明示范基地、全国青少年棒球发展计划定点培训学校、全国中小学中华优秀文化艺术传承学校、全国头脑奥林匹克OM比赛第一名等荣誉。

感谢学校所有的老师！感谢曾经给予我们《启梦》课程指导的专家们：沈祖芸老师、陈飚老师、卞松泉老师、章本荣老师、张洁华老师、王红老师……

我们力求惠及每一个孩子，希望我们的《启梦》课程能满足不同孩子的需求,能促进每个学生的自我成长,能在孩子们的心头播下一颗颗兴趣的种子、希望的种子。

我们播下种子,我们洒下阳光雨露,而后,静待花开。

(四)建构学校主流文化

学校文化建设中有一个非常重要的问题,就是主流文化。这个学校与那个学校的重要区别在于学校的主流文化。学校有怎样的主流文化就有与之相应的学校面貌与品质。

1. 学校主流文化的价值追求

学校主流文化是一所学校在一个时代所倡导的、起着主要影响的学校文化。学校主流文化具有融合力强,传播面广阔,社会认同广泛等特点。学校主流文化是社会主流文化在学校文化中的反映,是社会对学校教育的要求的反映,也是传播与选择的结果。每一所学校的文化是客观存在的,但是有时人们不一定能意识到,忽视了它的存在。学校主流文化,对于不同学校是各不相同的,这取决于主流文化在学校的地位与作用。学校主流文化既是学校办学面貌与品质的反映,也是一个持续发展的过程,学校在不同时期会有不同的主流文化。当学校主流文化健康而深厚,学校发展就顺当而富有成效;当学校主流文化模糊不清时,学校发展就会停顿不前,波动曲折。

我认为,学校主流文化在学校里一般有三种存在的状态:一是学校主流文化健康、清晰、合理,具有强烈的引导力,对师生的行为产生强力影响。学校的亚文化融于学校主流文化之中,学校具有很强的凝聚力,办学行为协调。二是学校主流文化不当,这主要不是出在学校文化的文字表述上,而是办学行为所表现出来的学校主流文化出现偏离。例如,当我们在推进素质教育的时候,有的学校曾搞阴阳两套课表,加大力气搞基于升学率的应试教育。这样的主流文化必然对学校办学造成严重伤害,也许是隐性的伤害,暂时不会被人们所觉察。三是学校主流文化不清晰,缺乏应有的引领作用。在这种学校文化背景下,积极的事物得不到强有力的支持,消极的事物也有一定的“市场”,学校缺乏进取的精神,办学成效也许“过得去”。

学校主流文化建设是一个价值追求的过程。学校主流文化的核心就是学校的办学理念、学校的培养目标。我们确立了学校培养目标——“崇尚科技　践行感恩”,这个培养目标从科学素养与人文素养上提出,体现了当今教育的核心素养培养的价值取向,也是基于学校办学传统,历年来教育优势、教育资源的积沉。学校的主流文化似乎是无形的,但它却是以实在形式表现出来的,见无形于有形。学校主流文化是通过学校的教育、教学与管理表达出来的。有怎样的学校主流文化,就会有怎样的办学行为。下面摘录《文汇报》专题文章:

为"播下兴趣的种子"提供肥沃的土壤为"奠基孩子的未来"创设最好的教育

点亮智慧成长的"心灯" 壮实展翅高飞的"翅膀"

——上海市宝山区罗店中心校
"引导每一个学生健康快乐地成长"显成效

上海市宝山区罗店中心校,是一所有着悠久建校历史的老校。2013年9月,学校迁至新校区罗新路765号,占地47亩多空间的扩容和现代教育设施的配备,让学校迎来了一个崭新的发展期。

"播下兴趣的种子,奠基孩子的未来——让每一个学生健康快乐地成长",是学校的办学理念。校长金志刚说,"兴趣的种子"是全方位的,指学习兴趣的种子、科技兴趣的种子、艺术兴趣的种子、运动兴趣的种子以及感恩意识的种子,最终目的是通过播下兴趣的种子,奠基孩子的未来,引导每一个学生健康快乐地成长。学校坚持"1+4"特色创建,"1"指的是学校整体的科技特色,它是学校发展的支柱品牌;"4"指的是4个特色项目。即德育上的感恩教育活动、基础教学上的语文特色学科、拓展型活动课程上的乡村学校少年宫、硬件软件上的校园环境文化。

科技教育,是学校坚持了三十几年的传统特色。学校始终坚持以陶行知所言的"人人是创造之人,天天是创造之时"为活动宗旨,提出了"创造发明,并非只是爱迪生的故事"的活动口号,学校鼓励孩子动手动脑、发明创造,至今已拥有120多项发明专利。另外学校还创编了《创造发明与知识产权》校本课程,推动了学校科技教育健康有力地发展。学校每年举办科技节,每年组织学生参加全国、市头脑奥林匹克及创新大赛,硕果累累,获得了喜人的成绩。

学校面对新时期人才培养的需求,面对创建新优质学校的现实,深化科技教育,提出将科技与人文结合起来,并构建了"科学人文素养"课程体系。整个课程分为三大板块,即科学与社会、人文与艺术、健康与运动。其中也包括小学阶段基础型课程,这些基础型课程都在"科学人文素养"课程中发挥着重要的作用。在推进过程中,学校建立了以"课程"和"活动"两个维度展开的培育体系。

感恩教育活动是学校的四大特色之一。学校于2010年形成了"五恩"教育体系,提出了"识恩、知恩、感恩、报恩、施恩"的教育内容,并归纳、总结出了"一个理念、二个基点、三个维度、四个原则、五个策略、六个途径"的操作体系。学校每年有八大感恩主题月,每月有一个"感恩统一行动日",每年12月31日为一年一度的校园感恩节。在感恩文化的引领下,教师们怀着感恩学校、感恩家长的情怀努力工作着;学生们怀着感恩师长、感恩社会的激情勤奋学习着;家长们怀着感恩学校、感恩教师的共鸣积极配合着。学校上下齐心协力,为办人民满意的教育而努力工作。

为了丰富孩子们的业余生活,让他们本来贫乏的精神文化生活变得丰富多彩起来,学校于2012年初创办了蒲公英乡村学校少年宫,让孩子们实现"快乐双休"的美好梦想,同年11月又被命名为全国乡村学校少年宫。目前,学校少年宫共有24个活动项目,26个活动小组。项目涵盖了音乐、舞蹈、美术、体育、科技等各个方面。学校总人数的80%的学生都会在周末参加少年宫活动,平时也有固定的活动时间。学校除了充分利用好校内教师的自身资源外,还邀请了社会上有一技之长的志愿者来"蒲公英"。学校力求"蒲公英"的师资队伍能朝着专家型、专业型不断发展,办宫思想从最初的"让孩子们来少年宫玩一玩,乐一乐"转变为"让孩子们充分享受到优质的教育"。

这样一所农村学校,呈现出了一派时代教育均衡发展的景象,因为这里是孩子们向往的地方。今日,学校以真心和爱心在学生的心田播下一颗颗文化的种子,期待着明日,每一个从罗店中心校走出去的孩子,都能拥有一个健康、快乐、幸福的未来。

这几年来,我感悟到学校主流文化的建设要注意以下四个方面:

第一,学校主流文化的价值主题

办学的价值领导依托的是教育价值体系,即学校价值观念与价值践行体系。这个价值践行系统的主题概括,用简要话语表述,就是我们的办学价值主题。

我们的价值主题是——"启梦",即实现学生发展的梦想、实现教师发展的梦想、实现学校发展的梦想。这三个发展梦想的内核就是"播下兴趣的种子,奠基孩子的未来——让每一个学生健康快乐地成长"。

我们的办学价值主题强调"以理念推进办学,以办学落实目标"。把办学价值与主流文化建设相融合,成为一种有形的可操作的价值主题、行动的号召。我们以学校办学理念引领办学,使学校的办学有明确的方向,坚持学校主流文化内容的价值正确,体现了学校文化理性与文化自觉。同时,我们坚持办学的行动落实目标,避免学校办学理念空洞化、主流文化与办学理念"两张皮",通过学校主流文化实现办学理念与办学目标。

第二,学校主流文化建设要开放包容

学校文化就如同江河一样,融汇各种涓涓细流后,才能历久弥新,焕发勃勃生机。学校主流文化建设要开放包容,才能形成主流引导下多元文化之间互动共生的良好局面。学校越发展,教师的教育创造力越容易被激发出来,不同的教学风格、教学主张、教学实践异彩纷呈;学校越发展,校长越要有开放包容的心态,鼓励教师不断吸纳国内外优秀教育方法,海纳百川,鼓励不同教育方式与方法健康发展,相互对话与交流,乃至碰撞,促进学校教育的进一步发展。学校各类文化都会在其各自的文化实践中寻找和确立自己的应有位置。在文化多元的时代,学校主流文化不再可能像以往那样以一种居高临下的方式强制大家接受,只有遵从文化发展的规律,通过自己独特的风格,才能赢得学校成员的认同。学校文化传播渠道的多样化和个性化日益明显,要努力在主流文化的熏陶下聚焦学校办学目标。

第三,正确对待学校中的亚文化

在一所学校里必然存在着亚文化,它可以是非主流的文化、非普适性的文化、局部范围的文化等,因此要正确对待。学校局部范围的文化,例如学校德育文化、课程文化、管理文化,一般而言与学校主流文化相一致的较多,但是一旦出现局部范围文化与学校主流文化不一致,就需要调整。如果判断这个"不一致"其实是本质上一致,是一种创造性的实践,就应该鼓励百花齐放;如果是与学校主流文化背道而驰,就应该用正确的态度,百家争鸣,用科学、合理的方式消解亚文化的消极因素,使之融合于健康的学校主流文化之中。至于在学校中处于边缘地位,反映的是部分没有或者暂时没有进入学校主流群体、获得主流文化认可的"边缘"或者"孤独"人群的文化自我认同,是交流代沟与学校结构矛盾的产物,有时体现于某一教师群体,例如某个教研组,或某个特定年龄群体、特定生活状态的特定文化形式、内容和价值观。对此,要认真调研、谨慎判断、合理对待,不能简单化处理。澳大利亚学者盖尔德认为,"亚文化群是指一群以他们特有的兴趣与习惯,以他们的身份,他

们所做的事以及他们做事的地点而在某些方面呈现为非常规状态或边缘状态的人"。实际上,具有相同价值取向与情感归属的亚文化社会群体也能够产生颇具规模的影响力。

第四,正确对待学校主流文化的终极价值与工具价值

主流文化建设中校长最容易碰到的困惑是终极价值与工具价值的冲突。

从终极性价值取向视角看,我们的办学价值主题提出了"启梦"——"播下兴趣的种子,奠基孩子的未来——让每一个学生健康快乐地成长"。这是一种价值导向,防止办学目标的异化。终极价值指的是人们最终想要达到的目标信念。办学的终极价值向度是学生的发展。办学必须研究学校学生的发展,如何提供满足学生发展的条件。在办学中我们突出了课程建设,关注学生学习方式的转变,促进学生发展。积极引领学校考虑课程与教学工作实施是否能让学生获取最佳的学习成果。我们申报了"小学生科学人文素养培育的统合性课程建设研究"市级规划课题,并展开研究。这个项目以"双素养"为价值取向,以"统合性课程建设"为行动策略,落实"播下兴趣的种子,奠基孩子的未来——让每一个学生健康快乐地成长"的教育价值的认识。正是从终极价值取向出发,落实办学目标与培养目标。

从工具价值取向视角看,我们的办学价值主题强调了"以理念推进办学,以办学落实目标"。这是表明我们实现"让每一个学生健康快乐地成长"这个终极价值目标应该通过什么方式,这就是办学的工具价值取向。工具价值反映了人们对实现既定目标手段的看法。罗克奇在其名著《人类价值观的本质》中,提出了终极价值和工具价值的成分。其中关于终极价值的成分,涉及幸福、愉快、自尊、成就感、社会认可、内心和谐、令人兴奋的生活等,关于工具价值则涉及负责、热爱、助人、才干等。办学的工具价值依赖于办学的终极价值而存在。办学的每一项工作内容和具体目标都应该适合办学的终极目标。我们的价值主题强调为学校的可持续发展提供支持,更表现为"融合、支持"。我们强调办学为教师成长提供支持,为学生发展提供支持,通过支持真正落实办学目标。支持性办学就是要让师生明白办学对自身的好处,通过支持性教育服务激发学校师生在感情上的认同与认知上的接受。"融合"首先是价值观念上的融合,体现责任与民主,进而实现在感情上、行为上的融合。我们把握了办学价值主题,使我们的办学工作无论在办学的具体目标的确立,还是办学的总体目标上都能十分一致,并取得了办学的积极成效。

我们在办学实践中深刻地领悟到,终极目标与工具目标尽管有着区别,但必须在办学过程中有机统一。具体的办学工作目标的设定要服从于办学终极目标，不能认为终极目标"有点空"而忽视。其实终极价值具有导向性，并以此对可能的理想结果作出预见。只看见工具目标，认为非常实在，其实是"只见树木，不见树林"，容易迷失办学工作的方向，陷入具体事务，片面追求短期目标，而缺少考虑长效机制、关键项目的推进。办学的终极价值关切师生幸福和社会发展。即使在某段时间段里或者某项工作中，办学的短期性的、具体的目标也是服务于根本性目标。

虽然办学的工具价值是被办学终极价值所决定的，但办学终极价值并不能单独存在，是通过办学具体目标的实现而实现的。办学作为实践活动必须有价值参照和支撑，我们的"播下兴趣的种子，奠基孩子的未来——让每一个学生健康快乐地成长"这个办学价值主题，正是从终极价值与工具价值的整合上追求学校的自主、合规律发展与学生健康快乐成长这样的根本目的，并通过一件事、一个人的认真推进，使工具价值的实现为终极目标的实现作出贡献。

2. 校风建设表征学校文化

办学的价值领导的基础层面是行为层面，一般表现为办学采取的举措和办学人员的办学行为。办学的价值领导及办学的价值观念以其外显行为践行，才具有价值意义。没有践行的价值观念是口号，空谈误事。

办学的价值领导重在践行，我的体会是可以从表征学校文化的校风着手，使学校教育价值可视化，学校办学理念转变为师生的行动。校风建设落实于教育任务与办学项目的实施之中，通过学校的办学举措与师生的行为具体展开。因此校风是在一定的办学理念的指引下作出的选择。怎样的校风反映了怎样的办学价值观与价值观的践行，校风是学校文化的一种显性的文化形态。

扬感恩文化 创积点评价 促行规实效
——罗店中心校争创新一轮上海市行为规范示范校汇报

尊敬的各位领导、各位专家：

我校地处上海市"一城九镇"之一的金罗店，是一所百年老校，现有教学班30个，学生1 173人，教职工90人。下面，我分三方面汇报我校行为规范教育建设情况。

一、学校行规教育目标

1. 学校行规教育总目标

围绕"播下兴趣的种子，奠基孩子的未来——让每一个学生健康快乐地成长"的办学理念,构建学校行规教育分层体系,以《小学生守则》为依据、以学生自主管理为主导、以感恩文化为重点、以体验感悟为途径、以养成良好习惯为突破口,培养"善学习、勤实践、知感恩、有梦想"的罗小少年。

2. 学校行规教育分层目标

我们鼓励学生用大脑学习、用双手创造、用心灵感恩、用兴趣起航,并从善学、静思、实践、创新、自主、快乐、健康、成长八个方面建构了学校行规分层教育内容体系,并分低、中、高三个学段提出了不同的行规教育分层序列目标。

低年级的培养目标是:把低年级学生培养为热爱学习、勤于思考,热爱劳动、乐于探究,遵守校规、识恩知恩,讲究卫生、热爱自然的罗小好儿童!

中年级的培养目标是:把中年级学生培养为认真学习、勤思好问,积极活动、热爱科学,遵纪守法、知恩感恩,积极锻炼、保护环境的罗小好少年!

高年级的培养目标是:把高年级学生培养为敢于质疑、主动反思,敢于实践、勇于创新,自主发展、报恩施恩,健康快乐、兴趣广泛的罗小好学生!

二、学校行规教育举措

1. 课堂渗透

学校严格做到午会、班会专课专用,使行规教育的时间和主阵地得到充分保障。同时,集全体班主任之力共同开发了一至五年级行规校本课程,使学校的行规教育内容更加具有针对性。学校发动各学科教师制定了《学生课堂习惯规范要求》,包括课堂举手的规范、回答问题的规范等4个方面,并在各学科课堂中加以落实,制定了《一年级行为习惯培养细则》并开展了学习准备期一日视导。

2. 活动体验

学校定期开展行规主题教育活动。如贯穿一学年的"我爱我家"建设行动,鼓励全校学生共同争创"干净之家""美丽之家""文明之家"……又如贯穿全年的感恩主题月,三月感恩父母的养育、四月感恩先辈的奉献、五月感恩艺术的熏陶、六月感恩社会的关爱、九月感恩师长的教诲、十月感恩祖国的哺育、十一月感恩科技的启迪、十二月感恩伙伴的帮助。我们还提出了"人人落实班级小岗位,人人成为班级小主人"的行动口号,孩子们积极参与,在活动过程中提升了行规水平。

3. 自主管理

学校坚持开展"我是校园小主人"轮值行动,每个楼面、每周轮流由一个班级负责楼面学生的课间休息、文明用厕、节约水电等各项工作的监督、检查、评比,队员们自主管理,相互监督,身体力行做学校的主人。

4. 帮教辅助

对于一些在行为习惯、学习习惯方面表现较差的孩子,我们通过党员"三联系"、退休教师"四帮一"、知心姐姐"心理咨询"、爸爸妈妈"齐助力"等途径与他们沟通,帮助他们改正缺点。

5. 家校合育

三年前,学校启动了"科学人文素养家长微课进校园"活动,至今已有近270位家长为我校的孩子们带来丰富多彩的教育内容。每学期学校都会优先落实行规类课程,家长协助学校共同培养孩子的优良品行。

6. 多元评价

学校通过丰富多彩的评价方式助推学生良好行为习惯的养成,有学生对行为表现的自评和互评;有学校通过行政评、班主任评、任课老师评相结合的方式产生的"行规进步之星""行规示范班""广播操流动红旗""感恩之星";有家长对学生在家学习习惯、生活习惯的评价,对班级学生行为习惯的评价;有导游、活动基地工作人员、村居委对学生参与社会实践活动情况的评价等。

三、特色与品牌

(一)感恩教育

感恩教育是我校坚持多年的品牌项目,在区内有一定影响力。我们提出了"识恩、知恩、感恩、报恩、施恩"为主要内容的"五恩"教育体系,从"认知、情感、行为"三个维度加以建构,并提出了"一个核心、两个基点、三个维度、四个原则、五种策略、六条途径"的基本框架。学校每年有八大感恩主题月,每月有感恩统一行动日,每周有感恩校本课程,每班有一个感恩实践点,每年有校园感恩节……《感恩教育中激发少年儿童自主行为的策略研究》获上海市少先队调研奖一等奖,《小学生"五恩"体验——践行教育模式的实践研究》获上海市学校德育"德尚"系列研究课题成果一等奖,同时被评为上海市中小学德育优秀项目奖。学校在坚持多年开展感恩教育的基础上积累实践经验,出版发行了《孩子,让世界充满感恩》一书。

(二)积点评价

如何通过孩子们喜爱的评价方式来促进学生良好行为习惯的养成,是我们一直在思考的问题,积点评价就是这样应运而生的。

我校积点评价分为学科类、活动类、行规类、称号类、参与类五大部分。

其中行规类包括荣获"罗小进步之星"得5个积点,荣获每周"行规示范班"称号的班级,班中每个学生得1个积点等17个方面的内容。

我们把评价与评优表彰相结合,鼓励学生自我教育、自我约束;我们把评价与集体荣誉相结合,培养学生的集体荣誉感;我们把评价与行规每月主题活动相结合,鼓励学生在活动中养成良好行为习惯;我们把评价与优秀品质表彰相结合,积极宣扬弯腰行动、拾金不昧、乐于助人等优秀品质。

获得积点累计到一定的点数,孩子们可以到我们的梦工场兑换自己喜爱的奖品和活动。例如:可以用50个积点兑换一个储蓄罐,可以用100个积点兑换"和校长喝下午茶"的机会。

积点评价调动了学生们主动参与的热情,丰富了行规教育的方式,提升了学校德育教育的成效,得到了学生、家长、老师的一致认可。

在感恩文化的引领下,近几年,学校各方面工作取得了一定的成效。获得了全国特色学校、全国优秀科学教育实验基地、全国学校少年宫、全国宋庆龄少年儿童科技发明示范基地,连续多年荣获市安全文明校园、市行为规范示范校、市红旗大队、市少先队工作示范校、市家庭教育基地校等荣誉,2016年5月,我校又被命名为首批上海市中小学德育教导跟岗基地。我们将以此为动力,继续摸索,不断前行,也期待在座的各位领导、专家给予批评指正。谢谢!

从上述汇报中,可以看出作为校长在校风的树立之中负有重要的责任,校长的价值领导的基础层面,就是校风的建设。校长应在校风建设中把学校价值引领、各项工作融合作为着力点,并发挥好四种价值引领行为:

(1)引领性行为。校长一定要以学校办学理念引领全校师生确立校风,践行校风。在确立校风过程中要慎重,不追求校风文字的华丽,而是要切合校情、切合教育本义。

(2)指导性行为。在校风践行中校长要透过教育、教学与管理进行校风建设的指导,通过教学的听课评课、项目的建议与策划、活动的组织与实施、师德建设与专业发展等,结合实际把握指导尺度。

(3)示范性行为。校风建设中首先校长要以身作则,垂范于师生,同时也要关注学校干部的以身作则,以真善美的道德行为推进学校各项工作。也要发挥名师、优秀教师等在校风建设上的作用,特别是这些优秀教师的专业精神、职业品质,对于校风建设有着春风化雨、潜移默化的影响。

（4）学习性行为。校风建设要重视认知上的提升，要让全体师生明确学校的校风，以及如何践行。同时也不能仅停留在认知上，要通过大量的各种活动，增强师生对校风的情感体验，并上升为认同校风的信念。校长要善于从知情意行上提升师生践行校风的自觉。

三、教育梦的追随者——我的校长成长之路

（一）教育梦的追随者

校长的人文高度决定学校的发展高度。我总是诚勉自己"只有对人尊重，对人文力量肯定，对人格追求完善的领导，才能使我们的教育充满人性和人道，从而显示学校的教育高度"。在学校发展的道路上，我丰富了精神世界，追求教育的理想，开启美好的梦想，让我们"播下兴趣的种子，奠基孩子的未来——让每一个学生健康快乐地成长"。

尽管我们是农村小学，但我和老师们创生了自己的办学理念，追求我们美好的教育梦想，十余年来我们学校一直大踏步地走在"启梦之旅"中。我和伙伴们是这样想的：有梦想，会使我们内心充实，思维活跃，会使我们更有品位，生活更加丰富；有理想，会对学生的心灵丰满和精神充实有一种自觉而又自然的引领；有思想，使得我们不人云亦云，盲目简单化，使我们葆有自由意志和独立人格。让教育充满梦想，让思想充满智慧。

2013年我主编的专著《孩子：让世界充满感恩——"'五恩'体验—践行"教育模式的实践研究》由文汇出版社正式出版，它凝聚着我们学校德育艰辛的探索历程，更是开启了学校发展的启梦之路。紧接着，我们又在课程教学领域展开变革，推进《小学生科学人文素养培育的统合性课程建设研究》。我们以《启梦》为书名，表明我们希望通过各类课程在孩子心中播下一颗颗兴趣的种子，从而开启、点亮每个孩子的梦想。相信孩子有了梦想，就能自我突破，走向成功。我带领着全校教师朝着这个梦想一路前行。无疑，这种梦想是美好的，这种实践是坚实的。学校现在已经成为一所具有全新发展理念的示范性学校，已经成为一所社会闻名、家长称赞、学生向往的名校。这就是作为校长一直怀揣着的教育梦。

校长不能仅是学校事务的管理者，而必须是一个领导者，"用思想领导学

校，做个有梦想的校长"。校长应该用敏锐的思想发现学校教育中的问题，用深刻的思想解决办学中的难题。这就必须学习、学习，再学习，持之以恒的学习思悟使我的视域越来越开阔，办学也变得更加充实。我们明确凝练了学校办学理念："播下兴趣的种子，奠基孩子的未来——让每一个学生健康快乐地成长"，充分体现了"以学生可持续发展为本，满足学生健康成长需要"的核心思想，也成为了师生们追求的教育理想。

校长要成为教育梦的追随者，我的感悟是：

（1）敬畏教育规律。罗店中心校有着一百多年的办学历史，有值得骄傲的历史文化，有值得骄傲的学校声誉。越是历史悠久，越是声誉远扬，越是要谦虚谨慎，要敬畏教育规律，不能自以为是，做了校长好像什么都懂，什么都要发表意见。管好自己的嘴巴，少说多做。以"科研为先导"已成为了我们学校按照教育规律办教育的重要抓手，也成为了我一贯坚持的工作方针。校长应该有厚实的理论功底，严密的思维特质和准确的分析判断力。在教育变革的今天，校长应该善于研究，应该以其特有的敏锐和智慧，用思想去办学。学校的迅速发展，很大程度上就得益于校长敬畏教育规律的理性。校长不仅要积极地工作，而且要用头脑工作，不鲁莽，不轻信。

（2）献身挚爱的事业。校长要有教育激情，而不是迷恋职位，要热爱岗位，而不是权势，要不断磨炼自己，成长为一个豁达的校长。我以"一日三省吾身"作为座右铭，我每天必做的"功课"，是把当天学校里处理的事情、产生的想法再梳理一遍，反思是否还有欠妥善的地方。坚持的时间长了，我真的感觉自己的思想境界与以前不同了。过去受到一些刺激，思想情感上一时间扭不过来。经过不断地自省之后，再遇到这样的刺激，就很快想通了。

（3）磨炼人格自我超越。在十五年校长、书记的岗位上我一直提醒自己要做到自重、自省、自警、自励，经常反思自己的行为，检查自己的作风。校长要像孔雀爱惜羽毛一样爱惜自己的名誉，有损于名誉的事坚决不做。校长的名誉，不仅关系到他个人的成长和发展，更关系到他所领导的学校的发展。校长要处理好继承与创新、理论与实践、探索与发展、服务与感恩、学习与进步的关系。摒弃急功近利、处事简单的工作方式，磨炼自己的人格。校长的办学创生，是一种精神的升华，需要胆识，需要勇气，也需要宽松、宽容的氛围。要有思想就要摒弃杂念，这样就能听到自己内心的呼声，经常进行沉思默想，或许有助于解放自己的创造力和独立思考能力，在思想碰撞中更深刻地理解道理。

（4）在继承中求创新。实现办学梦想必然要求"在继承中求创新"。我在当校长之初一直警惕自己，不要把别出心裁当创新，更不要把否定传统当"政绩"。要接好前任校长的班是不易的，尤其是要接好像罗店中心校这样一所有着一百年深厚的文化积淀，良好的社会声誉的老校的校长班则更难。正因为肩负了这样的重任，必须在工作中磨炼，不断提升自己。要在继承的基础上敢于进行教育创新，并坚持实践，在探索中持续发展。"在探索中持续发展"是校长的重要能力，我作为校长深信"科研兴校"。学校要发展，必须注入新的观念，以教学、科研为抓手，对学校的传统、经验不断发掘、提炼、创新。在继承中求创新，在创新中实现发展，使学校与时俱进，焕发青春。

（5）在理性中深化实践。"在理性中深化实践"是校长的重要特征。校长应站在理论和实践的结合点上，使办学的过程成为理论经验化和经验理论化的过程。以理性的态度推进教育改革，以改革求发展应成为学校发展的重要方式。学校的"五恩教育"来自于学校的德育实践，并深化为从德育心理上建构感恩教育。从现代科技发展与课程发展的必然性，推进了课程统合的思路，建构学校的"梦想"课程体系，使教育改革深入到了教育深层，不仅抓住了学校发展的关键，而且具有很强的操作性，这些办学举措是我们教育理性思考的结晶。

（6）怀揣理想脚踏实地。十五年的办学磨炼使我清醒地认识到，存在的东西不一定合理，办学是复杂的，某一段时期时新的观点、特色尽管有时也使我热血沸腾，产生大干一场的冲动，但现在我能冷静思考，首先做出价值判断，选择适合学校的，然后聚焦，长期坚持以取得实效。教育需要坚持不懈地实践，专业需要长期的积累与丰富。恒心是对校长考验，不能朝三暮四出花头，要认定目标克服困难坚持长期实践。校长应该与教师一起，聚焦在课堂，深入到学生，成功于学生培养。教育是艺术，有着无尽的变化，应该不断探索怎样为孩子们多做些有益于他们成长的事。

● 感动宝山人物

教育梦的追随者
——记宝山区罗店中心校书记、校长金志刚

罗店中心校地处上海市一城九镇之一的古镇"金罗店"，在这样一所普通的农村小学中，有一名心中充满梦想、努力追逐梦想、尽力创造梦想的校长。他曾先后获得全国特色教育先进工作者、上海市园丁奖、上海市新长征突击手、上海市优秀少先队辅导员、上海市星星火炬奖章、上海市优秀农村教师标兵、上海市教书育人楷模（提名）等荣誉称号，他就是曾被《光明日报》《人民网》等媒体亲切地誉为"'巴学园'里的'菜鸟'校长"——金志刚。

金校长一直在罗店中心校这所农村小学默默耕耘着，从一名普通的数学教师一路成长为学校的党支部书记、校长，从引领一个班级到引领整个学校。在任何岗位上，他都倾注了热情，也倾注了智慧。他带领学校获得了全国特色学校、全国优秀科学教育实验基地、全国乡村学校少年宫、全国青少年棒球发展计划定点培训学校、全国宋庆龄少年儿童科技发明示范基地、全国心系系列活动教育基地"心系女童"家长学校、市科技特色学校、市行为规范示范校、市知识产权试点学校、市科技创新培育基地、市安全文明校园、市未成年人思想道德建设工作先进单位、市学校少年宫、市"十二五"家庭教育指导实验基地合格校、市"十三五"家庭教育指导实验基地、市教育系统精神文明创建特色项目、市教育系统巾帼文明岗、市教育系统五好关工委、市红旗大队、市少先队工作示范校、市绿化合格学校、华师大普教研究中心基地学校等荣誉。

为什么这样一位年轻的校长，能带领着这所百年的农村老校不断焕发出新的活力，熠熠生辉？每当问起他，金志刚校长都会说起他的那个梦，那个深藏于他心底多年的梦。他说："很久以前看《窗边的小豆豆》，我就一直梦想着，也能有一个'巴学园'。在那里，孩子们健康快乐地成长，老师们幸福满足地工作。而我所做的一切，所走的每一步，都是在朝着我的那个梦想前行……"

他，播下梦的种子

金校长不但自己有梦，还在孩子心中播下一颗颗梦的种子。他曾经说起，每次参与各项市区级活动，看到城区的孩子在舞台上熟练地演奏各种乐器，看到他们拿着照相机、举着摄影机、挂着记者证东奔西跑的时候，他的心里总是有一种说不出的滋味。作为一名校长，他非常渴望看到自己学校的孩子也能在各方面得到锻炼和发展。于是，课间闲聊中，他询问起了孩子们的梦想。他惊喜地发现每一个孩子都是一个有梦的天使，他们有着各式各样的梦想：画家、歌唱家、演员、科学家、运动员……他们的梦想五花八门，却如万花筒般多姿多彩。但当问起他们除了学校的必修课外，在校外是否有机会学习其他才艺的时候，孩子们的眼神黯淡了，他们无奈地摇摇头。是啊，农村的孩子，家长对教育的重视程度不够、课外生活方式单一、校外活动场所无法满足需要、精神文化生活贫乏，这些始终都是摆在他们面前的现实问题。如果他们也能像城区孩子一样更多地享受到艺术的熏陶，那该多好啊！金校长期待着看到自己学校的孩子也能变得多才多艺、自信活泼，他知道孩子们每个小小梦想都是一粒美丽的种子，他坚定信念要去呵护好这些小小的梦想，即便再难，他也会坚持。

一个偶然的机会，让他找到了一条突破之路——创办"蒲公英"学校少年宫。"蒲公英"随风播种，风把她吹到哪里，她就能在哪里生根发芽。学校少年宫如同轻轻的微风，把兴趣的种子、希望的种子、成功的种子播撒进每一个孩子的心田，让他们在少年宫的活动中发展兴趣、实现梦想。为少年宫取名为"蒲公英"，是因为金志刚校长真心地希望，每一个孩子都能像蒲公英一样顽强、努力地学习、生活，开出美丽的花朵。可是，这不是件容易的事，一切从无到有，各种艰辛和困难现在回想起来仍旧历历在目。没有老师，登门拜访，一个个去邀请，走到哪里，只要看到"高人"，金志刚校长就琢磨着请来给孩子们上课。对着办公室窗外发愁时，从对面公园晨练的人群中瞄准一位"民间高手"，他就"三顾"公园把太极拳老师给请了过来。没有场地，到处联系，一个个去落实；没有课程，挑灯夜战，一个个去设计。艰辛的付出换来了九百多名学生免费参与其中的"蒲公英"学校少年宫，换来了每个双休日孩子们动听的歌声、悠扬的葫芦丝，换来了目前的28个活动项目、33个活动小组，换来了全国乡村学校少年宫的称号，换来了家长的认可、孩子的喜爱、教师的投入。

两年多来，学校少年宫集中活动时间在每个双休日，实现了孩子们"快乐双休"的梦想，部分小组除了周六开展活动外，平时也有固定的活动时间。如：棒球和车模两个小组每周一至周五放学后都有训练，少儿绘画、毛笔书法、合唱、棒球、山水画、车模、科技创新7个小组每周一下午的快乐半日活动课中也有两课时的活动时间。通过乡村学校少年宫的培养和熏陶，孩子们的身影开始出现在了全国、市、区各级各类比赛中。棒球队代表宝山区参加市棒球联赛，连续两年获得市顶级联赛A组前六名；在区艺术节展演活动中学校荣获区诗歌朗诵比赛一等奖；学生的书法、美术作品在各个领域获奖；作为上海市知识产权试点学校，近几年学校共申请了120多项专利作品；学校被命名为宝山区艺术特色项目学校、体育成绩年终积分进入区先进行列……

金志刚校长说："我们创办'蒲公英'学校少年宫不是为了培养科学家、

艺术家，而是为了让更多农村的孩子获得教育、锻炼、成长的机会，让他们的生活更多彩、更自信、更阳光。今日，我们以真心和爱心在学生的心田播下一颗颗梦想的种子，明日，期待着每一个从'蒲公英'学校少年宫走出去的孩子，都能拥有一个健康、快乐、幸福的未来。"

他，点亮梦的舞台

有梦很甜蜜，追梦更快乐，圆梦最幸福。金志刚校长不仅在孩子们的心田播下了一颗颗梦想的种子，还用手中的"魔法棒"为他们点亮了梦的舞台。他提议开展"校园达人秀"和"罗小好声音"，让孩子们走上舞台秀出自己的真本领、唱出自己的好声音，一个个"小达人""小歌手"应运而生；他提议在校园艺术节中举办各类专场，让孩子们把自己的才艺尽情展示出来。器乐专场、歌舞专场、技艺专场……各个小擂台开展得有声有色，孩子们纷纷获得了"演奏之星""武术之星""沪剧之星"等荣誉称号；他提议开展"童话节""数学节""英语节"，让孩子们在丰富多彩的活动中走入知识的殿堂，爱上各门学科，产生学习兴趣。"小作家""小数学家""小翻译"……一大批人才又诞生了；他提议在学校少年宫各个活动项目中评比积极分子，随之，"车模明星""管乐明星""棒球明星""足球明星"……不断涌现，孩子们自信地抬起了头，挺起了胸；他提议每年"六一"把所有家长请来学校观看学校少年宫活动展演，让更多的孩子走上舞台，为他们创设更大的平台。活动得到了全体家长的好评，得到了相关媒体的多次报道，得到了孩子们的一致拥护；他提议学校少先队开展"天天演"，让表现平平的孩子也能在他人面前展示自己，哪怕唱一首歌，念一首诗，表达自己的一个心愿，那里，也会成为大家共同向往的地方；他提议学校科技节、感恩节面向全体学生，不放过一个孩子，让教育的阳光、梦想的阳光照射到每一棵幼苗。

同时，他提出以"小学生'五恩'体验—践行"为活动目标，积极组织开展感恩父母、感恩先辈、感恩艺术、感恩社会、感恩师长、感恩祖国、感恩科技、感恩伙伴等道德实践活动，引导学生在学校、在家庭、在社会做知恩感恩的好少年。(学校的"五恩"教育获得市优秀德育项目称号)学校积极营造"学会感恩才能体会幸福"的校园文化理念，引导学生在生活中学会感恩，在感恩中学会生活。在他的倡议下，老师带领学生走进社区进行卫生整治，孩子们带着少年宫里学会的才艺，到敬老院为老人演出；利用学会的信息技术操作手段节假日到罗店图书馆担任图书管理员；用书法课上学到的本领为共建部队写春联送祝福……身体力行回报社会，这些言行举止温暖人心，受到了社会各界的赞誉。

金校长说，孩子们善于观察、善于模仿，善于表现，他们希望把自己学会的才艺展现给大家，用自己的本领为他人服务，学校应该为他们搭建各种各样的舞台。梦的舞台让孩子们不再青涩，不再害羞，梦的舞台让孩子们自信满满，成功满满，他们的舞台是光彩照人的、他们的舞台是熠熠生辉的。因为，他们有这样一位为他们点亮梦想舞台的校长。

他，成就梦的甜蜜

当学校里的孩子兴高采烈地参加着一个又一个活动，实现着自己一个又一个美丽梦想的时候，有些特殊的家庭，他们想要实现梦想却是那么艰难，虽然他们的梦想是那么简单那么渺小……

在罗店中心校的校区范围内，有这么一个孩子，他已经到了入学年龄，却无法像其他小朋友一样来到学校上课学习，因为他是一名脑瘫儿童，他无法正常走路，甚至无法用手吃饭。然而，孩子父母的心中却一直有个梦，希望自己的孩子也能来到美丽干净的校园，坐进宽敞整洁的教室，和正常孩子一起感受校园生活，聆听老师孜孜不倦的教诲……当金志刚校长了解到这个家庭的情况和家长的心愿时，他二话没说，毅然开了绿灯。为方便父母课间照顾孩子，特地为家长安排了一间办公室并每天提供免费午餐。一个又一个温暖的举动感动了学生，感动了老师，也感动着家长。现在，每天早上，你都能看见一位家长推着轮椅上的孩子来到学校上课，你也能在上课时听见孩子朗读课文的声音，更能在课间听到孩子那银铃般的欢笑……

还有一个叫小绮的女孩，更加不幸，自出生那天起就是一个严重的脑瘫患儿，她无法独自坐立，甚至连自己的脖子也无法直立，她的身体绵软无力。与生俱来的病痛让她只能每天卧床休息，不能行动和讲话的她根本无法与人沟通。她的家人整天以泪洗面，孩子的脸上更是愁云密布，从未有过笑脸。当金志刚校长了解到这个孩子的情况时，毫不犹豫地发动学校力量安排专门的老师开展送教上门活动，并由学校领导和青年团员老师定期带领部分学生上门探望。陪孩子玩耍、跟孩子说话、教孩子走路、和家长一起帮助孩子做一些简单的康复训练。随行学生们爽朗的笑声、开心的谈话声给这个家庭带去了少有的欢乐，而每当有小伙伴同去的时候，小绮总会格外兴奋，偶尔也会调皮地抽动下脚，发出哼哼的声音来表达自己的快乐！

还有这么一批孩子，不在罗店中心校就读，当他们的家长得知学校有少年宫，双休日孩子们可以免费参加各种艺术活动时，纷纷慕名而来，要求加入其中，希望自己的孩子也能得到锻炼和发展。每当这个时候，金志刚校长总是满口答应，他总说：哪怕不是自己学校的学生，既然他们的家庭有这样的需求，既然孩子有这样的梦想，我们也要积极为孩子们圆梦。学校敞开大门，吸引了许多外校的孩子，有来学习二胡的，有来学习儿童画的，有来学习彩灯制作的，对于这些孩子，学校一视同仁，不收取任何费用。越来越多的孩子脸上露出了满足的笑容，越来越多的家长脸上露出了满意的笑容，一个又一个家庭在金志刚校长的关爱下实现着自己的梦想，享受着圆梦的甜蜜。

他，唤醒梦的力量

校长心中有梦，孩子心中有梦，其实，每一个教师的心中也藏着一个个小小的梦想。如何唤醒教师心中的梦？如何让梦想发挥应有的力量？金志刚校长有着自己独特的方式。

他是个会倾听的校长。不仅会聆听，还能听取不同意见。虽然现在校长、书记一肩挑的他感觉工作十分繁忙，但是，他还是会经常找教师聊一聊，听听他们的呼声和想法。前几年的绩效改革，在方案出台时学校没有剑拔弩张的状况，没有斤斤计较的现象，有的是求同存异的相互理解。之所以方案能这么顺利地一次性通过，正是因为前期金校长在群众中多层次、多角度的倾听。在倾听的同时一次次地研究，一次次修改，一次次完善，正是因为肯倾听，教师们才乐意把心中真实的想法表达给他，最终才能得以圆满地完成工作。俗话说"兼听则明"。面对教师们的"渴望""期待""理解"，与教师共处一个屋檐下的他与一线教师们心贴着心，真正地走进教师的生活世界，感知教师的工作，理解教师的苦衷，体谅教师的困境，倾听教师们发自内心的"声音"。

他是个会感恩的校长。每当教师生日，他都会亲自在贺卡上写上对老师的祝福，并送上精心准备的生日礼物；每当教师为学校做出贡献，他又会送上感恩卡，感谢老师们的付出和努力；每逢寒暑假，班子成员一定会走访慰问教师，夏天给老师们送"清凉"，冬天给老师们送"温暖"……感恩是一种生活的艺术，也是一种不变的情怀。金校长以感恩之心对待教师，教师也以感恩之心回馈学校。感恩，是学校德育教育坚持数年的特色项目，也已成为全体师生一致认同的主流文化。

他是个会欣赏的校长。他总是用欣赏的目光关注着教师，当看到他们认真工作的身影，他会觉得他们都是最好的老师。他提出在年终庆典上表彰各层面的教师。设立"初生牛犊""青春年华""风华正茂""睿智不惑""宝刀不老"等奖项，让各个层面的教师、职工，让那些平时不太声响却默默耕耘的教师也一同走走红地毯,上台领奖并发表获奖感言,让他们也得到肯定、获得荣誉。为了鼓励团队合作,学校还表彰"团队贡献奖"及"金牌组合奖"。因为他深知学校每一点每一滴的进步,都是老师和学生努力的结果,他理应欣赏并善待他们。

他也是个会思考的校长。思考是伴随着校长整个成长历程的,前瞻性的思考、过程性的思考、工作后的反思在金校长看来都十分必要。走上校长岗位后,他在思考与分析的基础上确定了学校的办学基调:在传承的基础上进行新的发展。学校在传承以往做法的基础上,近几年,提出了"1+4"特色创建,提出组建棒球队、管乐队、足球队,提出通过"一刊三报"提升学校办学品位,使文化慢慢浸润着校园。

金志刚校长用他的倾听、用他的感恩、用他的欣赏、用他的思考唤醒每一个教师的教育梦。在他的榜样引领下,学校的每一位教师都敢于做梦,并坚持脚踏实地,兢兢业业,为实现自己的教育梦想努力前行。

金校长说,他是一个平凡的"菜鸟"校长,面对教育事业这块充满着希望的田野,他只是一个教育梦的追随者——一个忠实的追随者、一个坚定的追随者、一个纯粹的追随者。他追随的路上有艰难和险阻,也有希望和快乐,而正是千千万万像他这样平凡的追随者用自己的教育梦托起了一个美丽的"中国梦"!

点亮梦想,静候花开
——校长岗位思考与自身发展

罗店中心校是一所地处上海市北端的普通农村小学,教师群体的95%是罗店及周边地区的本地人,5%是外地户籍的大学毕业生。40岁以上教师占43%,30岁以下教师占37%,老教师、新教师居多,中坚力量缺乏。全校共有学生1 182名,本地农村孩子占52%,外来务工人员子女占48%,家长本科及以上学历占19%,初中及以下学历占29%。就是这样一所师资、生源都极其普通的学校,近年来却总焕发出勃勃的生命力。也许,答案就蕴藏在下面的这四个案例中。

案例一:彩灯上了央视

2018年3月2日,元宵节。当天17:30,中国教育电视台"传承的力量"栏目介绍了罗店中心校的彩灯项目。为了制作这档节目,教育部在全国范围内遴选了8所学校,罗小有幸列为其中。学校的彩灯社团成立于2012年,当时学校创办了宝山区第一所学校少年宫。少年宫成立后,开设了众多兴趣社团,彩灯社团就是其中之一。相比于合唱、舞蹈、书法、绘画等社团,彩灯没有显赫的比赛成绩,没有夺目的舞台展演,显得很不起眼,但学校始终没有放弃,因为彩灯是罗店的传统文化,也是很多孩子的兴趣所在。从2012年至2016年,这4年的时间,彩灯社团就像棵不起眼的小树慢慢地生长着,我们开发了彩灯课程,邀请了民间艺人进校上课,举办了彩灯节。让大家意外的是,随着国家对传统文化的重视,彩灯项目也迎来了春天,2016年学校成为上海市非遗进校园优秀传习基地,2017年成为宝山区首批非遗进校园传习点,2018年成为全国中小学中华优秀文化艺术传承学校,并上了央视。

看似无心插柳,未曾料却馨香满校园。彩灯项目的开花结果,在不经意间告诉我们:不刻意、不功利地办教育,顺其自然,顺木以性,持之以恒,终会水到渠成。

案例二:OM得了全国冠军

2018年3月11日晚,在青岛参加全国总决赛的老师传来消息:学校获得了第39届世界头脑奥林匹克中国区决赛第一名,学校科技辅导员王伟龙老师喜极而泣。王老师是罗店中心校的第三任科技辅导员,OM项目是学校传承发展了30多年的科技教育中的特色项目之一,获得全国冠军,代表中国去美国参加世界比赛,这是学校几任科技辅导员共同的梦想。

回忆一年多前,刚接手OM项目的林潇斌老师向我提出想去青岛参加为期一周的培训,我欣然同意,心里为这位入职才一年的老师自发的充电需求感到欣慰。让我惊讶的是,培训回来后,他走进了我的办公室,兴奋地谈了很多想法。我听后给予了充分的肯定,并给他提出了招募成员、组建团队、争取后援等诸多建议。就这样,这位90后的帅小伙风风火火地组建起了16人的OM指导团队,他们白天在学校会议室头脑风暴,晚上在微信群里热烈讨论,集众人智慧解读题目、形成方案,而后分工实施,有的负责训练即兴题,有的负责指导表演题,有的负责机械类道具,有的负责服装音乐……真正做到了各显神通、各司其职。在这个过程中,他们下班后留下来挑灯夜战,双休日到学校加班加点成为了常态。作为校长,我深为老师们的努力所感动,也不时地给他们以鼓励和支持。这次成功后,有老师跟我说:校长,您之前几次在教师会上说我们的OM项目要争取到美国去参赛,当时我们坐在下面听了都觉得您是在说梦话,没想到真的就实现了。

OM项目的成功,在不经意间告诉我们:办教育是要有梦想的,而在实现梦想的过程中,我们管理者所要做的则是点亮师生的梦想,激发师生的潜能,不断给予支持和鼓励,耐心地等待他们的成长。

案例三：科研之花频频绽放

2018年3月13日晚上,当我还沉浸在OM项目将进军世界赛场的喜悦中时,学校科研主任给我发来了一条信息:校长,刚收到区教育学院科研室发来的祝贺短信,我们的龙头课题获大奖了。我简直不敢相信,这怎么可能?学校科技、科研并蒂花开,让我感慨万分。科研工作在学校已默默地开展了很多年,一年一度的科研年会也已举办了26届。26年前,我们从零基础开始,到偶尔能得个不起眼的奖项,再到后来我们开始有区级重点课题了,然后从2011年起我们连续三届获得区科研成果一等奖,连续四年获得华师大普教研究中心年度论文评比一等奖,2016年获得全国教育学会论文评比二等奖,2017年获得上海市教育学会论文评比一等奖,这次更是获得了大奖——上海市基础教育教学成果一等奖。很多人会说,科研工作是最枯燥乏味的工作,而就是这样一项最枯燥乏味的工作却已坚持了26年,在坚守的同时,有思考,有创新,有感悟,有提升。学校制定了科研奖励条例,将科研工作纳入评优标准之中;全体班子成员参加北京十一学校、华师大普教研究中心的科研年会,现场观摩学习;全体行政人员在暑假中开展科研工作专题讨论;学校改变了学校科研年会交流发言的沉闷枯燥模式,办成人人制作展板发布成果,人人充当评委现场提问,不停点赞、个个开心的科研嘉年华……

办学不但需要传承,更需要创新和发展,或许正是在传承基础上的不断创新,让原本冷冰冰的科研工作变成了暖色调,也让学校的科研之花一朵朵盛开,结出了累累硕果。

案例四：老教师的课堂魅力四射

2012学年第二学期,学校推出了一项新举措——魅力课堂比赛,这是为35周岁以上教师专设的教学评优活动。之所以推出,是因为意识到学校之前一直致力于青年教师的培养,而忽视了老教师作用的发挥,部分老教师随着年龄的增长,课改意识比较薄弱,工作热情逐渐消退。没想到,教师会上刚传达好这项计划,第二天就有三位五十多岁的老师走进我办公室提出了不愿参加比赛的想法,共同的理由是年龄大了,随堂课上上没问题,比赛课的压力实在太大。了解了他们的想法后,第二周的教师会上我又一次进行宣传发动,告诉老师们:目前学校青年教师数量逐年增加,他们的课堂虽然生动活泼,充满激情,但往往缺少有经验的老教师课堂上的那份沉稳和扎实。为了我们罗店中心校今后更好的发展,经验型的老师有责任也有义务以身示范,带好我们的青年教师队伍，让他们看到各种有个性的课堂、有深度的课堂。会后，我又分别找了这几位老教师深谈，告诉他们：你们是生长在我们罗店中心校这块土地上的老师，你们的课堂是适合我们罗店中心校孩子的课堂，听你们的课，某种程度上会比青年教师外出听区级展示课、市级比赛课更受用。最终我说服了他们。因为在我们学校，早就达成了这样的共识：对学生成长有利的事，再麻烦也要做；对学校发展有利的事，再辛苦也要做。

就这样，从2012学年开始，学校每年上半年举行35周岁以上资深教师的魅力课堂比赛，下半年举行35周岁以下青年教师的活力课堂比赛，相互观摩相互促进，活力与魅力交相辉映。我也不断勉励老师们："如果你是朵红花就尽情绽放，如果你是片绿叶就生机勃勃；红花、绿叶学校都需要，每个人做最好的自己，最好的你们会成就最好的学校。"因为有了这样的认识，2013年起学校开展了语文特色学科、数学强势学科、英语精彩学科、综合卓越学科的建设，承担了多达数十场的区级以上公开教学活动，三个教研组被评为区优秀教研组，十一位老师成为了区级骨干教师；2014年起集全校教师之力共同开发了160课时的《蒲公英》课程；2015年创设了深受孩子们喜欢的积点评价；2016年设计了孩子们喜欢的《野百合》活动课程；2017年完善了孩子们喜欢的一百门《七色花》社团课程。所有的这一切，学校老师们人人参与，没有一个例外。

课堂教学百花齐放局面的呈现，在不经意间告诉我们：要抓好课堂主阵地，必须抓好各层面教师的课堂，而在这过程中，校长的理念，必须要取得教师们的认同，激发教师们的激情，上下携手，形成合力，共同推进，才能取得显著的成效。

上面的这四个案例各自代表了一个关键词：彩灯上了央视，是因为"坚持"；OM得了全国冠军是因为始终不放弃"梦想"；科研之花频频绽放，是因为在传承的过程中不断创新和"发展"；老教师的课堂魅力四射，是因为管理者的理念得到了教师们的"认同"。

坚持办教育，坚持梦想办教育，坚持梦想办教育并不断创新和发展，在得到全校教师认同的基础上共同向着既定目标奋进。这样做，再普通的学校都能办好。

（二）农村教育的耕耘者

我深切感受到自己"在农村教育这片土壤中成长"，在师生的眼里，"他，让农村孩子拥有更多的可能性"。其实,我从事"太阳底下最光辉的职业",是我的机遇,也是我的幸运;得到师生们的肯定,让我感恩一辈子。

我曾经写过一篇小文章,回顾自己的从教经历,真是感慨万千。

回望叩问初心　但求不负韶华

大家好!我是罗店中心校的金志刚,生于1969年,人生如白驹过隙,五十忽然而已。到了所谓的知天命之年,开学至今,我常在思考一个问题,我离退休正好还有十年,未来十年我该怎么过?工作上、事业上还应有怎样的追求和目标?该以怎样的态度来度过教育生涯的最后十年?这种思考时常让自己回望过去。前几天,接到局里的命题任务"叩问入党初心"之后,在回望叩问中我找到了答案。

我们这代人,小时候受到影响最深的,就是小人书、连环画中的英雄人物,那些不屈不挠的共产党员在我幼小的心中树起了高大的形象。年少的我懵懂地向往,希望自己长大后也能成为这样的人。现在看来,或许这是自己对党、对共产党员最初的认知。

18岁那年,我中师毕业,成为了一名小学数学老师。工作前几年,有幸得到了两位好师傅的带教指导,加上自己还算勤奋努力,很快在教学上取得了一定的成绩,多次参加市、区教学大赛并获奖,24岁那年,破格成为了当时宝山区最年轻的小学高级教师。之后,时任我校党支部书记的吴强老师找我谈话,引导鼓励我入党,他让我慎重地考虑一下。现在回忆起来,这些往事还历历在目。那时,我的想法其实很简单,就是把课上好、把书教好,把学校交给的事情做好。在入党问题上,似乎比较内敛,比较被动,因为我觉得自己就是尽力做好了该做的事情,离党员的高大形象似乎还有很大的距离。那时,我同一个办公室里有一位老教师,临近退休了他还依然每年写入党申请书,积极追求入党。他告诉我,入党是他毕生的最高追求!这句话给我的印象很深。

身边优秀老教师的信仰感染着我,学校党组织的关怀鼓励着我,就这样,24岁的我,郑重地递交了入党申请书。那时我想,我就和这位老教师一样,把加入中国共产党当成是一种理想追求,一种不断前进的动力吧!

这朴素的想法或许就是当时我的入党初心。因为这朴素的入党初心,对于入党后怎么当好一名共产党员这个问题,我的回答也是朴素的,就八个字:做好自己,影响他人。具体而言,就是要听党的话,跟党走,思想要好,觉悟要高,把自己的工作做好做出色做出成绩,对得起共产党员这个身份,在做好自己的基础上用优异的表现去感染、影响、带动他人,发挥党员的先锋模范作用。

回望这些年自己走过的路,基本上就是这么去努力的。因为时刻牢记自己是一名共产党员,所以对于学校交给的工作从不推诿,总是第一时间接受,然后想方设法去完成。比如,很长一段时间内在教学上我几乎每年都接毕业班,直至我当校长为止;而且每次接的都是最差的班,一年后还教成最好的班,年年如此。再比如,当自己潜心于数学教学,也有志在专业上争取成为名师时,学校党组织却要我担任大队辅导员,并希望我能将原本基础薄弱的少先队工作带出困境。一心想在专业上有所作为的我,其实内心也有过矛盾,但共产党员的身份还是让我选择了无条件服从,并且坚守辅导员岗位12年,努力把薄弱的农村学校少先队最终建设成全国雏鹰大队。之后担任校长助理、工会主席、党支部副书记等职务也同样如此,服从组织安排,接受组织任务,认真完成工作,努力做好自己。

2009年,受组织信任,我担任了校长,2011年起,又兼任了书记。如果说之前我的侧重点主要是做好自己,那么担任校长、书记后则转为影响他人了。当校长、书记是责任,更是使命,如何引领老师形成共同的办学愿景?如何传承创新学校的文化?如何打造学校的办学特色?如何创设丰富的学校课程?如何提升学校的教育质量?这一切都考量着自己,虽然面临种种困难,但我始终牢记自己党员干部的表率作用,不断鞭策着自己努力学习砥砺前行。

为了让农村孩子也享受高品质的教育,为了让他们能更健康快乐地成长,这些年,我在带领全体教工"追梦",做孩子们的"圆梦人"。在传承罗小百年校园文化的基础上创新发展,我们夯实学校科技特色,彰显"五恩"教育品牌,打造特色学科;我们创办了宝山区第一所学校少年宫,给孩子们的双休日增添了色彩;我们争创新优质学校,历时五年开发了学校的《启梦》课程,给每个孩子提供了个性成长的空间;我们创设了积点评价机制,想方设法激励孩子们成长;我们点亮了师生的梦想,农村娃们连续2届获得全国头脑奥林匹克比赛冠军,代表中国在世界决赛的舞台上,2018年获得世界亚军,2019年获得世界季军,还有全国创新大赛一等奖、全国车模比赛冠军、国际发明金奖、拥有120多项发明专利等。十年的耕耘和付出让我们罗店中心校这所农村老校焕发了新枝,学校获得了全国特色学校、全国乡村学校少年宫、全国优秀科学教育实验基地、全国青少年棒球发展计划定点培训学校、全国宋庆龄少年儿童科技发明示范基地、全国中小学中华优秀文化艺术传承学校等荣誉。

追梦之路是永无止境的，我想带着罗小的师生走得更远，飞得更高。回望32年的职业生涯，叩问自己的入党初心，展望未来的十年奋斗，我的回答是：坚守一所农村学校，结伴一群有志于追梦的同伴，培养一批又一批有理想有志趣的学生，不忘初心，不负韶华！

30余年的教育生涯是我追求教育梦想的历程，也是农村这片肥沃的土壤培育了我。

回顾中国近代教育史，我国的教育改革正是从农村开始推进。20世纪二三十年代，我国兴起了平民教育和乡村教育运动。一些教育家怀着"强国富民"理想，力图从教育农民着手以改进农村生活和推进乡村建设。他们提出"到乡村去""建设农村"，并制订实施方案，付诸行动。他们以教育为中心着眼于农民素质的提高，把政治、经济和教育事业综合进行，推动农村社区发展。

1926年晏阳初先生在河北省定县开展平民教育，进行一个县的乡村改造实验。该项实验从平民教育入手，实施"四大教育"，即以文艺教育救"愚"、以生计教育治"贫"、以卫生教育治"弱"、以公民教育医"私"，并认为"四大教育"的基础是文字教育，其中心是公民教育。还提出要以学校、社会、家庭"三种教育"来施行"四大教育"。定县实验施以"四大教育"，以造就"新民"，医治农村的"四大病"，推行政治、教育、经济、自卫、卫生和礼俗等"六大整体建设"，以达到强国富民之目的。

我国现代学者、教育家梁漱溟1939年在山东邹平县开展乡村建设实验区。他强调"教育即乡村建设"，所以实验区的所有设施均以教育为中心，利用村学、乡学组织乡村，用教育力量引导乡村自治。在实验区里，各村设村学，各乡设乡学。以乡农学校作为进行实验的基层单位，以学校带动村治的革新，类似西方的社区中心学校。实验熔经济、政治、教育于一炉，以达村治革新之目的。

以黄炎培先生为首的中华职业教育社于1925年提出"划区施教"的主张，并在江、浙、沪一带建立了一些农村改进实验区，主张"把农村经济和农村教育联合起来，打成一片"，致力于"如何可使男女学童一律就学；如何可使年长失学者得补习知能之机会；如何养成人人有就职业之知能，而并使之得业；如何使有志深造者得升学之准备与指导，职业余间如何使之快乐；其年老或残疾者如何使之得养,疾病如何使之得所治;如何使人人有卫生之知识;如何使人人有自卫之能力"。例如在江苏昆山徐乡桥建立乡村改进实验区,推行社会教育,改进小学教育,试图提高文化,培养新农民。

1927年陶行知先生在南京市郊创办晓庄学校,推行乡村教育运动。晓庄学校在周围乡村设了七所中学,还设立中心幼儿园三所,分别招收农村儿童和幼儿;此外还办了农村民校,招收农民,进行识字和卫生、时事教育等。他主张以乡村学校作为改造乡村生活的中心,强调要教育农民能自立、自主、自卫,具有征服自然,改造社会的本领。他提出了"社会即学校"的思想,认为"不运用社会的力量,便是无能的教育,不了解社会的需要,便是盲目的教育",要冲破横在教育与生活之间的那堵"高墙",把学校伸向到整个社会。

上述的教育改革都把重心放在农村教育上。当今我们更重视教育均衡发展,缩小城乡教育的差距,为广大农村地区孩子提供高质量的教育。教育均衡发展本身是一个重要的教育战略价值导向,教育的均衡是为了所有的学校优质发展,满足人民群众对高质量、多样化教育的新要求,"必须按照科学的教育质量观要求,把'为了每一个孩子的健康快乐成长'作为出发点和落脚点,走出一条以促进公平和提高质量为重点的内发展道路。"正是在这样的教育大背景下,我有机会参与当今的教育改革与发展,也正是在这样的历史条件下,使我得以专业成长,成为教育改革的弄潮儿。我从一个普通的教师走上校长岗位,承担起学校办学与教育改革的重任,得到珍贵的锻炼机遇。

从教37年来,我一直在农村小学默默耕耘着,坚守教育梦想,执着前行,为农村孩子播种兴趣、点亮梦想,让他们拥有更多的可能性。23岁我被破格评为区最年轻的一级教师,成为首届区骨干,2008年评为高级教师,2009年担任校长,2018年评为首届区名校长,2021年评为上海市优秀校长。任校长期间,我始终秉持为了每个学生终身发展的教育目标,始终把学生的身心健康发展放在首要位置,为学生的幸福人生奠基。我从自身做起,立德树人,为人师表,引领每位老师眼中有生心里有爱,精心呵护每个孩子成长。获得全国特色教育先进工作者、全国未成年人思想道德建设先进工作者、市教书育人楷模(提名)、市优秀农村教师标兵、市星星火炬奖章、市园丁奖、市新长征突击手、感动宝山人物等荣誉。

"我,在农村教育这片土壤中成长。"这是我真诚的内心呼唤。首次提出这个呼唤是我2015年被评为上海市农村优秀教师标兵时在表彰会上的发言:

我,在农村教育这片土壤中成长

我是来自宝山区罗店中心校的金志刚。从教28年来,一直在这所农村小学默默耕耘,自然而然地在农村教育的这片土壤中成长。

1987年7月,我从宝山师范毕业,因罗店大量缺教师,就这么很自然地被分配到罗店中心校。当时的学校条件很差,连教室都不够。我任教的班级被安置在民房内,每天早上做操,三个班的学生排在街道旁边,我用哨子吹着节拍,一吹就是两年。每天,在哨子声中上课,也是在哨子声中下课。世外桃源般的两年,至今让我怀念。

我觉得我是个幸运的人,在教学生涯刚起步的时候先后遇到了两位好师傅,一位是学校副校长李明老师,另一位是区教研员田强华老师。正是在两位师傅的悉心带教下,我在教学上快速成长,先后6次获市、区教学大赛等第奖。24岁时被破格评为小学高级教师,成为当时宝山区最年轻的小学高级教师。出色的教学能力赢得了宝山城区多所学校伸来的橄榄枝,那时我有很多次机会离开农村学校到宝山城区的几个窗口学校去任教,可我放弃了一次次机会,选择了留下。因为我觉得是这所农村小学培养了我,所以我选择留下来回报学校。

工作第5年,我临危授命担任"罗店中心校辅导片"少先队总辅导员,从此在任教数学课的同时,我挑起了整个辅导片的少先队工作。不会吹号敲鼓的我每天训练着鼓号队,使学校鼓号队年年获得区一等奖的佳绩。少先队的各项活动也丰富多彩地开展了起来,最终学校少先队从原先薄弱的局面一路跃升为区雏鹰大队、市雏鹰大队,直至全国雏鹰大队。在红领巾的岗位上我一干就是12年,这期间,出色的工作让我赢得了到政府机关工作的机会,但我还是选择了留下,因为我觉得离不开我的岗位,离不开我的学校,更离不开我的学生们。

工作第22年,我担任了罗店中心校校长,在传承的基础上使学校各项工作都得以发展。我提出了"播下兴趣的种子,奠基孩子的未来——让每个学生健康快乐地成长"的办学理念,提出了学校"1+4"特色创建的发展方向,克服种种困难创办了"蒲公英"学校少年宫,带领教师争创新优质学校,开发并实施"科学人文素养"校本核心课程。任校长6年中,我们罗店中心校这所百年农村老校焕发了新的生命,获得了全国特色学校、全国乡村学校少年宫、全国优秀科学教育实验基地、全国青少年棒球发展计划定点培训学校、全国创造发明示范基地等荣誉称号,每年都被教育局考核为优秀学校。

就这样,在罗店中心校这所农村小学的土壤中,我幸福地成长着,从一名普通教师成长为一名校长,从一开始影响一个班几十名孩子到现在影响一所学校1 000多名孩子,80多名教师。虽然我倾注了青春,倾注了热情,倾注了智慧,但仍乐此不疲。当我看到孩子们的一百几十项发明专利,看到孩子们的作品在国际发明展上获得金奖,看到车模队在市车模联赛上披金戴银,看到棒球队在市棒球联赛上多年稳居前六,看到足球队在捷希杯上称雄夺冠并与香港英华小学交流切磋,看到风筝队在市比赛中喜获第一,看到管乐社团、沪剧社团登上了市艺术比赛的舞台并获得佳绩时,我由衷地感到幸福,为我们农村学校的孩子们骄傲。

我喜欢农村,喜欢农村接近自然的状态,喜欢我们农村学校师生们的淳朴,喜欢充满生机的我们的罗店中心校。展望未来,我的想法很简单,我希望自己这辈子就在这所学校扎根,在未来的日子里继续用心把学校办得更好,让孩子们更受益,让家长们更满意,让学校成为环境整洁优美的花园、科学人文素养的乐园、师生幸福成长的家园。

28年前,我在老学校种下了3棵小香樟树,28年后的今天,已长成参天大树的它们被移植到了我们占地47亩的新校园内。相信它们会像我一样在新校园内生根发芽,茁壮成长!

作为校长的我,更是记得"我,在农村教育这片土壤中成长"。从一个初入职的校长,成为一个较成熟的校长,是农村教育孕育了我。岗位变了,初心不变,教育理想更笃信,教育梦想更强烈。

我在一次偶然的时机,翻阅到了一次在教育系统会上作为菜鸟校长的发言,至今我仍然记忆犹新,时刻告诫自己保持菜鸟谦虚好学的心态、追求卓越的心态、常存敬畏的心态,这是我做校长的深切体悟。

不忘履职初心,永葆菜鸟心态

2013年1月,在教育局召开的区教育系统年终总结会上,我做了题为"一位菜鸟校长的点滴感悟"的发言。那个时候,我只当了三年半的校长、书记,是名副其实的一名菜鸟。如今,又过去了四年半,我已当满了八年的校长、书记。我想,或许我已不能再自称菜鸟,但我仍要对自己说,要不忘履职初心,永葆菜鸟心态,这是我参加本次学习班后最大的收获和感悟。我觉得唯有这样,才能更好地当好学校一把手,下面向大家汇报一下我的三点学习体会。

一、永葆菜鸟谦虚好学的心态

针对本次学习班学习,王书记在开班典礼上提了三点要求:一要牢记使命,尽可能学得更多一点;二要潜心钻研,尽可能学得更深一点;三要知行合一,尽可能学得更好一点。这三点要求,虽是对本次学习班提的,但何尝不是我们每个党政负责干部在平时也应该做到的呢?相对而言,刚刚履职的时候,也就是初为校长、初当书记的时候,一般都是谦虚好学的。因为这个时候你是菜鸟,是一张白纸,没有资本可言,你需要学习,需要提高。而往往几年履职下来,或忙于工作,或忙于事务,就会慢慢疏于学习。对照反思,曾经酷爱读书的自己这些年于忙碌之中减少了阅读。想起清朝萧抡谓《读书有所见作》所言:"一日不读书,胸臆无佳想。一月不读书,耳目失清爽。"想来自己早已尘生其中、言语乏味,今后理当勤学精读,学得更多,学得更深,学得更好。只有永葆菜鸟谦虚好学的心态,才能让自己不断前行。

二、永葆菜鸟追求卓越的心态

每一个刚刚踏上校长、书记岗位的人,内心都是有所追求的,都希望在自己的带领下,能把学校办得更好。这种心态,就如诗云:"人生在世,俯仰之间,自当追求卓越,但有尽其所能。"亦如开班典礼上杨局长对我们的期望:要有追求卓越的教育家情怀。我相信,我们在座的每位书记、校长心中都有自己追求卓越的教育情怀,这份追求,在身为菜鸟的履职初期特别明显。一般而言,菜鸟期间,往往干劲很足,因为都有所抱负,都想有所作为。而随着履职时间的增加,不再菜鸟后,有时或困于现状,或图以安逸,会出现松懈,忘了履职初心。

回首自己担任学校正职的八年,内心的想法其实很简单,就是尽己所能,不负使命,办好学校,让孩子们更受益,让家长们更满意。这份朴素的愿望我希望能伴随我履职的每一天,我希望自己能永葆菜鸟追求卓越的心态。因为唯有这样,才能让自己走得更远。

三、永葆菜鸟常存敬畏的心态

南宋大学者朱熹说:"君子之心,常存敬畏。"其所言,就是告诫人们,人生在世,应当常存敬畏之心。不仅中国的贤人如此说,外国的也不例外,德国哲学家康德曾对人说:"我一生中敬畏两件事,一是我们头顶上灿烂的星空,二是我们心中崇高的道德准则。"

只有心存敬畏,才会知道什么是"高压线",才能遵循规矩、守住底线。只有心存敬畏,才能有如履薄冰的谨慎态度,才能有如临深渊的戒惧意念,才能永远谦逊平和，保持内心的执着和清静，恪守心灵的从容和淡定。心存敬畏之心，方能行有所止。

总体而言，菜鸟期间，更显敬畏之心，因为是新手，因为尚不知。但其实，敬畏之心应该是我们每位书记、校长常存的。开班典礼上，葛玉华副书记对我区教育系统"三风"建设工作的总结和部署；杨立红局长对"三风"建设提的强化全局意识、底线意识、责任意识的要求；王岚书记在总结讲话中与我们分享共勉的三句话：一是要在充分认清形势中筑牢"防护线"，二是在慎重行使权力中远离"高压线"，三是在自觉接受监督中不逾"警戒线"；还有王岚书记在党课中所讲的要涵养"正人先正己"的底气、"知止而后定"的静气、"凌寒独自开"的骨气；以及市纪委王群主任和区纪委翁旻玥主任分别为我们作的廉政专题讲座。这些无不在给我们以教育和警醒，无不在要求我们必须要以身作则、率先垂范、廉洁从政、敬畏责任。我想只有永葆菜鸟常存敬畏的心态，才能让我们走得更稳更好。

最后，感谢教育局组织的这个学习班，让我对工作职责、人生定位等都有了更清醒的认识；感谢教育局领导给了我今天发言锻炼的机会。于我而言，我要对自己说的，是要不忘履职初心，永葆菜鸟心态，永远不自以为是，脚踏实地、尽职尽责、谦虚好学、追求卓越、心存敬畏，做一名有责任感、使命感的教育者，服务于教师，服务于学生，服务于学校，服务于宝山的教育事业，向着我的教育理想之路一步一步踏踏实实地走下去。

回顾自己从一位教师成为一所学校的校长，经历了从学校管理者到学校领导者，从主动学习到情境学习，走过了从继承、发展、创新的三个阶段历程，我一直说"我是幸运者，我得得到了天时、地利、人和"：没有这个教育改革的大时代，没有上海与宝山区这个培育我的土壤和阳光雨露、没有这么多的领导、前辈、伙伴对我的关心、帮助，就不会有我这个校长。

（三）办学活力源于校长

学校活力来自梦想、来自思想。校长是学校办学的关键领导者，校长要从一个管理者走向领导者，引领学校的价值观念体系的建构，学校文化的建设。校长不能仅是学校事务的管理者，而必须是一个领导者，"用思想领导学校，做个有智慧的校长"。校长应该用敏锐的思想发现教育中的问题，用深刻的思想解决教育中难题。我们的学校需要有思想的校长，以自己的思想去理解教育,真正懂得教育的真谛,明白教育的未来发展;我们的学校需要有思想的校长,用思想推动教育的改革,用思想去规划学校的发展。我们的学校,需要有思想的校长,用思想凝聚人心,管理学校,去创建先进的办学模式。

办学活力源于校长

关于办学活力,我的理解就是学校的发展力,内在的生长力。如何激发?抛开外部因素,就学校内部而言,我觉得关键在校长。谈三点粗浅想法。

一、校长的办学追求是学校活力的源头活水

我觉得每个校长心中都有一个办学梦,都会把办好学校作为自己的责任和使命,这种教育情怀和办学追求会让校长主动思考谋划学校发展,这就使学校从源头上有了活力。我们罗店中心校是所农村小学,苔花如米小,也学牡丹开。之前十年,我把"播下兴趣种子,点亮孩子梦想,让农村孩子的未来拥有更多可能性"作为自己的教育梦想,带领我们罗店中心校不断前行,走向优质。去年起再度自我加压,主动申报成为市项目化学习实验校,追求从优质迈向品质。这些年,我把"播下兴趣种子,点亮孩子梦想,让农村孩子的未来拥有更多可能性"作为自己的办学追求,带领学校不断前行,走向优质,追求品质。

二、校长的办学智慧是学校活力的生命基因

校长上要对接国家教育政策,下要立足办学实际,要从中思考,善于找到适合学校发展的项目,这些项目一定要适合自己学校土壤生长,并且有自己学校的生命基因。它可以是学校的优势,也可以是学校的不足;它可以植根于学校的传统,也可以来源于学校的资源;它可以因为教师所长,也可以缘于学生所需。校长所要做的,就是为学校找到需要做、能够做、做得好的发展项目,让这些项目在学校的土壤中茁壮成长,解决学校问题,打造学校品牌,让学校充满生长的活力。

拿我们学校来讲,针对学校缺少满足孩子潜能发展的课程状况,我把办学的重点放在课程建设和教师发展,开启了拓展型课程十年建设之路。我们办少年宫,创新优质学校,开发《启梦》课程,让师生成长,让学校发展,获得全国特色校等荣誉。

三、校长的办学引领是学校活力的生长激素

学校变革与发展的最终力量来自教师,所以校长要用价值去引领教师,形成共同愿景。因为如果要建造一艘船,首先要做的不是去采集木材,也不是分派任务,而是要激发人们对大海的热情向往。我相信,一群心有憧憬的老师必定会推动着学校前行。在这些年的实践中,我注重通过六个维度——对职业的热爱、对专业的追求、对工作的投入、对价值的认同、对愿景的共鸣、对梦想的向往,促进教师主动发展,积极作为。

激发办学活力,源头在校长,核心在校长。最后,用导师下松泉校长的一段话结束我的发言:作为一名校长,虽然有很多的操心和疲乏,有很多的负担和压力,但只要愿意付出心血和智慧,愿意脚踏实地,积极作为,只要不嫌庭院窄小,愿意努力开花,就一定能开拓很多创造的空间,享受很多办学的快乐。

学校教育需要办学活力。办学活力是学校旺盛的生命力,是学校组织与师生的思想、行为或表达的蓬勃生机,是发展成长的能量。办学活力是学校发展的动力,学校教育教学质量的依赖。一个健康的学校应该具有办学活力,它是教育系统健康的标志。

学校办学活力是用来描述学校整体健康状况的一个概念,是指学校按照组织特性运行时所表现出来的生命力、适应性和可持续发展的状态与能力。生命力主要通过学校师生的生命状态,包括教师的教与学生的学的状态表现出来;适应性主要通过学校在应对内外环境变化时的主动性、积极性和创造性表现出来,对内外环境变化高度敏感且能做出及时合理反应;可持续发展则通过学校的现状对于其未来发展的影响与支持程度表现出来。

学校的办学活力具有生成性、表征性和动力性三个基本的特征。办学活力的生成性是指教育活力不是学校自然具有的,而是在真实的办学实践活动中形成和变化的,其中人为的因素,特别是校长起着关键的作用。办学活力的表征性指学校办学运行时所表现出来的生命力、适应性和可持续发展状态与能力是可感受的、可检测的,是学校健康程度的一个外在表征。办学活力的动力性是指办学活力本身对于学校变革与发展,学校办学目标的达成具有影响,一般起到正向积极作用。解决办学活力不足或缺乏的问题,是学校办学的一个重要目标。

1. 校长的办学追求是学校活力的源头活水

校长的办学追求有两个方面,一是学校办学应该达成的目标追求,二是校长为了办学自身校长素养的追求。校长主观与客观方面完整的办学追求才能成为学校办学活力的源头活水。

学校的办学活力需要校长去激发、增强。校长的教育生命活力来自自己的教育价值观念与思想,"你真正的生命是你的思想",这是校长应有的人生态度,意味着如果一个校长失去了办学思想,就是削弱乃至迷失学校办学的方向。教育需要用思想来提升教育的品质。校长是用思想进行领导,用思想提升学校品质,而不是仅靠权力。校长的教育思想是以教育科学理论为基础,结合自己教育实践和对教育的本质、目的、价值、方法的深刻认识而形成的具有前瞻性的和适应自己具体教育环境的独特的教育思想。个性化的教育思想要求校长不做传声筒,不把教育理念变成喊口号贴标语,而是具有对教育价值的深刻认识。这是作为校长对所从事或终生追求的事业的意义的认识,是他形成个性化教育思想的基础。对教育发展的科学的预测力,是校长以其敏锐的观察力对其事业发展方向的把握,对与教育相关学科发展的感知力。只有对人文学科和科学技术发展有足够的认知力,才能使校长的个性化教育思想中蕴含深刻的人文思想和科学精神,才能对教育发展有更好的把握。

用思想领导学校,还表现在校长强烈的教育改革创新意识上。校长对传统的教育思想、教育方法都要用自己的独立思想进行价值判断,进行扬弃;要对教育进行创新,包括教育理论创新、教育实践创新和教育制度创新。校长对教育发展规律的深刻认识,是校长判断教育改革的突破口,是分辨改革与继承关系的基础。不了解教育发展的规律,也就无法正确认识传统教育中哪些是应该继承和发扬的,哪些是必须改革的;也无法正确判断需要改革的各个方面中关键所在,从而确定改革的突破口或切入点。

在当前社会改革和教育改革大潮中的学校,犹如波涛汹涌的大海中的航船。对于身处这样一个时代的校长,机会与挑战并存,使命和危机同在。校长应该与师生们一起在办学与教育改革中锤炼心智,提升实践智慧,实现学校办学理想。

2. 校长的办学智慧是学校活力的生命基因

学校的"生命基因"犹如生物的基因一样。生物基因支持着生命的基本构造和性能,储存着生命的种族、血型,及孕育、生长、凋亡等过程的全部信息。环境和遗传的互相依赖,演绎着生命的繁衍、细胞分裂和蛋白质合成等重要生理过程。生物体的生、长、衰、病、老、死等一切生命现象都与基因有关。基因是决定生命健康的内在因素。因此,基因具有双重属性:物质性(存在方式)和信息性(根本属性)。学校的"生命基因"支持着学校办学与教育的基本结构,以课程、德育、教学、管理等形态,表达着学校生命的成长、发展与消失等过程的全部信息,演绎着学校的延续、教育的发展和教育资源整合("蛋白质合成")等重要的生命过程。

学校基因有两个特点:一是能忠实地复制自己,以保持学校的基本特征;二是在繁衍、培养下一代。基因能够"突变"和变异,学生受到环境或遗传的影响,也会发生有害缺陷或突变。生物的一切表型都是蛋白质活性的表现。换句话说,生物的各种性状几乎都是基因相互作用的结果。所谓相互作用,一般都是代谢产物的相互作用,只有少数情况涉及基因直接产物,即蛋白质之间的相互作用。正如学校的一切活动表现都是学校生命基因的活性表现,是办学的过程中师生的互相作用的结果。学校的生命基因作用的表现离不开内在的和外在环境的影响。学校的演化中,学校的办学思想犹如办学的DNA,愈是高成长性学校其办学思想愈丰富、思想愈深刻;而与此相反,发展愈慢的学校其生命基因质量愈低、数量愈少。学校生命基因的含量和基因数的增加,与学校功能的逐渐完备是密切相关的。

校长的办学智慧是学校活力的生命基因。学校生命基因的DNA是办学理念与教育思想。学校的办学理念与教育思想犹如生物的基因,影响着学校的文化孕育,影响着学校的课程形态,影响着学校的育人功能。

校长的办学智慧是学校生命基因中的一种重要的DNA,直接影响着学校文化建设。

校长的办学智慧集中表现在办学思想上,体现在价值领导中,也是学校内涵发展的实践基础。校长的思想智慧影响着学校的办学思想、办学理念以及学校发展的规划。学校发展的"基因"作用,很大程度上在于校长思想智慧与教育智慧。

校长的办学智慧表现在学校的自我发现、自我更新,表现在增强学校的内在办学能力驱动,强化学校自我发展机制上。

校长的办学智慧不能以学校日常行政工作取代,而是以学校办学方向、规划与实施组织上的智慧和识别人才、用好人才、善待人才的智慧来表征。

校长的办学智慧强调责任时要讲规律,学校办学是个案解决,不是连锁式推进,讲究学校办学改革的领导艺术,让学校充满教育的活力。

我们认为,教师、课程、学生在互动中发展,使作为客观存在的学校文化与作为主体存在的三种亚文化互动交融,形成"学校文化共同体",才能落实学校教育"促进学生全面发展"这一根本出发点和归宿。

学校对文化的意义不仅仅是单纯的传递和继承，还在于不断重构。学校文化重构是学校建设的重要组成部分，它是以人为本的现代学校文化的选择、设计、转化和生成。它不仅涉及人的行为，而且从价值观这个更深的层面引导人、塑造人。现代学校文化重构的出发点是以育人为本，以培养具有中华民族灵魂和世界眼光的现代人为总目标。具体目标是丰富学生的文化底蕴，树立正确的价值观念，促进学生的发展；更新教育教学观念，建设一支具有高品位文化素养的教师队伍；创造适合学生发展的理想文化氛围。

具体而言，在重构学生文化方面，我们应该发扬学生文化主体性，确立学生主体在文化共享与流变中的地位和作用；培养学生的文化判断力，开发学生文化创新潜能；加强学生的课程适应性，让学生的非主流文化和课程所传播的规范性主流文化实现整合。

在重构教师文化方面，我们认为封闭性和保守性的教师文化必然会阻碍学校文化的建构。教师应由单纯的知识传递者转变为学生学习的引导者、促进者。师生关系向"并喻型"转化，彼此是交往者，进而成为理解者和合作者。从教师专业发展来看，教师还应该是反思实践者。

在重构课程文化方面，要认识到课程文化并不是一种静态的存在。课程文化是在课程目标、结构、内容的确立过程中，在课程研制、开发、评价的实施过程中诞生的建构性文化。在课程目标文化上要实现从知识论向主体教育论的转化，并以人的发展为核心。在课程内容文化上要关注传统优质文化的选择和体现程度；关注课程内容在反映新旧文化、本土文化与外来文化、主流文化与少数民族文化及亚文化交融或冲突时所持的态度；关注课程内容的隐性文化教育；关注教师与学生是如何通过开发课程内容来理解和建构课程文化的。在课程实施文化上主张参与合作，主张宽容差异，主张理解。在课程评价文化上，首先要提出一种客观评价措施，对课程作定量的分析。其次，根据观察学生的行为表现作质的分析，然后在客观的评价基础上对课程实施理性反思，正确发挥理性反思的诊断作用。

3. 校长的办学引领是学校活力的生长激素

校长的高度决定学校发展的高度，校长想多远决定学校走多远。这些年，学习、思考与实践伴随着我成长，而我也努力引领着学校发展。引领成为了校长办学活力的源头，是学校成长性发展的生长激素。

（1）价值引领——激励教师成长。校长是学校的核心和灵魂，要通过价值引领来带领和激励教师成长，从自我成长转为引领教师群体成长，这是我当校长十多年后的一个感悟。我们还要让价值观看得见,这样才心中有信仰、脚下有力量。

在学校里,我总是利用一切机会分享自己的观念,希望在与行政人员、党员、教师的一次次交流中获得认同。久而久之,这种被认同的价值观就会引领教师的行动,就能激发他们主动发展。比如在我校长廊上,有第一任科技辅导员的浮雕,很多人诧异为何给一位已去世的普通老师立浮雕,我的回答是:这位教师开启了我校的科技之路,延续至今30多年,让我们从一所普通农村小学发展成为全国科技特色学校。我要用这块浮雕告诉每位老师:只要肯努力,每个人都能改变学校。这样的例子有很多。在实际工作和交流中,我们逐步形成了共同的价值取向:"对学生成长有利的事,再麻烦也要做;对学校发展有利的事,再辛苦也要做。"我相信,这样的价值取向,能激活教师主动发展的内驱力。

学校除了用价值引领来点亮教师的教育梦想,还用项目创建来成就教师的职业幸福,用课程建设来提升教师的学科素养,用基地建设来促进教师的专业成长,不断丰厚使教师主动发展的土壤。

(2)理念引领——规划学校发展。苏霍姆林斯基说:"校长对学校的领导,首先是思想的领导。"任校长起,我一直思考:办怎样的学校?选择怎样的发展方向?能为师生的成长带来怎样的积极影响?对学校现状分析后,我发现农村孩子淳朴有余自信不足,并且缺少才艺。怎么办?经过思考和商讨,我重新凝练了办学理念:播下兴趣的种子,奠基孩子的未来——让每个学生健康快乐地成长。我希望学校是孩子们的乐园,为他们播下一颗颗兴趣的种子,有科学、有艺术、有运动、有学习、有感恩,希望这些种子在每个孩子心中生根发芽,点亮他们的梦想,奠基他们的未来。

基于这样的理念,我带领老师们在传承基础上发展,学校每三年制订发展规划,各条线再相应制订三年规划。在规划引领下,坚持科技特色,传承感恩文化,创办学校少年宫,开发《启梦》课程,争创新优质学校,满足孩子个性需求,促进学校内涵发展,不断提升办学质量。

(3)文化引领——营造育人文化。我坚持育人为本的宗旨,把促进每个学生健康成长作为一切工作的出发点和落脚点。秉承这样的宗旨,我带领老师们以学校感恩文化为品牌,以学生自主管理为主导,以体验感悟为途径,以养成良好习惯为突破口,架构了"识恩、知恩、感恩、报恩、施恩"为内容的"五恩"育人体系,从"认知、情感、行为"三个维度建构基本框架。学校每年有八大感恩主题月，每月有感恩行动日，每周有感恩校本课，每班有感恩实践点，每年有校园感恩节，积极开展感恩系列道德实践活动，培养"善学习、勤实践、知感恩、有梦想"的罗小少年。教师也在育人的同时实现了育己，感恩已成为师生共有的文化认同。

（4）课程引领——领导课程教学。学校应以学生发展为本，创设多样性、多层面、可选择的课程，为学生提供丰富的学习经历，满足个性发展需求。基于这样的认识，也基于办学理念，我校在做强基础型课程的同时，开启了拓展型课程建设之路，力求让课程设置惠及每个学生，让课程资源面向每个学生，让课程评价关注每个学生。

2012年创办了区第一所学校少年宫，旨在通过社团课程给孩子们播下兴趣的种子；2013年成为了区首批新优质争创校，以《启梦》校本课程为抓手，确立课程理念、构建课程结构、建立培育体系，让办学理念落地生根；2014年开发了160课时的《蒲公英》种子课程，让具有地域和学校特色的项目在每个孩子心中发芽；2015年首创了《彩虹桥》家长课程和积点评价，《彩虹桥》课程让孩子们拓宽视野，积点评价让每个孩子得到关注和激励；2016年设计了《野百合》活动课程，有每月主题节、各年级成长礼、罗小系列秀，给孩子们搭建了展示自我的舞台；2017年完善了100门《七色花》社团课程，以此满足不同孩子的发展需求；2018年出版了《启梦》一书，阶段总结课程建设之旅；2019年开启《启梦》2.0版建设之路，用项目化学习来深化学校课程，努力让每个孩子成为心智自由的学习者。

（5）科研引领——增强教育创新。面对学校发展中遇到的困难，我们借助课题加以解决，让课题研究成为学校发展的保障。每三年的发展规划中，都会确立一项学校实验课题。在推进中，我们外聘专家，教会老师发现问题，确立子课题；成立科研室，指导老师学做课题，解决问题；制定科研奖励条例，鼓励老师主动申报，做出成果；带领老师外出观摩学习，改变科研年会交流模式，办成人人制作展板发布成果，不停点赞个个开心的科研嘉年华。

从2011年起连续三届获区科研成果一等奖，连续五年获华师大普教研究中心论文一等奖；2016年《"五恩体验—践行"教育模式的实践研究》获全国教育学会论文二等奖、市教育科学研究院学校教育科研成果三等奖；2017年《形成性练习监控下的学困生学习诊断及跟进策略研究》获市基础教育教学成果一等奖、市教育学会论文一等奖；2012年出版《孩子，让世界充满感恩》专著，2018年出版《启梦》专著；2022年《从体验到践行：小学生"五恩"教育的实践研究》获上海市优秀教学成果二等奖。

　　作为校长应该始终践行陶行知先生所言"用整个的心做整个的校长"，不断引领着学校前行。办学活力不断增强，让百年老校焕发了新的生机。学校获得第39、40届世界头脑奥林匹克总决赛亚军和季军、国际发明展金奖、全国特色校、全国乡村学校少年宫、全国优秀科学教育基地、全国科技发明示范基地、全国青少年棒球发展校、全国中华优秀文化艺术传承校、全国足球特色校、全国生态文明教育特色校、全国头脑奥林匹克特色校、市文明校园、市安全文明校园、市依法治校示范校、市科技特色校、市知识产权示范校、市科技创新基地、市行规示范校、市家庭教育示范校、市未成年人思想道德建设先进单位、市德育教导跟岗基地、市红旗大队、市少先队示范校、市教育系统巾帼文明岗、市学校少年宫、市传统文化经典诵读特色校、市非遗进校园优秀传习基地、市传统文化特色校、市教育系统精神文明创建特色项目校、上海国际艺术节合作校、市校园文化建设"一校一品"特色校等。《光明日报》《解放日报》《文汇报》《新民晚报》《青年报》《东方教育时报》以及中央电视台、浙江卫视、上海电视台等媒体相继报道了学校的办学成果。任校长期间，学校承担了区以上办学展示活动90多次，个人论文获奖、刊物发表、交流发言达50多次，成为了区教育系统干部带教基地导师和年轻干部实践基地导师，还受市师资培训中心所聘，成为了遵义市"影子校长"班李云红的导师。而学校则成为了市学校少年宫联盟副理事长单位、区学校少年宫联盟盟主单位、区戏曲共同体盟主单位、区头脑奥林匹克联盟执行盟主单位、区武术联盟执行盟主单位，辐射、引领着市、区这些不同联盟的学校共同前行着。

第二章　学校的发展与战略管理

一、学校的战略管理与学校规划

（一）作为系统的学校管理之认识

1. 学校管理缺乏系统思想

当今的学校正处在一个不断变化的环境中，信息时代的机遇和挑战、信息技术与智能创新的日新月异、社会对高质量教育需求的日益增强，让学校承担着更多的社会责任。我们清醒地认识到，学校要想在不断变化的环境中生存发展，就必须创新学校的战略思维和管理方法。如何处理好学校身处的各种相关关系，如何更加高效并可持续地维持学校的教育活动，以及如何与社会保持和谐、协同进化，必然要求创新学校管理，以系统思维实施学校管理。

学校管理正在从传统的管理向现代的学校领导发展，但是无论在教育管理的理论上还是管理的实践上都与现代化教育管理的先进水平存在着明显差距。这些差距的形成有多种原因。从微观的学校管理层面考量，不少学校的管理存在着非专业管理的事实。首先表现在习惯于奉命管理学校，一旦上级领导不发声音，这样的校长反而不知所措。校长成天忙碌，忙于开会、忙于应酬。其次是校长习惯于行政事务，管头管脚，忽视学校的战略发展和学校教育综合实力的提升。学校管理重心放在行政事务上，处理各种关系，无法把精力聚焦于教学和教育上。不少学校管理类同其他企事业单位的管理，似乎调一个厂长到学校也可以当校长。现代学校必须有现代的学校领导，校长的专业化管理与价值领导是关键。

教育是灵魂的事业，只能用思想来培育教育。"一个民族要想站在科学的最高峰，就一刻也不能没有理论思维。"我国的孔子、朱熹，国外的苏格拉底、卢梭、杜威之所以成为世代公认的教育家，是因为他们有自己独特的教育思想。我们的校长需要什么？校长最需要的是思想，独立思考。思想是校长的灵魂。子曰："学而不思则罔；思而不学则殆。"子还曰："好仁不好学，其蔽也愚；好知不好学，其蔽也荡；好信不好学，其蔽也贼；好直不好学，其蔽也绞；

好勇不好学,其蔽也乱;好刚不好学,其蔽也狂。"校长应该成为一个思想者,让校园光芒闪耀。

学校是一个复杂系统,学校管理需要具有系统思想,在关注学校整体的发展中实施对学校工作的管理。不少农村学校在管理中比较关注的是人权、事权与财权,管理上缺少系统思想与战略管理能力。我们注意到学校战略管理有以下五种不良倾向:

一是认为不需要战略管理,持这种观点的人要么认为学校小顾不上战略管理,要么认为学校发展良好不需要战略管理,要么认为学校经营困难无法进行战略管理。

二是盲目决策,对学校所处内外战略环境不进行战略分析,不是基于事实基础而是靠拍脑袋进行战略规划。

三是战略管理不科学,仅靠经验制定。战略规划制定与实施需要战略管理理论,又需要战略分析规划方法。战略规划制定者只有掌握战略管理理论、方法,同时具有较多的战略管理实践才能科学地制定战略规划。

四是战略管理所依托的学校发展战略规划不实施或难以实施。有一些学校纯粹为应付上级要求而制定战略规划,战略规划本身流于形式,更无意也不可能去实施战略;另一类是战略规划本身不科学使战略管理无法实施。

五是战略既定论,持这种观点者认为战略规划既然确定就应该不折不扣执行,而不知道战略规划、战略实施需要随环境的变化而进行适当修正、调整,陷入教条主义。

校长作为一个学校的主管,承担着学校的整体责任,需要对整个学校办学负整体责任,因此必然需要思考整个学校的事情,但是这还不是系统思维。系统思维是指思考问题从全局、整体出发,而不是从局部、部门作为思考问题的出发点。系统论认为整体大于部分之和。系统思维与碎片化思维相反,要求改变头疼医头、脚疼医脚的习惯。系统思维,不是碎片化思考的简单叠加。系统思维有利于学校教育中的多种因子的整合,多种要素的融合,能整体推进学校的教育,全面提高教育质量。

2. 学校战略管理的应然

学校作为一个生态系统,特别是教育生态系统,对学校管理提出了新的战略管理要求,从生态视角建构学校战略管理成为了学校发展的应然。"应然"是应该的样子,"实然"是实际的样子。"应然"关注理性的演变,指的是暂时还没有达到或是可能达到的状态,"应然"的方向应该是以理性为基础的发展。学校管理必然从存在着问题的行政式管理的"实然"向战略生态管理的"应然"演变。

传统学校管理中的弊端在如今科学技术迅猛发展、智能社会初见端倪的大背景下日益凸显。传统管理从单体学校出发来思考办学，把学校作为以学生获取知识为中心的独立实体，缺乏把学校教育与整个社会的政治、经济、文化和自然环境看作一个整体，没有把学校教育活动和教育生态环境视为一个有机整体，并在此基础上来研究与把握办学与学校管理活动及其规律性。传统的学校管理只重视学校的工作过程，而忽视其生态过程；只重视学生获得知识的社会服务功能，而忽视其生态服务功能；在传统的教育功利驱使下，学校为了追求分数效益，往往无视学生终身发展、学校的可持续发展与社会的整体利益，学校教育生态遭受破坏。正是这种单一追求应试教育效益的学校管理目标，带来了层出不穷的恶性竞争、教育欺诈、假冒伪劣等现象。这种传统狭隘的管理方式，造成了学校结构功能萎缩，学校活力低下，发展缓慢，可持续发展能力较差。

现代学校管理的特点在于从行政管理过渡到战略管理，校长的角色也逐渐转变到学习领导者，从对人的管理过渡到对战略目标的管理。学校的发展要有明确的价值定位、切实的战略目标、完善的战略体系、清晰的战略途径，这样才能实现依法治校、依法治教。学校战略管理的现状决定了学校发展的方向，在整个学校管理中具有极其重要的意义。

校长要增强学校的战略管理意识与能力。学校战略管理能力的形成与提升是学校办学的关键一步，有助于学校干部厘清办学思路，明确学校发展方向。校长首先要增强战略管理意识以及责任担当。在推进学校战略管理过程中，我们不仅在学校发展规划中呈现了鲜活的战略管理，同时在每学期开学之前依据国家与市教委的年度工作要点以及宝山区教育工作要求，编制学期工作计划，确定学期工作要点，并附有工作实施时间表，为学校安排工作计划提供导向。在开学初行政会议上对办学工作与教育工作交流与布置。这些常规性的工作，对于学校的管理规范的建设是不可或缺的。校长要抓好战略管理的常规，例如学校发展规划、主要办学领域的方案、学期计划等战略设计与战略实施，并通过学校规划的实践推进学校战略管理的实施。校长在实施学校战略管理时要做好学校的顶层设计，以学校发展规划编制为契机与抓手，组织学校中层以上干部进行学校战略管理的培训，包括学校三年规划编制（包括学校课程计划、学校德育工作纲要）的培训与实务操作。通过学校战略管理的实施,提高全体干部教师对教育工作为什么、是什么、怎样做的价值思维能力。

3. 学校战略管理:"做正确的事"

校长要从琐碎的事务中摆脱出来,更好地在校长岗位上领导学校实现学校发展愿景。首先要懂得什么是学校战略与学校战略管理。如果连是什么都不清楚,就根本无法做对那件事。要想在学校发展上有卓越表现,就要清楚地知道战略是什么,并且不断地把战略传播给师生、家长与社会。战略就是选择做什么与不做什么。

战略是指决定全局的策略。美国90%以上的企业家认为:"最占时间、最为重要、最为困难的事就是制定战略规划。"美国思想家爱默生说:"每年我都花一半的时间在战略规划上,雷打不动。"美国通用电气公司前董事长韦尔奇说:"我整天没有做几件事,但有一件做不完的工作,那就是规划未来。"战略的重要性对于校长办学的重要性不言而喻。战略就是做正确的事。管理大师彼得·德鲁克曾在《有效的主管》一书中简明扼要地指出:"效率是以正确的方式做事,而效能则是做正确的事。效率和效能不应偏废,但这并不意味着效率和效能具有同样的重要性。我们当然希望同时提高效率和效能,但在效率与效能无法兼得时,我们首先应着眼于效能,然后再设法提高效率。"在现实生活中,做事的效率和做正确的事,人们关注的重点往往多在前者。但实际上,第一重要的却是效能而非效率,是做正确的事而非正确做事。"正确地做事"与"做正确的事"有着本质的区别。"正确地做事"是以"做正确的事"为前提的,如果没有这样的前提,"正确地做事"将变得毫无意义。首先要做正确的事,然后才存在正确地做事。这不仅仅是一个重要的工作方法,更是一种很重要的管理思想。对于学校也同样,"做正确的事"远比"正确地做事"重要。对学校的生存和发展而言,"做正确的事"是由学校战略来解决的,"正确地做事"则是执行问题。倡导"正确做事"的工作方法和培养"正确做事"的人,其产生的效果是截然不同的,前者是保守的、被动接受的,而后者是进取创新的、主动的。

学校战略是指影响一所学校全局发展的策略,是办学策略和教育发展策略的总体。(王钰城,2004)学校战略可以提高学校的预见性,克服短期行为。清末民初经史学家陈澹然指出,"不谋万世者,不足谋一时;不谋全局者,不足谋一域。"(陈澹然《寤言卷二·迁都建藩议》)这说明了谋划全局、谋划长远的战略重要性。学校战略为学校的发展指明方向。学校发展战略是学校及其所有成员的行动纲领。学校如果没有发展战略，就好像没有舵的轮船，没有方向。学校发展战略是学校办学成败的关键。兰德定律指出，"世界上每1 000家破产倒闭的大企业中，有85%是因为企业管理者决策不慎造成的。"我们也可发现学校发展水平与学校的战略决策与实施有关，学校办学失误基本都是由管理者的重大决策失误造成的。

学校战略管理是以学校未来发展为主导，直接影响全局总体目标，与内外环境相联系的管理活动。战略管理关系到学校发展方向、资源优化配置和组织整体适应性的决策与实施。学校战略管理有三个层级：一是学校目标战略管理，包括学校发展愿景、使命与价值观念的抉择；二是学校发展战略管理，这是实现学校目标与使命的行动纲要，指引学校教育创新方向，提供创新架构，包括学校办学战略、学校教育创新战略等管理工作；三是职能战略管理，这是支持办学战略的各职能工作的战略管理，例如学校德育发展纲要、学校课程方案等工作的管理。学校战略管理中的决策，即战略选择，是战略管理的核心；战略实施是战略管理的关键环节。学校战略管理不是校长一个人的事情，而是对学校战略思考与设计，解决学校发展中的全局性、根本性的问题，应该学校全员参与、全员履责。我常常在学校里纠正一种误解，有的管理人员与教师认为学校顶层设计是校长的事，我们一再强调学校顶层设计不是校长设计，而是全校成员智慧与实践的结晶。

在多年来实施学校战略管理的过程中，我们认识到，学校战略管理指向的战略设计与实施，主要包括四个有机的动态过程：

（1）战略分析：学校战略分析是在分析学校内外部环境的基础上，认清学校发展事实基础，确定学校优势、劣势、机会与威胁，学校战略分析是战略管理的基础。

（2）战略规划：学校战略规划包括学校理念，学校发展战略方向、阶段、目标、重点、措施、保障等总体战略，可以把学校德育、课程教学、科研、人力资源、质量、核心能力、文化等功能战略，最后综合形成学校发展战略方案。学校战略规划是学校战略管理的核心。

（3）战略实施：学校战略实施包括学校战略结构调整、学校资源战略配置、学校年度计划、学校目标管理、学校业绩效管理等。学校战略实施是将学校战略规划的宏伟蓝图变成现实的过程。

（4）战略控制：学校战略控制主要是随着学校战略环境的变化、学校战略规划的实施进度与成效，对学校规划和实施方法、资源进行调整与修正。

学校战略控制是战略规划实施的保证。

学校战略管理是分层次的，是系统工程。我们认识到，战略设计不同于工作计划，不是这一学期、一学年做什么，而是想到将来会怎么样，决定现在该如何做。工作计划会受自己能力的限制，而战略管理则要冲破学校自身能力的限制，最大限度激发学校自身潜能，甚至借助于外力与外部环境来发展自己。

（二）学校战略管理的要务

现代学校战略管理深刻地影响着学校的发展，推动了学校的教育教学创新，为学校办学带来可持续发展的动力，成果丰硕。我们主要抓了学校战略管理的四个重要方面。

1. 战略分析：学校发展的定位

没有对校情的深刻把握，无法找准学校发展的定位，更难以有针对性地解决学校发展问题。学校校情的战略分析是对学校生存与发展的考量。实践中我们感悟到，学校战略分析有别于一般的学校情况分析，不是白描陈述事实，而应该基于事实、现象的原因与结果的揭示，主观与客观的关联，机遇与挑战的把握，进行学校的战略分析。我们从两条基本原则出发：

（1）学校自身发展条件与社会需求相结合。这是学校战略定位的基点，学校发展要顺应社会发展要求，要从提供高质量教育满足社会的期盼出发。同时学校的战略发展要符合学校自身发展的条件，即学校发展的可能。这里要防止两种倾向，一是缺乏进取态度看待办学条件，过多地看到不利因素，对学校办学条件持消极态度，不能主动地创造办学条件；二是过于盲目主观，只看到有利方面，而忽视条件的制约性。这两种倾向都会导致学校战略分析的失误。将学校自身办学条件与社会需求相结合，才能使战略分析具有事实依据，结论可靠，为学校战略决策奠定坚实基础，为学校走内涵发展道路拓宽视野，有利于学校以质量、特色和诚信取得家长与学生信任，取得良好的公众形象和社会知名度。

（2）明确学校的正确战略定位。学校战略分析不是一群人在一起叹苦经、埋怨一通，而是要为学校发展的定位提供事实依据与理论支撑。我们注重学校发展的定位是什么，明确而具体；注重为什么学校要这样定位，讲得清理由；注重这个定位实现的预期怎样，即有没有发展的基础支撑。

学校定位是多元化的，有的学校是从办学类型上定位，例如寄宿制学校、九年一贯制学校等；有的学校定位是从办学质量上确定的，例如，高质量学校、新优质学校、示范性学校等；有时候学校质量定位还从行政地区级别上表述，例如地区有影响力学校，区示范学校等；也有的是从办学特色上定位，例如，外国语学校、艺术学校等。实际上学校定位往往是多维复合的，例如区新优质学校。学校办学发展定位多元化有利于教育供给方式多样化，人才开发培养的多元化，教育资源利用的集约化。

我们学校基于百年老校以及办学传统，基于教育发展与社会需求，从充分关注学生核心素养的养成，深化教育教学改革，凸显学校办学特色出发，将学校定位为："理念先进、管理科学、队伍优化、质量保证、特色鲜明、家长满意、孩子喜欢"的老百姓家门口的优质学校。

学校发展定位的前提条件必须是充分了解与理解学校的校情，这是制定学校定位及其规划的基础。我们从学校的校史、学校所处的区位结构、学校的教育生态、学校的办学基本状况、干部与教师的基本状况、学生的教育与发展状况等方面，做好深入调研、把握实情、梳理分析的工作。我们注重前期调研，通过召开行政会议，干部教师访谈，现场观察，调阅文档资料等，获得办学的校情背景。同时我们不满足于碎片化的信息，更注重对情况的分析与认识，进行梳理归纳，把握校情背后的原因，为学校发展定位的确定提供依据。因此，在学校的现状信息的基础上，我们获得了一个基本的认识，即罗店中心校的"老中青"特点：

学校"老"：学校作为一所创办一百多年的学校，历经我国近现代的各个时期，有着丰富的学校传统。尤其是近阶段学生来源多元化，学校文化的保持与更新面临复杂性，要在新时期更好地创新办学，走可持续发展之路。

干部"中"：我们学校干部队伍相对稳定，以中年为主，年富力强，干部资历颇深，工作有经验。学校有着一定数量的骨干教师与特长教师，这是学校宝贵的财富。

教师"青"：由于学校规模扩容，新入职教师不少，学校教师平均年龄逐步下降，现在教师平均年龄为40岁，来自14个省市。学校师资生态链在年龄层次、专业水平上存在着失衡。这是学校发展的中心问题。

学校"老中青"的优势与不足是我们学校定位的出发点；优化、转化与发扬"老中青"的潜在优势为现实优势，是我们发展定位的着眼点。

在调研的基础上，我们遵循办学规律，从解决优化与转化着手，形成了学校发展定位："理念先进、管理科学、队伍优化、质量保证、特色鲜明、家长满意、孩子喜欢"的老百姓家门口的优质学校。

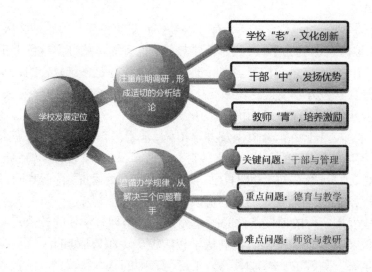

○ 关注办学的关键问题——干部与学校管理,重在发扬优势。

○ 关注办学的重点问题——德育与课程教学,重在坚持创新。

○ 关注办学的难点问题——师资与教研培训,重在教师培养。

通过战略定位的分析调研,我们对学校现状有了一个较为清晰的图像:百年老校在新时期面临着学校发展的新机遇,需要做好学校的全面战略规划,顶层设计,系统策划,着力培育学校文化,弘扬学校教育理念,找准学校发展新突破口和深化学校德育、课程教学创新的着力点,解决年轻教师队伍提高这个迫切任务,使学校在内涵发展道路上走得更远、更好,办好家门口的新优质农村小学。

2. 战略谋划:学校发展的设计

基于内涵发展的学校发展战略定位,具体表征在学校发展规划上。学校战略需要谋划,要在学校发展的战略定位的基础上,进一步明晰与把握学校发展的方向及内涵发展的主要内容。谋划不仅是学校战略发展的定位,而且更需要有一个系统的设计,确定学校战略发展的主要项目,即实现战略目标的载体与战略路径。没有后者的战略支撑,学校战略发展的目标会落空。战略谋划不是碎片化的决策,不是随性而为、以个人好恶为转移,而是建立在战略定位与发展内容、实现路径之间的逻辑关系上,建立在应然与实然的关系上。

学校战略谋划的主要工作是学校章程的制定、发展规划的制定、学校德育工作纲要的制定、学校课程方案的制定等,其关键在于把学校战略定位转

化为学校发展的战略任务与实现策略,解决学校的内涵发展关键问题。我们在学校战略谋划时,关注了以下三个方面:

一是正确把握学校内涵发展。基础教育内涵发展是指基础教育在资源投入一定的境况下,坚持以人为本,通过创新制度、改善管理、优化教育结构、调整学校布局、完善课程设置、改革教育方法、开发和利用教育要素的潜在优势、提高教育资源配置的合理性以及共享率和使用率,从而增强学校效能、提高教育质量。不要淹没在办学的琐碎事情中,而看不清办学的主要工作任务。学校内涵发展就是促进学生终身发展、可持续发展的实现。如果以无助于学生终身发展的项目作为学校发展特色,学校花了大量资源投入,却鲜有教育价值。力气花得越大,偏离办学内涵发展越远。

二是正确把握学校特色发展。在办学中要避免一味追求利润、规模的经济发展模式,急功近利追求立竿见影,更要避免以标志性事物来替代正常的、全面的按照教育规律来办学的现象出现。学校的特色应该是在学校教育、课程教学中最基本的问题上做得扎实、做得有实效,才是特色,而不是"人无我有"的别出心裁。要注重"特"应该是特别好,"好"在于教育的最基本的工作做得好,绝对不能教育教学没有搞好,搞什么特色来炫耀,那其实是一种办学失效的表现。例如,上海中学为什么是上海中学,就是在课程设置上做得特别好。我们要避免像调皮孩子一样,喜欢在人多的地方闹一下,以吸引人的注意。这个问题在办学中要特别注意,也就是学校办学要有端正的校绩观。

三是正确把握学校发展的动力。内涵发展不是靠外力推动的,而是源于内部变革力量推动的一种发展,因而也就更需要主体的创新动力。学校办学是激励学校改革愿望,提升学校造血能力,促进学校自我发现、自我变革的过程。要充分认识到学校办学本质上是创新,是个案解决,是特定情境下的办学。要正确地处理继承与引进的关系、主体与责任的关系,积极挖掘、利用、整合学校资源,将学校引入新的发展境地,这是学校内涵发展的必然要求。学校办学需要外部环境的支持,但是内在的变革更为重要,"内因是决定因素"。学校应该促进学校主体与环境支持双向互动,传统与变革并举,才能使学校真正步入可持续发展的轨道。

我在办学中有三句话:"价值领导,学校文化引领;战略管理,做好正确的事;特色建设,深化内涵工作。"要关注内在运行途径,推进革新学校教育与课程理念、加强校本管理、改革和完善学校内部管理机制、建设高素质的教师队伍、提高教育教学质量,从而促进学校内涵发展。

3. 学校战略管理的实施

（1）组织调整

学校战略管理的优化，要求学校的组织系统进行相应调整，以创建支持学校成功办学的组织结构。学校要改变垂直线性的科层制管理，向网络式扁平化管理转变。传统的管理强调高度分工，组织结构也越来越庞大，组织形式从直线制开始，一直到职能部制，高度正规化和非人格的组织有可能窒息人们的创造力和自由。随着管理理论与社会的发展，简化组织结构，减少管理层次，使组织结构扁平化已成为趋势。科层制组织模式中，直线-职能制是学校较常采用的组织形式，其典型形态是纵向一体化的职能结构，强调集中协调的专业化。它适用于办学稳定、以智育为中心、职能部门自主的情况。其集中控制和职能利益最大化、办学单一化的特点，使学校长期战略与短期利益不易协调，不适合学校整体的改革与发展。随着学校均衡发展，五育并举，学生培养指向素养，学校规模合理化，办学条件进一步优化，科层制管理学校不可避免地面临以下问题：沟通成本、协调成本和控制监督成本上升；职能部门或个人分工的强化使得组织无法取得整体效益的最优；学校难以对教育改革与发展的快速变化作出迅速反应等。于是学校扁平化管理应运而生。

我们通过学校组织扁平化，可破除学校自上而下的垂直金字塔结构，减少管理层次，增加管理幅度合理性，建立一种紧凑的网络型管理组织，使组织变得灵活、敏捷，富有柔性、创造性。它强调系统、管理层次的简化、管理幅度的增加与分权。我们通过配备必要的助手、运用信息化手段、工作地点相近性等方式来确定学校领导合理的管理幅度，提升战略管理的有效性保障水平。

（2）调动资源

学校谋划学校发展时，必然要调动支持其实现战略目标的办学资源。这涉及两个方面：一是教育资源，这直接关系到教育教学质量，学校应该坚持质量第一，学生至上的资源谋划方针。把办学质量建立在"质量是生产出来的，不是检查出来的"理念上，建立在加强教育教学全过程的质量监控上。教育资源很丰富，包括教育物质资源、课程资源、教育条件资源等。二是人力资源。人力资源管理是学校获取成功的主要原因。教师是学校的战略资源，办学是一种整合资源系统，开发和运用资源的组合。专业化的教师与管理人员作为人力资源，代表了学校所拥有的办学专业知识、技能和能力的总和。调动人力资源的重点在于其战略价值的增值,在于把教师的职业生涯发展和学校战略发展相统一。学校的人力资源工作专注于为系统性、全局性的战略服务,具有前瞻性,要做好用人政策的制定、人员的甄选、教师的培训规划、人才的开发与留存等。

（3）管理变革

学校战略的实施要进行相应的管理变革,学校要改变日常惯例,学校文化的创新与弘扬,也要克服不同群体利益冲突的阻力。学校管理变革方面,我们罗店中心校着力于推进价值领导,引领学校文化建设,增强学校发展的内动力。

我们农村学校的管理中,短期行为较多,"好学又好动"。例如,主观上很想努力学习外面好的经验,然后回到学校采取行动,但停留在技术层面上的改进较多,表现为盲动而低效率。究其原因,是对学校发展的冲动超越了理性,在学校整体设计上下的功夫不足,也就是学校战略管理意识不强,或者经验不足。我们针对这样的情况,不断学习,进行价值判断,探讨什么是最适合我们学校的。然后聚焦于关键问题,或者解决办学中的短板,坚持数年才取得成效。例如我们的"五恩教育""课程统整"就是"价值判断—聚焦项目—坚持数年"的过程。

我们注重提升战略管理意识与能力,认识到学校规模已不再是学校强盛的唯一标准,学校的战略管理能力、创新能力才是学校价值的重要标准。我们已明确的是:战略管理是愿景拉动型,不是问题驱动型;学校的适应能力决定学校的生死存亡,学校的创新速度将主导学校的发展水平;只有通过战略设计实现自主发展,转变计划经济下的学校管理,才能促进新时代的学校建设。

4. 校长的学校战略管理能力

学校战略管理需要校长不仅有战略管理的意识、态度,还要具备学校战略管理的能力。校长的战略管理能力是在办学实践中提高,在教育管理专业学习中提升的。我主要从三个方面提高自己的校长战略管理能力。

（1）学校战略的决策能力

现代决策理论认为,管理的重心在经营,经营的重心在决策。诺贝尔经济学奖获得者、决策理论学派的代表人物赫伯特·西蒙提出"管理就是决策"的观点,认为"决策是管理的心脏"。同样,对于学校而言,决策正确,学校的教育教学活动才能顺利发展;决策失误,学校的办学活动就会遇到挫折,甚至失败。

校长战略决策能力首先是把握住决策的层次，要着重于全局性、长期性的发展决策，不要让具体事务的决策分散自己的管理重心，导致无法聚焦在战略决策上。校长最重要的战略决策是学校发展规划的制定，设计学校发展蓝图，确立办学的重要制度，进行顶层设计。校长要善于谋略，多花时间思考办学的总体发展，解决好学校五育并举的总体布局与实施策略，以及学校德育工作纲要、学校课程教学计划、学校艺体科技劳动教育（学生综合发展）纲要等。

西蒙指出："管理是由一系列决策组成的，管理就是决策。"他还指出，"组织就是作为决策的个人所组成的系统。决策贯彻于管理的全过程，管理就是决策"。我认为，校长应该完善学校战略决策系统，做好学校发展的顶层设计，有序组织好学校高层、中层与全体人员按照职能参与决策，在战略决策上实现分布式领导。校长不要代替中层作出职能决策，而是要以学校战略发展引领他们作出职能工作决策。校长不能忽视教师在教育、教学等工作中的决策权以及决策能力，不仅要引领教师参与学校战略决策的献计献策，而且要支持教师在自己职能范围里作出合理正确的教育、教学决策。

（2）学校战略的价值引领能力

在战略管理中，校长具备学校战略的价值引领能力是关键。校长要避免忙于日常事务，因缺乏对工作的价值判断而陷于忙乱低效。校长要避免工作碎片化，缺乏对学校全局的把握，忽视学校发展的方向与关键问题。

校长的战略价值引领能力，首先表现在引领全校成员认同学校战略，以及尊重学校战略管理的价值。校长要善于引领学校全体教师重视学校战略设计，把这个过程看作从领导到教师更新教育观念的过程，一个学习的过程。

在学校战略发展中，校长还要善于引领学校核心价值的培育。罗店中心校在学校战略发展中，首先确立"播下兴趣的种子，奠基孩子的未来——让每个学生健康快乐地成长"这个办学理念，并以此引领与规范学校师生的行为、群体关系、学习与工作方式，确立学校的"三风"，使学校规章制度等都体现着主流价值。

校长要运用价值领导引领学校主流文化的培育。文化（culture）本意就是培育、培养。价值领导力是在组织文化中培育的，而且必然以民主文化而非专制文化培育，因此校长在选择、聚焦学校文化时要注重"独立之思想、自由之精神"，以价值引领而非单纯地依靠行政制度，应该少用硬性的行政领导力,多用价值领导力。校长的价值领导力首先要解决的是自己的价值追求问题,并让全体成员认同学校的价值,融入学校文化,追求教育理想。

校长要善于在组织道德中增强价值引领。校长的战略价值引领能力建立在道德领导的基础上。学校价值必须以符合道德的形式表现出来,一个价值观与道德分裂的、口是心非的校长很难以正确的道德行为引领学校的价值观,无法成为以道德与人格影响组织成员的领导。价值观不是一种"说法",而是真正地植入行动的一种内心的驱动力,更是一种道德行为。校长自身应该具有明确的价值观,如果这种价值观没有真正内化为校长自身的价值取向,反映在日常的管理行为中,那么学校就可能出现一种二元体系。如果校长开会时把鼓励教师创新喊得震天响,但只要教师在创新过程中出现一点儿问题,校长立即变脸,那么传达给大家的就是这样一个信息:校长真正希望的是学校不出问题,而不是创新。校长要用价值观影响学校成员,首先自己要有正确的、学校成员认同的价值观,并体现在自身的行为和人际互动中,融入学校价值中。

5. 校长战略管理的系统思维能力

校长战略管理必须依托系统思维,特别是教育系统思维能力。这也可以称之为校长战略思维能力。校长是管理一所学校,是专门从事学生教育的专门机构的主管,必须懂得教育,必须有很强烈的教育意识,而更重要的是必须具有教育系统思维。教育系统思维就是遇到学校的问题首先从教育规律的角度思考,运用教育的规律、教育的原理和方法去解决有关的问题,而不是考虑其他非教育的影响。

校长战略管理的系统思维首先要认同学校是一个系统,一个中微观教育系统,学校由各办学要素的建构而形成其功能,系统的整体大于部分之和。校长要避免学校工作中的顾此失彼现象,例如有时过于强调某教育口号或中心任务,而忘却教育基本规律;有时突出了五育中的某育,而忽视了各育并举。教育系统思维要求改变头疼医头、脚疼医脚的办学思路,避免教育工作忽冷忽热,缺乏规律可循。校长作为一个学校的主管,承担着学校的整体责任,必然要思考整个学校的事情,但这还不是系统思维。系统思维是指思考问题从全局、整体出发,而不是从局部、部门作为思考问题的出发点。

学校战略管理的系统思维强调办学的"要素-结构-功能"的关联性。校长也要关注学校办学要素之间的关联性,形成灵活的运行机制,实现课程资源的合理配置,充分整合发挥教育的整体功能。同时校长要关注学校各利益主体在学校发展上的诉求,以及他们之间的关联性。通过价值协商、平衡走向合作互利,实现"共赢"发展。

教育系统思维有利于学校教育中的多种因子的整合。多种要素的融合,才能整体推进学校的教育,全面提高教育质量。例如,本校在学校管理中运用系统思维,提出价值领导,就是以教育价值引领学校各项工作,形成以实现学校价值凝聚的共同体。学校为此明确提出了"统整"的管理理念。"统整"是教育的高境界:"统"是指教育的深度,要调动一切教育手段,融合教育要素促进学生的发展;"整"是指教育的广度,要对学生进行全面的整合的教育。在统整之中培养与自然和谐、与社会和谐、与自我和谐的健康的下一代,这就是我们的教育价值取向。"统整"是学校的教育理念,也是体现学校办学理念的管理方式。

(1) 在观念层面上,教育是一个开放的系统,必须实现统整。

从生态学视角看,教育的主体——学生是在与其活动环境的互动中统整、成长、发展的。

从教育学的目的论来看,我们从"社会本位"和"个人本位"的辩证统一出发,培养能适应社会发展又能自我充分展现的学生。

从教育学的教育质量观来看,必须确立学生身心健康发展观,学生在生理、心理、社会性方面整体统整发展是教育规律的体现。

从教育社会学视角看,教育是社会的责任,社会、家庭和学校教育统整,有利于共同教育下一代。

从文化层面上来看,我们的教育应该统整民族文化和世界文化、传统文化和现代文化。

(2) 在运作层面上,教育要统整人文精神和科学精神。

从教育内容上,对学生应该是德育、智育、体育、美育、劳育统整。

从教育实施来看,学校应该教育、教学、管理统整。

从教育对象来看,学校应该重视群体教育与发展和个体教育与发展的统整。

从教育方式上来看,显性教育与隐性教育要统整。

从教育过程来看,教育对象的认知、情感、行为的发展是一个统整互动的过程。

我们深信——实施统整,学校办学就能顺畅、学校就能进步、师生就能发展。

6. 校长战略管理策略运用能力

校长要善于"谋定而动,动而有果"(王鈜,2015)。学校在确定了学校发展战略定位与制定学校战略发展规划以后,必须把推进学校战略规划,落实学校顶层设计放在关键位置上。校长的战略管理策略运用能力成为了关键因素之一。

战略管理需要策略,策略不是一般的具体方法。学校战略管理策略体现在校长与学校成员对学校办学的全面把握与自觉调适、各种管理策略的理性选择与运用上。关注战略管理策略便于把握学校战略管理的实施,突破学校管理的忙乱与无效。我们要注意战略管理策略是管理策略思想的具体化,更具有操作性。

战略管理策略思想是体现一定管理规律与管理思想在管理中普遍适用的方法思想。学校战略管理的策略思想从方法论角度看,是体现战略管理思想与教育管理思想融合的方法思想,对学校战略管理策略起着规律性的引领,并以此引领实践的较为宏观的方法,对解决学校战略任务只是指出一种路径,一种预先的思考。策略思想不同于策略,策略是具体的操作形态,而策略思想是直接影响学校战略管理行为的总体思路。策略思想制约策略,进而制约具体的方法,方法是为实现策略服务的。把握学校战略管理策略思想,有助于从整体上把握学校战略管理策略的建构。

我们罗店中心校提出了"价值判断引领发展战略,策略聚焦发展任务落实"的学校战略管理策略思想。这个策略思想的内涵是:

(1)这个策略思想是基于对学校战略管理的价值认识,即"小战略管理"与学校发展具有一致性,这两者的价值指向"播下兴趣的种子,奠基孩子的未来——让每个学生健康快乐地成长"这个办学理念与目标的实现。

(2)这个策略思想建立在对学校战略管理要素、结构剖析的基础上。来自学校战略管理的要素、结构的变化,会导致学校管理的功能性变化,学校发展战略任务的落实,需要战略管理彼此互相整合,发挥统整功能。

(3)学校战略管理策略实施,应该为学校战略任务落实提供强有力支持,关键在于学校价值引领下的各部门、各年级、各教研组以及全体师生凝聚合力办学。学校战略管理策略尽管是多开端的,但是校长为重、为先是落实学校发展战略任务必然的要求。

我们学校在实施战略管理过程中,依据本校的战略管理策略思想形成了一系列实施策略。这些策略的形成主要把握三个原则:一是突出建构方式上的操作性，不是概念化的；二是运作方式上多元要素的整合性，发挥综合功能；三是作用方式上强化持续性，在推进战略管理过程中稳定地表现出来。这些策略是策略思想的具体化，具有操作性。通过这些策略的运用，便于把握学校战略管理实施的操作，突破传统管理中的随意性、碎片化倾向。

实施策略一，愿景强化组织核心价值策略。在学校战略管理的实践中，校长需要不断提高运用战略管理策略的能力。首先，校长要能够运用学校发展愿景，制定实现的路线图，把自己的办学理念、设想转化为学校意识和现实的"生产力"，让更多的学校成员走向办学自觉，体验办学的幸福。我们在运用愿景强化组织核心价值策略时，注重提炼学校办学理念、沟通聚焦学校文化、体验践行重大任务成就感、战略任务落实事迹表彰等方式。

实施策略二，顶层设计谋定推进战略实施策略。学校战略管理具有战略谋划的性质，是学校的顶层设计。学校发展战略是一种总揽全局的，涉及学校改革与发展的基本目标和实现目标的根本途径，指明方向和确定原则，并对目标和实现目标所必须具备的条件作出分析，提出可行的策略，确定若干重大项目和措施。校长必须重视顶层设计，把学校蓝图设计看作办学的必然需要，是校长的基本职责，而不是上级要我们制定。如果变成为制定而制定，就失去了学校顶层设计的意义。

实施策略三，在学校课程中推进战略任务策略。课程教学是学校教育的主渠道，学校战略任务应该主要落实在课程教学之上。我们首先必须在课程教学中实施战略管理，以正确的教育价值观念引领，编制学校课程计划，并创造性地实施，强烈地表现出这课程价值。我们学校以课程统整作为课程教学发展理念，并以此引领课程建设，推进课程创新，实施五育并举。校长的战略管理能力表现为在复杂的教育环境中寻找最佳立足点，不断推进课程建设的发展，同时也表现为能够准确地把握育人规律和培养目标，开发以课程为主渠道的育人体系，确立课程文化、编制学校课程计划、制定课程实施方案等。校长要在课程实践中真实地展现自己的价值观，检验其正确性，并不断提升自己的战略管理能力。

实施策略四，在学校环境建设中推进战略任务策略。校长的战略管理还表现在学校环境建设中。学校环境建设包括办学资源与学校文化环境。我们不仅围绕着学校战略任务开发与运用各种课程资源，丰富学校的课程推进性资源，拓展课程素材性资源，为学生开设课程类型丰富、课程门类众多的"梦想"课程体系，同时还注重学校文化环境的优化。我们把学校办学理念的价值观念外化到学校组织层面,物化在校园之中,让学校的每一面墙壁都会说话。校长要善于把学校价值观物化出来,区分环境布置与价值观物化的区别,真正实现学校价值物化的熏陶、激励作用。我们学校环境建设更重在软文化的建设上,难点是校长的学校价值观的"组织化表达"。所谓"组织化表达",就是学校组织——主要是作为校长——把自己对学校价值的文本表述转化为学校领导实践和经验。通过"组织化表达",校长可以使学校的发展目标乃至于学校的全部活动,都体现出学校的价值取向。校长把价值观注入学校的基因,注入学校的每一个细胞、每一个部门、每一个人当中,影响学校内外部人员的认识和行为。同时让学校所承载的先进的价值观能够独立于领导者而存在,并影响到更多的校内外人士:价值领导最终不需要"领导"。这是校长实现价值领导力的最高境界。

(三)学校发展的核心能力

1. 教育力:学校的核心能力

学校核心能力指的是组织具备的应对变革与激烈的外部竞争,并且取胜于竞争对手的能力的集合,也是学校综合力量的表征。学校核心能力是学校长期积累而成的一种独特能力,可实现高于其他学校的、为社会认可的教育质量,是学校发展的源泉。学校核心能力对社会的价值贡献巨大,它的贡献在于实现学生与社会最为关注的、核心的、根本的利益,而不仅仅是一些普通的、短期的好处。学校核心能力是学校发展中最基本的、能使学校保持长期稳定优势、让学生获得高成长性的能力,是将学校文化与教育力运作机制有机融合的学校自身组织能力,是学校推行内部管理性战略和外部合作性战略的结果。现代学校的核心能力是一个以教育创新为基本内核的学校某种关键资源或关键能力的组合,是能够使学校在一定时期内保持现实或潜在优势的动态平衡的能力系统。

教育力是学校核心能力的主要表征,它直接关系到学校办学目标的达成,学生培养目标的实现。因此校长要让自己以及学校的管理团队,乃至全体师生专注于学校教育力的提升。学校教育力是学校组织设计学校教育、组织教育、实施教育的综合能力所表现出来的实力。校长的领导力直接影响着学校的教育力,左右着学校总体教育实力的强弱、学校教育水平与教育质量的高低。学校教育力反映了一所学校提供优质教育的能力和实力,涉及办学思想、办学条件、管理水平、师资力量、教研科研、教育教学质量、社会影响等

方面的因素。(黄家骅：教育力与领导力，厦门大学出版社出版，2011)

领导力强是好校长的重要表征之一，校长领导力是一种综合能力，是校长驾驭、引领、发展学校的综合能力。校长领导力表现在校长实施素质教育能力、组织管理能力、学校发展规划能力、计划决策能力、公关协调能力、识人用人能力、课程与教学领导能力等方面。教育力是学校教育的总体实力，是学校教育水平与教育质量的综合体现，是一所学校系统的整体办学能力；领导力是校长个人综合素质和能力的体现。学校的教育力与校长的领导力是互为依存的，一位校长的领导力越强，学校的教育力也就越大，反之学校的教育力也映衬了校长的领导力。

2. 学校的软实力与硬实力

学校教育力由学校的软实力与硬实力构成，因此也称之为学校综合实力。一般我们比较重视教育能力，这是教师的专业能力，例如班主任工作能力、备课能力等，对于教师具有重要的意义。对于一所学校，学校教育力不仅是能力，也是一种实力。学校的硬实力是指学校的教育专业能力与实力，主要有学校德育能力与水平、学校课程教学能力与水平。这些是学校的显性工作，学校都比较重视。但是也有学校把学校的硬件看作硬实力，其实校舍、场地、设施等这些硬件并不能直接或者在相当程度上影响学校的教育质量。只依靠设施、规模是办不好教育的。

软实力是一种终极竞争力，居于竞争力的核心部分，是核心竞争力。学校的软实力是学校综合能力的重要组成部分。学校软实力主要包括学校文化、教育理念、学生人格、教师品格、校园文化以及管理制度、组织模式、领导能力和创新能力，也包括学校的声誉、教育品牌和社会责任。学校软实力具有非常丰富的内涵，其核心部分是实现可持续发展的自身独特的学校文化，并被全体师生所认同，主要表现为源动力、感召力、规划力、共识力、协同力、执行力的协调联动。

软实力是可以感知的潜在的隐性的力量，学校价值吸引力、文化感召力越强，则学校的软实力越强。软实力重在一个"软"字，这种软的力量具有超强的扩张性和传导性，可以超越时空，产生巨大的影响力。我们决不可因为它的内在形式而忽视它的存在，也不能把软实力当作"软指标"而视为可有可无。硬实力虽然是相当重要的，也许在一定时期起到关键性的作用，但那只是阶段性的作用，而不能居于核心竞争力的位置。软实力产生的效力是缓慢的、长久的，而且更具有弥漫扩散性，更决定长远的未来。软实力需要长期的艰苦建设,绝对不会像有些硬实力项目那样可以一蹴而就。软实力主要依靠自己独立建设,难以模仿或依靠外力,也不可能通过购买的方式取得。软实力建设比硬实力更缓慢,绝对不具有速效特性。因此,软实力的建设比硬实力的建设更艰难,也更重要。

在多年的办学过程中,我们在提升硬实力的同时,也加强了学校软实力的建设。我们的主要做法:

(1) 积极培育先进的学校文化

学校文化是学校的灵魂,是支撑学校发展的基础。培育先进的学校文化可以彰显出学校独具特色的底蕴,树立学校办学价值理念。我们主要从以下几个方面着手建设先进的学校文化:第一,确立学校办学价值观。学校的办学价值观,是学校办学的准则。学校要实现可持续发展,就必须有先进的价值观。第二,培育学校主流文化。积极推进学校文化对学校不同群体的亚文化、小群体文化的引领作用,提高师生对学校主流文化的认同与积极参与,着力打造体现学校个性的学校文化,构建学校独具特色的文化体系。第三,倾力提升学校凝聚力。关注师生的需求,解决师生工作与学习中的困难,积极开展健康丰富的文化活动,充实师生的精神生活,陶冶师生的情操,提升师生的精神世界。

(2) 全面优化师生的综合素养

师生是学校的核心资源,学校必须尊重全体师生,依靠师生,充分调动师生的积极性展开教育教学,促进学校与师生的和谐发展。要把握好以下几个关键环节:第一,培育师生的人格品质,让他们自觉遵从高尚的道德要求,更多地关注公共利益,有责任感,制度化激励优秀员工。第二,加强教师的专业培训。学校每年都应针对各个岗位员工制订实用性强的学习、培训方案,以提升教师职业能力。第三,着力推进学校五育并举,关注学生学校生活质量,通过学校教育教学丰富学生的教育活动,着力提高学生综合素养。

(3) 突出学校教育创新能力孵化

学校核心能力的形成与发展取决于学校的教育创新力。学校办学要与时俱进,要不断建设起自己的德育创新、教学创新、课程创新、管理创新能力,也要注重教育理论创新、教育实践创新、教育制度创新,还要重视学校教育科研能力,这是学校教育创新的动力,也是我们罗店中心校高成长性发展的经验所在。我们深刻认识到:学校终极竞争力是学校文化,学校的最终地位取决于学校文化的先进性,学校终极发展能力由学校文化生成。要依托教育科研,善于总结经验,不断提炼经验。

（4）全面树立学校形象品牌形象

学校形象指的是人们对学校的总体主观印象,是学校软实力的重要组成部分,对发展学校、赢得家长信任、获得社会支持上都有很强的作用。一个高质量的学校应该能将其品牌内涵、教育质量等内容让家长、社会认同,塑造学校形象,赢得更广泛的发展空间。我们主要从以下方面入手：第一,积极提升学校的内在形象,主要包括：学校精神、社会信誉、教育服务等方面的形象。第二,塑造学校的外显形象,主要包括：校园环境、师生行为举止等方面的形象。第三,积极宣传学校的形象。学校要借助众多的教育活动、新闻媒体等宣传学校的办学理念、办学成效,以扩大学校的知名度。

（5）校长要成为一个明智的校长

校长要具备勤奋学习、转变观念、提升观念的能力。校长要善于教育价值判断,善于建设学校的制度环境,具有自我发现的机制,推进学校课程设置与教学方法改革。校长要善于把领导的决策转化成学校行为,强化群体面貌的提升,要善于把学校文化的培育融合在学校的教育教学和管理之中,把握学校文化内容和形式的一致性,增强学校综合实力。

（四）学校发展规划：价值判断与独立思考

1. 深化内涵发展,提升办学品质

教育部发布的"中国中小学校长专业标准"把校长规划学校发展的能力放在了第一方面,可见其重要性。一所好学校的发展必须有一个好的发展规划,学校领导必须具有学校顶层设计的能力。学校发展规划编制是学校顶层设计的重要任务。《礼记·中庸》曰,"凡事豫则立,不豫则废。言前定则不跲,事前定则不困,行前定则不疚,道前定则不穷。"意思是：做任何事情,事前有准备就可以成功,没有准备就会失败。说话先有准备,就不会词穷站不住脚；行事前计划先有定夺,就不会有后悔的事。校长要从系统思维出发,抓实抓紧学校发展规划的制定与实施,使软工作变成硬行动。这是我在校长岗位上从具体行政事务容易碎片化问题中走出来,以学校管理的整体思考解决好管理上短板的悟思。

学校要发展不是一句口号,更不应该成为一句空话。校长首先要引领学校做好学校发展的顶层设计,实现"深化内涵发展,提升办学品质"的办学目标,通过学校中长期规划明确学校发展任务与策略,才能清晰办学路径,使学

校的办学行动坚实而严密。

以下摘录学校发展规划，作为一个案例来说明我们学校制定学校发展规划的主要感悟。

深化内涵发展　提升办学品质
上海市宝山区罗店中心校"十四五"发展规划（部分内容）
（2021.1—2025.12）

为了进一步优化学校发展机制，明确学校发展方向，凸显学校办学特色，提升学校文化品位，在总结过去三年学校发展成效的基础上，制定《罗店中心校"十四五"发展规划（2021年—2025年）》，力求符合上级政策规定、契合学生成长规律、适合罗小校情教情，做到找准问题、对准需求、精准对策、定准目标，不断深化内涵发展，提升办学品质。

2021年至2025年——

将是罗店中心校创建区新优质学校迈入新征程的五年。

将是罗店中心校全面实施市级项目化学习的五年。

也将是罗店中心校深化内涵、提升品质的五年。

第一部分：学校发展的背景分析

（一）外部背景

我校地处上海市一城九镇之一的"金罗店"，拥有百年历史，具有浓厚的文化积淀，尚文之风蔚然。未来几年，宝山区教育局要逐步完成区统管工作，我校将从镇管学校转为区管学校，这为我们学校的持续发展带来新的机遇与挑战。

（二）内部背景

近年来，在"播下兴趣的种子，奠基孩子的未来——让每一个学生健康快乐地成长"的办学理念指引下，学校上下心怀教育梦想，在实现学生的发展、教师的发展、学校的发展方面取得了优良的成效，在社会上、区内学校中形成了良好的声誉。

（三）教育发展背景

"十四五"期间，是我国教育改革与发展的机遇期、窗口期和关键期。《中共中央国务院关于深化教育教学改革全面提高义务教育质量的意见》和《中国教育现代化2035》等文件的相继出台，给我们的教育发展指明了方向。我们要紧紧围绕"为了每一个学生的终身发展"这一核心理念，坚持立德树人、

"五育并举",树立富有时代内涵的人才观、科学的质量观和现代的教学观,突破"千校一面""万人一面"的培养模式,推进信息技术和教育教学深度融合,培养多样化、个性化人才。

第二部分:学校发展的现状分析

(一)基本情况

学校占地面积31 331.4平方米,建筑面积15 693.24平方米,绿化面积达12 563.89平方米,配有30个标准化教室,13间专用教室。阅览室、自然实验室、美术室、音乐教室、电脑房、书法室、舞蹈房等配套齐全、设施先进,满足了师生教育教学所需。

学校现有30个教学班,学生1 248名,教职工88名。高级教师4名,占教师比例的4.6%,一级教师58名,占教师比例的67.7%,二级教师21名,占教师比例的24.1%;50岁以上教职工23人,占总人数比例的25.8%,30岁以下青年教师30人,占教师总人数比例的34.5%。教师学历全部达标,其中6位硕士研究生,61位具有本科学历,20位具有大专学历,获得大专及以上学历教师占教师比例的100%(其中本科率为77%)。目前,学校骨干教师队伍不断壮大,其中区级骨干教师12人(区骨干校长1人,区学科带头人1人,区教学能手8人,区教坛新秀2人),校级骨干教师25人。

(二)办学优势

1.办学理念较为鲜明

近年来,学校紧紧围绕"播下兴趣的种子,奠基孩子的未来——让每一个学生健康快乐地成长"这一办学理念,坚持科技特色,传承感恩文化,创办学校少年宫,争创新优质学校,开发《启梦》课程,努力为学生播下科学、艺术、运动、学习、感恩、兴趣的种子,点亮他们的梦想,奠基他们的未来,努力成为"知感恩、善学习、勤实践、会创新"的罗小少年。学生的综合素养得到全面发展,学校的办学质量处于区内领先。

2.课程体系初步架构

近年来,学校抓住创建"区新优质学校"的契机,精心架构整体课程体系,对课程的目标、实施、评价等方面进行了规划,着力开发"启梦"校本课程,形成了"蒲公英"种子课程、"七色花"社团课程和"百合花"活动课程三大板块的校本课程,满足学生个性发展需求。学生的道德品质、身体素质和兴趣特长等各个方面都在原有基础上得到了显著的提升。

3.教师队伍稳定发展

近年来,学校通过专家引领、课题实践、教学展示、同伴互助、自我研修等多种途径,激发教师自主发展愿望,搭建教师专业发展平台,促使每位教师心怀梦想,主动作为,执着前行。部分优秀教师获得国家级、市、区级荣誉称号,一批青年教师在各类评比中崭露头角。学校成为了市优秀教师专业发展校、区见习教师规培基地、区语文学科基地、区教师德业发展支持计划优选项目学校。

4. 社会声誉显著提升

近年来,学校的办学水平取得了显著提升,获得第39、40届世界头脑奥林匹克总决赛亚军和季军、国际发明展金奖、全国科技发明示范基地、全国中华优秀文化艺术传承校、市优秀教师专业发展校、市安全文明校、市依法治校示范校、市家庭教育示范校、市未成年人思想道德建设先进单位、市非遗进校园传习基地、市传统文化特色校、市校园文化建设"一校一品"特色校等荣誉。《光明日报》《解放日报》《文汇报》《新民晚报》《青年报》《东方教育时报》以及中央电视台、浙江卫视、上海电视台等媒体相继报道了学校的办学成果,赢得了良好的社会声誉。

(三) 制约因素

1. 育人观念转变问题

面临"立德树人""五育并举""核心素养"等新的教育形势和任务,每位教师仍需不断学习育人新观念,探讨育人新途径,研究育人新方法,践行育人使命,树立全面发展的育人观和质量观。

2. 课程体系完善问题

学校课程体系虽初步确立,但课程内容的项目化、教学方式的自主性、管理机制的科学性、评价机制的多元化还有待完善,从而落实素质教育,促进学生全面发展。

3. 科研能力提升问题

学校已经形成各级各类的科研课题,但仍以少数教师主持为主,全员参与面还不够。部分课题未能紧密结合学校发展瓶颈,以研促教、解决教育教学实际问题的效果不明显。

4. 学业负担过重问题

虽上级部门多次要求加强减负增效工作,但是中小学生学业负担过重问题,仍是全社会普遍关心而始终未能解决的问题。学校将在更新教育思想、变革学校课程、研究命题设计、完善评价机制等方面做探索,力求取得突破性进展。

5. 生源基础薄弱问题

我校生源基础相对薄弱，随迁子女比例超过50%。随迁子女流动性大，父母文化水平较低，家庭教育意识淡薄，教育观念相对落后，造成学生的学习目标不明确、学习动力不足、学习习惯较差，这无疑对提升学校办学品质形成了较大的阻碍。

第三部分：学校发展的办学目标

（一）指导思想

以习近平新时代中国特色社会主义思想为指导，全面贯彻党的教育方针，坚持"播下兴趣的种子，奠基孩子的未来"的办学理念，着眼每个学生终身发展，坚持"以人为本"思想，遵循教育规律，推进素质教育，夯实教学改革，深化内涵发展，提高办学品质，促进学校可持续发展。

（二）办学理念

播下兴趣的种子，奠基孩子的未来——让每一个学生健康快乐地成长。

（三）学校发展目标

充分关注学生核心素养的养成，深化教育教学改革，凸显学校办学特色，努力把学校建设成为"理念先进、管理科学、队伍优化、质量保证、特色鲜明、家长满意、孩子喜欢"老百姓家门口的优质学校。

（四）育人目标

贯彻"以人为本"的教育理念，遵循学生成长的教育规律，落实"立德树人"的根本任务，坚持"五育并举"的教育方针，把学生培养成为"明事理、知荣辱、懂感恩、善学习、勤实践、会创新"的罗小少年。

（五）实验主题

◆重点实验项目一：项目化学习

我校是《上海市义务教育项目化学习三年行动计划》项目实验校。项目化学习是上海市教委的重点项目，具体由上海市教育科学研究院普通教育研究所课程与教学研究室 主任、上海学习素养课程研究所所长夏雪梅博士负责。项目化学习的研究与实践指向的是学生学习素养如何培育，学生创造性问题解决能力如何培养，教育教学过程中，教师如何变革育人方式，高标准落实国家课程，从而培养新时代背景下国家所需的创造性人才等这些重要的问题。我们宝山只有三所学校申报成功，加入了这个研究团队。

未来五年，学校将在市教委的指导下，逐步在活动领域、学科领域和跨学科领域推进此项工作，设计真实、富有挑战性的问题，引导和指导学生在一段时间内持续探究,尝试创造性地解决问题,形成相关项目成果。我们想先从活动领域入手,尝试结合"校园八大主题节"开展项目化学习活动,比如去年的科技节,我们就做了一个项目叫"小鸟不回家怎么办?"(观看视频)每年的数学节、英语节、童话节、彩灯节、感恩节、体育节、艺术节,我们都将结合项目化学习开展活动,从而培养学生创造性思维这一重要的终身学习能力,促进教与学方式变革,激发学校办学活力。

◆重点实验项目二:4R理论下的课程建设

"十三五"期间,我们在"播下兴趣的种子,奠基孩子的未来——让每个学生健康快乐地成长"的办学核心理念指引下,致力于开发拓展型校本课程——启梦课程。我们的启梦课程包括了160课时的"蒲公英"种子课程、100多个"七色花"社团课程和每年八大"野百合"活动课程。可以说,我们罗小的孩子在五年小学学习阶段可以接触到比一般学校更为丰富的课程学习,满足每个孩子的个性发展需求。

这几年,我们在课程建设这一板块取得了一定成效,但是总感觉还需要不断完善。一是三类校本课程未能统整为课程体系,二是需要较高位的理论加以支撑提炼。因此,我们在暑期前期申报了一个课题《基于4R理论下农村小学科学人文素养培养的统合课程建设的实践研究》,设想在"十四五"期间将"启梦1.0"课程升级为"启梦2.0"课程。这个课题已经通过了区科研室的专家审核,被推荐申报上海市教育科学研究一般项目。

本课题拟在4R课程理论下,针对目前学校课程丰富而体系不够系统化的现实,再构科学人文素养兼蓄的课程体系,主要是从课程要素—课程结构—课程功能上完善学校课程体系,形成促进学生人文学科素养发展的"双素养三层次八统合"学校课程体系。

4R理论是多尔在名著《后现代课程观》中提出的。"4R"理论是指丰富性、回归性、关联性、严密性。

双素养:人文素养和科学素养。

三层次:一是课程本身的统合;二是课程之间的统合;三是课程体系的统合。

八统合:每门课程的课程与儿童统合、课程与社会生活的统合、人文素养与科学素养统合、解决课程教学的目标间的统合、课程教学要素间的统合、教学设计与实施之间的统合、师生的教与学间的统合、课程与学校教育生态之间的统合。

这一课题的研究不仅有利于课程教学理论上的深化,也有利于学校课程品质的提升。

◆ **重点实验项目三:智慧校园建设**

随着教育改革的不断深化,尤其是"互联网+教育"的兴起,探索面向未来的新型学校形态成为新的研究热点。我们认为,未来的学校教育变革必定是"互联网+"背景下的学校结构性变革。张治局长是这方面的专家,张局非常重视未来学校的打造,启动了各个层面进行研究,我们学校目前是区数字教材推进试点学校、区数学"智适应教学"实验校。未来几年,我们将致力于未来学校的建设,设想通过"智慧空间""智慧学习""智慧评价""智慧治理"四种数字化应用体系的建设,打造一个教师、学生、课程、评价和管理协同创新的互联网智慧校园。

◆ **重点实验项目四:全方位育人体系**

感恩教育一直是我们学校德育的品牌,有效引导孩子们在学校、家庭、社会做知恩感恩的好少年。但是作为学校的育人使命肯定不能单单是知恩感恩这一个方面,而应该是立足于国家对于未来接班人的需求,树立全面的育人观,包括道德素养、综合能力、创新精神,等等。"十四五"期间,我们学校设想要架构一个整体的育人体系,制定各年级各学科育人目标,这些目标又如何通过转化为显性的行为加以呈现和评价。这只是我们的初步的想法,是否能实施,如何实施,须要进一步思考。

我们想通过这些重点实验项目的研究实施,深化学校的课程改革,培育学校的品牌文化,激发师生的创新精神,提升师生的综合素养,奠定学校持续发展的基石,从而提升学校的办学品质,成为老百姓家门口的优质学校。

作为校长,我对学校五年规划制定的体悟主要有两个方面:

(1)把握学校规划与学校工作计划的不同与关联

工作中容易把习惯性的定计划的思维方式来处理学校的顶层设计,因此出现白描性的陈述,例如校情分析,陈述具体校情多,而对学校情况在概括中揭示问题本质或者关键原因缺少。学校规划中的主要任务对于如何解决校情中提出的主要问题之间关联度不高;规划提出的学校文化,特别是学校的理念与学校各项工作之间的逻辑关系不清晰,因此学习发展计划成为常规工作的汇总,变得琐碎,主要发展任务被淡化。我们在学校规划制定的过程中不断学习,逐步认识到学校发展规划与工作计划的主要区别之处,然后使部门在学校发展规划制定时有了基本导向。我们认识到学校发展规划是一所学校依据办学规律和教育规律，适应社会发展的需要，从学生可持续发展与基础教育特点出发，制定的比较全面的、长期的、系统的、统领学校整体发展的蓝图。

（2）把握学校发展规划的五个特征

学校发展规划有着其特定的特征，正是这些特征才使学校发展规划具有统领学校发展的价值，使学校成为一个健康运行的教育系统。把握学校发展规划特征，才能使我们的发展规划制定与实施成为自觉。学校发展规划具有五个特点：

① 前瞻性。这是今后一段时期的学校办学的纲领，要具有超前谋划意识，对学校工作有一个长期的设计安排；学校的规划要适应教育发展趋势，还要把这种教育发展趋势转化为学校可以达到的目标。我们不能只顾着走路，却忘记了去思考这条路是否正确。只有选择了一条适合的发展之路，我们才能够走到胜利的彼岸，否则即使累得筋疲力尽也都是徒劳的。

② 高度性。发展规划的制定要符合教育的基本规律，全面实现以人为本，以学生为中心的教育，而不是以急功近利的心态作出学生利益与教育本性之外的利益安排。我们学校提出的"奠基孩子的未来，让每个学生健康快乐地成长"就体现了我们学校办学追求的理想。

③ 系统性。学校发展规划是一张逻辑性十分严密的设计蓝图，学校发展要素结构清晰，发展任务密切而关联。从校情分析把握到发展目标设定，从学校办学理念到学校文化的实现，从学校发展总目标到办学各领域的目标与举措的关联，都应该具有逻辑结构，系统性整体性思考，并相对具体。

④ 实效性。学校规划不是口号标语，而必须落实到学校各项工作之中。学校发展规划的实效性就是强调实现的可能性与举措的可操作性。各领域的举措要具体而又有方向性，绝不是一件一件具体工作的罗列，罗列工作本身意味着对学校发展缺少深入思考。我们应该将各项具体举措围绕办学各领域的目标任务与学校发展目标系统来组织与实施。

⑤ 个性化。学校发展规划是学校选择自己的结果，应该具有校本性，来自于学校的办学历史与传统、学校的办学条件与环境。适合自己的才是最好的，学校选择了适合自己的道路，其办学价值在选择中得到体现。正是由于这样的选择，才能铸就学校之魂。选择适合自己的道路，明确自己的目标，哪怕我们的理想不远大，可是最起码我们能够找准方向。如果方向弄错了，再

高大上的目标又有何用。选择适合自己学校发展之路,并为之去努力和奋斗,这是一种智慧,更是一种超越!

2. **教育价值判断,系统独立思考**

学校的顶层设计只是校长价值领导在战略管理中的集中表现,不是全部。编制学校发展规划务须达到规划符合学校发展规律,适合具体学校的实情,具有科学性、前瞻性、合理性、可行性等,使学校发展具有可持续发展。其实最重要的是透过学校顶层设计让校长的教育价值判断,系统独立思考的能力尽情地发挥出来,引领学校健康发展。

校长顶层设计工作中有三个主要任务:一是明确学校可持续发展的方向,培育与发展学校领导力,实施战略管理,把战略管理的顶层设计引入学校,把战略管理思想和顶层设计的方法融入实际工作。二是完成学校的顶层设计,形成学校近期发展规划以及配套的学校核心文件,例如,学校章程、学校德育工作纲要、课程教学计划、学校人力资源管理方案等。三是引领实施,要把学校发展规划的文本规划转化为规划实施,并予以落实。

在办学过程中,我们不断地强化"顶层设计"与"战略管理",因为一个管理理念的真正确立,并化为主动的行动,这需要一个在实践中明理的过程,即一个理念转化为行为,需要情感体验。因此通过一次学校的顶层设计的过程,可以让学校干部获得如何开展顶层设计的经历,获得体验,逐步感悟到顶层设计方法实质上是将系统理念贯穿于学校系统内的各子系统之中,每个子系统同样需要经过提炼的理念阐明本子系统的基本工作要素。我们结合学校发展规划的编制,提高学校干部把握顶层设计能力:

一是顶层设计观念能力。我们明确了顶层设计的核心在顶层,高端决定低端,顶层决定下层。核心理念与顶层目标是"顶层设计"之魂。要善于归纳、提炼学校办学理念、学校文化主题等。

二是体用一体性能力。强调核心理念与路径、方法相一致,规划设计与实施相一致,设计愿望与实际可行性相一致。依据所确定的学校发展规划制定学校办学主要领域的纲领性文件,通过这些文件所细化的各领域工作,支撑学校发展规划的实现和各项任务与项目的落实。

三是整体关联性能力。顶层设计强调学校大系统与子系统、子系统与子系统之间围绕核心理念和顶层目标所形成的关联、匹配与有机衔接。学校的发展规划并不等于学校全部的顶层设计,只是顶层设计的一部分。

四是表述简明性能力。核心理念和顶层目标在表述上要简洁明了,切忌含混晦涩。学校发展举措要系统表述,而不是罗列具体工作与工作的描述。

在办学中,我们确定了学校发展之路,这是学校自己选择自己的结果。正如学者所指出的"学校要发现自己的教育,解释自己的教育,欣赏自己的教育"(王鉴2005)。我们在办学中坚持教育价值判断,系统独立思考。首先学校办学的价值判断要解决三大问题:是什么的价值判断、为什么的价值判断、怎么做的价值判断。其次,聚焦整合,做到三个方面:站得高,办学视野宽广;看得远,教育品质优良;明思路抓关键,定项目破全局。做到系统统筹不碎片化,突出重点不琐碎。最后是坚持数年必有成效。我们在坚信"做正确的事"的前提下,做对事,正确地做事,长期坚持不动摇。但丁曾经说过:"走自己的路,让别人去说吧!"

我们本着教育价值判断,系统独立思考,进行学校顶层设计。依据学校赖以生存与发展的社区环境,以及宝山区域教育环境,结合教育的发展规律,结合学校的校情,以科学的态度与专业精神制定学校发展规划。

学校的高品质可持续发展,建立学校德育、课程、教学与管理的内外部良好关系,为学生的健康快乐成长营造良好的生态环境。这是依据教育可持续发展的特征提出的校本化办学思想,是基于对人的生命价值的最基本的思考,"播下兴趣的种子,奠基孩子的未来——让每一个学生健康快乐地成长"强调以"孩子未来"与"健康快乐"为核心的全面健康的小学教育,实现学生的终身可持续发展。依托教育改革的政策大势,让"教育统整"融合于学校办学的各个方面,让创建"高品质可持续发展的学校"的梦想成为学校教育改革的动力,全面推进学校教育改革与发展。我们正是基于这样的教育方法论思考,确认了制定与实施罗店中心校发展规划的基本指导思想,实现学校办学的梦想。

二、 学校特色建设打造:"自己选择自己的结果"

(一)厘清思想:学校特色不是奇特

我在办学实践中,深切体会到创建学校特色的战略意义。因为学校特色是学校有意义发展的表征,也就说,学校的发展为了学生的终身发展、可持续发展,对学校的教育工作有着内涵深化的价值,使学校的教育力增强。

在学校的特色上，存在着把学校优势项目看作学校特色的误解。为什么出现这类现象，是由于办学导向上的"人无我有"这类教育管理观念的影响。学校的"特色"不是奇思怪想，别出心裁。学校特色建设的"特"是强调学生学习与发展上的成效特别明显，学校办学搞教育特别遵循教育规律，特别重视总结学校教育的经验。创造性地遵循规律培养好学生，也就是在基础工作上做得特别好，凸显这个"特"字。当前学校都关心如何特色发展，涉及学校教育特色是从学生发展的价值上，还是以"为特而特"为价值取向，值得我们关注。学校如何通过学校发展特色满足学生发展需要，创设条件为学生发展提供学习与成长资源。因此建设什么样的学校办学特色，对于学校的办学有着极其重要的意义。

学校特色是多样化的，其建设也有着不同路径，这是客观存在的。但是有一点是共性的，学校特色应该是整体上的、办学水平高发展基础上的、重要教育（教学）领域上的强项，而不是某些哗众取宠的所谓"特色"。学校在一些非基础性的、对学生终身发展并非重要的具体项目上过多投入教育资源，这是学校特色建设上的误区。

学校特色是学校经过长期努力，在办学过程中形成的教育或教学的优势项目，具有重要教育价值，对学生可持续发展有终身学习意义，并成为学校文化的重要的凸显部分。学校特色的基本内涵有五个方面：一是全校师生认同，积极参与其建设；二是学校特色要成为学校文化，体现与贯穿于学校文化之中；三是学校特色是学校教育、教学质量的主要反映，是提升办学水平的关键问题；四是学校特色对学生的可持续发展有着重要价值，促进学校培养目标的落实；五是学校特色为社会或社区认可的，有一定影响力。据此，我们要区分学校特色与学校优势项目的区别。学校优势项目是在某些方面做得比较好的项目，例如有的学校搞泥塑、十二节气、茶文化作为学校特色，这些对于学生的终身发展的价值不言而喻，把这些项目作为学校特色强化了学校行为推进，使学生在国家规定课程内容之外，缺乏学习的选择性，强制学习这些并不具有人生发展重要价值的内容，是缺乏教育伦理依据的。学校教育内容（项目）很多很多，并不是所有的项目价值是等价的，有的项目对于生命意义、学生学习生命和时间来说是一种浪费，因此学校特色的确定要做教育价值判断，不是以特有作为判断标准，"人无我有"是误导。"人有我更好"，把学校最基础的工作做扎实，获得宝贵的经验，取得学生发展的成效，才可称之为特色。我们理解的学校特色是把常见的最基础的教育或者教学工作做得特别精致、特别出色,特别有经验,或者有教育创新,这才是学校特色,特就特在特别出色,而不是别出心裁地搞缺乏普惠性、对学生发展缺乏可持续性和终身发展价值的项目。

我们在学校特色的选择上遵循以下原则:

教育性,对学生发展的教育价值判断;学校特色应该以学生有意义的、实在的发展作为表征。

文化性,具有学校文化的表征意义上的特征,学校特色具有深刻的内涵。

关键性,对于学生的发展具有重要成长意义,对学校发展具有可持续性与学校发展能力迁移穿透影响。

广泛性,全校师生广泛参与,并能融合于办学重要领域活动之中。

成效性,所确定的学校特色做得深入,取得普惠性的育人效益,而不是少部分得益。

学校特色是学校深思熟虑的教育价值判断,系统思考,"自己选择自己的结果",不跟风,不盲从。

(二)学校的涅槃重生:学校教育特色彰显

我们学校遵循特色学校建设的规律,努力创建一所有着鲜明办学特色的学校。学校坚持"1+4"特色创建,"1"指的是学校整体的科技特色,它是学校发展的支柱品牌;"4"指的是4个特色项目。即德育上的感恩教育活动、课程教学上的课程统整、五育并举上的乡村学校少年宫、硬件软件上的校园环境文化。

在特色创建中提升办学质量

罗店中心校是一所具有百年历史的农村学校,近年来,学校在"成就孩子的未来,让每个学生健康快乐地成长"的办学理念指引下,在科技教育、"五恩"项目、语文学科、棒球运动、铜管乐队、乡村学校少年宫、校园文化建设上求突破、求创新,在特色创建的同时提升了办学质量,取得了良好的收效。

一、提升科技特色

学校多年来坚持以科技教育为特色,是全国优秀科学教育实验基地、上海市科技特色学校、市科技创新培育基地。在传承的基础上,形成了创造发明、车辆模型、生物环保、头脑OM四个品牌项目,并与时俱进地提出了"三农"科技教育。不仅积极组织学生参加全国、市、区各级科技竞赛,而且在科技教育的普及性和实效性上下功夫,每年开展有主题的科普活动周、科技节和各种科普项目,全面培养学生的科学兴趣、探究意识和创新能力。学校以多层面的各类科技兴趣小组和各种科技社团为平台,提出了"让每个孩子都会一样科技制作"的行动目标,形成了全员参与、全面覆盖的局面,从学校科技特色进一步向学校科技文化发展。两年中,学校先后加入了区创造发明联合体和车辆模型联合体,通过联合体的相关活动使学校科技工作有了新的提高。在传承的基础上取得的新发展、新突破也使得学校在2011年被命名为上海市知识产权试点学校,2012年被教育部教师发展基金会评为全国特色学校。

二、彰显"五恩"品牌

学校通过多年的努力,于2010年形成了"五恩"教育体系,突破了单一的感恩,从道德认知、情感与行为各层次全面提出了"识恩,知恩,感恩,报恩,施恩"的教育内容,并总结出了"一个理念、二个基点、三个维度、四个原则、五个策略、六个途径"的操作体系。申报的《探索小学生"五恩"体验——践行教育模式,推进适应社会转型时期的小学校园文化建设》被评为2011年上海市德育优秀项目,并在《思想理论教育》杂志上专题报道。学校每年有八大感恩主题月,每月有一天感恩统一行动日,每年12月为一年一度的校园感恩节。同时,学校重视感恩校本教材的建设和课题的引领,成功举办了市级少先队课题《感恩教育中培养少年儿童自主行为的策略研究》结题展示活动,获得了与会专家的好评。学校把感恩品牌移植到支部、行政、工会各项工作中,目前,"学会感恩才能体会幸福"的理念已经成为学校文化的核心价值,"感恩"也已成为全校师生认同的学校主流文化。

三、打造特色学科

学校积极打造语文特色学科建设,以区语文学科带头人为领衔者成立罗小语文工作室,以"观念引领、课例反思、合作探究"为中心,以解决语文课堂教学中的各种实际问题为对象,以促进每个学生发展为目标,自主开展系列教研教改,在积极探索过程中也培养了一批比较优秀的语文教师。此外,学校每年开展童话节活动,内容有"我读童话""我讲童话""我编童话"和"我画童话"等。孩子们在校园中与经典童话零距离接触,不断地体验阅读给自己带来的快乐与幸福。近年来,学生的写作水平有了明显的提升,在市现场作文竞赛中学校多人获奖,前后有多篇学生作文刊登于《少年日报》《读写新天地》上。

四、开展棒球运动

2010年,学校开始开展棒球运动,通过体育课课堂主渠道的渗透,通过棒球队和棒球梯队的建设,通过棒球文化的提炼,逐步打造具有棒球特色的学校体育品牌。目前,学校为宝山区唯一开展棒球运动的学校,成为了全国青少年棒球发展计划定点培训学校。代表宝山区参加市小学生棒球B组联赛获得第一名,成功晋级为A组,并连续两年获得市顶级联赛A组第五名。

五、组建铜管乐队

2011年上半年,学校主动与罗店中学联系,达成合作意向,依托罗店中学的师资优势,组建了少儿管乐团,并与罗店中学合作共同开展管乐训练。通过努力,去年已毕业的学生中有几十位学生被区认定为艺术特长生,四十多名学生顺利升入了罗店中学。在2012年的六一集会上,管乐团的表演获得了全校师生的一致好评,宝山电视台也报道了我校的管乐团。

六、创办乡村学校少年宫

学校于2012年初开始创办"蒲公英"乡村学校少年宫,办宫理念是:播下兴趣的种子,成就孩子的未来。通过一段时间的努力,发展到现在23个项目,24个班级的规模,开设了书法、绘画、纸艺、武术、网球等活动课程,涵盖了音乐、舞蹈、美术、体育、科技、文学、信息技术、创作等各个方面。学生在少年宫活动中动手、动脑、发明、创造,满足了各方面的需要。2012年上半年,蒲公英乡村学校少年宫被命名为上海市乡村学校少年宫;下半年,作为上海市六所学校之一,又被中央文明办、教育部、财政部命名为全国乡村学校少年宫,2012年10月份,《解放日报》作了专题报道。

七、建设校园文化

近几年,学校在办好原有的反映教师工作情况的《教工通讯》基础上,又先后发行了展示学生优秀作文的《萌芽小报》给每位学生、交流教师科研文章的《罗小之声》校刊给每位老师、方便家校联系的《彩虹桥》小报给每位家长,一刊三报的定期出版,提升了学校的办学品位,使文化慢慢浸润着我们的校园。

丰富多彩的少年宫活动,百花齐放的特色项目,校园文化建设的进一步推进,为学生的成长搭建了舞台。我们努力把兴趣的种子、希望的种子、成功的种子播撒进每一个孩子的心田,让他们能够找到自己喜欢的课程,培养兴趣,挖掘潜能。

特色创建提升了学校的办学质量,近几年学校获得了全国特色学校、全国乡村学校少年宫、全国优秀科学教育实验基地、全国青少年棒球发展计划定点培训学校、市科技特色学校、市行为规范示范校、市知识产权试点学校、

市科技创新培育基地、市安全文明
校园、市教育系统巾帼文明岗、市教
育系统五好关工委、市无烟学校、市
绿化合格学校、区文明单位、区素质
教育示范性学校、区教师发展性示
范学校、区德育先进学校、区廉政文

化进校园示范学校、区科技特色学校、区优秀家长学校、区青保工作先进单位、区收费规范学校、区先进教工之家、区青保工作先进集体、区文体工程先进单位、区信息工作先进单位等荣誉称号，并连续多年年终被教育局考核为优秀单位。学校将继续努力，朝着底蕴深厚、特色鲜明、成效显著的办学目标不断迈进。

用心播种　静待花开
——罗店中心校"蒲公英"学校少年宫自评报告

"蒲公英"随风播种，它把兴趣的种子播撒进每一个孩子的心田，奠基孩子幸福的未来。罗店中心校"蒲公英"学校少年宫创办于2012年，是宝山区创办的第一家学校少年宫，也是宝山区第一所全国乡村学校少年宫，2015年成为上海市学校少年宫联盟副理事长单位，2016年成为宝山区学校少年宫联盟首届盟主单位。"播下兴趣的种子，奠基孩子的未来"是我们一直秉承的办宫理念。我们罗店中心校的老师如同轻轻的微风，把兴趣的种子、希望的种子、成功的种子播撒进每一个孩子的心田，让他们在乡村少年宫的活动中发展兴趣、实现梦想。

一、基本现状

随着学校少年宫不断的建设和发展，近几年结合学校特色，以学校少年宫活动为载体，开展形式多样，内容丰富的德育、艺术等教育活动，"蒲公英"学校少年宫常年开设有30个左右的活动项目，每学期均吸引千余名校内外学生参与活动。除校内有特长的教师授课外，另聘请十多位社会志愿者，其中有2位宝山沪剧团的国家二级演员、1位非遗传承艺人、1位区少年宫的专业教师，以及足球和棒球专业教练和多位家长志愿者等。有一技之长的志愿者来到了"蒲公英"，活跃在孩子们中间，他们让农村孩子的文化生活更加丰富、享受更多的快乐。实现了校际间（校内外）资源的有效结合，通过丰富活动内容和形式，让农村孩子共享校内外优秀教育资源和成果，以此来培养孩子们的兴趣爱好，开阔视野、增长见识，潜移默化中提高孩子的艺术素养，促进城乡教育的均衡发展。努力为广大孩子健康、快乐成长创造条件、营造氛围，促进每一个学生的全面发展和健康成长，巩固和提高素质教育成果。

二、主要目标与措施

（一）完善机制促建设

学校少年宫日常活动实行制度化管理，明确辅导员岗位职责和管理制度，由校长任主任全面负责少年宫的各项工作，分管领导任副主任负责少年宫的各项具体活动的安排、展示活动、安全教育及后勤保障等工作，完善各项少年宫管理机制，确保少年宫建设有序规范。坚持"挖掘学校潜力，树立学校特色"的原则，建立和完善学校少年宫工作的长效机制，各项目切合实际制订出详尽的学年度活动计划，并在实际工作中不断调整完善。认真对过去工作进行总结反思，对实际效果突出的做法进行推广，对工作不力，效果不理想的活动积极予以整改。定期召开专题研讨会，通过承办各类市、区级活动，积极宣传争取社会各界的支持，为学校少年宫建设营造良好的氛围。不断加强内部管理，建设让家长放心的学校少年宫；不断改善办学条件，建设让社会满意的学校少年宫；开展好丰富多彩的活动，建设让学生向往的学校少年宫。

（二）整合资源促发展

学校充分挖掘利用各方资源，以满足未成年人德智体美全面发展的需要。依托宝山区学校少年宫联盟的平台，以学校少年宫活动为载体，通过学校、家庭、社会多位一体的教育互动互联体制的创新，努力营造了"政府支持、社会参与、学校主体、自主发展、整体推进"的社会教育氛围，建设了丰富、多元、快乐的项目活动课程资源，充分挖掘学校少年宫育德树人的功能作用，促进了未成年人综合素质的全面发展。学校通过"走出去""请进来"的办法提高辅导员专业水平和教学水平。聘请知名专家、专业特长突出的教师、当地的民间艺人、退休教师、精神文明建设先进人物等到学校担任校外辅导员，充实学校少年宫的师资力量；建立了专、兼职相结合的教师队伍。并制定考核管理制度，每学期进行考核评优。

（三）科技助力促创新

学校少年宫是举行未成年人科技活动、培养实践能力的基地，培养他们勤动手、善思考的良好习惯，使他们在体验中感悟道理，在实践中增长才干。充分利用科技实验室的实验器材，开展实验操作、科学探究活动，培养学生的动手实践能力；经常组织学生参观科技展，利用重大节日以及学校科技节等活动对学生进行科普教育。

"蒲公英"结合学校的科技特色，科技长廊陈列出学校科技发展之路，并开设了科技创新、车模、OM、创意画和生物与环境等社团活动，开发了Steam等科学课程。通过动手制作、用心观察，发展了学生的动脑动手能力以及想象力，培养了孩子爱科学、学科学的兴趣，勇于创新的科学精神，求实协作的科学态度，也为孩子的成长奠定了良好的科学素质基础。

（四）非遗进校促传承

学校少年宫是传承和弘扬中华优秀传统文化的基地，使学生在学校少年宫中始终受到优秀传统文化的熏陶和感化，把优秀传统文化的学习与学生思想道德素养的培育结合起来。"蒲公英"中常期开设彩灯、沪剧、书法、国画、国学诵读等中华传统艺术形式和非物质文化遗产的活动项目。

我们将"罗店彩灯"和沪剧演唱两个"非遗"项目作为学校《启梦》课程的一部分，正有条不紊地在全校范围内进行推广和传习。学校专门聘请了罗店彩灯传人——朱玲宝老先生，每周到校传授这项民间工艺，教孩子们制作彩灯，给孩子们讲述相关知识。每年学校的重大活动，彩灯都是活动的重要展品，学生制作的彩灯多次参展市、区举办的重大活动。宝山沪剧团的施敏、金洁两位国家级演员也坚持每周到校，带领学员们开展活动，沪剧社团排练的《芦苇疗养院》《办喜事》《绣红旗》等选段，多次登上上海国际艺术节等舞台，在各类比赛中也屡获奖项。

因此，学校在2016年荣获"中华传统文化研习暨非遗进校园优秀传习基地"称号。传中华优秀传统文化，承中华优秀传统美德，我们将持续拓展中华传统文化类课程建设，使之成为提升学生科学人文素养和优秀传统文化素养的重要载体。

（五）优化课程促变革

学校在"播种兴趣的种子，奠基孩子的未来"办学理念下，吹响了科学人文素养校本课程开发与实践研究的号角。基于学生兴趣，满足学生需要，体现学校办学与特色为目的，2014学年学校成立科学人文素养校本课程编写组，全校教师共同编写了《启梦》校本教材，为"蒲公英"活动项目奠定了良好的课程开发基础，同时也入选了宝山区百门优秀校本课程。如：陶艺社团开发的校本课程——《陶艺》入选了《宝山区学校少年宫一宫一课程汇编》一书，此课程以传承和发展我国源远流长的陶艺文化，结合和围绕罗店古镇的乡土特色资源，将陶艺教育与中国传统文化、校园文化建设等相结合，培养学生动手制作、形体塑造、陶艺审美、开拓创新的能力。

随着学校少年宫项目、学校快乐半日活动、快乐30分等活动的不断推进和深化，2017学年全体教师又以"播种兴趣、遇见未来、奠基幸福"为主旨，共开发86门课程，继续校本课程的开发与研究，持续校本课程的完善与创新，优化校本课程资源库，助力"蒲公英"的发展。

我们集合学校校本课程资源，结合学校少年宫自身特色，开展形式多样，内容丰富的德育、艺术教育活动,努力实现学校少年宫与学校教育教学工作的双赢。将民族文化品牌扎根学生心中,引导学生树立和坚持正确的历史观、民族观、国家观、文化观,融体验、参与、实践为一体,趣味、创新、技能、特色相结合的新型活动项目成为孩子们追逐梦想、实现梦想的阶梯。

三、特色举措

(一)搭建网络平台,扩大品牌辐射

2016学年学校少年宫摒弃以往传统的线下报名方式,采用网上报名,由班主任先在班级内对流程进行介绍,学生自主选择喜欢的活动,家长协助孩子完成网上报名,校方根据后台采集到的信息进行整理和汇总,最后发放给报名成功的孩子录取通知书,此举获得了学生、家长和教师的一致好评,在社会上也收获了一定的反响。同时定期在学校微信公众号上发布"蒲公英"新闻,将少年宫参与的各项活动及时推送,展示校园文化、特色项目、教师风采、学生风貌等,体现办学实力,从而提升"蒲公英"的对外形象,提高软实力,打造品牌效应,增强综合竞争力。

(二)积点评价机制,助推学生发展

充满童趣的"积点梦工场"也是蒲公英学校少年宫活动中的一大特色,是孩子们放飞梦想的场所。为鼓励学生积极参与少年宫活动、积极参加各类活动和各类比赛提供助力,孩子们一学期请假不超过2次,可以得到20个积点;积极参加各类活动和各类比赛的,一次可以得到5个积点;期末被评为优秀学员的给予10个积点奖励。而用这些积点除了可以换取物质奖励外,还可换取和校长喝下午茶、到自己喜欢的老师家中去玩等。积点评价让孩子们在追梦路上永不停歇、勇往直前。

(三)组织主题活动,展现你我风采

每年学校举行庆"六一"表彰大会暨蒲公英学校少年宫活动成果展演,孩子们以作品或节目的形式向同学们、老师们展示自己在"蒲公英"中一学年的学习成果,同时表彰少年宫优秀指导教师和优秀学员。整个活动通过互联网面向全国进行直播。

四、活动成果

"蒲公英"为罗小的孩子们搭建了锻炼成长的舞台,让农村的孩子见识了外面的世界,为单调的生活注入了满满的生机。罗小"达人秀"活动的器乐专场、歌舞专场、技艺专场比赛中,"蒲公英"的学员们均才艺出众;区艺术节比赛中,他们把"蒲公英"中学到的本领尽情地表现;市、区各类活动中,孩子

们大胆地展示自己的才艺。孩子们勇敢地追逐梦想,通过学校少年宫的锻炼和学习,艺术的殿堂里,一项项荣誉接踵而来,体育的王国里,一个个纪录不断刷新。

第一,我校多次举办或承办各类活动和赛事,"蒲公英"的孩子们一次次精彩的亮相赢得各界领导和嘉宾的一致好评,如"凝聚力量开拓创新"罗店块工会工作现场交流活动、宝山区未来工程师大赛、"梦想正起航快乐新天地"宝山区学校少年宫联盟成立仪式、"齐抓共管促发展,尽心尽责育人才"学校"五好"关工委现场会、爱尔兰踢踏舞团、"宝山叶城手拉手,童心共筑中国梦"新疆学生代表团、重庆北碚区体育局代表团到校交流活动等。

第二,以学校科学人文素养为背景,学校少年宫棒球社团为主线,自编自演拍摄的学校微电影《启梦》一经播出后,社会舆论反响热烈,在全区范围内好评如潮。之后,学校少年宫又参与拍摄了宝山区学校少年宫联盟成立微电影《雏鹰》,孩子们在镜头前的表现也可圈可点。

第三,随着"蒲公英"品牌效益的不断提升,无论是师资队伍,还是学生素养,均不断充实与提高,各社团参与的各项比赛也捷报频传。如:沪剧社团参演2016年中国上海国际艺术节,被评为"中国上海国际艺术节艺术教育合作学校",并获得"中国上海国际艺术节艺术教育活动荣誉纪念";科技创新社团的发明作品《可移动的人字梯》亮相第五届中国(上海)国际技术进出口交易会并获金奖;国学社团参加2016年上海市中小学中华传统文化经典诵读活动,荣获优秀奖,孩子们均获"上海市中小学生优秀传统文化诵读好声音"称号,学校获"上海市中小学优秀传统文化经典诵读特色学校";武术社团勇夺2017年宝山区学生阳光体育大联赛武术操比赛一等奖,并成为宝山区武术联盟盟主单位;棒球社团多次参加上海市棒球联赛均获前六名,并评选为"全国青少年棒球发展定点学校";车模社团、陶艺社团等多次参加国家级比赛,屡获佳绩,也因此成为"全国特色学校""全国创造发明学校";彩灯制作社团走进大世界,参与非遗文化授课展示活动等。

第四,学校少年宫创办至今,先后有《文汇报》《解放日报》《光明日报》《新民晚报》和《宝山报》等各级报刊,以及上海电视台和宝山电视台等各类视频媒体多次报道了学校少年宫的办宫理念和成果以及少年宫中开展的各类活动和学生的获奖信息等。

近年来,"蒲公英"学校少年宫根据学校具体情况、学生状况等选择适合本校的活动项目,立足培养兴趣的基础上,打造特色品牌。面向全体学生,培养孩子兴趣爱好,充分发挥学校少年宫"怡情、增智、育德"的作用。我们以真心和爱心在孩子们的心田播下一颗颗梦想的种子,期待着明日,每一个从"蒲公英"学校少年宫走出去的孩子,都能拥有一个健康、快乐、幸福的未来。相信每一颗种子,在经历了时光的飞逝,四季的变迁,风雨的洗礼后,终会结出硕果。

播下兴趣的种子,奠基孩子的未来。"蒲公英"学校少年宫如同轻轻的微风,把兴趣的种子、希望的种子、成功的种子播撒进每一个孩子的心田。五彩缤纷的学校少年宫活动是孩子们放飞梦想的摇篮。梦想天空分外蓝,在这里,他们卸下了沉甸甸的书包,一身轻松;在这里,每一份珍贵的天赋,都被尽情释放;在这里,是他们快乐的源头——"蒲公英"学校少年宫!一个孩子们向往的地方。

加强学科建设,扎实规培工作,实现共享双赢
——罗店中心校语文学科基地工作汇报

非常感谢你们到我校检查指导语文学科基地的工作。相信你们的到来将进一步提升我们此项工作的质量,拓宽我们的思路。我校于2015年9月被评为宝山区"万名教师提质工程"之"语文学科基地"。为更好地发挥学科基地校的示范、引领、指导作用,学校成立了工作小组,全面负责规划的制定、实施、评估等工作,定期召开基地校建设研讨会,积极探索优秀教师培养、优异团队建设和优势学科打造的有效途径和方法。两年多来,我们有序推进,扎实落实此项工作,下面我围绕"学科基地的自我建设"和"学科基地的规培工作"两个板块简要介绍我们的相关情况,欢迎你们听后对我们的工作提出宝贵意见。

工作小组:

组长:金志刚。

职责:全面负责基地校推进工作,定期召开研讨会议。

负责人:高文芳,王建芳。

职责:高文芳主要负责基地各项制度的制定,发展规划的制定,日常运转中的组织协调及见习教师规培工作。

王建芳主要负责基地校语文学科自我建设工作和学科特色创建工作。

组员:朱金华,徐琳,杨海燕,朱国燕。

职责:参与基地学科实践与研究,承担教师培训任务。

一、语文学科基地的自我建设

随着2013年9月学校的搬迁扩班,从原有19个班级的规模扩展到现在30个班级的规模。语文团队在5年内共引进14名新教师,占了将近50%的比例,这无疑为语文团队的自我建设带来了新的挑战。于是,语文学科团队把开展校本教研作为可持续发展的先导工程,并不断实践与探索,逐步构成了一套有效推进校本教研的长效运行机制。

(一) 探索多维教研,促进教师发展

学校安排每周周二上午3、4节课作为我们语文组教研活动时间,单周进行学科组教研活动,由学科分管领导负责,双周进行各年级备课组活动,由备课组长负责。常规的活动包括:理论学习、教材分析、集体备课、课堂实践、作业设计、质量分析、课题探讨、常规交流……我们在长期的摸索和经验积累中,立足扎扎实实的常规教研,不断开拓创新,逐渐走出一条多维教研的新路来。

专家名师的"引领式教研"——学校定期邀请区语文教研员、资深语文专家,开展主题讲座、诊断课堂、交流研讨等,彰显专业引领,智慧碰撞。

校内导师的"带教式教研"——我们成立了"青芃坊",每月定期主题教学研讨活动,由学科分管领导主要策划,学科优秀教师轮流组织,全体青年教师积极参与,通过校内优秀教师资源引领培养一批有潜力的青年教师。除此之外,学校安排区级骨干、校级骨干带教组内若干名青年教师,以同伴互助的形式,缩短青年教师的成长周期。

延伸辐射的"异地式教研"——我们积极组织教师走出去进行教学交流,锤炼功底,分别与嘉定区小学、新民实验学校、罗南中心校、嘉兴实验小学、江苏常乐小学等进行学术交流。"浦江之约""海峡两岸"等一些大型的教学研讨展示观摩活动,学校尽量安排大部分教师参与学习,以此促进教师领悟和改观教学新理念。

自助分享的"主题式教研"——**教研组**每学年通过"四个一":一个课题,一个课堂,一次活动,一次点评,进行主题式教研活动展示,向全校教师展示近阶段的教研成果。**备课组**通过"同课异构"开展实践课研讨活动,扎实落实"解读教材—集体备课—试教完善—实践研讨—反思教学"的流程,真正体现打磨课堂,研磨课堂,落实课题的教研过程,追求有效的课堂教学模式。

基于网络的"虚拟式教研"——我们建立了罗小语文工作室网页,教师们可以通过网络平台进行每月教学反思交流,进行教学实际问题探讨,进行网络评课交流,还可以推荐优秀教学文章等。我们将网络教研与常规教研有机结合,让网络教研成为常规教研的继续和延伸,为教研组的团队建设和专业成长提供了一个良好的发展平台。

可以说,我们以规范的教研管理,多维的教研活动,越来越清晰地呈现出"研究—实践—反思—提升"这样一个循环往复、螺旋上升的良好发展态势,真正促进每个语文教师的专业成长,打造了语文优势学科建设。

在新一届骨干教师评选中,高文芳老师被评为学科带头人,杨海燕、苑文丽和杨瑜被评为区教学能手,王建芳、张敏花、夏玲燕、颜晓慧被评为校级骨干,青年后备军夏玲燕、颜晓慧、胡品贤、陈皆钦四位青年教师加入了区教研员领衔的优秀青年教师团队。语文教研组每学年都被评为校优秀教研组,在区第七届教研组评比中荣获"优秀教研组"称号,成为了首批"全国语文教师专业化发展工程基地校"。两年来,学校承担了五次区级语文教学研讨活动,包括区中青年教学比赛语文教学展示专场,区小学语文骨干教师教学展示专场,区统编教材汉语拼音教学展示专场,宝山、嘉定小学语文联动教研,均得到了专家的一致好评!可以说,通过几年的努力打造,语文学科已经形成了一支老中青搭配合理,有凝聚力、有战斗力的教师队伍,在区级层面已经形成了一定的知名度和影响力。

承担区级语文教学研讨活动汇总表

活动日期	活动项目名称	活动范围
2015.12.30	宝山区小学中青年教学比赛语文教学展示活动	区级
2016.05.18	宝山小学低年级语文教研活动	区级
2016.05.25	宝山、嘉定小学语文联动教研	区级
2016.10.26	宝山区小学语文教学展示活动(骨干教师专场)	区级
2017.11.01	宝山区统编教材汉语拼音教学展示专场	区级

(二)加强课题研究,引领教学实践

根据市教研精神,我校语文学科提出了"关注文本表达,促进语言的积累与运用"这一课题,并申报了区级一般课题。全体语文教师在高文芳的带领下一起学习,一起研究,交流感想,不断总结,形成了"先理解感悟—再记忆积累—最后迁移运用"的语言训练的模式。我们做到了每一堂实践课都十分注重对学生语言能力的训练,给予学生充分的时间去品味、去感悟、去表达,呈现了浓浓的语文味。课后作业的布置中,我们要求课后作业设计要有小练笔这一项,让学生进行语言迁移运用,达到内化文本语言的效果,真正做到了课题研究在课堂中落实,在课后作业中体现。

我们语文团队申报的区一般课题《激发小学低中年级学生语文文本表达形式正迁移动机的策略研究》结题报告,荣获区第十三届教育科研成果评比二等奖;团队成员撰写的相关论文先后荣获"媒体看课:2015中国习作教学擂台赛"特等奖、第五届华东六省一市小学语文教学观摩研讨活动论文评比二等奖、市小学语文教学优秀论文评比一等奖和二等奖……

语文学科课题研究成果汇总表

获奖时间	论　文　名　称	获　奖　等　第
2017年4月	《激发小学低中年级学生语文文本表达形式正迁移动机的策略研究》	区第十三届教育科研成果评比二等奖
2015年11月	《依托文本语言,培养低中年级学生细节描写的能力》	2015年中国习作教学擂台赛特等奖
2016年3月	《依托文本语言,培养学生细节描写的写作能力》	华东六省一市小学语文论文二等奖
2016年5月	《寓语言训练与中心感悟于一体的作业设计》	市小学优秀论文一等奖
2015年4月	《低年级落实语言训练的实践研究》	市小学优秀论文二等奖

2015学年,我们通过团队协作设计印刷了一套"小脚丫"校本作业,并已经启动使用,有助于学生在课后作业中对于知识的牢固掌握及语言的积累内化。

(三)开展系列活动,创设成长平台

为了提升教师教学理念,增加教师课改意识,我们学科组开展了系列教学活动,促使组员进行课堂转型、教法改进研究,提升教学研讨能力。

1. 提升教师专业素养:结合校内"六类课型"(教师随堂课、组内研讨课、校内比赛课、骨干示范课、家长开放课、师徒汇报课),围绕研究课题展开课堂实践研究，向35分钟要质量，做到高效轻负。我们把这些实践课定义为："教师随堂课"是把脉会诊，"骨干示范课"是引领示范，"青年活力课"是促进成长，而"组内研讨课"是加强交流，"各类比赛课"才能显出成效。一次次磨课，磨出了我们创新思维的火花，磨出了把握教材的深度，磨出了合作交流的默契。孩子们在课堂上的学习更自主，思维更活跃，表达更流畅。

每学期，我们都会针对组内教师薄弱之处，开展各类教师基本功比赛，如"文本解读""基于课标的评价案例""基于单元目标的命题能力"……还有针对青年教师基本功比赛，如三笔字比赛、板书设计、封闭式教学设计……我们不断加强赛前的顶层设计、赛中的细致落实、赛后的反馈提升，以此不断夯实教师的教学基本功，提升教师专业能力。

在区十一届中青年教学比赛中，徐菊芳、杨瑜分别荣获一、三等奖；徐菊芳、颜晓慧、范文丽承担了区级展示课；高文芳、杨柳撰写的"基于课标"的语文评价案例获区一等奖。高文芳多次承担区级教研评课和见习教师培训主题讲座活动。

2. **丰富学生校园活动**：我们农村学生和城区学生相比，由于家庭环境等各种因素，相对而言知识面比较狭窄。针对这一点，我们努力培养每一个孩子的良好阅读习惯，让孩子们能在书的海洋里学到更广阔的知识。所以，这两年我们全体语文教师一直努力地为孩子们创设一个书香校园。我们主要做了以下几项工作：① 每个班级设立了小小读书吧，开展图书漂流活动，让学生带来自己喜欢阅读的书籍进行交换阅读。② 每两周一次由语文教师带领孩子走进图书馆，指导课外阅读方法，让部分学生具备自主阅读的能力。③ 每月进行新书介绍，向学生推荐最近畅销的小学生读物。④ 每年4月，我们开展以"美丽童话，快乐你我"为主题的校园童话节，孩子们通过与经典童话零距离接触，不断地体验阅读给自己带来的快乐与幸福。⑤ 我们开设了各年级"课外阅读"特色课程，进行课外阅读指导，激发学生广泛阅读的兴趣。⑥ 同时，为了进一步激发学生的写作兴趣，我们创办了每月一期的《萌芽小报》，旨在推广学生的优秀作文，提高学生写作水平。我们倡导学生"用我手，写我心"，记录生活中的真情实感，至今已创办了60多期，将近有600篇学生优秀作文登于我们的《萌芽小报》。

语文学科团队还自主开发了特色校本课程，成立了10个学科社团，让有兴趣的孩子自主报名参加，旨在引导学生感悟中国汉语的魅力，激发学生学习的浓厚兴趣，培养学生自主的学习能力，提升学生综合学科素养。

语文学科特色校本课程开发汇总

序号	教 师 姓 名	课 程 名 称	适 合 年 级
1	罗 婷	张开诗的翅膀	一年级
2	颜晓慧	阿拉学讲上海话	二年级
3	韦 婧	跟着小导游,游遍上海	三年级
4	周玉林	走进小小萌芽文学社	三年级
5	苑文丽	MC(麦克)苑	四年级
6	夏玲燕	小播音员	五年级
7	何 涛	绘本中的小世界	一年级
8	高文芳	绘本创意读写俱乐部	二年级
9	王建芳	名家名篇经典诵读	四、五年级
10	胡品贤	走进唐诗	五年级

正因为以上各项活动的扎实开展,学生变得爱读书、爱写作了,写作水平有了明显的提升,学科素养也得到了一定的发展。在宝山区举办的校园课本剧中获二等奖;在宝山区中小学艺术节诗朗诵比赛中获一等奖,又代表区参加上海市比赛获三等奖。在全国小青蛙故事赛中连续两年均有学生闯入决赛,荣获等第奖。在市小学生优秀作文征文比赛中和市小学生现场写作活动中屡获佳绩。《少年日报》《新读写》《拼音报》和《作文大王》等报刊上曾多次刊登我们学生的作文。

二、语文学科基地的规培工作

作为基地学校,我们承担着区域内部分学校的语文学科见习教师的规培工作,分别为2015学年6位见习教师,2016学年10位见习教师,2017学年11位见习教师。学校围绕"扎实规培工作,引领青年入'行'"这一宗旨,充分发挥本校资源优势,按照培训方案有组织、有秩序、有保障地开展各项工作,为职初教师个人的可持续发展夯实基础,努力促使她们能尽快适应、胜任教育教学岗位。

（一）培训讲座，有的放矢

我们根据青年教师的业务成长需求，开设了一系列专题讲座，包括金志刚校长以"教育理想"和"沟通、陪伴、成长"为主题的师德讲座，高文芳老师以"语言训练"和"作业设计"为主题的语文教学讲座，徐琳老师以"案例撰写"为主题的教学研究讲座，杨海燕老师"小干部培养"为主题的班主任讲座……多次讲座中除了理论知识，更多的是比较接地气的实例，帮助青年教师了解教育教学最新动态和理念，并引导其付诸实践工作中。

（二）聚焦课堂，践行教学

青年教师最大的困惑是理论与实践相脱节，所以培训工作重头戏主要是聚焦课堂教学。除了聆听带教导师的示范课以外，学校结合举办的系列语文教学活动，组织他们一起参与听课、评课活动，让见习教师在一次次的听课评课中逐渐感悟语文课堂教学的实质。另外，我们多次聘请区语文教研员来校对部分青年教师进行课堂诊断，让见习教师们全程参与听评课活动，聆听专家的点评，从而逐步加深课程标准、教材内容、教学方法的认识，增强驾驭教材、掌控课堂的能力。另外，实战才能真正提高技能，我们给部分见习教师压担子，承担了规培活动中的公开课任务，让伙伴一起听课评课，并加以研讨。

（三）自主学习，广泛阅读

在规培启动仪式上，金校长向见习教师们赠送《苏霍姆林斯基教育箴言》《致青年教师》和《做一个学生喜欢的老师》等教育教学书籍，并在"教育理想"主题讲座中结合自己个人的从教经历，激励小青年们平时要多阅读、多学习、多思考、多动笔，努力成为一名全方位发展的具有现代气息的青年教师。寒假前期，基地校围绕阅读活动，开展"青年品书韵，悦读飘书香"读书交流活动，用这种特别有意义的方式迎接崭新的一年，以此鼓励青年教师要以"学无止境"的态度出发，广泛阅读，去追求精神上的充足和提升。

（四）开展评比，提升素养

"三项评比"活动是见习培训工作的重头戏，既是为见习教师的成长搭建了舞台，也是对带教导师带教工作的一次集中检验。我们学校特别重视，不管是案例、演讲，还是课堂教学比赛，均聘请专家进行专项指导，再由带教师傅手把手悉心指导。许多见习教师在赛后发出感慨："整个过程是十分痛苦的，度过了一个又一个煎熬的晚上。但回顾这些，心中却充满了感激，因为这确实提高了自己的个人能力。经过各项评比活动之后，觉得自己向前迈进了一大步，对教师这份职业，对教育这份工作，对语文教学均有了更加深刻的理解。"三项评比活动,对于每个青年教师来说,可以说是一次"质"的飞跃,为今后的专业发展奠定了扎实的基础。

(五)加强反思,不断改善

我们还注重活动后的反思总结,要求见习教师结合基地校集中培训活动撰写好每次的心得体会,并作为评比"优秀见习教师"的其中一项指标,旨在通过反思促进日常教育教学工作的开展。同时,我们还设计了《带教计划表》和《带教活动记录本》,由带教导师每次一对一个别带教后进行简单的记录,并写上三言两语的带教感受,促进导师们明确带教目标,反思活动得失,不断改善带教措施。我们的带教导师们确保每周的浸润式带教,走进见习教师的课堂,走进见习教师的班级,真正做到了一对一、手把手悉心地指导。

在区见习教师"两选三评"活动中,我们基地的见习教师荣获佳绩。这是2015学年的获奖情况:

2015学年见习教师"两选三评"活动获奖情况

获 奖 教 师	比 赛 项 目	等 第
颜晓慧	课堂教学比赛	区二等奖
颜晓慧	主题演讲比赛	区二等奖
沈 芸	教育案例比赛	区一等奖
颜晓慧	教育案例比赛	区二等奖

颜晓慧荣获"2015学年区优秀见习教师"称号。

这是2016学年见习教师"两选三评"活动获奖情况,值得自豪的是全区语文学科课堂教学评比活动共设立了三个一等奖,我们基地校就占了两个。

2016学年见习教师"两选三评"活动获奖情况

获 奖 教 师	比 赛 项 目	等 第
陶晓芸	课堂教学比赛	区一等奖
陈皆钦	课堂教学比赛	区一等奖

（续表）

获 奖 教 师	比 赛 项 目	等　第
吴冰彦	主题演讲比赛	区二等奖
龚　慧	主题演讲比赛	区鼓励奖
龚　慧	教育案例比赛	区一等奖
陶晓芸	教育案例比赛	区鼓励奖

龚慧荣获"2016学年区优秀见习教师"称号。

两年来，我校语文学科基地的自我建设众志成城，砥砺前行，全力培养优秀教师，打造优势学科；两年来，我校语文学科基地的规培工作不断创新，扎实开展，着力为兄弟学校培养职初教师；两年来，我校语文学科基地的建设工作提高了学校的办学声誉，助推了学校的发展，可谓是实现了双赢三赢的良好效果。

（三）"百年老校在特色创建中提升办学质量"

1. 坚忍不拔，坚持教育创新的精神

罗店中心校位于上海市一城九镇之一的"金罗店"。罗店镇，南宋前，属江南东道苏州所辖昆山县东境，清雍正二年（1724）宝山县及其罗店从嘉定县分出，改属宝山县。1937年罗店镇隶上海特别市宝山区，实行镇管乡制。1945年9月，宝山县还归江苏省管辖，罗店镇隶江苏省宝山县罗店区。1958年9月，罗店镇成为上海市宝山县跃进人民公社的一个管理小区，1961年，罗店镇恢复为宝山县直属镇，1988年宝山县完成撤县任务，罗店镇属于宝山区。但是罗店中心校一直是属于乡镇管辖的农村小学。行政区划的变化是学校办学外部社会环境变化的一种呈现。拥有百年历史的这所学校经历了近代上海与以农业为主的江苏不断轮替的生存环境。当今人口结构的变化很大，2020年末，罗店镇户籍人口7.43万，人口密度1 682.98人/平方千米，上海市的人口密度为3 923人/平方千米。近十年来罗店镇列入管理的外来流动人口12.54万，增加53.5%。上海外来常住人口规模达1 048万，增幅为16.7%，可见罗店地区外来人口增速高于上海平均数的3倍。近几十年在城市化、城

镇化发展的大背景下，罗店中心校师资与生源有着重大变化，这里蕴含着机遇与挑战。

罗店中心校在不同时期，有着不同的发展。学校遵循"营造和谐环境、践行素质教育、注重个性发展、培养创新精神"的教育教学思想及办学理念，励精图治、潜心做事，坚持"用激情与智慧成就学生未来，用耕耘和汗水铸造学校明天"，以书香滋润心灵，以信念支撑学校，以特色促进发展。在加强常规管理的同时，大力推进以"写字育人、读书启智"为突破口的教育教学特色。近年来，学校在"成就孩子的未来，让每个学生健康快乐成长"的办学理念指引下，在科技活动、"五恩"教育、特色学科、棒球运动、管乐艺术、乡村学校少年宫、校园文化建设上求突破、求创新，在特色创建的同时提升了办学质量，取得了良好的收效，百年农村老校宛如一支野百合迎来了春天。

我们学校的校训为：崇尚科学、践行感恩。学校从20世纪80年代中期起步实施科技教育，三十年来，在几任科技辅导员的努力下，形成了创造发明、生物环境、头脑OM和车辆模型四个品牌项目。学校提出了"创造发明，并非只是爱迪生的故事"的活动口号，凝练了"生活即发明"的朴素创造观，鼓励孩子动手动脑、发明创造，至今为止已拥有120多项发明专利。学校每年举办科技节，建立了创造发明、头脑OM、科技创意画等多个科技小社团，现为区车辆模型、创造发明、工程技术创新教育联合体单位。科技活动已融入学校的整体发展，学生在各类市级、全国级乃至世界级比赛中大放异彩。在校园中，学校还精心设计建设了一条学校四十多年科技之路长廊，其中有学校第一任科技辅导员滕锡高老师的浮雕，它不仅是一段历史见证，也是学校科技辅导员间不断的传承，更是一种学校科技文化精神的象征。学校先后获得过全国优秀实验基地学校、全国科学教育特色学校、全国头脑奥林匹克特色学校、全国生态文明教育特色学校、上海市科技特色学校、上海科技创新培育基地、上海市知识产权教育示范学校、上海市绿色学校、宝山区科技特色学校等荣誉。2014年作为上海市唯一代表获得全国科技发明示范基地称号，2018年和2019年连续两年代表中国赛区赴美国参加世界头脑奥林匹克创新大赛，让农村的孩子们也有机会走出国门，参加世界级的科技类比赛。近年来，学校科技教育不断向纵深发展。今年，学校又荣获"十四五"期间首批上海市科技教育特色示范学校，这是一份荣誉，更是一种肯定。学校将始终以"播下兴趣的种子，奠基孩子的未来"作为办学理念，以"弘扬罗小校园文化，永攀科技创新高峰"指引着学校的科技教育不断发展。

学校的办学经历告诉我们,学校的发展一定要正确认识与处理好学生发展与学校教育发展的关系。2013年之前,我们学校基本属于发展愿望不强的学校。但是,所有的变化始于这个月。这个月,我们搬入了新校园;递交了创新优质学校的申请书;制定了"新校园、新优质、新征程"的工作规划。那么,如何以三个"新"绘就美丽篇章?

答案是从历史中积淀精神,从传统中传承文化。为此,在学校长廊为我校第一任科技辅导员滕锡高老师树立浮雕,这块浮雕就是学校科技教育发展的历史,这块浮雕就是学校文化传承。

受滕老师奉献学校科技教育的精神感染,学校上下共商我们该为学生做什么。并重新凝练了学校的办学理念:播下兴趣的种子,奠基孩子的未来——让每个学生健康快乐地成长。并由此提出学校的课程理念——启梦,希望通过"启梦"去开启、点亮每一个孩子的梦想。为此,我们致力于课程建设去满足每个孩子的兴趣发展。

"启梦"这一课程理念也点亮了老师们的教育梦想。三十年前滕老师带领学生开展小发明、小制作等兴趣活动;三十多年后上海市乡村名师王伟龙老师带领他的团队、带领孩子们从区、市的舞台走向全国和世界的赛场,荣获全国OM冠军、世界OM亚军、全国创新大赛一等奖、全国车模冠军、国际发明展金奖等。薪火相传、生生不息,"启梦"课程理念让教师和学生在课程建设中得到成长,让学校得到发展。

这说明了学校探索以精心培养感恩品德的德育教育特色与以创新意识和能力为主的科技教育品牌发展之路,有着其可行性、适宜性。学校坚持走"科学精神与人文精神并重,促学生五育和谐发展"的办学之路,积极营造了以科技教育与感恩教育为特色的学校教育。学校鲜明的教育特色和坚实的办学基础是学校办学可持续发展走向自觉的需要与必然。

百年老校要继承与发扬优秀的办学传统,坚忍不拔地走学校教育创新之路,我们坚持了以下的做法:

(1)注重学校教育创新,为学生发展提供科学定位。

学校注重学生发展与学校发展的关系,重视发展学校特色的建设,这是学校的教育创新,同时学校一定要坚实五育并举,提高学校教育质量。学生发展必须以科学精神与人文精神融合,全面发展与可持续发展并进为目的,离开以人为本的教育定位,学校办学方向会走偏。我们确立了学生科学素养和人文素养综合发展的培养目标。科学求真,真中涵美;道德唯善,善不离真。这是热爱真、善、美的人不断追求的目标,学生综合素养的集中表现。

我们深切地感受到,校本化的学校特色教育与学生发展模式的建构必须要遵循规律,选择有效的建设举措。教育学家斯普朗格曾经说过:"教育的最终目的不是传授已有的东西,而是把人的创造力量诱导出来,将生命感和价值感唤醒。"学校特色建设是为了学生发展,学生发展能够真正表征学校办学特色。

(2)强化校长价值引领,坚持学生培养目标切实落实。

学校的发展离不开校长的价值领导。尽管生源可以影响学校的办学,但是追求教育梦想是始终不能变的,培养好学生是学校办学基本职责,是不能动摇的。通过这几年的实践,证明学校教育发展必须是为了学生的发展。我们学校不断丰富学生科技活动、艺体活动,并为此创设了大量的支持性条件与提供丰富的资源,也以优势项目或者以学校特色促进学生的高成长性发展,培养出了一些科技特长生,同时,也促进了学生大面积的提高。学校教育特色的形成和发展是全校师生对现代教育发展规律的深刻理解并付诸实践的产物,这是一个长期的教育创新过程。为了在任何情况下都能坚持落实学校的办学目标与理念,校长须要在学校的制度与学校的行为上加以保障。校长办学要紧抓学校发展规划的制定与实施,制定学校相关的制度,明确学校战略任务及其推进的路径。学校通过制度性安排推进学校科技教育、感恩教育与课程统整,促进学生的高成长发展。

(3)强化学生发展条件,为学生发展提供物质保障。

国际教育的走向已经表明,为学生提供各种当代科技教育所需的学习条件,是学校五育并举深入实施后智能个性化教育的必然趋势。教育生态影响了问题日益凸显的当今办学,丰富学习经历,获得必要经验与学会创造是学生成长的必然途径。我们深深体会到学校教育的发展要有一定的设施支持,学校的有关场地、设施必须不断满足学生学习与生活的需求。学校100多年的办学,经历了只有授课的单一教室,到有若干的音乐、实验室,再到现在已拥有更多的专用活动室的历史性发展。这是办学硬件上的颠覆,表明了学校课程教学已从知识讲授式向能力复合式学习发展,应依据不同学科、课程的特点,为学生提供不同的学习条件,依据学生不同的兴趣,创设旨在培养爱好特长的学习空间、物质与其他资源。

(4)注重师生同步发展,为学生发展提供支持。

学生的发展需要良好的生态,教师是学生成长环境系统中必不可少的极为重要的条件。教学相长,师生共进,是我们罗店中心校的基本信念。教师的教育作用和意义无人不晓,但是很多人却有着偏见,把教师对学生的把控看作教育,因此难以真正提供教育支持。教育本质上是一种服务,因此教育也必然是一种支持性的服务。现实中往往出现学生的分数为教师、学校服务,导致学生不能健康快乐地成长。真正树立以学生为中心,以学定教,还需要努力能实现。学校发展的一个关键就是要促进教师对学生发展方式的教育价值的认识,提高支持学生发展的能力,建设一支热爱学生、真正懂得教育的教师队伍。

2. 继续奋进,创建高质量新优质学校

"新优质"是办学的核心问题。什么是新优质?是每一位教育工作者办学应明确回答的问题。我的认识是,"新优质"首先不同于原先的"旧优质",说白了就是要摒弃以分数为中心、以书本为中心、以应试为中心的质量观与标准。"新优质"是以学生健康快乐成长、可持续发展为内核的质量观与标准,强调坚持教育"回归本位""促进公平"的价值追求,以理念创新为先导、以内涵发展为根本,打造一批教育理念科学、办学特色鲜明、办学成效明显、社会声誉良好的"新优质学校"。新优质学校建设的根本目的,就是要形成"新的办学育人价值和评价标准"。

"新优质学校"的基本要求,一是要学校教育质量观念端正——以正确的教育价值为取向,树立教育质量观,以全体学生为教育对象,不挑选生源、不公开排名、不以分数作为评价学生的唯一标准,建立促进学生发展的评价体系;二是要坚持育人为本,积极践行与学生可持续发展相适应的学校发展理念,在课程建设、课堂教学、评价育人等方面关注每一个学生的个性发展,满足每一个学生的成长需求;三是要注重特色彰显,通过具有针对性和创造性的改革突破,在有价值的教育上做得更好,特点明显,进而凝练形成较为鲜明的办学典型经验;四是要办学成效显著,学校近年来服务能力、办学水平、教育质量有明显提升,并能形成可持续发展的良好态势;五是有较强的示范引领作用,办学行为规范,学校的办学业绩受到家长和社会广泛认可,其典型经验在本区域义务教育优质均衡发展中能产生示范引领作用。

我们在新优质学校的发展上经历了三个阶段:标准化—特色化—品牌化。通过学校办学条件按照国家标准建设,体现了国家对教育发展的统一要求,按照一定质量要求培养学生,这是学校发展的求同表现。学校在这基础上,加强了内涵发展,注重学校自己的发展特色,并以某方面的办学经验迁移

到学校整体办学之中,这是学校发展的求异表现,以适应学生教育的多样化发展。学校在特色发展的过程中会逐步提高社会声誉,赢得家长和社会大众的认可,形成自己的品牌,这是学校成熟的标志。学校在实现标准化后没有明显的办学特色,达不到特色化的阶段,这就是学校之间的差异。中小学办学标准就像一把尺子,可以衡量一个学段的每一所学校。质量是一个准则,质量是一份忠诚,质量是一种责任,质量就是学校的生命线。一个学校没有了质量,也就失去了生存的能力,对我校而言更是如此。这是我们实实在在的"深入骨髓"的办学理念,也是我们教学工作的"行动指南"。

罗店中心校虽已在2007年就被评上了宝山区素质教育示范校,但最近仍然在雄心勃勃地创建新优质学校。新优质学校的创建能促使我们这样一所农村老校不断优化办学理念、不断调整办学行为、不断提升办学水平。学校以"成就每一个农村孩子的幸福未来"作为创建理念,力求为他们的未来能够获得幸福人生奠基,成就他们的梦想。学校聚焦课程建设,在对学校历史的回顾、对办学现状的分析和对学校现有特色资源整合的基础上确立了以"科学人文素养课程"为抓手和切入点的学校核心课程。

在新优质创建路上,罗店中心校一直在思考:如何更好地设计课程,使之能真正回归儿童性,帮助学校去识别每一个不一样的孩子?这样一门课程如何用孩子喜欢的方式来进行?基于这两点思考,校方在规划的制定和修改过程中,一次次听取全体教师、家长和孩子的想法和意见,统一了思想,达成了共同愿景。我们将把科学人文素养的核心课程建设落实于孩子们喜欢的载体——"罗小快乐城堡",通过课程的设计、实施,办出真正的、老百姓家门口的好学校!新优质学校的推进工作正在如火如荼地开展,相信这样一所有理念、有行动、有创造、有凝聚力的学校必将在素质教育的道路上走得更坚实、更有力!

这样一所农村学校的背后,凝聚着管理者办好教育的坚定信念,凝聚着全体教师的执着追求,凝聚着校长的教育梦想。他们始终相信:只要心怀梦想、努力前行,即使是野百合,也一定会在春天绽放出美丽的花朵!

下面是我们罗店中心校争创新优质学校阶段总结。

发掘特色教育资源,培育科学人文素养,奠基孩子幸福未来

我们罗店中心校是一所百年老校,在"播下兴趣的种子,奠基孩子的未来——让每一个学生健康快乐地成长"的办学理念指引下,我们恪守"崇尚

科学，践行感恩"的校训，迈步走在争创新优质学校的道路上。回顾近几年的创建之路，我们经历了各个阶段，有迷茫、有困惑，也有坚持；我们品味了各种滋味，有辛苦、有煎熬，也有快乐！现将我们的创建之路做一总结和反思。

一、项目的选择和实施背景

（一）项目实施的背景

为实现学校的可持续发展，我们选择设定了"发掘特色教育资源，培育科学人文素养，奠基孩子幸福未来"这一实验项目。旨在以素质教育为导向，以学科育人为宗旨，关注学校教育质量的内涵式课程建设为抓手，实施教育整体改革，构建适合学生发展的绿色教育课程体系，进一步发展学校特色，打造品牌课程，提升办学质量，让每一个孩子健康快乐地成长。

本项目基于学校实际，顺应社会形势，以行动研究、案例研究等理论为支撑，具有十分重要的实践价值。主要表现在以下三方面：

1. 打造学校特色品牌文化的需要

我校自20世纪80年代中期起步实施科技教育以来，根据时代的变迁和社会发展的需求，不断发掘校内外教育资源。近几年，更是结合学校实际，创造性地形成了"1+4"特色格局。它们在各自的领域中屡创佳绩，形成了一定的知名度，也受到了社会的认同和关注。基于学校进一步可持续发展的思考，发现这"1+4"特色项目还有进一步提升的空间，那就是整合资源，形成学校的核心文化理念，打造学校整体的特色品牌文化。也就是，在继续做强"1+4"特色的同时，整合这些特色教育资源，发掘其中的科学及人文素材内容，开展科学人文素养的培育，做强做深品牌项目，打造学校特色品牌文化。

2. 优化师生科学人文素养的需要

科学人文素养无论对于教师还是学生而言都非常重要，尤其是对于我们这样一所坚持了二十多年的科技特色学校而言，科技教育不仅仅是教会学生科学方法、科学知识和科学精神，如果仅仅掌握了科学知识和技能而在人文素养方面有缺失，在思维方式、研究方法上就会受到局限，就难以有大的成就。只有创建科学精神与人文精神重新结合的新科学，才有助于真正认识自然、认识科学，并真正认识自己。因此，学校教育必须从根本上推动科学素养和人文素养的结合，采取切实有效的措施，造就既有科学素养也有人文素养的全面发展的人才。

3. 提升学校课程管理的需要

各学科课程标准中都非常重视科学人文素养的培养，把科学人文素养的培养作为教学重要的目标。从学校课程管理角度而言,我们必须要从学校实际出发,充分思考基础教育究竟应该培养什么样的人才,关注"以学生发展为本"的理念,通过改革课堂教学、开发校本课程、丰富课外活动等形式不断开发与完善学校课程管理体系,以课程实现科学教育与人文教育的整合。

综合以上三方面的原因,我们相信:通过本项目的实施,一定能培育学校品牌文化,激发教师专业精神,强健"罗小人"的科学人文素养。这是学校持续发展的基石,是提升学校品牌的根本。项目的实施将进一步推进我校的整体改革,提升学校的办学水平,使我们成为宝山区新优质学校之一。

(二)项目实施的关键词

科学人文素养:是科学素养和人文素养的总称,指的是强调以人为本的文化理念,注重突出人在创新活动中的理想、道德、价值观、审美观和科学知识、科学方法、创造能力、创新精神等一系列内容的重要性,提倡建立在求真基础上的以求善、求美为宗旨的人文精神内涵。也就是说,科学人文素养要求科学创新的主体在具有扎实的专业知识和技能的同时,还必须应当具有丰富的人文情怀、高尚的精神境界和崇高的道德责任感,它是促进学生协调发展的两个不可分割的统一、综合的整体。

(三)项目实施的理论依据

理论依据一:行动研究。行动研究是指有计划、有步骤地对教学实践中产生的问题由教师或研究人员共同合作边研究边行动,是以解决实际问题为目的的一种科学研究方法。本课题的研究实施是一个较长的研究过程,课题组成员在初步确定科学人文素养培养内容和搭建小学生科学人文素养培养的统合性课程体系后,会进一步通过课堂教学的实证分析,发现相关研究内容进一步改进的点。我们预计在实施过程中小学生科学人文素养培养在"3+"课程体系中如何落实和体现科学人文素养的培育重点,会存在一定问题,届时我们研究团队会利用市区校三级专家和骨干教师,主动分析其背后存在的真正问题和原因,商讨和提出进一步改进的方法和实施策略,使课题在螺旋式上升中不断完善和改进,将研究成果达到效果的最大化。

理论依据二:案例研究。案例研究是指综合运用历史数据、档案材料、访谈、观察等多种收集数据和资料的技术与手段,对某一背景下的特定社会单元(个人或团体组织)中发生的典型事件的背景、过程进行系统地、综合地描述和分析,从而在此基础上进行解释、判断、评价或者预测。本课题实施科学人文素养的培养,其落脚点肯定是在我们所研究的小学生科学人文素养培养的统合性课程的课程和课堂之中。为此,我们利用课堂教学的主阵地,全面实施相关的培养内容,将会形成各类课程的典型案例,研究团队将会利用这些典型案例分析和演绎出类似课程和课堂教学的执行策略和方法,提出操作上的注意点和实施过程运用的典型方法,积累研究成果。

（四）项目实施的预定目标

以学科育人为创建宗旨,以发掘特色教育资源为抓手,努力把学校建设成为环境整洁优美的花园、科学人文素养的乐园、农村孩子幸福的家园,争创一流的农村小学。

环境整洁优美的花园——即校园内始终保持干净整洁,不断绿化、美化、优化校园硬环境,同时充分发挥校园环境布置的育人作用,逐渐形成主题系列。

科学人文素养的乐园——即发掘学校科技工作、感恩教育、语文教育及乡村少年宫拓展型课程中的科学人文素养,以师生科学人文素养的渗透教育研究为先导,创建优秀科学人文素养班级、优秀科学人文素养组室、优秀科学人文素养家庭,在学校中营造出师生以讲科学人文素养为乐的良好氛围。

农村孩子幸福的家园——即努力促进教师科学人文素养的专业化成长,全面提升学生的综合素质,着力构建和谐、健康的绿色幸福校园,做到班子和谐、干群和谐、同事和谐、师生和谐、家校和谐,形成家的浓郁氛围,使学校成为学生善学、静思、实践、创新、自主、快乐、健康、成长的幸福家园。

在这个基础上,全面提高学校的教育质量,办成"理念先进、管理科学、队伍优化、质量保证、特色鲜明、家长满意、孩子喜欢"的一流农村小学。

二、项目实践的研究过程

（一）创建的过程

1. 荟萃学校的特色：在传承中寻找学校最近发展区

在我校"科技之路"长廊上,有我校第一任科技辅导员滕锡高老师的浮雕。很多人诧异我校为一位已经去世的普通老师立浮雕,这因为正是这位老师开启了我校的科技之路,是他作为领军成就了我校的科技特色,历经几任校长几任科技辅导员衍续至今整整30年。科技教育已成为我校传承中最为精粹的特色。特别是受滕老师终其一生无私奉献农村学校科技教育的精神感染,又逐步形成了学校的感恩教育、语文教学特色、乡村少年宫等特色项目。

创建区新优质学校之初,在一次次深入学习中,我们了解了新优质学校的核心思想。其实,新优质不是戴帽挂牌争排名,不需要我们另辟蹊径,另起

起学习，一同探索，学生、教师与学校共同前进成长。我们将把学校的优质发展作为我们持之以恒的追求，边走边思考，边走边调整，努力把学校建设成为"环境整洁优美的花园、科学人文素养的乐园、农村孩子幸福的家园"，争创一流的农村小学。

三、"野百合也有春天"——教育特色的并蒂绽放

（一）人的全面发展与五育并举

加快教育现代化进程，构建"五育融合"的全面育人体系，促进学生全面而有个性的发展，办好人民满意的一流教育，是教育发展的新要求。我们的教育正全面进入质量提高阶段，人民群众不仅要求"有学上"，而且要"上好学"，在这样的背景下，用以人为本理论观照当代中国教育显得尤为紧迫和必要，它将推动我们进一步明确使中国教育真正步入促进每个人自由全面发展的轨道的关键要素和方法路径。在以人为本理论和教育的结合中，我们认为"五育并举"是实现这个目标的重要方式。

确立"培养自由全面发展的人"的理念，是现代教育区别于以往教育的基本特征。教育是成就人的事业，教育的直接目的是满足人自身生存和发展的需要，促进人的全面、自由的发展是教育的最高目的。国际21世纪教委会向联合国教科文组织提交的《学习——内在的财富》报告指出："教育应当促进每个人的全面发展，即身心、智力、敏感性、审美意识、个人责任感、精神价值等方面的发展。""教育新概念应该使每一个人都能发现、发挥和加强自己的创造潜力，也应有助于挖掘出隐藏在我们每个人身上的财富。"这是全面发展与自由发展对教育提出的任务，我们可以更加明确地领会到，"全面发展"表明人的社会关系、个人能力和个性发展等方面的全面性。作为一个完整和完善的人，应该是体力与智力的统一、生存和发展的统一、劳动和享受的统一，应当是其身心、能力和个性的全面而丰富的发展，这主要侧重于人的外在表述。而"自由发展"强调的是以个人兴趣爱好为基础的个人发展的独特性，是侧重于人的内在的差异性。教育的最终归宿就是要使得这两者有机结合、

内在统一。我们必须始终以此作为教育目标,并不断丰富发展,全面加强和改进德育、智育、体育、美育、劳育,促进全面发展和个性发展的统一,促进学生的全面发展和健康成长。

我们实施"五育并举",强调学校教育为学生内在潜能的发挥和发展创设条件,尊重学生的多样性和异质性,把教育主体的内在接受机制与外部环境协调起来,从而使每个学生都达到自己潜能发挥的最高水平。为了每一个学生的终身发展,我们的教育要着眼于每一个学生长远发展的需要,使所有学生个性特长得到发展,个体潜能得到激发,创新意识、创新精神和实践能力显著增强,终身学习意识和能力显著增强,为学生的终身发展奠定良好的基础。

我们的德育要让学生学会做真善美的人,有健康的人生观、价值观、道德品质、思想方法。我们的德育要让学生具有高尚情操和文明素养。

我们的智育要让学生学会学习、学会创新、学会实践。我们不能把"智育"作为教育的唯一选项,把"成绩"和"分数"作为智育的唯一选项。

我们的体育,要让学生学会增强体魄,拥有健康的身心,具有应对生活需要的体质。如果把"体育"与"智育"对立起来,为"分数"不惜牺牲孩子的"健康",是让学生赢在终点还是赢在眼前?看重考试分数,却忽略了学生身体健康的重要性,就是对体育存在错误理解。

我们的美育要让学生有健康的审美观、践行美、创造美的能力。学校美育以美济心,通过心灵的成长,让学生获得更加丰盈的人生。我们要端正美育的地位,要解除对美育忽略与"不屑",对美育无知与虚化。不能把美育理解为"艺术教育",也不能把美育等同于德育,装进德育的"筐"中。

我们的劳育要让学生具有正确的劳动观念和劳动技能。以劳树德,以劳育美,劳动可以培养孩子对美好生活的认知和向往。我们的教育一定要纠正劳动光荣的传统被颠覆、被摈弃的现象,增强以劳养德、以劳增智、以劳强体、以劳育美。让学生认识到劳动最光荣,剥削最可耻;尊重劳动人民,憎恨剥削者及其帮凶。

我们学校坚持与实施五育并举、五育融合,把德育、智育、体育、美育与劳育融合在学生的成长之中,融合在学校办学的过程之中,融合在学生的全部生活之中。具体而言,五育融合于学生的道德生活、学习生活、劳动生活、体育生活、艺术生活之中,融合于学生的学校生活、家庭生活与社会生活之中。

野百合也有春天

罗店中心校地处上海市"一城九镇"之一的古镇"金罗店"，在上海市的最北端，与江苏省太仓市相邻。就是这样一所普普通通的农村老校，近几年却光芒四射，不断激活着新生命、焕发出新活力，获得了全国特色学校、全国乡村学校少年宫、全国优秀科学教育实验基地、全国科技发明示范基地、全国科技教育校本培训重点学校、全国青少年棒球发展计划定点培训学校等荣誉，令人忍不住在心里一连画上几个惊叹号！

三十年科技之路步伐坚定

学校于20世纪80年代中期起步实施科技教育，30年来，在几任科技辅导员的努力下，运用多种形式和方法，组织学生开展丰富多彩的科技教育活动，形成了创造发明、头脑OM和车辆模型三个品牌项目。学校始终坚持以陶行知先生所言"人人是创造之人，天天是创造之时"为活动宗旨，提出了"创造发明，并非只是爱迪生的故事"的活动口号，又以"生活教育"为理论基础，提出了"生活即发明"的朴素创造观，积极帮助和指导学生从生活中发现问题，通过小课题研究找到解决问题的方法。学校鼓励孩子动手动脑、发明创造，至今为止已拥有120多项发明专利。学校充分开发校内外资源，建设校本科技教育体系，创编了《创造发明与知识产权》校本课程，将其融入学校文化之中，使学校的科学教育不断延伸，积极为学生创设创新品质和人文素养形成的环境，推动了学校科技教育健康有力地发展。学校每年举办科技节，建立了车辆模型、创造发明、头脑OM、科技创意画、信息科技、生物环境、花卉等十几个科技小社团，现为宝山区车辆模型、创造发明、工程技术创新教育联合体单位。学校每年组织学生参加全国、市头脑奥林匹克及创新大赛，硕果累累，获得了喜人的成绩。

乡村学校少年宫实现梦想

作为一所农村老校，和城区学校相比，家长对教育的重视程度普遍不够、学生课外生活方式比较单一、校外活动场所无法满足需要、精神文化生活贫乏等问题在一定程度上制约着孩子们的成长，也制约着学校的发展。学校班子成员一次次商量，一次次讨论，终于找到了一条突破瓶颈之路——创办乡村学校少年宫，让孩子们实现"快乐双休"的美好梦想。然而，这可不是件容易的事，一切从无到有，各种艰辛和困难回想起来仍旧历历在目。没有老师，校长亲自登门拜访，一个个去邀请，走到哪里，只要看到"高人"，就琢磨着请来给孩子们上课。没有场地，校领导到处联系，一个个去落实；

没有课程，老师们挑灯夜战，一门门去设计。艰辛的付出换来了700多名学生免费参与其中的"蒲公英"乡村学校少年宫，换来了每个双休日孩子们快乐活动的身影和自信满满的眼神，换来了目前的19个活动项目、23个活动小组，换来了全国乡村学校少年宫的称号，换来了家长的认可、孩子的喜爱、教师的投入。

如今，每个周末的早晨，罗店中心校门口总是热闹非凡，簇拥着不少家长与好奇的居民，还有开心的小朋友。他们卸下了作业的包袱，从学业的压力中解放了出来；他们一身轻松，放下了沉甸甸的书包，拿着自己的"玩具"满怀喜悦地来到"蒲公英"——一个他们向往的地方。这里，有这批"农村娃"之前看都没看到过，然而如今已能熟练演奏的铜管乐队；这里，使这批"农村娃"走上绿茵场，和一些国际学校的孩子一同参与上海市棒球联赛；这里，让这批"农村娃"传承着家乡的文化，唱起了沪剧、扎起了彩灯；这里，令这批"农村娃"走进了上海市军体俱乐部，在青少年车模竞技中过关斩将；这里，老师们在倾注汗水、艰辛付出的同时也品尝到了成就孩子们梦想的快乐。

感恩文化认同润泽校园

在这所学校中，每当教师生日都会收到校长亲笔写下感谢与祝福的卡片，洋洋洒洒；每当教师为学校做出贡献、付出努力时都会收到学校、学生献上的感恩卡，量身定制；每逢寒暑假，班子成员一定会走访慰问教师，夏天给老师们送"清凉"，冬天给老师们送"温暖"……感恩是一种生活的艺术，也是一种不变的情怀。在这样一所被感恩文化润泽的校园里，孩子们同样践行着感恩情怀。他们在每年的八大感恩主题月中识恩、知恩；他们在每月一天的感恩统一行动日中报恩、施恩；他们在每年12月的感恩节中体会感恩带来的幸福和收获；他们在校级、班级感恩实践点中用自己的微薄之力服务他人、服务社会；他们在感恩校本课程中知道了"学会感恩才能体会幸福"，这样的一种理念在这样一所学校已成为全体师生一致认同的主流文化，已成为全校师生的价值认同。

新优质学校创建雄心勃勃

罗店中心校虽已在2007年就被评上了宝山区素质教育示范校，但最近仍然在雄心勃勃地创建新优质学校。用金志刚校长的话来说：新优质学校的创建能促使他们这样一所农村老校不断优化办学理念、不断调整办学行为、不断提升办学水平。学校以"成就每一个农村孩子的幸福未来"作为创建理念，力求为他们的未来能够获得幸福人生奠基，成就他们的梦想。学校聚焦课程建设,在对学校历史的回顾、对办学现状的分析和对学校现有特色资源整合的基础上确立了以"科学人文素养课程"为抓手和切入点的学校核心课程。

在新优质创建路上,罗店中心校一直在思考:如何更好地设计课程,使之能真正回归儿童性,帮助学校去识别每一个不一样的孩子?这样一门课程如何用孩子喜欢的方式来进行?基于这两点思考,校方在规划的制定和修改过程中,一次次听取全体教师、家长和孩子的想法和意见,统一了思想,达成了共同愿景。将把科学人文素养的核心课程建设落实于孩子们喜欢的载体——"罗小快乐城堡",通过课程的设计、实施,办出真正的、老百姓家门口的好学校!新优质学校的推进工作正在如火如荼地开展,相信这样一所有理念、有行动、有创造、有凝聚力的学校必将在素质教育的道路上走得更坚实、更有力!

这样一所农村学校的背后,凝聚着管理者办好教育的坚定信念,凝聚着全体教师的执着追求,凝聚着校长的教育梦想。他们始终相信:只要心怀梦想、努力前行,即使是野百合,也一定会在春天绽放出美丽的花朵!

(二)"让学生在艺术的天空中翱翔"

"播种艺术兴趣,成就孩子艺术梦想,让学生在艺术的天空中翱翔。"这是我校秉持的学校艺术教育的行动理念。

学校在"播下兴趣的种子,奠基孩子的未来——让每一个学生健康快乐地成长"的办学理念指引下,依托快乐半日活动、科学人文素养核心课程、蒲公英乡村学校少年宫为载体,为学校艺术教育的蓬勃开展提供了广阔的发展空间。

目前,学校被评为全国乡村学校少年宫、宝山区艺术特色项目学校、宝山区文明单位、宝山区素质教育示范校,等等。由教育局推荐,《文汇报》《宝山报》、宝山电视台、宝山教育微信和上海电视台新闻综合频道、艺术人文频道等媒体相继报道了我校的艺术教育成果。

1. 重管理,为艺术教育建章立制

(1)健全机制,为艺术教育保驾护航

艺术教育是实施素质教育的重要组成部分,是校园文化建设的重要抓手,对于促进学生全面发展具有不可替代的作用。因此,学校成立了由校长担任组长的艺术教育领导小组,统领全校艺术教育工作;副校长、副书记直接分管艺术教育、少年宫建设；学校艺术总辅导员负责校内外学生艺术活动的策划与开展；并将艺术教育纳入学校三年规划中，根据学校整体规划及实际开展情况每年都能做到有计划、有小结、有整改，确保学校艺术工作年年有提高。

教导处、德育室、少先队、总务处、科研室等部门定期研究艺术教育计划、组织检查、指导艺术教育工作，并确保硬件和软件的及时到位，保障艺术教育工作有序进行。领导小组成员定期进行艺术课检查和指导，提升艺术教育质量。

（2）完善制度，为艺术教育提供保障

《罗店中心校艺术教育管理制度》《罗店中心校兴趣小组管理制度》《罗店中心校少年宫管理制度》《罗店中心校奖励条例》《泥趣坊管理制度》以及各个专用教室管理制度，等等，每项均具有很强的操作性，得到了很好的贯彻落实，保障了艺术活动的顺利开展。

2. 重提高，确保艺术教育课程化

（1）保证艺术课程落实

有效、规范的艺术课堂是实施艺术教育的主阵地，是提高学生艺术修养最主要的途径。学校严格按照上级下发的课程计划，把艺术教育落实到课表上，保证艺术教育课程的开足开齐。坚决杜绝了其他科目挤占、挪用艺术课程课时的现象。强调"基于课标的课堂教学有效性"的落实，以培养学生兴趣为抓手，积极探索艺术课堂教学的有效性，使学生在轻松、愉悦的氛围中享受美的熏陶。每年的校园艺术节、罗小达人秀、罗小好声音、罗小好图画等艺术专场中，无不彰显出艺术教育的勃勃生机。

除了抓好常规课程外，学校积极开发具有特色的校本课程，优化课程设置。我校组织全体教师开发以培育学生"科学人文素养"为主的校本核心课程，内容覆盖艺术教育，如管乐、民乐、戏剧、篆刻、古诗词鉴赏，等等，让校本课程成为艺术教育的重要阵地。

（2）提升艺术教师素养

学校现有艺术教师7人，6人具有本科学历。他们爱岗敬业，有团队合作精神；教学态度认真，能较好地完成艺术教育工作任务。教师具有先进的教育理念，有较强的课堂教学能力和组织、辅导艺术活动的能力。能够认真参加市、区和学校组织的各种形式的业务培训。通过培训，艺术教师的素养得到了进一步的提升。近年来，多位艺术教师在比赛中屡获佳绩。

3. 重活动,为艺术教育搭建平台

（1）艺术活动常规化

我校的艺术教育突出育人宗旨,面向全体学生,以"播种兴趣、遇见未来、奠基幸福"为理念,有计划地开展健康向上、符合青少年身心特点的艺术活动,结合重大节日庆典活动,对学生进行爱国主义和集体主义教育。并积极开展集体性的艺术活动,从编导、排练到展示,学生均全员参与。周六学校少年宫的师资能够积极依托校外教育资源,建设课外艺术活动组织,积极开展活动,基本上能满足学生课外艺术活动的需要。

学校根据自身条件,结合重大节日庆典开展艺术教育;一年一度的艺术节,所有学生都参与,尽展学生才华。还有如:校园达人秀、罗小好声音、罗小好图画、罗小好创造、罗小好书法、罗小天天演等,丰富多彩的艺术活动为孩子们提供了成长和表演的舞台,不仅活跃了校园文化生活,更推动了学校艺术教育的发展。

（2）社团活动多样化

为了不断提升学生的艺术素养,除了常规课程教育外,学校各类社团活动是我校艺术特色教育的具体体现,参加社团活动人数比例占全校总人数的80%左右,学校开设的社团有舞蹈、合唱、书法、山水画、创作画、工艺制作、花卉、软陶、编织、陶艺、瓷盘画、折纸、铜管乐、沪剧、二胡、儿童画、葫芦丝、彩灯制作、韵律操、艺术语言等,活动形式为走班制及双休日少年宫授课制。社团活动的开展丰富了学生的课余文化生活,培养学生的兴趣爱好和特长,提高学生的综合素质,也符合学校的办学理念"播种兴趣、遇见未来、奠基幸福"。

（3）特色项目优质化

近年来,学校不断激活着新生命、焕发出新活力,目前正以积极的进取精神和有力的具体措施推进学校艺术特色项目的新发展。作为全国乡村学校少年宫,今年我们开设了33个活动项目,九百多名学生免费参与其中,由于学校少年宫活动的开展,我校很多项目在区内都有了一定的影响。沪剧、陶艺和铜管乐逐步向专业化发展,如沪剧聘请了宝山沪剧团专业演员到校授课,并积极组织学生参加市、区各项艺术展演和比赛,取得了市戏剧节戏曲小戏二等奖,市"我是非遗小传人"银奖,今年更是首次荣登十七届中国上海国际艺术节舞台;铜管乐社团依托罗店中学的优质师资,每周两练,社团中的优秀学生和罗店中学社团的学生多次参加各类艺术展演活动;对于学校近两年新开设的陶艺社团,学校予以了各项确保,除了对教师送出去进行专业培训之

外,在硬件上学校购买两台电窑,一台用于陶艺烧制,一台用于瓷盘画烧制,使这项活动逐步走向专业化和正规化。

4. 重投入,支撑艺术教育不断发展

（1）建立考核表彰机制

为了提高艺术教师的工作积极性,学校将艺术教育工作纳入学校整体考核之中,每年教师的艺术教育实绩列入教师年度评优、业务考核和职称评聘依据,学校在年末的庆典活动中给予表彰。对于在艺术教学中突出的学生,学校除了给予物质奖励之外,还引入了"积点评价机制",通过积点兑换相应的荣誉或待遇。

（2）不断完善教育设施

搬入新校舍以来,学校朝着"把校园建成环境整洁优美的花园、科学人文素养的乐园、农村孩子幸福的家园"的目标努力。逐步完成了走廊文化、班级文化建设、综合楼布置、罗小梦工厂,并在乐器的购买、演出服装的购买以及各类艺术教育所需的设备耗材等投入了大量经费。校园独特的艺术气息,让孩子们沉浸在学校浓厚的艺术教育氛围中,尽展才华、尽情发挥,放飞自己的梦想。

（3）科研引领不断创新

随着学校艺术特色教育的发展,我们认识到要追求艺术特色深层次的发展,就一定要重视艺术教育的理论研究和教学课程研究,艺术教育科研对促进和提高学校艺术教育水平有着极其重要的作用。近几年,我们深入艺术教育科研的探索和研究,力求在理论的引领下提升艺术教育水平、打造艺术教育特色。音乐案例《让情景创设取材于生活》一文获得区域的等第奖、《关于农村小学小丑文化的美术创作的教学与实践研究》和《关于农村小学"桔韵"美术创作的教学与实践研究》获得了立项。

5. 累累硕果成就艺术梦想

一分耕耘,一分收获。近年来,我校艺术教育结出了累累硕果。在各级各类比赛中取得了较好的成绩:

三次代表宝山区参加上海市学生艺术节比赛,多人次在市、区艺术单项比赛中荣获等第奖。今年,沪剧社团参加了区学校少年宫优秀节目展示、区"我心中的核心价值观"主题宣讲活动展示、区民族文化进校园展示、区少代会展演,区青春艺华演出,并荣登了十七届中国上海国际艺术节的舞台。我校陶艺社团吸引了区美术学科和少年宫陶艺社团的老师,两次到校开展活

动。金志刚校长被推选为上海市学校少年宫联盟副理事长,学校成为副理事长单位。同时,学校少年宫荣获2015年上海市优秀校外教育基地。

艺术教育是一项长期而艰巨的系统工程,今后,我们将在新的教育理念指导下,深化艺术教育改革,优化育人环境。把加强艺术教育,作为培养学生创新精神和实践能力的系统工程来抓,以此推进我校艺术教育向纵深发展。展望未来,我们信心百倍,我们将不断努力和进取,开创"罗小"艺术新天地。

关于学校的艺术优势项目的发展,我们学校主要的经验有四个方面:一是抓好课程教学中的艺术课程,开设好音乐、美术等国家课程、校本课程,并以丰富的学科课程、活动课程等课程形式类型建构起了艺术教育体系,形成学校稳定的广泛的艺术教育。二是抓好艺术教育的短板,促进学校艺术教育发展。针对艺术活动形态上的项目不足,尽可能创设条件丰富艺术活动类型,创设多种学生喜闻乐见的艺术活动组织形式,例如"罗小达人秀""罗小好声音""罗小好图画""罗小天天演"等,让广大学生有更多机会参与适合自己的艺术活动。三是抓好非物质文化进学校,使历史文化教育与艺术教育融合,丰富学生的故乡情。我们创设了"罗店彩灯"非物质文化遗产传承课程与建立社团,让学生透过"罗店彩灯"了解故乡的历史文化,激发学生对乡土的热爱,增强对故乡的认知。四是抓好民族艺术文化传承,打造沪剧教育品牌,弘扬传统文化。沪剧艺术的种子已在"罗小"开花结果,更成为了学校在传承民族艺术,弘扬优秀传统文化的一大特色,学校被授予宝山区沪剧传承基地的称号。

我们在打造艺术教育优势过程中,将现代艺术活动与历史文化活动相整合,将国际艺术活动形式与民族艺术活动形式相整合,将学校课程学习与民间艺术学习相整合,将群众性艺术活动与艺术特长培养相整合,播种艺术兴趣,成就孩子艺术梦想,让学生在艺术的天空中翱翔。

补短板促发展

今天站在这里——宝山区学校艺术教育工作会议的舞台上发言,其实我的内心是有些惶恐的,因为就艺术工作而言,我们学校不是传统的特色学校,在这方面是没有什么深厚底蕴的。2009年,我接任校长时,与学校坚持了三十年的科技特色教育,成绩斐然的德育感恩教育等工作相比,艺术教育是我校办学中的一块短板。在此,我想与各位分享的是我校在补齐艺术教育这块工作短板过程中的所思所想与所为。

面对短板的思考

任校长的第一年，我与班子成员在对学校发展背景、办学优势、制约因素进行细致分析后，确立了学校的办学理念：播下兴趣的种子，奠基孩子的未来——让每一个学生健康快乐地成长。我们所说的兴趣的种子是全方位的，结合我校的实际是指学习兴趣的种子、科技兴趣的种子、艺术兴趣的种子、运动兴趣的种子以及感恩意识的种子。分析学校工作中的方方面面，我们强烈地意识到：我校艺术教育亟待加强，它对提高学生审美修养、丰富精神世界、培养创新意识、塑造健康人格、促进全面发展具有不可替代的作用，也是实现我校办学理念不可或缺的关键要素。

克服短板的行动

统一了思想后，我们即展开了行动：健机制、抓队伍、建课程、重培训、搭平台，不断提升学校艺术教育的管理效能。学校建立健全各项管理机制，将艺术教育纳入学校三年规划及每学期工作中，先后制定了十多项艺术教育工作制度，保障艺术活动的顺利开展。学校充分调动专职艺术教师的工作积极性，将每位教师的艺术教育实绩列入教师年度评优、业务考核和职称评聘相关工作中，并积极挖掘校内外教师、家长、志愿者的艺术特长，为学校艺术教育服务。学校在保证艺术教育课程开足开齐的基础上，积极开发具有特色的校本课程，优化课程设置，满足学生的艺术需求。学校积极选送专职、兼职艺术教师参加各种形式的业务培训，使艺术教师的素养得到了进一步的提升。学校积极探索校园艺术环境建设，行政楼墙面上有教师的个人书画作品展和定期更换的学生作品展，一楼大厅放置了钢琴，供有兴趣的师生使用，陶冶他们的艺术情操。学校为孩子们提供各种展示平台，在学校的艺术节、童话节、英语节、数学节、体育节、科技节、感恩节、罗小达人秀、罗小好声音、罗小好图画、罗小天天演、六一学校少年宫社团展演等舞台上让孩子们尽情展示。丰富多彩的艺术活动为孩子们提供了成长和表演的舞台，不仅活跃了校园文化生活，更推动了学校艺术教育的发展。

解决短板的契机

回顾这几年学校艺术教育的快速发展，我们深切地感受到创办学校少年宫和开展新优质学校创建是有力的助推器。我校是宝山区第一家创办学校少年宫的单位，也是宝山区第一所全国学校少年宫，目前，还是上海市学校少年宫联盟副理事长单位。学校少年宫要发展，要不断满足学校一千多名学生的需要,就迫使各类艺术类课程和社团不断成熟和完善。目前,我校少年宫共有34个社团,其中艺术类社团有23个,其中在区内较有影响力的是沪剧、铜管乐、陶艺、山水画等项目,都是近几年在学校少年宫的建设中逐渐发展起来的,已经成为我校艺术教育中的特色项目。同时,我校在争创新优质学校的过程中积极开发科学人文素养核心课程,整个课程体系中涵盖了科学与社会、艺术与人文、健康与运动和"+课程"四个板块,使艺术教育在基础型课程之余得到了延伸,每天的家长微课进校园和每周的教师微讲座也进一步提升了师生的艺术修养。

抓补短板的成效

有付出就有收获,短短几年的努力,我校的艺术教育也结出了硕果。我们从几乎一片空白起步,发展到能在区级比赛中获奖,再到有项目能代表宝山区参加市级比赛获奖;我们从在校内为孩子们搭建活动的舞台开始,到能多次在区的大型活动(如"青春艺华")中参演并获得好评,再到能在市级活动中亮相,登上南京路上海国际艺术节展演的舞台。

2010年获宝山区中小学生艺术节比赛诗歌朗诵一等奖

2010年获上海市青少年戏剧系列活动诗歌朗诵比赛三等奖

2011年创办"蒲公英"乡村学校少年宫

2011年被评为宝山区文体工作先进单位

2012年获宝山区学生艺术节朗诵比赛一等奖

2012年被评为全国乡村学校少年宫

2013年被评为区艺术特色项目学校

2013年获宝山区中小学艺术教育系列活动进步奖

2014年沪剧社团参加上海市学生戏剧节荣获二等奖

2014年沪剧社团参加上海市"我是非遗小传人"比赛荣获银奖

2014年沪剧社团参加上海市中华优秀传统文化游园活动

2014年学校被评为区沪剧传承基地

2015年沪剧社团参加上海市国际艺术节展演活动

2015年沪剧社团参加宝山区优秀传统文化展演

2015年沪剧社团参加宝山区"核心价值观"节目展演

2015年沪剧社团参加宝山区第九届少代会节目演出

2015年沪剧社团参加宝山区青春艺华节目演出

2015年获宝山区学校艺术教育系列活动优秀组织奖

2015年接待苏格兰爱尔兰踢踏舞学院代表团

2016年沪剧社团、武术社团参加宝山区青春艺华节目演出

2016年陶艺社团、剪纸社团、书法社团参加区青春艺华展示

2016年接待区美术学科和少年宫陶艺社团老师到校开展活动

2016年被评为宝山区艺术特色学校

2016年沪剧社团被评为区特色社团

这一切都让我们看到了成功和希望。我们重普及,重教学,面向全体学生,关注育人要求,重视审美能力和艺术素质的培养,让全校一千多名孩子都能在艺术教育中获益,得到身心各方面的和谐全面发展。

学校的管理是一个不断发展优势和不断抓补短板的过程,我校艺术教育的提升和发展也是在这样一个抓补短板的过程中不断向前迈进的。今天的荣誉和肯定是又一次强有力的助推,我们将不断向传统特色学校请教取经,使我校的艺术教育再向纵深发展,让罗小的孩子在艺术的天空中快乐自由翱翔!

彩灯亮罗店　非遗进校园

在古镇金罗店,有一盏美丽的灯传承了数百年,点亮了一代又一代罗店人的记忆,这就是首批上海市非遗项目"罗店彩灯"。

清代《宝山县志》和《罗溪镇志》记载:明,王纶,居罗店,尝以纸凿灯为人物花鸟诸形,工细独绝。这段文字充分表明了罗店彩灯的悠久历史,数百年历经沧桑,生生不息。

我是罗店人,端午划龙船、元宵挂彩灯等民间活动深深印在我儿时的记忆中。遗憾的是随着时光的流逝,这些民俗文化特色项目渐渐湮灭在了历史洪流中。我们的下一代几乎没有人知道金罗店昔日的繁华,没有人了解罗店特有的本土文化。我作为一个罗店人,很想为罗店的文化传承做点什么。

2012年我校创办了宝山区首家学校少年宫,在开设课程时,我想到了彩灯,因为我相信彩灯的美丽肯定会吸引孩子们。

基于这样的想法,我找到了罗店彩灯传承人朱玲宝老师傅,邀请他到学校教孩子这项工艺。"我想让罗小的学生知道罗店彩灯,了解这项民间艺术,使这颗被人遗忘的明珠重新发出光彩。"当我表明自己的设想,朱师傅就一口答应了。他激动地说:"我很高兴能把罗店传统文化带进学校,还希望在学生

中能找到传承人。"我感动于朱师傅这位民间艺人对传统文化的坚持和对教育事业的支持。从2012年至今，整整五年，朱师傅每周六上午来我校给彩灯社团的孩子们上课，教孩子们制作彩灯，给孩子们讲罗店的历史和文化。

来过我们罗小的老师可能都知道，我们学校有一门校本核心课程，名为"启梦"，其中既有学校的特色项目介绍，也有罗店的历史文化介绍，罗店彩灯也位列其中。彩灯社团这些孩子就是通过"启梦"课程，初步了解了彩灯的历史文化，对其产生了浓厚的兴趣，想进一步了解彩灯，接触彩灯，才报名参加社团的。

现在每到重大节日或活动时，我们会把学生的彩灯作品挂出来布置校园。漫步于学校的长廊中，看着一盏盏造型各异、颜色亮丽的彩灯悬于梁上，随着微风轻轻飘荡，我觉得当初的想法是正确的，当初的坚持是值得的。

学校将继续为学生提供一个更加完善的彩灯学习环境，规划硬件设施，如果有经费的支持，我们想成立彩灯创意工坊。我们还将结合元宵节等传统节日开展彩灯活动，展现非遗文化元素，让更多的学生、家长、社会人士了解罗店的这项优秀传统文化。

传统文化是肯定要传承的，而传承的东西之所以传承必定有其内在价值，我作为教育工作者，在领域内有独到的优势，推广传统文化是我们义不容辞的责任。

罗店彩灯作为非物质文化遗产，相信它终有一天会重新焕发出光彩，会重新点亮那些罗店的传统记忆。

传承民族艺术弘扬传统文化打造沪剧教育品牌
——记罗店中心校"蒲公英"沪剧社

上海市宝山区罗店中心校是一所有着悠久建校历史的老校，在岁月的洗礼中积淀了丰厚的文化底蕴。2013年被命名为宝山区艺术教育特色项目（蒲公英少年宫）学校。"沪剧"是少年宫众多社团中重点打造的艺术项目之一，以"播下兴趣的种子，奠基孩子的未来"为社团理念。

一、传承发展

沪剧兴起于上海，是上海的地方戏曲，沪剧表演艺术家丁婉娥女士就是罗店人。作为罗店的后代，罗店中心校的孩子也对家乡戏曲充满了好奇与向往。为了让孩子们更好地接受上海特有传统剧目的熏陶，金志刚校长四处打听宝山沪剧团团长华雯的联系方式,几通电话,自报家门后,还亲自登门拜访。在华雯老师的大力支持下,2013年终于成立了沪剧社团,由宝山沪剧团的2名国家级演员担任教学辅导,每个星期六到校带领孩子们了解沪剧、学唱沪剧,得到了家长的广泛欢迎。

自沪剧社团成立以来,孩子们在圆梦的路上不断提高,优美的曲调不仅回响在校园,更响彻于市、区艺术节的竞赛现场,为区、校争得了不少荣誉。上海电视台综艺频道、艺术人文频道等主流媒体均有广泛深入的报道。

二、建章立制

学校三年发展规划中对艺术教育工作提出了明确目标,对蒲公英少年宫活动也有明确要求。自沪剧社团成立以来,学校领导非常重视此项工作,为了促进沪剧社团的不断发展,学校配备专人负责主持社团的日常管理工作,由金志刚校长亲自负责(包括外聘专家),副校长朱金华专门分管此项工作,具体工作由学校艺术辅导员兼少年宫负责人张敏担任社团团长,传达并及时有效布置上级安排的工作,协调其他艺术教师组织活动、定期排练。机制的健全使得沪剧社团能够有序、有效地开展。

三、优化师资

学校长期与宝山沪剧团保持着密切的联系,除了2位国家级演员长期对社团进行辅导,学校另外还聘请区进修学院的退休艺术老师到校进行指导,3位专家对待社团工作兢兢业业,辅导学生一丝不苟。学校3位专业音乐教师,也承担着沪剧社团的排练与组织活动,耐心而有效地辅导学生。在专家老师的悉心指导下,在学校艺术教师的用心辅导下,孩子们在圆梦的路上不断前进着。学校也创设机会和舞台,每年组织、安排音乐教师参加各种培训活动,组织教师赴上海逸夫大舞台观看沪剧《挑山女人》等,努力提升教师的艺术修养。

四、特色成果

(一)日常活动

学校重视每周两次的沪剧社团活动,能够做到排练有专人负责,定时间、定场地,有计划排练一些集思想性、教育性、艺术性于一体的著名沪剧唱段。要学好沪剧,首先必须过语言关,孩子们平时在校说普通话、在家说罗店话。刚开始学唱时,孩子们的"上海罗店话"逗笑了两位沪剧老师,口型太大,咬字、发音带着浓重的家乡口音是孩子们学习沪剧最大的困难。俗话说"初生牛犊不怕虎",虽然孩子们平均年龄只有九岁,但学戏非常刻苦,经常一练就是几个小时。不管刮风下雨还是严寒酷暑,都坚持到校上课。短短三年排练了传统剧目《芦荡火种》选段《办喜事》《芦苇疗养院》,《红梅赞》选段《绣红旗》等,并通过每年的"六一"节向学生、家长、社会展示活动成果,孩子们在学习的过程中也爱上了沪剧这门上海的地方戏曲。

（二）梯队建设

学校还把沪剧这门艺术渗透入科学人文素养核心课程,每个星期一下午的一节拓展课上让学生了解沪剧的起源、欣赏沪剧片段等,更好地传承和发扬了优秀的民族文化,进一步丰富校园文化生活。在每年培养一批老队员的基础上,再挖掘一批对沪剧艺术感兴趣、有潜能的预备队员,为沪剧社团的蓬勃发展奠定基础。

（三）成果展示

"蒲公英"沪剧社团多次参加上级领导交办的各项演出任务,如2015年上海市国际艺术节展示、区核心价值观演出、区优秀民族文化展示、区少代会演出、青春艺华演出、宝山民间艺术节展示等。并获2014年上海市学生戏剧节戏曲(小戏)专场比赛二等奖,2014年上海市中小学弘扬优秀传统文化主题月系列活动"我是非遗小传人"比赛银奖,获得了良好的演出效果和社会反响。孩子们在活动中学习,在活动中锻炼,在活动中成长。沪剧社团里的小演员还参与了宝山区沪剧团《挑山女人》的演出,学校也被授予宝山区沪剧传承基地的称号。如今,沪剧艺术的种子已在罗小开花结果,更成为了学校在传承民族艺术、弘扬优秀传统文化上的一大特色。

我们坚信,在宝山区教育局、宝山区沪剧团的大力支持与帮助下,罗店中心校"蒲公英"沪剧社团的明天将更加灿烂!

（三）"生活即发明"——科技教育的传承与发展

2022年(第九届)上海国际青少年科技博览会暨"明日科技之星"国际邀请赛开幕仪式上,"十四五"首批上海科技教育特色示范学校获授牌,罗店中心校是宝山区唯一一所小学。这是一份荣誉,更是一种肯定。学校将始终以"播下兴趣的种子,奠基孩子的未来"作为办学理念,以"弘扬罗小校园文化,永攀科技创新高峰"指引着学校的科技教育不断发展。

秋去冬来,初寒料峭。2022年11月一天上午,为期一个月的罗店中心校第34届校园科技节"科技引领成长绿色放飞梦想"成功落下了帷幕。在这届科技节中,学校组织了丰富多彩的科技活动,学生们也投入了极大的热情,积极参与,让我们一起来回顾一下同学们的精彩表现吧!

活动之一："探寻身边低碳印迹"科幻画,同学们精心绘制,内容丰富。

活动之二:科创金点子"罗小十佳金点子",同学们的"金点子"打破常规,图文结合,有的实用新颖,有的具有科技含量,还有的与当下绿色理念高度契合。相信只要孩子们怀揣梦想,奋发向上,"金点子"总有孵化成真的一天。

活动之三:"罗小十佳好问题",学贵有疑,学生们在仔细观察,认真思考的基础上,提出心中的困惑,激发未来探索的兴趣。"智能之士,不学不成,不问不知。"

活动之四:"我与蚕"项目化学习活动,结合自然学科的课程内容,老师带领孩子们开展了连续的观察,围绕"我与蚕"的主题,开展了精彩纷呈的活动。既引导学生细致观察,了解相关知识,又鼓励学生在此基础上展开想象,用自己的无限创意,用自己的独特艺术,展现心中科学的火种。这项活动内容丰富,有着"十佳桑叶创意画"、"我与蚕"自然小报创作、"蚕茧创意设计"、"我与蚕"自然笔记与"蚕茧指套设计"等,不少学生获得优秀奖。

"初冬阳暖万物藏,岁月沉香悦时光"。科技节落下帷幕,但同学们的创造力、想象力不会停下脚步。希望大家在接下来的学习生活中,依旧带着这份对科学探索的热情,对大自然的热爱,对科技梦想的追求,让自己的科学梦想翱翔天空!

我们罗店中心校以科技为翼,梦想为马,让学生展现心中的科技梦、强国梦。我们学校的校训为:"崇尚科学、践行感恩。"学校从20世纪80年代中期起步实施科技教育,科技活动已融入学校的整体发展。这些年来,学校逐步形成了创造发明、车辆模型、头脑奥林匹克等多个品牌项目,同时带动了学校其他科技项目的不断提升,学生在各类市级、全国级乃至世界级比赛中大放异彩。在校园中,学校还精心设计建设了一条学校四十多年科技之路长廊,其中有学校第一任科技辅导员滕锡高老师的浮雕,它不仅是一段历史见证,也是学校科技辅导员间不断的传承,更是一种学校科技文化精神的象征。我们学校加强科技教育的载体,大力建设高质量的、学生喜欢的乡村学校少年宫,让学生们有机会参与各种科技活动,丰富他们的科技学习经历,实现他们心中科技学习的梦想。

学校先后获得全国教育科技教育示范校、全国优秀实验基地学校、全国科学教育特色学校、全国优秀科学教育实验基地、全国科技发明示范基地、全国科技教育校本培训重点学校、全国头脑奥林匹克特色学校、全国生态文明教育特色学校、上海市科技特色学校、上海科技创新培育基地、上海市知识产权教育示范学校、上海市绿色学校、宝山区科技特色学校等荣誉，2014年作为上海市唯一代表获得全国科技发明示范基地称号，2018年和2019年连续两年代表中国赛区赴美国参加世界头脑奥林匹克创新大赛，让农村的孩子们也有机会走出国门，参加世界级的科技类比赛。近年来，在项目化学习的引领下，学校在科技节中还开展了"小鸟不安家，我们该怎么办"等活动类项目化学习，使学校科技教育不断向纵深发展。

学校特色建设必须坚持数年才有成效，学校三十年科技教育之路步伐坚定。学校在20世纪80年代中期起步实施科技教育，三十年来，在几任科技辅导员的努力下，运用多种形式和方法，组织学生开展丰富多彩的科技教育活动，形成了创造发明、头脑OM和车辆模型三个品牌项目。学校始终坚持以陶行知先生所言"人人是创造之人，天天是创造之时"为活动宗旨，提出了"创造发明，并非只是爱迪生的故事"的活动口号，又以"生活教育"为理论基础，提出了"生活即发明"的朴素创造观，以此打破科技教育的壁垒，走向广大学生的生活，让学生体验到生活中处处有科技，科技学习时时可以寻找时机。学校积极帮助和指导学生从生活中发现问题，通过小课题研究找到解决问题的方法。鼓励孩子动手动脑、发明创造，至今为止已拥有120多项发明专利。学校充分开发校内外资源，建设校本科技教育体系，创编了《创造发明与知识产权》校本课程，将其融入学校文化之中，使学校的科学教育不断延伸，积极为学生创设创新品质和人文素养形成的环境，推动了学校科技教育健康有力地发展。学校每年举办科技节，建立了车辆模型、创造发明、头脑OM、科技创意画、信息科技、生物环境、花卉等十几个科技小社团，现为宝山区车辆模型、创造发明、工程技术创新教育联合体单位。学校组织学生参加全国、市头脑奥林匹克及创新大赛，硕果累累，获得了喜人的成绩。

科技教育，是学校坚持了三十几年的传统特色。学校坚持"1+4"特色创建，其中"1"指的是学校整体的科技特色，它是学校发展的支柱品牌。

传承与发展
——我与学校科技特色

2009年8月，我担任了罗店中心校校长。走上校长岗位，总是期待着有所作为。学校选择怎样的发展方向？是因循不前还是改革创新？是另起新灶还是传承发展？这在本质上就是学校价值的选择，也是摆在新校长面前的一个考验。我带领班子成员在对学校发展背景、办学优势、制约因素一一细致分析后，统一了思想，即"在传承积淀的基础上进行新的发展"。

众所周知，我校的整体特色是科技教育，自1986年开始开展科技教育以来，取得了较多成绩，是全国优秀科学教育实验基地、上海市科技特色学校、市科技创新培育基地。任校长后，我在坚持原有做法的基础上，引发了大家对"学校特色是什么"的思考，并提出全方位深入扎实开展科技教育。在全校上下共同的努力下，学校形成了创造发明、车辆模型、生物环保、头脑OM四个品牌项目，并与时俱进地提出了"三农"科技教育。不仅积极组织学生参加全国、市、区各级科技竞赛，而且在科技教育的普及性和实效性上下功夫，每年开展有主题的科普活动周、科技节和各种科普项目，全面培养学生的科学兴趣、探究意识和创新能力。学校以多层面的各类科技兴趣小组和各种科技社团为平台，提出了让每个孩子都会一项科技制作的行动目标。并通过科技家长委员会的成立、全体师生共同申请发明专利等形式，提升科技教育的参与度。几年中，学校先后加入了区创造发明联合体、车辆模型联合体、工程技术联合体、STEM教育联合体，通过联合体的相关活动使学校科技工作有了新的提高。学生能选择、能参与的科技活动项目大大增加，形成了全员参与、全面覆盖的局面，从学校科技特色进一步向学校科技文化发展。

2013年9月搬入新校园后，我带领师生致力于学校科技文化的建设，因为我觉得科技教育作为学校教育的一个重要组成部分，需要用文化的方式引领和发展。我们精心设计并建设了学校30年科技之路长廊，来过我们罗店中心校的老师都走过我们的这条科技长廊，看到过我们科技长廊地面上那绵延的一个个脚印，事实上，那里的每一个脚印都是一种传承，脚印与脚印之间每一次向前的跨越和落地都象征着一次发展。此外，在我们学校的"科技之路"长廊上，我提议并制作了我校第一任科技辅导员滕锡高老师的浮雕。之所以我有这样的想法，是因为浮雕上的这位老人开启了我校的科技之路，是他作为领军成就了我校的科技特色，历经几任校长几任科技辅导员衍续至今整整30年；还因为我想把滕老师的浮雕化为我校独有的教育资源，它不仅是一段历史见证，更是一种学校科技精神的象征。

在继承的基础上取得的新发展、新突破也使得学校在2011年被命名为上海市知识产权试点学校，2012年被教育部教师发展基金会评为全国特色学校，2014年被评为全国创造发明示范学校，2020年被评为全国生态文明教育特色学校，2021年被评为全国头脑奥林匹克特色学校。

（四）播下体育兴趣的种子

为了不让孩子再"累倒"在起跑线上，为了让每一个孩子能健康快乐地成长，我们更应该重视学校的体育，不断总结，走出一条有利于学生健康发展的创建学校体育优势新路。我们更深刻地认识到这既是对"以学生发展为本"的教育理念的遵循之行，也是对孩子认知和教育规律的探索之旅。

秉着"播下体育兴趣的种子，奠基孩子健康的未来"的体育工作理念，我们克服专职体育教师仅有3人，体育师资相对紧缺的困难，充分利用学校体育场地优势。学校迁入新校舍之后拥有了7 770平方米的运动场地，包括792平方米的室内体育馆。教学环境的改善和提升为学校体育工作的开展创造了更为有利的条件，使我校连续几年跻身于区体育工作优秀行列，并荣获了全国特色学校、全国创造发明示范基地、全国乡村学校少年宫、全国青少年棒球发展计划定点培训学校、宝山区足球联盟学校、宝山区武术联盟学校、宝山区车模联合体单位、宝山区文体工作先进单位、宝山区体育先进学校等殊荣。

为了打造学校办学的体育优势，我们在设计中归纳总结，运用了七项策略：

1. 遵循理念引领策略

我校的办学理念是"播下兴趣的种子，奠基孩子的未来——让每一个学生健康快乐地成长"。我们所说的"兴趣的种子"是全方位的，其中包括体育兴趣的种子。我们试图通过形式多样的体育活动、体育社团、体育俱乐部、体育运动队关注学生的个体差异，让不同兴趣、不同水平的孩子能根据自己的实际选择自己喜欢的体育项目，逐渐养成体育锻炼的习惯并掌握一到两项运动技能，开启终身运动之乐。就像我们办学理念中提到的那样，其实，不仅是体育，艺术、科技各类活动我们也始终遵循办学理念的引领，绝不仅仅停留于眼下，而更多关注的是孩子们将来的生活。我们认为，小学阶段的教育功能就是"奠基"，体育不仅仅是传统意义上的跑、跳、投，还包括棒球、足球、车模、武术、太极、跳绳等各种各样的项目，一旦孩子们有了兴趣，就自然而然会养成主动锻炼的习惯，从而对他们的终身健康有益。

2. 形成管理网络策略

为了规范有序地发展好学校的体育工作，我们成立了由"校长—分管校长—综合学科大组长—体育教研组长—体育教师"组成的五级管理网络，实行逐级管理。学校重视体育学科，去年把一名出色的体育教师由原来的体育教研组长提拔为学校中层干部,直接进入教导处分管综合学科。现在,我校教导处共有5人,1名教导主任、1名语文教导、1名数学教导、1名英语教导、1名综合学科教导,形成了百花齐放,各学科竞相争艳的局面。

3. 师资队伍保障策略

近几年,学校在逐年充实专职体育教师队伍,今年的师资招聘我们还准备引进1名有特长、有能力的专职教师,力求有更多的老师能带领学生接触并开展各种项目的训练。同时,学校致力于培养其他教师体育、艺术等各方面的才能。通过培训,校内一名后勤组的老师现带领着学校低年级的棒球社团;自然学科的一名男教师带领着车模竞技社团;另一名数学教师带领着学校的风筝社团。除此以外,学校还积极整合校外力量,聘请优质师资。如聘请了原申花队队员姚立军所创的捷西俱乐部的足球教练和学校体育老师共同带领足球男队、足球女队;聘请了国家棒球队的退役队员、原上海棒球队的黄队长和体育老师共同带领棒球队;聘请了有专长的家长志愿者带领学校风筝队的队员共同开展训练;聘请了体育学院武术专业的老师参与武术授课……优质的师资丰富了孩子们的体育活动项目,也让孩子们能更多接触到校内教师所不能给予他们的专业知识和技能。

4. 加强课程建设策略

体育课程是学校体育最基本,也最重要的群众性体育教育的渠道。我们在2014年暑假和2015年寒假,集全校教师之力共同建构了“科学人文素养”课程体系,其中,有球类课程8课时、棋类课程4课时,共计12课时。体育项目的普及面和参与面由原来的一部分学生扩大为每一个学生,使我校的体育工作又上了一个新的台阶。我们还积极探索积点评价,激发学生的参与热情。如坚持一学期积极参加运动队训练,不无故请假的队员可以得到20个积点;在某次比赛前坚持参加训练的队员可以得到10个积点;参与校级、区级、市级等体育比赛的队员也可以得到相应的积点,在比赛中获奖的还能在此基础上累计获得积点。我们棒球队、风筝队的孩子一直代表宝山区直接参与市级比赛,每次比赛后每个孩子都能得到很多积点,孩子们也非常开心。获得积点后,他们可以兑换相应的奖品,可以兑换参与活动的权利,可以兑换一定的待遇,也可以成就他人的梦想。

5. 引进特色项目策略

为了关注到更多孩子的兴趣,给孩子们更多选择的空间,在坚持抓好、抓强传统项目的同时,近几年,学校在宝山区教育局体卫艺科的支持和帮助下,先后引进了棒球、足球、风筝等多个特色项目。特色项目的开展让我们的体育老师尝到了甜头，人无我有的优势也使学校体育特色项目带动着其他项目朝着更高的目标迈进。

6. 拓展活动空间策略

为了让孩子们能有更多体育活动的时间和空间，从而实现真正意义上的发展和提升，学校充分利用每天早锻炼、每天放学后、周一快乐半日活动、周六学校少年宫等各种阵地开展活动。如每周六上午的学校少年宫，今年我们共开设了26个社团，涵盖了体育、艺术、科技、人文等多个领域。共有800多名学生免费参与其中，占学校总人数的85%。而其中，体育类社团共有10个，占社团总数的38%。与平时早晨、中午、放学后短暂的活动时间相比，双休日的活动时间更长、空间更大、让孩子们得到的训练也更加系统有序，深得家长的好评。此外，我们还通过阳光跳踢赛、趣味运动会、亲子游戏节、小小足球赛、体育节等活动丰富体育运动的形式。前天，我们刚刚举行了校园运动会，邀请了近300名家长共同观摩了入场仪式和体育比赛；4月份，在邀请全体家长共同参与的一、二年级多元化评价活动中，除了开展语数英学科多元化评价外，我们还要求家长和孩子共同完成双人跳、前滚翻等运动项目。在学校的引领下，家长在关注孩子学习的同时也更多地关注起了孩子的身心健康发展。

7. 体育社团建设策略

学校学生社团是培养学生兴趣爱好、发展个性、展现才华、繁荣校园文化的表现舞台。学校各个社团以其特有的内容、形式吸引学生，为学生创设了学习、实践、探究、表现创新的多种平台。学生社团活动充实了学生的生活，让学生充沛的精力得以健康释放。

我们针对小学生兴趣爱好较为广泛，好运动、喜竞争的特点，积极组织内容丰富，形式多样，儿童喜闻乐见的体育社团活动。在这些体育社团活动中，学生不仅增强了体育意识，学习体育技能或体育项目，也增强了体质，提高了合作、进取等良好的品质，促进了学生个性的健康发展，也丰富了校园体育文化。

下面简单介绍学校的一些体育社团。

（1）棒球社团

我校是宝山区唯一开展棒球运动的学校。作为一项新兴运动，棒球逐渐受到了家长的认同、学生的喜爱。在短短的几年中，我校棒球队已在上海市棒球大联盟比赛中取得了C组第一,A组第五的佳绩。2014年,我校棒球队代表宝山区参加四年一届的上海市十五届青少年运动会及市棒球联赛,均获前六名。在2015年上海市阳光体育联赛棒球比赛中取得了第四名的成绩。我们的孩子也和一些国际学校的孩子共同走上赛场,开展棒球竞技。为了更好地开展这项运动,我校结合阳光体育活动开展一系列棒球知识的普及和练习,利用每天早上的阳光体育活动开展棒球基础知识技能的教学,每天放学对参加棒球社团的学生进行系统训练,如今已形成了低年级、中高年级两支梯队。

(2)足球社团

我校男子足球社团成立至今虽不到两年,但通过外聘教练和本校体育老师的共同努力,在2014年首届宝山区JC杯足球比赛中力压群雄,获得了四、五年级组冠军。2015年又加入了宝山区足球联盟学校,将参加小西甲联赛。2015年受邀和香港英华小学在东方绿舟进行了U11足球友谊交流赛,得到了对方教练的高度评价。同年,学校又成立了女子足球社团,得到了家长们的大力支持。2015年的体育节中,学校举办了3—5年级足球比赛,每天比赛时,场边呐喊声、欢呼声不断,孩子们展现出对足球浓厚的兴趣。最终,我们评选出了最佳球队、最佳球员、最佳射手。通过比赛,孩子们的技术得到了提高,能力得到了发展、团队意识得到了培养。

(3)田径社团

田径一直是我校的传统项目,学校坚持落实每天一小时的体育锻炼时间,注重体育课、体活课的教学质量,并积极开展丰富多彩的文体活动,如:亲子运动会、足球比赛、春季运动会、冬季跳踢比赛、迎春长跑等活动。我们加强运动队的梯队建设,探索科学的训练方法,提升学生的综合能力和健康的心理素质。通过坚持不懈的努力,获得2013学年区阳光体育大联赛团体总分第四名、区阳光田径运动会团体总分第五名,2014学年区阳光田径运动会团体总分第二名、区阳光体育大联赛团体总分第六名。并连续两年(2013年、2014年)被评为宝山区体育工作先进单位。

(4)风筝社团

以学生兴趣能力培养为主要目的的风筝社团成立后,学生从最初的一无所知到如今不仅能合作完成制作风筝的整个过程,而且还能亲手让风筝在空中高高飘扬,这何尝不是一种发展、一种提升。每周我们组织学生进行3—4次放飞练习,以此来提高整个社团的放飞水平。在2014年,我校风筝社团代表宝山区参加了上海市首届龙文化全能赛风筝比赛,荣获小学组团体总分第二名。2015年又代表宝山区参加第二届上海市龙文化全能赛风筝比赛,并在2015年上海市民体育大联赛"海湾杯"风筝比赛中荣获一等奖。

（5）其他社团

广播操社团:在全体师生的共同配合下,我校的广播操连续几年通过区域初赛,进入区级决赛行列。从2012年的三等奖、2013年的二等奖直至2014年的一等奖,以区第三名的成绩直接进入2015年的区广播操决赛。这何尝不是一种积淀,一种提升,一种厚积薄发的力量!

车模社团:我校是宝山区车模联合体单位,曾获得区级、市级多个团体奖项。2014年获上海市车辆模型校园联赛小学组团体第五名,2014年获上海市车辆模型锦标赛小学组1/16越野车模项目银牌。

太极社团:拥有专业的师资,重视太极拳的普及教学。目前,我们正在普及太极运动,力争到2015年底每位师生都会打一套太极拳。

武术社团:外聘专业的武术教练来校指导,团队规模也越来越强大,多名学生在上海市武术比赛中获奖。

象棋社团:缺乏优质师资,正在摸索阶段,争取逐渐形成规模,使参与学生水平能得到稳步提升。

在全校师生的共同努力下,我校的体育工作正迈开大步走在前行的道路上。这里,能看到孩子们快乐的笑脸,家长们赞许的眼光;这里,能看到老师的辛勤汗水,能听到同伴的欢呼呐喊;这里,能看到孩子们幸福的童年,能遇见他们健康的未来。

从"3+2"到"4+2"转变的思考与实践

今天站在这里,我不是经验介绍,只是向大家汇报一下从"3+2"到"4+2"转变过程中我们的思考与做法,旨在相互交流,恳请批评指正。

一、听闻变动

今年7月下旬,在思考下个学期的课务安排时,学校负责综合学科的教导副主任传递了一个信息:下个学期的体育课有可能增加一节,从"3+2"变成"4+2"。又有行政人员说7月中旬时在有关媒体和网站上看到过上海市教育委员会关于印发《上海市小学体育兴趣化、初中体育多样化课程改革指导意见（试行）》的通知。而此时上海市的课程计划尚未出台（市课程计划最终于8月下旬才公布）,市教委、区教育局也没有下发官方的相关文件通知。在这样扑朔迷离的情况下,我发信息向基教科陈科长和体卫艺科的赵科长求证,两位科长给予了明确答复:我们这样的小学体育兴趣化试点学校肯定实施。

二、认识意义

一个不能否认的事实是,体育学科早已不再是传统意义上的小三门之一,而已经成为继语文、数学之后超越英语的大学科了。小学语文一至五年级每周36课时,数学每周21课时,英语每周18课时,而体育从每周3课时增加1节变为4课时之后(一般学校一至三年级增加1课时,试点学校一至五年级增加1课时),一般学校体育每周18课时(与英语相同),试点学校每周20课时(超过英语),如果把2节体育活动课也算上,则连数学都被超越。

从"3+2"到"4+2",这是上海市教委实施小学体育兴趣化课程改革的重要举措之一,其目的是聚焦学生体育核心素养的培养,着力发展学生的运动能力和体能,强化"天天锻炼""人人健康"的理念,提升学生运动兴趣及终身体育能力,形成终身锻炼习惯和健康生活方式,为学生身心全面发展奠定坚实基础。

三、面临困惑

从"3+2"到"4+2",貌似只是一个数字的变化,只是每周增加了1节体育课,但要真正落实,绝非易事,涉及的问题很多。

1. 师资问题

作为试点学校的我们,不仅仅是一至三年级实施,而是一至五年级全面实施,我校30个班级就是每周增加30节体育课,意味着要新增2名体育教师,师资的缺口怎么办?

2. 课程问题

原来的教材只是配套每周3课时的要求,新增加1节体育课后,这节课上什么内容?

3. 场地问题

每个班每周4节体育课加2节体活课,全校30个班每周共计180节课,平均每天36节体育课或体活课,场地怎么妥善解决?

4. 器材问题

新增的1课时在实施课堂教学时,原有的体育器材是否能满足?

这样那样的一系列问题,困扰着我们。

四、商量解决

面临上述困惑,为了确保此项工作的顺利开展,8月初,学校首先成立以校长为组长的体育课改领导小组，具体成员有：分管副校长、教导主任、总务主任、负责综合学科的教导副主任、体育教研组长等。领导小组专门组织了两次研讨会，就新学期增加一节体育课后我们怎么应对落实进行研讨，大家集思广益，畅所欲言，献计献策。经过充分讨论，最终达成共识：

1. 解决师资

面对2个体育老师的缺口，当时我们讨论的时候有两个方案，一是不增加体育老师，通过购买服务的方式由社会团体的专业教练进课堂授课，如上足球课等；二是学校想办法落实师资，由学校的体育老师来完成新增1课时的教学任务。最终出于对上课更规范要求的考虑，我们选择了第二种方案，我们先是找了1名上海体院毕业的青年教师来代课，解决了1名体育教师的缺口，另外1名缺口，则由学校内部解决，分成两个0.5，其中一半课程由原外借镇政府的老师回校担任，另一半由一名原先兼职的体育教师转为专职体育教师担任，从而解决了师资缺口问题。

2. 落实内容

《上海市小学体育兴趣化课程改革指导意见》中写道：试点学校在推进过程中要统筹安排，要积极推进小班化教学，实施多形式协同教学、个别化教学，研究和探索适应课时灵活安排的教学组织形式；小学体育课程教学中基本上以班级上课的形式为主，提倡有条件的学校可以打破"班级授课制"，以满足学生小班化教学需要的组织形式。经过学习和研讨，我校把"4+2"模式转为"3+1+2"模式，即3节体育课+1节体育专项课+2节体育活动课。3节体育课和2节体育活动课还是通过"班级授课制"上原来的课程内容，新增的1节体育课则打破"班级授课制"，上体育专项课。这节专项课为大课，每个年级每周开设一次（周一一年级、周二二年级、周三三年级、周四四年级、周五五年级），每次每个年级的6个班安排在同一节课，根据学校体育项目特色以及体育教师专长，每个年级在这节体育专项大课时共同开设足球、棒球、武术、篮球、羽毛球、跳踢6个项目，供学生自主选择，学生通过网络选课选择自己感兴趣的项目进行报名，目前实施下来效果很好。我们设想每个学期进行一次重新选课，重新选课时可以继续选择同一个项目，也可以更换新的项目。我们希望经过五年的小学学习，让不同兴趣、不同水平的孩子能根据自己的实际情况选择自己喜欢的体育项目，逐渐养成体育锻炼的习惯并掌握一到两项运动技能，开启终身运动之乐。我们觉得这样打破"班级授课制"

的体育专项大课,也为我们体育教师选拔优秀人才参加学校的体育兴趣社团提供了更大的选才余地,为组织学生参加各级各类比赛取得优异成绩奠定了基础。

3. 安排场地

针对每个年级的6个项目的体育专项课集中在同一时间段,再加上其他班级的体活课,场地问题如何解决?我们采取了拆分、合并和内外结合的办法,学校将足球场一分为二,再加上室外篮球场、网球场、跑道和室内体育馆等,该想到的地方全部予以安排。足球场分别开展棒球和足球项目,跑道和室内体育馆留给了跳踢和羽毛球,篮球安排在篮球场,网球场留给了武术项目,至于学校内部较宽的道路、小场地等则留给了个别班级的体活课。

4. 添置器材

针对新增的体育专项课的上课要求,学校原有的器材已无法满足这些项目的开展,因此,暑期中学校要求总务处负责添置好,并落实专人负责每天的器材出借、归类和整理,确保了所有项目的正常开展。

五、后续思考

开学至今,虽然我们的"3+1+2"模式取得了较好的效果,但展望未来,还有很多的事要做。首先是体育专项大课中负责6个项目的体育老师的专项素养需要培训提升;其次是这节体育专项课的上课内容需要课程化;第三是6个项目在不同年级的实施需要有延续有提高。

从"3+2"到"4+2",在小学体育兴趣化课改之路上,我们的思考与实践才刚刚开始。

四、教师发展:校长工作重中之重

(一)顶层设计、科学管理、整体提升

教师的成长和发展是一个永恒的话题,更是近年来教育研究的热点。可以这样说,教育变革和发展的重要力量来自教师,越来越多的人认识到教师成长的重要性。

很长时间以来,教师自主发展还停留在传统的技能培训上,处于一种"被发展"的应付状态,教师作为改革的主体,很难自觉投入和参与到改革实践

中。我们罗店中心校是一所地处上海市北端的普通农村小学，共有91名教师。其中35周岁以下45人，占49%；45周岁以上30人，占33%。教师队伍现状是：两头多，中间少。如何让新苗早日发芽抽条？让老树绿意盎然？这是学校教师队伍建设中需要突破的难题。如何最大限度地唤醒每位教师的自我发展意识？我认为最关键的因素是学校土壤。在学校这一亩三分地里，老师们相当于一棵棵树，有的是果树，春华秋实；有的是花木，绚丽多彩；有的虽不开花结果，却四季常绿。要让满园的树木花草生机盎然，就需要提供适合其生长的土壤和环境。这里的土壤就是学校的精神、文化、共同的价值取向等。

我们都会有这样的共识，一个学校的大环境好、氛围好，教师队伍的发展就好。为了创设良好的环境、氛围，丰厚教师主动发展的土壤，助推教师专业成长，我们学校长期坚持做好"四个建设"：

一是价值建设，点亮教师的教育梦想。

树立先进的教师观与教育观的建设。讲一个案例：我们学校有2名老教师，曾经的教学质量挺好的，但这几年每况愈下，是他们不认真吗？非也，他们一直很敬业很认真；是他们不与时俱进吗？似乎也不是，上半年的在线教学，他们经过培训学习，同样熟练掌握了我校使用的"晓黑板"网络平台。从以前木头的"小黑板"到现在在线教学信息平台的"晓黑板"，他们外在的教学技术在提高，但内在的、真正要紧的教学理念没有提高，这导致他们貌似使用着先进的信息技术，实则课堂的教与学没有发生变革，老师在低阶地教，学生在低阶地学，学生的高阶思维得不到培养，这种情况下，老师再怎么勤奋、努力，教学质量也不会同步提高。举这两名老师的案例，是想表达先进理念的重要性，我觉得这是打造现代化教育强区的首要问题，或许也是实现教育现代化的根本标准。因为先进的教学理念会改变课堂提高教学质量，先进的办学理念会引领学校的变革与发展，先进的育人理念则会让我们把学生的身心健康发展放在教育的首要位置，为每个孩子的终身发展和幸福人生奠定基石，让每个孩子成为心智自由的学习者。

多途径价值引领，才能点亮教师的教育梦想。通过校长约谈，勉励教师："红花、绿叶学校都需要，每个人做最好的自己，做更好的自己。"通过讲述第一任科技辅导员的浮雕故事，告诉他们："虽然只是普通的一员，但只要肯努力，每个人都能改变学校。"通过创建新优质学校，让教师感悟："对学生成长有利的事，再麻烦也要做；对学校发展有利的事，再辛苦也要做。"通过开展教师团建活动,让教师体会:"大家心往一处想,劲往一处使,没有办不成的事。"

二是项目创建,成就教师的职业发展。

我们以教师发展项目,多层次课题研讨,提升教师的科研能力。学校确立龙头课题,进行开题论证,开展全员培训,有序推进研究活动。四大学科组确立子课题,制定研究方案,开展主题研讨活动;全体教师则确立个人课题,实施"菜单式"札记管理,落实理论学习、教学设计、课堂实践、经验反思、听课评课、案例撰写等个性化项目研究。每年暑期,我们则举办"科研嘉年华",让教师们人人制作展板发布课题研究成果,人人充当评委现场交流提问,增进教师间的交流、互动、学习。多层次的课题研讨,不仅让课题研究落地生根,更是有效提升了教师的科研能力。近三年,学校成功申报完成了2个市级课题,2个区级重点课题,8项区级一般课题,曾荣获市基础教育教学成果一等奖,区教育科研成果评比一等奖等荣誉。

现代化教育应该有未来属性,信息化是其标志之一。随着"互联网+"时代的全面到来,我们应该怎么应对? 今年暑假,我校全体行政人员开展了一次研讨,主题是"互联网+"背景下我们这所农村小学的教育变革。我们设想依托智能信息技术,加强"智慧校园"建设,通过教师素养提升、学习空间再造、课程体系重构、学习方式变革和组织管理转型,探索信息技术与学校课程、学习方式、过程评价、教师培训、学校管理等全面深度的融合。目前,我们正在依托市、区、校的三个项目,第一,通过区数字化教材应用推广项目推进数字化教材的试验;第二,通过市项目化学习平台,创设"罗小课程资源智慧协作"网络平台和"罗小积点综合素养评价"网络平台,研究"线上线下融合教学"模式;第三,使用好学校目前合作的"掌通家园"系统,逐步打造未来的智慧校园。

三是课程建设,提升教师的专业素养。

我们主要通过教师教育课程,提升教师专业素养,不仅有教育教学理论素养的培训,而且还有教师精神文化素养提升的课程,更是把这些课程与日常的教师工作相结合,学以致用,提高了教师对教师教育课程的兴趣与内在的需求。同时我们也结合学校课程体系建设,在多元化课程建设的实践中,增强教师的课程意识。在创建新优质学校过程中,学校以"启梦"课程建设为抓手,带领全体教师开启了课程开发之路。2014年,开发了160课时的《蒲公英》种子课程;2015年,创设了深受孩子们喜欢的积点评价;2016年,设计了《野百合》主题活动课程；2017年，完善了一百多门《七色花》社团课程；2018年，出版了学校拓展型校本课程《启梦》一书；2019年起，开启了"启梦"课程2.0版建设之路，用项目化学习的理念来深化学校课程建设。所有的这一切，学校老师人人参与，没有一个例外。学校课程得以完善的同时，无论是老教师，还是小青年，跨学科教学的专业能力得以发展，课程整合意识、课程执行力也得以提升。

四是基地建设，促进教师的专业成长。

多样性教师培训基地建设中，我认为最重要的是学校的教研组这个教师培训基地，因为它是教师培训需求的重要来源之一，也是教师工作中所碰到问题解决的较为直接的途径，又是各种教师培训方式汇集的地方。把教研组作为教师培训基地来建设是教师培训基地集约式的好形式。我们开展多维度教研活动，培养教师的专业素养。我们的教研包括日常教学的"合作式"、专家名师的"引领式"、校内导师的"带教式"、互动辐射的"异地式"、自主分享的"实践式"、项目引领的"团队式"、交流评比的"活动式"、课题引领的"主题式"、基于网络的"延伸式"九个维度的教研模式。我们以规范的教研管理，多维的教研模式，促使教师不断锤炼基本功，提升专业素养。近三年，学校四大学科呈现了百花齐放的良好局面，承担了三十余次区级教研活动，三个教研组被评为区"优秀教研组"。

同时，我们以项目为中心组建培训基地。每位教师都有发展的需求，都有成功的愿望。学校通过多样性的项目创建，如青芃坊、科技工作室、语文工作室、艺术教育团队、感恩教育研修团等团队，发挥骨干教师引领作用，让他们在自己擅长的领域展现风采。如科技上我们一直有个梦想，梦想头脑奥林匹克项目能代表中国站上世界舞台，为此科技辅导员带领一批青年教师组成科技工作室，集众人之长，使科技特色在传承中创新发展。在世界头脑奥林匹克总决赛、国际发明展、全国创新大赛等比赛中，荣获多项金奖。圆梦的同时，科技辅导员被评为"上海市乡村名师"，青年教师体会到了追逐梦想的快乐和实现梦想的幸福。多样性的项目创建，让教师在获得成功的同时，感受成长的快乐，职业的幸福。

我们还关注多平台引领辐射，提升区内的研修品质。2015年，学校被评为"区语文学科基地"。我们紧紧依托这一平台，做强学科教研、形成学科特色、助推教师成长。在做优自己的基础上，充分发挥辐射引领作用：一是以语文学科为例，推动其他学科建设，呈现了校内四大学科百花齐放的良好局面。学校也由原来的"区语文学科基地"升级成为"区规培基地"。二是通过承担多次区级教研和区交流活动,推广我们的多维教研模式,辐射带动区内学校的研修机制。三是通过夯实见习教师的规培活动,开展浸润式带教,为兄弟学校培养了76名见习教师。除此之外,学校还是"市德育主任跟岗基地""区名校长干部带教基地""区年轻干部实践基地",这些基地的带教实践,助推了校内外一批年轻校长、青年干部的成长。

我们就是通过加强"四个建设",加强教师文化建设,丰厚教师主动发展的土壤,激发教师主动发展的内驱力,促使每位教师心怀梦想,主动作为,执着前行。教师的优质发展带动着学校的优质发展。学校现已成为一所社会闻名、家长称赞、学生向往的老百姓家门口的优质学校。同时,一批优秀教师应运而生。

以下我把教师工作中的推进"四个建设"的做法作一些介绍,主要是我代表学校做的经验交流。

观念引领,机制跟进,不断提升教师领导力

优质教育是指区别于普通教育的一种模式。它的实质是如何让一个人成为社会的优秀体。我个人认为:所谓优质教育,一定是能够使学生形成阳光心态和健康人格的,是能够提高学生的自尊和自信的,是能够使学生内心变得充实和富有力量的,是真正能让学生健康快乐成长的。一所优质教育的学校应该是资源配置富有效率和效益的,充满了对所有学生的深切关注的,也是能够真正为学生的幸福人生奠基的。实现优质教育和享受优质教育是我们每一个教育工作者和每个家庭共同的心愿,但如何实现优质教育又是摆在我们每个人面前的一个重要课题,其中,教师领导力的提升越来越受到社会各界的关注。

何谓教师领导力呢?教师领导力是指教师在学校组织中,通过自身的知识、能力、情感等非权力性因素以及专业权力相互作用,形成的一种对自我激励、对学生和其他成员的综合性影响力。因此,教师在学校发展中的角色绝非仅仅是经历者、执行者,更是领导者。

一、提升教师领导力的重要性

教师是学生的引路人,引导学生树立正确的世界观、人生观和价值观;引导学生学会做人、学会学习、学会创新发展,为其终身发展奠基。教师是教学改革的探索与实践的主体,教师以现代教育思想、高尚的人格魅力与精湛的

教学能力引领着学生的发展。因此,提升教师的领导力是摆在我们面前的重要课题。

(一)教师领导力是校长实现领导力的基本力量

我们都知道,要想建设一所优质教育的学校,光靠校长一个人的努力是远远不够的。一个英雄校长独立扭转一个表现欠佳学校的时代已经不复存在了,任何个体都无法单独应对学校改革所带来的挑战。因此,全体教师领导力的提升就显得尤为重要,只有教师个体的领导力得以提升和发展,校长领导力的提升才能得到保障,学校也才能实现优质教育。由此可见,学校实现优质教育必须依赖教师领导力的提升。

(二)教师领导力的提出是教育改革发展的必然要求

当前,我们正面临着教育的不断改革与发展,《国家中长期教育改革与发展纲要》《绿色指标》《新优质学校》等文件制度的出台要求教师关注每一位学生的终身发展,全面实施以提高学生终身学习能力为核心的素质教育,关注学生的学习兴趣、学习动机,为每一个学生、每一个家庭负责。这些对教师,特别是工作了几十年的老教师而言无疑是一个不小的挑战,他们必须改变传统的观念和教学方式,以"组织者"或"领导者"的身份去迎接学生并引领学生向设定的目标执着前行。

(三)提高教师领导力能激发教师主动发展的潜能,为优质教育服务

教师领导力的提出,有利于改变教师的工作态度,完善其价值取向,调动其内驱力,促进教师更主动地积极地参与学校的教育教学工作,这对于深化学校改革、促进教师专业化发展具有重要意义。

二、如何提升教师领导力

提升教师领导力越来越受到各个学校的重视和认可,大家都在纷纷寻找好的方法和策略。我校主要通过观念引领和机制跟进,让更多的教师自主参与、发挥优势、得到锻炼,从而不断提升领导力水平。

(一)观念引领

教师领导力首先体现在教师的教育思想上,是价值观的引领。教师个人的教育思想、态度和价值观决定了他的行为方式与风格。因此,学校要利用一切机会加强对教师的观念引领。我校是一所地处上海市最北端的农村小学,校内中年以上教师比例非常高,这部分老师在一定程度上已形成了固有的教育观念和教学方式。学校经常组织教师学习一些先进的教育教学理念,并确立了办学理念,始终确立教师在教育教学改革与自身专业化发展中的主

体地位，引领每一个教师充分认识到提升自身领导力的重要性、必要性与紧迫性，从而自觉投身于教育教学改革。

（二）机制跟进

教师的发展靠什么？靠机制。学校需要建立一套促进并适合教师专业发展的管理制度、组织机构、保障措施、运行机制，需要为教师参与专业发展活动提供适合的时机。我校通过搭建平台、分层管理、自下而上、团队合作、项目引领、特色创建等途径来实现教师领导力的提升。

1. 搭建平台

作为校长有责任为教师搭建平台，形成一个教师能够对工作进行自主决策的场所，增强其领导力。因此我们学校实施了一系列教师培养计划。例如：通过"岗位练兵"提升教师专业水平，通过"专家引领"培养骨干教师，通过"课程开发"激活教师的课程意识，通过"师徒带教"优化新青年教师队伍，通过"职称助推"凸显一批优秀教师。通过一个个平台，教师们逐渐由幕后走到了台前，尽情施展着教学艺术的魅力，教师领导力得以进一步提升。

2. 分层管理

管理不能只局限于少数干部的身上，只有各种各样、各级各类的教师领导者，才能整体提升学校的领导力。我校赋予每位教师切实的权利和职责参与学校的管理，将领导力在组织成员之间进行恰当分配。如学校通过条线分层管理、教研组管理、备课组管理、教代会制度、民主测评制度、民主推荐制度、述职考评制度等不断扩大管理的参与面，让更多的一线教师都能参与学校的管理，提升他们自身的领导力。

3. 自下而上

在我们学校很多决策和制度的出台都是自下而上的，我习惯并热衷于这种自下而上的管理模式。学校学期工作计划制定前，学校三年规划出台前，学校办学理念、校风学风、校徽校标产生前我都会广泛征集教师的智慧，广泛听取教师的建议。这不仅是因为这些都是学校的大事，需要作为学校主人的一线教师的民主参与，也是因为在这样一次次的自下而上过程中，每个教师的领导力、思考力和管理水平也得到了锻炼和发展。

4. 团队合作

在自身领导力提升的同时，教师也有责任支持其他教师领导力的开发。他们通过自己的教学专长来影响同事改进他们的实践、分享他们的做法，从而使学校的有效教学得到整体提升。所以教师领导力不应简单看成是某个教师的领导力量，而应将其看成是组织内成员力量的集合，是团队的力量。因此，我校长期致力于教师团队建设，建立健全了一系列制度，例如：备课组制度、教研组联动制度、问题合作制度、师徒带教制度等，使教师领导力得以相互促进和影响。

5. 项目引领

学校方方面面工作有的是常规的，但也有很多都是有阶段性或推出的一些新项目，这样的工作有些可能是崭新的，老师从未接触过的，既富挑战性又有很高的要求。对待这样的工作我们通常都落实一到两个项目负责人，由他们组建成员共同实施项目。不同的教师在不同的项目中承担负责人的工作，带领项目组成员共同规划、共同实施、共同研究。在一个个项目实施的过程中成员间不断交互，无论是项目负责人还是项目组成员的领导力都能不断得以提升。

6. 特色创建

在我担任校长的三年多时间里，我带领着全校教师形成了学校1+4的发展特色，这已牢固成为学校发展中的亮点和新的增长点。为什么我们能在这么短的时间里形成这么多的特色项目？有一点是毋庸置疑的，那就是依赖了教师领导力的提升。我们培养了一大批有各方面特长和才能的教师，他们又培育了一大批有兴趣有特长的学生，在师生的交互中，双方都得到了成长，也为学校实现优质教育奠定了基础。

教师领导力是一个值得深入研究的课题。我相信：有领导力的教师绝不是循规蹈矩的老师，绝不是平庸的老师，而应该是个有才华的老师，是个智慧的老师，是个能干的老师，是个情商很高的老师，是个既能让同事觉得亲和又能受学生喜爱的老师。一个有领导力教师的课堂教学不是低层次的规范课堂，也不是中等层次的高效课堂，而是高层次的智慧课堂。一个有领导力的老师可以改变一个班级、一个教研组甚至一门学科。越来越多的有领导力的教师就能成就一个有领导力的学校，就能成就越来越多的优质教育。

顶层设计科学管理整体提升

教师专业发展是新课程改革的需要。教师是实施新课改的主体，教师面临了新的教学观念、教学策略、课程决策开发以及研究能力的挑战。"十二五"期间，我们宝山区罗店中心校面对时代挑战，致力于顶层设计、科学管理，促进师资水平整体提升。

（一）"任务型"的团队研讨，致力师训顶层设计

学校师训的核心团队由校级领导与中层干部组成，除了日常行政例会学习管理理论，商讨每周工作问题外，作为师训第一责任人的校长会在每个学期结束前针对学校典型问题发布寒、暑假研讨主题。研讨会上大家结合自己分管的条线分析现状、列举问题、提出解决方案，由校级领导进行点评、提出改进意见，各条线达成共识、制订最终实施方案。这一举措不仅使我们的顶层设计更有科学性和针对性，而且使教师校本培训更接地气。如在推进学校科学人文素养核心课程的过程中，核心团队经过了多次的研讨，从最初学科类与综合类课程积点奖励方案的确定，到实施一学期后大家反思在实施过程中出现的问题，在全体成员的商量研讨下产生了积点手册，记录学生五年的成长足迹……每一次研讨后明确了新学期中校级层面教师培训的重点内容。通过团队研讨方式的实施，培养了中层领导的前瞻意识和团队协作意识，学校的管理水平得到了进一步提高。

（二）"捆绑式"的分类培训，助推各类团队建设

近年来，学校的规模不断扩大，新进教师日益增多，他们的成长关系着学校的未来，而骨干教师是学校中坚力量，他们的发展可以推动与促进整个教师团队的进步。因此，根据他们的岗位进行"捆绑式"分类培训，如见习期新教师岗位培训，我们首先采用师徒一对一的方式将他们结对"捆绑"在一起。随后，在主题项目引领下，又将这支见习期教师团队与骨干教师团队"捆绑"、将见习期教师与教研组团队"捆绑"，使见习期教师既有师徒结对式的捆绑，又有群体合作式的捆绑，如在见习期教师两选三评主题培训活动中，每个见习期教师配以一个骨干教师作为师父进行日常的传、帮、带活动，而整个见习期教师团队由教导处分管领导组织各项基本功的训练和集中专题培训。另外，他们每学期在教研组内上实践课，见习期教师又有整个教研组作为后盾。科研室也会针对见习期教师开展论文、案例撰写的相关集中培训和个性化指导。又如新班主任工作岗位，学校也采用同样方式，除了有指定的师父外，还将他们与学校明星班主任担任的军师团队进行捆绑。"捆绑式"的分类培训，保证了学校各类团队的建设更上一个台阶。

（三）"兴趣化"的课程开发，提升教师课程意识

随着学校的发展，为了满足学生个性、兴趣需求，学校着力打造科学人文素养核心价值观，暑期组织教师开发了160课时的限定拓展课程和20多个自主拓展课程。在学生课程的开发中，学校致力于教师课程意识的提升，在科

学人文素养核心理念框架下，邀请校外专家市优质学校项目组沈祖芸主任、夏雪梅博士对教师进行了课程开发、实施等相关的培训，学校科研室组织教师进行了课程内容设计的研讨，教师分工合作完成教材编写、教案设计、课件制作等。我校的音乐教师小郁老师刚踏上教师岗位，"课程"对她来说真是一个很遥远的名词，好在学校给了她最需要的帮助，为她配备了师父，组建了开发团队，进行了专题培训，使她对课程有了初步的了解。整整一个暑假，在师父手把手的指点下，她发挥专业优势和团队成员围绕我校科学人文素养培育目标一起编教材、写教案、做课件、找素材，开发了一门适合小学低年级儿童的合唱课程。要知道，对于她这样一个还没有真正站上三尺讲台，还没有上过一节课的年轻教师而言，这门课程的产生，真的是送给她自己的一份大礼，给了她满满的成就感！新学期，她带着自己开发的课程走进了教室，与孩子们一同学习，一同成长。在平时的音乐教学中她寻找着基础型课程和学校核心课程的内在联系，有机渗透，加以整合。就这样，小郁老师带着自己开发的课程又走入了周六的学校少年宫，带领孩子们在社团活动中感受课程的魅力。为了不断提升自身的科学人文素养，她积极参加各种培训，把握一次次锻炼提升的机会，为进一步优化和提升学校课程集聚能量。两年来，她获得了区新教师演讲比赛一等奖、课堂教学比赛二等奖，承担了区级公开课、督导展示课。在罗小这片沃土中，她生根、发芽，与新优质共同成长！在如小郁老师那样对课程开发充满激情的教师们共同努力下，我们架构了学校的课程体系，而与此同时教师们的课程意识、课程开发能力和课程执行能力也都得到了提升。

（四）"菜单式"的管理模式，促进教师自主发展

为了加快教师专业成长，满足教师自主发展的需求，每学期初科研室根据学校师训发展规划制定教师培训目标与内容，推出"菜单式"的教学札记模板，其中包含个人专题研究的名称、内容、他人研究成果现状、个人的研究安排及自评等菜单内容。教师结合自己的三年规划，实施菜单中的个性化任务，如围绕自己研究专题开展个性化的理论学习、教学设计、课堂实践、经验反思、听课评课、案例撰写等活动。在教研组内每位教师根据教研组在学期初制定的研究主题，制订和规划一学期的研究方案，落实分配研究内容。在日常研究过程中，执行"一课两上"教学行为改进实践模式。"一课两上"教学行为改进模式是个性问题排解模式，它针对新课程背景下教师的个性问题，制订改进方案，依托教研组的集体力量，利用教学札记管理模式，提高教

师钻研教学意识,提升课堂教学执行能力。在管理过程中,我们结合教师月考核,分层阶段考核,发现问题,及时在教研组长例会上商讨解决,确保"一课两上"活动有实效,对教师的自身发展有帮助。在此过程中也逐步形成了我校"五步式"校本研修活动模式,以英语组为例:

第一步:在日常教研中形成课题、自培课题。

英语教研组没有现存的研究课题,怎么办呢? 我们想到了农村孩子英语朗读方面存在较大问题,为此,我们提出了教研组研究的课题《基于单元整体目标下小学生英语朗读技能的自我评价与改进的策略研究》。课题确立了,但老师们该如何开展呢? 在学校科研室的带动下,通过组内自培的方式,组织全体英语教师分工开展资料学习和专题讨论,邀请专家们来校进行课题论证活动,使组内教师对课题的实施有了一个更明确的目标和方向。

第二步:在实施中确立课堂研究目标。

教研组有了自己学科研究的目标和方向,系列研究活动就有序地展开了。在研究过程中,我们通过组内听课和教学问题研讨,将课题研究的内容与课堂教学内容有机地结合,寻找最佳的结合点,渗透在课堂教学的各个环节和语境中。于是,我们确立了课堂教学观测点,推进小学生英语朗读自我评价工作。

第三步:课例跟上,寻找教学目标和研究目标的结合点。

明确落实教学目标和研究目标结合的要求。落实一名教师上课,组织英语教研组全体教师集体备课,要求每位教师认真参加执教老师的两次试教活动,在相互探讨中深化对课题和研究内容的理解,提出落实教学目标和研究目标的结合点的具体要求。

第四步:分享教研的快乐。

组内教师在课题研究中获得了学习与体验课题研究过程的快乐,研究能力也得到了较快的发展。为了进一步抒发他们的喜悦,展示他们的才能,根据学校校本研修的需要,在前一阶段的工作准备的基础上,策划了一次英语教研组主题研讨展示活动,在其他教研组中分享自己教研活动的快乐……

第五步:活动反思,提炼成果。

活动结束后,为了使主题式校本教研活动能给参与者带来更深层次的思考,学校要求教研组长从活动组织策划方面撰写活动案例;要求执教者撰写教学研究过程的案例;要求组员围绕本节课观测的重点,进行专题评课,从不同角度分析、提炼活动中形成的相关经验,把好的做法向外推广。

现在，我们的教学札记又在原来的基础上进行了改进，梳理出了校本化教学实施阶段的两个板块，即合作教学研究探索和校本实践体验两个方面。这样的变动，使全体教师强化了问题的合作意识，又凸显了主题引领下的校本实践与体验。通过"菜单式"的教学札记管理，学校有意将教师日常的教育教学工作和教师个人发展紧密结合，使每位教师的专业化发展目标更加明确、行动落实更加具体，从而促进教师的自主发展，满足了个性化发展的需求。

教师校本培训离不开顶层设计。从学校发展与教师专业发展需求出发，制定出适合本校教师的校本培训内容，根据实际情况进行分类培训，并有相应的评估激励机制，从整体上提升教师的专业素养。从而努力打造一支具有高尚师德和敬业精神，具有正确的教育观、课程观和学生观，具有较好的专业理论素养、扎实的教学功底和教育实践能力、自觉的反思和科研能力的师资队伍。

我一直坚持这样的观点，不能把教师的培训看作事务性工作来看，要从办学的战略任务高度，把教师发展视为人力资源的开发与人的自我实现相结合的结果。人力资源是把教师首先视为"人"，而不是实现外在目的的工具。其次，学校的办学、学生的成长离不开教师，先尊师才能重教，不能颠倒过来。

教育人力资源的开发与管理之我见
——宝山区教育人力资源开发与管理座谈会发言稿

教育人力资源管理包括对人力资源的获取、保留、发展和协调，包含了岗位分析、岗位评价、人力资源规划、招聘、甄选、录用、岗前培训、绩效考核、薪酬管理与激励、团队建设、职业生涯管理、人力资本投资与培训、内部协调、外部协调和跨文化管理多个方面。

一、我校在人力资源开发与管理方面好的做法及经验

1. 严格规范招聘、培训工作，提升人力资源质量

（1）校级主要领导共同参与严把师资招聘关。

近几年，随着学校规模的扩大，我们每年都有几个新教师的岗位。如何规范做好这批新教师的招聘、甄选、录用工作，以此提升我校教师人力资源的整体水平，是摆在我们面前的一个"大工程"，我们为此也倾注了大量的时间和精力。我们的做法是：首先，所有招聘会一个也不放弃，校长及其他校级领

导有时间尽量一起前往,争取有更多的机会发现优秀人才。其次,几场招聘会后初步筛选比较满意的人选到校进行面谈,双方进一步加强沟通和了解。(因为应聘者在招聘会投简历时是比较盲目的,到校的面谈可以使他们进一步了解学校,直观地知道学校的大致情况,如规模、到校的路程等。)面谈后,根据双方意愿,再次筛选出满意的应聘者,为他们提供实习锻炼机会。实习过程中,通过带教、课堂展示对这些应聘者进一步了解。包括他们的工作态度、工作能力等,通过实习都能有一个比较深入、正确的认识。最后再进入教育局规定的招聘程序,进行正式面试、上课,报名考试。为了严把师资招聘关,这些工作不但校级班子成员全程参与,而且在最后的面试、上课环节,还根据教育局要求邀请外校有经验的教师共同参与,力求公正公平地甄选出最优秀的教师进入学校。

由于近几年招聘教师的人数比较多,有关政策又规定了不少于1:2的岗位报考数,因此这项工作我们真的是投入了很多的时间和精力。虽然由于学校比较偏远,常常是撒了很大的网但也捕不到太大太多的鱼,但是,我们还是觉得这么做是值得的。一是因为学校教师队伍大多年龄层次较高,很多又是之前村校拆并过来的教师,教育教学方法和观念相对比较陈旧。二是这几年学校办学规模不断扩大,新教师大量进入,很快他们就将成为学校的主要力量,学校的将来终将要靠这批新教师,因此严把师资招聘关是非常关键的一项工作,它会直接影响到学校的进一步发展。

(2)加强青年教师的培养,提升人力资源质量。

新教师的大量涌入,对学校的带教、培养、培训工作都是个不小的挑战。实习期教师、见习期教师、五年内新教师的培养和培训,我校都制定了相应的培养目标,对带教教师和被带教教师分别提出了切实可行的要求,保证了此项工作的顺利进行。每年8月底学校邀请全体即将踏上我校工作岗位的新教师与一年见习期满教师参加学校组织的欢迎会,新教师谈愿景、谈想法,工作一年的教师谈体会、谈收获,校领导送寄语。热情洋溢的会场,使他们消除了彼此间的陌生,放松了身心的紧张。寒假中,校领导对每位新教师实行上门家访,既肯定一年来他们在工作中付出的努力与取得的成绩,又针对各人实际提出殷切的希望。在平时的工作中,学校精选出一批师德高尚、业务精湛、有较强指导能力的优秀教师,组建带教团队,开展对新教师的指导工作。业务上带教,师德上引领,老教师身上的朴实、认真、严谨很快就感染了这批新生力量,学校良好的校园文化也在不断浸润着他们。根据教师年龄段不同，学校每学期开展"活力课堂""魅力课堂""卓越课堂"教学大赛，每学期由新教师执教师徒汇报课。一个个展示的平台，一次次挑战和磨炼使这些新教师很快就成长起来。一次次全力以赴，一次次亲身参与，青年教师的活力和干劲也影响着、感染着我们的带教老师，互相学习、互相促进、互相影响，在青年教师培养的过程中，我校整体的人力资源质量得以提升。

2. 视教师为合作伙伴，通过尊重、激励加以人文关怀

学校是个大家庭，唯有视教师为合作伙伴，充分尊重、激励教师，才能激发他们的工作热情，帮助教师实现自我发展，从而推动学校的整体发展。在学校感恩文化的引领下，我校充分注重对教师的人文关怀，充分尊重教师的想法，每个教师都是学校的主人。学校校风、教风、学风、校训、校标等的征集我们全校教师人人参与；学校新三年规划制定前，校长充分听取每个教工的想法和意见；每学期开学前，每个教工会收到校长室下发的"如果我是校长……""如果我是书记……"的意见征询单；每个寒暑假我们班子四人亲自上门家访，听取学校教职工对学校工作的意见和建议。浓浓的人文关怀，自下而上的工作模式得到了全校教师的认可，每年年终，在教育局对学校领导班子和校级领导干部的测评中，教师的满意度总是大大出乎我们的意料，也更加增强了我们工作的动力和信心。我们的人文关怀无处不在，教师生病住院，马上上门探望；教师生日，送上校长写的祝福卡片；教师为学校做出贡献，送上学校特制的感恩卡；每天放学后，运动队、棒球队、车模队、管乐团积极训练，校长总会在一旁驻足关注；每年学校举行年终庆典，各个层面的教师均能得到表彰，平时默默耕耘、不声不响的老师也有机会一同走走红毯。在平时的管理工作中，我们的管理层都有这样一个理念：学着感恩，做一名人性化的管理者；学着倾听，做一名得人心的管理者；学着关注，做一名会欣赏的管理者；学着规划，做一名能引领的管理者；学着放手，做一名智慧型的管理者；学着思考，做一名传承发展的管理者。正因为有了这样的理念，因此，我们把全体教师都当作合作伙伴，在教师的发展中成就学校的发展，互相促进，实现双赢。

3. 鼓励团队工作模式，注重教师领导力的提升

教师领导力是指教师在学校组织中，通过自身的知识、能力、情感等非权力性因素以及专业权力相互作用，形成的一种对自我激励、对学生和其他成员的综合性影响力。一所优质的学校，要想实现优质教育，教师领导力的提

升是摆在面前的一个首要的关键问题。我们学校通过搭建平台、分层管理、自下而上、团队合作、项目引领、特色创建等途径来实现教师领导力的提升。其中，比较关键的一个做法就是团队合作。因为通过团队合作这种工作模式能使教师在自身领导力提升的同时，支持其他教师领导力的开发。在一个个团队中，教师通过自己的教学专长来影响同事并改进他们的实践、分享他们的做法，从而使学校的有效教学得到整体提升。我校有各种各样的团队：备课组团队、年级组团队、骨干教师团队、新青年教师沙龙、科技创新团队、科研团队、乡村少年宫管理团队、校本课程建设团队等，在一个个团队中，团队成员相互影响，相互作用，实现自主管理，大大提升了教师的教育教学领导力水平，也进一步提升了我校的教师队伍建设水平。

4. 通过绩效奖励改革实施科学的目标管理

绩效工资实施后不久，学校即对原有的奖惩条例进行了全面的调整和修改，出发点只有一个：对每门学科、每个条线的每一位教师所获得的成绩和进步都能及时给予适当的肯定和鼓励。我们通过绩效奖励改革为全体教师设定了一个个通过努力后可以达到的目标，实施科学的目标管理。教师的工作成效、工作状态都可以在绩效这块得以体现。例如，主课教师可以通过优异的教学质量直接获得奖励，而综合学科的教师则可以通过参与比赛获奖得到奖励；条线负责人可以因自己的条线管理成效获得奖励，而参与团队合作的成员同样可以分享这些奖励；教学质量高的教师可以得到奖励，而在教学过程中通过自身努力，让所教班级成绩有进步，学困生成绩有提升的教师同样可以得到奖励；在教学比赛中获奖的老师可以得到奖励，在科研工作中有成果的老师同样可以得到奖励。清晰科学的目标管理和绩效奖励激发了教师的工作积极性和动力，进一步推动了人力资源的开发。

除了以上几点外，我们学校在推动人力资源开发和管理方面还有一些好的做法，如利用学校完善的规章制度进行管理、改善教师的工作条件和工作环境、加强校园精神文化建设、对教师合法权益提供保障、为教师提供个人成长与发展的机会等，也值得进一步总结和梳理。

二、对我区教育人力资源开发与管理方面的建议

我认为影响我区教师队伍质量的主要因素有：区域经济社会发展水平、交通环境、人力资源管理水平。在区域经济社会发展水平方面体现在：宝山的精神文化活动场所缺乏；医疗卫生条件不是最好；整体的人口学历水平相对于其他区县可能不是很高；区域整体的教育教学质量有待于进一步提升；

教师的教育理念、教育方式方法有待于更新。同时,交通环境有待于改善;人力资源管理水平有待于进一步研究。我的建议:

1. 能够真正实行教师双向聘任制

2003年,人事部印发了《关于深化中小学人事制度改革的实施意见》,教师聘任制有了实质性的进展,学校和教师双向选择开始逐步实现。但是,操作到今天,我们在实际办学中感受到,其实学校和教师的双向聘任制还没有能够真正实施。个别教师工作责任心较差,多次教育没有改观,对于这样的教师,学校如果想解聘其实也不是很容易办到的。相关法律法规中还有提及,教师工作一定年限后学校是不可以解聘他们的。但是,学校与教师签好聘用合同后,教师提出终止合同,如合同期未满,其实学校也是无法得到相应保障的。因此,希望教师的双向聘任制能够真正得以实施。

2. 教师培训的时间和形式可以进一步调整

目前,对于教师培训,无论是校方还是区教育局都非常重视,但是,为了进一步保证学校正常教育教学活动的开展,保证教师能够有更多的时间和精力投入到教学研究、班级管理等工作中,还是建议教师培训能够多放在双休日或寒暑假,尽量不要太多占用工作时间。因为,现在各级各类培训班和会议都比较多,教导处调课、换课非常频繁,正常的教学秩序不能得到很好的保障。

3. 严把入口关,提升教育人力资源水平

整体的教育人力资源水平要得到提升,除了做好教师培训、奖励等工作外,严把入口关非常重要。教师是专业技术人员,一定要把真正有一定专业水平、道德素质、责任心的青年吸纳到教师队伍中来。上级有关部门可以逐步出台一些文件和规定,把好入口关,让我们宝山教师队伍的质量能够逐年稳步提升。

4. 对农村地区能有政策上的倾斜

学校由于地理位置比较偏僻,现在搬了新学校后交通更加不方便,公交车班次不多,即使最近的公交车站离学校也要步行20分钟左右。因此,在教师招聘中目标的达成度并不高。只有住在学校周边的一些新教师才愿意到我校来应聘,而且也不是都愿意,有些也想到中心城区的一些好学校发展。还有一些在其他城区学校找不到岗位的新教师愿意进我校先解决岗位问题,也不乏有过了一两年有了其他方向就选择调动的教师。尽管学校在留住好教师方面有很多的做法和举措,但是由于居住地、孩子就读等一些实际困难,有些好教师也没有能留住。因此,希望能有一些真正受教师群体欢迎的好政策向我们农村地区倾斜,以便于我们农村学校能有更好的发展,也有助于整个区域教育质量的均衡发展。

教育人力资源的开发与管理是一个很值得研究和探讨的问题,通过本次的座谈和交流,校际可以互相学习好的做法和经验。通过上级有关部门的调查、研究,也可以总结和提炼出好的方法和策略供基层单位借鉴和学习。总之,希望此项工作顺利推进,为优化本区教育系统人力资源管理,加强教育内涵建设做出努力。

(二)创新校本教研体系,丰富教师发展土壤

教研组是学校教师教学管理的基本单元,担负着学科教学组织实施的职能。教研组建设直接影响学校办学质量,也直接影响教师专业发展。

我们学校确立了以"校本教研"为核心理念、以"四层次"互动为教研架构、以"六多"为拓展教研策略、以"九大"教研方式为主的教研组建设体系。

1. 以"校本教研"为理念的教研组文化建设

"校本"(school-based)这一概念始于20世纪80年代欧美国家。"以校为本的教学研究"(简称校本教研),已成为目前教育领域中使用频率颇高的一个术语。在推行新课程的过程中,校本教研已经越来越得到教育理论工作者和广大校长、教师的关注。校本教研的出现是世界教育改革潮流中,我国对后现代课程理论积极理解和结合我国课程改革实践的应用性产物。"20世纪70年代以来,西方教育科学领域发生了重要的'范式转换':开始由探究普适性的教育规律转向寻求情境化的教育意义。"(钟启泉,1999)面向教育情境、面向师生本身是当代课程理论的积极主张。它建构了一种更符合教育理想、更具有伦理价值的课程理论,同时它对课程实施的主张给我们提供了"一个以会话——对话性会话为核心的课程"(E.多尔,2000)的许多有益启示。

校本教研是一种对教学方法、内容和学习主体进行综合性研究的形式。综合研究有利于从整体上考虑和课堂教学的优化,从而取得更好的效果。突破学校教研的单一性、封闭性,而走向对话性、开放性,从而提高教研主动适应教学的可能。校本教研让教师走向自觉的深度,提高教研的群体学习能力、研究能力,实现教研能力的整体发展。

21世纪之初,"校本"思潮呼唤着教育理论工作者、研究者关注校本,走

向校本,以"为了学校,在学校中,基于学校"为特征的校本教研成为了教学研究与实践的新领域。学校也必须思考新时期教研工作的新思路、新任务和新方法,开拓适应校本思潮的校本教研。校本教研是形成教研新机制的必然,是提高学校教研水平的有效途径,是提升师资队伍的有效途径,也是提升学校办学水平的有效途径。

我们学校在教研组工作中以"创新教研形式,追求教研实效"为基本的策略。教研活动从传统的行政性内容为主,布置教学工作、明确教学任务、把握教学工作进程等,转向以"学习、研讨、实践"三位一体的发展。我们的教研组建设中注重建设进取、合作、创新的教研组文化,加强教研组凝聚力;注重专业发展,建构教师与教研组的双向互动,倡导研究氛围;注重教研活动质量,坚决纠正教研肤浅、清谈风气,聚焦教学问题的研讨与实践。

2. 以"六多策略"为策略的教研拓展策略

校本研究、校本培训、校本课程和校本管理,其中校本研究,按照它的定义,就是直指学校问题,将学校实践活动与研究活动密切结合在一起,大力倡导学校教师参与研究。对四者的关系,校本研究是起点,校本培训是中介,校本课程开发是落脚点,校本管理则贯穿渗透在它们中间,起着组织、协调的作用。(在这里,本文所提出的"校本教研"基本等同于校本研究。)由此可见,基于学校教育教学问题的研究即校本教研,是开展校本活动的起点和基础,是整合校本培训、校本管理和校本课程的中心和纽带。没有校本教研,就谈不上校本培训、校本管理和校本课程。

我们学校归纳了具体的校本教研拓展的策略是"六多策略":多途径、多维度、多层次、多元化、多样性、多平台。

(1)多途径价值引领,点亮教师的教育梦想。

(2)多层面夯实培训,满足教师的不同需求。

(3)多维度教研活动,培养教师的专业素养。

(4)多层次课题研讨,增强教师的科研能力。

(5)多元化课程建设,提升教师的课程能力。

(6)多样性项目创建,成就教师的职业幸福。

学校从教研的内容、形式、途径、载体等方面不断拓展校本教研,让我们的教师在自己擅长的领域展现风采,也发挥骨干教师引领作用,形成了教研组良好的教研生态。校本教研中教师们互助交流,智慧分享。我校的教研提倡合作,注重团队精神。无论是教研大组引发的课堂评课和课题研讨,还是备课小组之间的教材分析和作业设计，可以是不同思路的碰撞，可以是不同观点的争鸣，也可以是各种情感的交融，更是同伴之间智慧的分享。教师们通过活动互相学习，互相促进。

3. 以"九大教研方式"丰富教研活动形式

我们从提高教研活动质量来提升教研组建设水平。以往教研组活动随意性很强，教研内容多局限在备课的要求上，或者具体的教学细节上，而缺乏从教师教学素养上来观照教研组活动。其中一个重要原因是教研活动形式过于单一、简单化，就是"排排坐、吃果果"。为此，我们不断基于教研组活动的实情，立足常规教研，不断开拓创新，逐渐走出了一条多维教研的新路。

我们的教研活动主要形式有以下九种：

（1）日常教学的"合作式教研"。

（2）专家名师的"引领式教研"。

（3）校内导师的"带教式教研"。

（4）互动辐射的"异地式教研"。

（5）自助分享的"实践式教研"。

（6）交流评比的"活动式教研"。

（7）项目引领的"团队式教研"。

（8）基于网络的"延伸式教研"。

（9）课题引领下的"主题式教研"。

在近年来我们十分重视运用数字化技术开展教研活动。我们建立罗小校园网，让网络教研成为常规教研的继续和延伸。基于网络的"虚拟式教研"——我校还建立了校内BBS论坛，每月进行教学反思交流、教学实际问题探讨并推荐优秀教学文章。BBS网络论坛，教师们做到人人参与、充分发表意见，建立起了由"同伴互助""个体反思""专业引领"组成的综合教研模式，将网络教研与常规教研有机结合。

缺乏高质量的教研内容，教研形式就是空转。我们关注教研活动形式与教研内容的整合，从而提高教研活动的质量。课题引领"主题式教研"——围绕课题研究开展的教研组、备课组研讨活动。我们要求教研成果展示活动做到"四个一"：一个来自课堂教学实践的教学研究课题，一堂探索解决实际问题的教学研究课，一次围绕反映教学思想、教学实践的教学研讨活动，一场教师、专家、校领导三结合的教学观摩后的点评活动。

丰厚教师发展土壤 助推教师专业成长
——宝山区罗店中心校"十三五"校本研修工作自评报告

第一部分：基本情况

我们罗店中心校拥有百年历史，具有浓厚的文化积淀，尚文之风蔚然。学校现有30个教学班，学生1 216名，教职工91名。其中高级教师3名，一级教师51名，二级教师31名。教师学历全部达标，其中6位硕士研究生，61位具有本科学历，22位具有大专学历。目前，学校已形成区、校两级骨干教师队伍，其中区级骨干教师10人（名校长1人，学科带头人1人，教学能手8人），校级骨干教师19人。

近年来，在"播下兴趣的种子，奠基孩子的未来——让每一个学生健康快乐地成长"的办学理念指引下，学校上下心怀教育梦想，熔铸品质教育，提升学校内涵，在实现学生的发展、教师的发展、学校的发展方面取得了优良的成效。学校曾获得全国特色学校、全国优秀科学教育实验基地、全国乡村学校少年宫、全国青少年棒球发展计划定点培训学校、全国宋庆龄少年儿童科技发明示范基地、全国中小学中华优秀文化艺术传承学校、全国青少年网络安全教育工程示范学校市依法治校示范校、市科技特色学校、市行规示范校、市知识产权示范校、市科技创新培育基地、市安全文明校园、市教育系统巾帼文明岗、市红旗大队、市少先队示范校、市学校少年宫、市家庭教育示范校、市未成年人思想道德先进单位、市精神文明创建特色项目等荣誉。学校是市优秀教师专业发展校、市德育教导跟岗基地、区优秀教师专业发展校、区见习教师规培基地、区语文学科基地、区教师德业发展支持计划优选项目学校。

全国特色学校	市依法治校示范校	市优秀教师专业发展校
全国优秀科学教育实验基地	市科技特色学校	市德育教导跟岗基地
全国乡村学校少年宫	市行规示范校	区教师专业发展示范校
全国青少年棒球发展培训学校	市知识产权示范校	区见习教师规培基地
全国宋庆龄科技发明示范基地	市科技创新培育基地	区语文学科基地
全国中华优秀文化艺术传承学校	市安全文明校园	区名校长干部带教基地
全国青少年网络安全示范学校	市教育系统巾帼文明岗	区年轻干部实践基地
	市红旗大队	区教师德业发展计划学校
	市少先队示范校	
	市学校少年宫	
	市家庭教育示范校	
	市未成年人思想道德先进单位	
	市精神文明创建特色项目	

第二部分：经验做法

一、规划引领，明确教师专业发展的方向

教师是实施新课改的主体，面临着新的教学观念、教学策略、课程开发以及项目研究的挑战。"十三五"期间，我校面对时代挑战，确立了"校长统领、师训专管、处室协同、骨干引领"的师训管理体系，注重顶层设计、科学管理，促进师资水平整体提升。我们在陶行知教育思想引领下，制定了"十三五"教师专业发展规划，致力于"师德素养类""知识技能类"和"实践体验类"教师培训课程的开发和实施，为教师专业发展明确了具体的方向和路径。我们始终坚持从学校持续发展、教师素养提升的实际需求出发，搭建各类培训平台，促进全体教师的专业成长。

二、效能为先，搭建教师校本研修的平台

我们学校教师队伍现状是35周岁以下44人，占49%；45周岁以上30人，占33%。教师队伍两头多，中间少。如何突破难题，让新苗早日发芽抽条？让老树绿意盎然？我校的做法是：丰厚教师发展土壤，坚持做好七件事情，助推教师专业成长：

（一）多途径价值引领，点亮教师的教育梦想

通过校长约谈，勉励教师："每个人做最好的自己，做更好的自己。"通过讲述第一任科技辅导员的浮雕故事，告诉老师："只要肯努力，每个人都能改变学校。"通过创建新优质学校，让教师感悟："对学生成长有利的事，再麻烦也要做；对学校发展有利的事，再辛苦也要做。"通过开展教师团建活动，让教师体会："心往一处想，劲往一处使。"多途径的价值引领，点亮教师的教育梦想，激励每位教师努力前行。

（二）多层面夯实培训，满足教师的不同需求

行政队伍：每两周开展中心组学习，围绕教育专著深入学习交流，大家先自主阅读，然后结合学校工作交流体会。通过《忠告中层》《从入学到毕业——一所学校的课程建设》《大家三小》等书籍的研读，促使行政人员拓宽了管理思路、创新了管理方式、提升了管理水平。每年寒暑假开展专题研讨，针对学校发展中的瓶颈问题，大家出谋划策、智慧碰撞，促使学校呈良好态势、持续发展。

骨干队伍：每学期我们开展骨干论坛和骨干示范课，以此起到示范引领作用。比如我们的骨干论坛去年开始从个人论坛转为团队论坛，分为"语文""数学""英语""综合""德育"五个骨干团队，针对教育教学中的难点讨

论研究,引领全体教师了解问题所在,明确改善方法,真正起到推动学科建设的作用。

班主任队伍:2018年,我们组织全体班主任参加"卓越教师成长计划"网络班主任培训,每周四晚上1小时的专家讲座和半小时的跟进讨论,通过班级管理、班级建设、心理教育、家校共育、职业发展、家长课堂六大模块促进班主任专业化发展,助力班主任更好成长。每月我们坚持开展班主任军师经验分享会,通过一个个实践案例,提升年轻班主任管理能力,助推年轻班主任快速成长。

青年队伍:学校成立10年教龄以内的青年教师工作坊,命名为"青芃坊",寓意青年教师能自平凡中破土而出,焕发出蓬勃朝气。学校确立了"教育引导、加强管理、悉心培养、鼓励冒尖"的原则,制定了"一年入门,三年合格,五年成骨干,七年挑大梁,十年形成自我风格"分层培养目标和涵盖"师德师风"和"专业能力"两大板块的培养内容,促使每位青年教师明确目标,坚定前行。现我校的"青芃坊"工作成为了"区德业发展计划"优选项目。

(三)多维度教研活动,培养教师的专业素养

我们立足扎扎实实的常规教研,不断开拓创新,逐渐走出一条多维教研的新路来。我们的教研包括日常教学的"合作式"、专家名师的"引领式"、校内导师的"带教式"、互动辐射的"异地式"、自主分享的"实践式"、项目引领的"团队式"、交流评比的"活动式"、课题引领的"主题式"、基于网络的"延伸式"九个教研方式。

日常教学的"合作式教研"——每周2节课,坚持日常研讨,夯实各学科常规工作。

专家名师的"引领式教研"——定期邀请专家进校,开展讲座、指导课堂,彰显专业引领、智慧碰撞。

校内导师的"带教式教研"——以骨干引领,成立"师徒带教"对子和"青芃坊"团队,缩短青年教师成长周期。

互动辐射的"异地式教研"——走出校门,与兄弟学校加强交流,从而领悟教学新理念,掌握教学新技能。

自助分享的"实践式教研"——结合校内"六类课型",向35分钟要质量。

交流评比的"活动式教研"——每学期开展各类基本功比赛,不断提升教师专业素养。

项目引领的"**团队式教研**"——成立"名师工作室",开展重点项目研讨。

基于网络的"**延伸式教研**"——建立罗小校园网,让网络教研成为常规教研的继续和延伸。

课题引领下的"**主题式教研**"——围绕课题研究开展的教研组、备课组研讨活动。

★课题引领下的"主题式教研":

教研组:围绕课题,每学年四大学科教研组轮流开展"四个一"主题式教研展示,"四个一"指的是一个课题、一个课例、一次研讨、一次点评。旨在引领教研组通过一个学期或多个学期开展真研究,解决真问题,能提炼、总结真成果。

可以说,教研组主题展示活动从内容上确保研究的深入性,从时间上确保研究的持续性,从形式上确保研究的聚焦度,从人员上确保研究的参与度,从而提升教师的专业能力。

备课组:围绕课题,各年级备课组开展"同课异构"研讨活动。此活动分为三个阶段,准备阶段:同年级教师同上一个教学内容,通过"解读教材—集体备课—试教研讨—反思教学",真正体现课题引领,打磨课堂,研磨课堂的过程。展示阶段:各备课组推荐教师展示成果性课堂。成果课融入了备课组团队的智慧,呈现了备课组对课题的深入研究。反思阶段:备课组长对此项活动进行总结交流,力求"边研边思""边思边改""边改边进步"。

可以说,备课组同课异构活动将同年级同学科教师联结在一起,为实现同一目标而努力,形成了众人摇橹划大船的态势。

★自助分享的"实践式教研":

学校每学年开展系列教学活动,促使教师加强课堂转型、教法改进。结合校内"六类课型"展开课堂实践研究,向35分钟要质量,做到高效轻负。我们把这些实践课定义为:"随堂推门课"是把脉会诊;"骨干展示课"是引领示范;"组内研讨课"是加强交流;"青年活力课""师徒汇报课"是促进成长;"公开展示课"才能显出成效。一次次磨课,磨出了我们创新思维的火花,磨出了把握教材的深度,磨出了合作交流的默契。学生在课堂上的学习更自主,思维更活跃,表达更流畅。

★交流评比的"活动式教研":

每学期,我们会针对教师,尤其是青年教师薄弱之处,结合学科特点开展各类基本功比赛,比如:封闭式备课、板书设计、基于单元目标的命题设计、语文学科的文本解读、美文朗读等，以此不断夯实教师的教学基本功，提升教师专业能力。

　　可以说，我们以规范的教研管理，多维的教研活动，越来越清晰地呈现出"研究—实践—反思—提升"这样一个循环往复、螺旋上升的良好发展态势，真正促进每个教师的专业成长，加强了四大学科建设。近三年，学校承担了三十多次区级教研活动，语文、数学、道德与法治教研组先后被评为区"优秀教研组"。

罗店中心校承担区级及以上展示、研讨活动（2017—2020）

序号	日期	内　　容	序号	日期	内　　容
1	2017.03	区小学高年级数学教研活动	19	2018.05	区青蓝工程汇报
2	2017.05	区stem＋综合学习案例观摩活动	20	2018.05	区四年级语文教研活动
3	2017.05	区青陶工程数学研讨活动	21	2018.06	区小学数学研究小二团教研活动
4	2017.08	区一年级统编教材道法教学展示活动	22	2018.10	区小学低年级数学教研活动
5	2017.09	区小学高年级英语教研活动	23	2018.10	接待镇江市教育局特教考察团队交流活动
6	2017.10	区青陶工程数学教研活动	24	2018.10	区自然触碰工作坊和月光宝盒工作坊联合教研活动
7	2017.10	区小学低年级数学教研活动	25	2019.03	区小学一年级数学教研活动
8	2017.11	区小学语文统编教材汉语拼音教学专场教研	26	2019.05	接待甘肃省乡镇中心小学校长培训班
9	2017.11	区小学音乐教研活动暨项目研究启动大会	27	2019.06	承担区小学英语青年教师沙龙课堂展示
10	2017.11	区问题化教学"自然触碰"工作坊研修活动	28	2019.06	接待来自宁波市特教指导中心的考察团队

（续表）

序号	日期	内　容	序号	日期	内　容
11	2018.03	区小学英语公开课展示、主题交流活动	29	2019.12	区小学数学青陶工程培训班专场展示
12	2018.03	区小学四、五年级数学教研活动	30	2019.12	区小学低年级语文教研活动
13	2018.03	区统编教材阅读教学专场	31	2019.12	区小学数字化教材研讨活动
14	2018.03	区车辆模型比赛暨家庭创客嘉年华	32	2020.01	区头脑奥林匹克挑战赛
15	2018.04	接待重庆市沙坪坝特教考察团队交流活动	33	2020.09	区四年级语文教研活动
16	2018.04	区青蓝工程16级课堂教学实践	34	2020.10	区上海未来工程师大赛
17	2018.04	区小学数学青陶工程培训班专场展示	35	2020.11	区低年级数学教研活动
18	2018.05	区小学体育兴趣化教学研讨活动	36	2020.11	区数字化教材研讨活动

（四）多层次课题研讨，增强教师的科研能力

学校确立龙头课题，通过开题论证，开展全员培训，确保有序推进。学科组、备课组确立子课题，制定研究方案，开展主题研讨活动；全体教师则确立个人课题，实施"菜单式"札记管理，落实理论学习、教学设计、课堂实践、经验反思、听课评课、案例撰写等个性化项目研究。每年暑期，我们举办"科研嘉年华"，教师人人制作展板发布研究成果，人人充当评委现场交流提问，增进交流、互动、学习。多层次的课题研讨，不仅让课题研究落地生根，更有效提升了教师的科研能力。去年12月，我们的"科研嘉年华"在区开展的教师专业发展校分会场展示活动中进行了展示。五年来，学校成功申报完成了2个市级课题，2个区级重点课题，8项区级一般课题，曾荣获市基础教育教学成果一等奖，区教育科研成果评比一等奖等。

罗店中心校课题立项情况

类　别	负责人	项　目　名　称
市级 课题	金志刚	形成性练习监控下的学困生学习诊断及跟进策略研究
	杨海燕	基于科学人文素养培育下的家长微课进校园合作管理模式的实践研究
	孙雨辰	基于蒲公英种植园环境下的低年级科学课程资源包研究
区级重 点课题	金志刚	促进小学生深度学习的基础型辅助课程资源开发的实践研究
	徐　琳	小学生科学人文素养培育的统合性课程建设研究
区级一 般课题	高文芳	小学语文阅读教学中学生语言训练与思维能力协调发展的策略研究
	张梦婷	基于小学数学核心素养培育下的学具有效切入的案例研究
	朱国燕	基于单元整体设计下提高小学生英语书面表达兴趣与能力的策略研究
	徐丹丹	基于STEM教育理念下的改善小学校园环境问题的实践研究
	陆惠芳	小学行为情绪异常生随班就读适应能力的个案研究
	彭　越	小学水墨人物画中融合沪剧人文元素的教学实践研究
	颜晓慧	小学语文课堂中探究情景教学的策略与研究
	苏丽慧	小学中高年级英语口语量化评价可行性研究

（五）多元化课程建设，提升教师的课程能力

在创建新优质学校过程中，学校以"启梦"课程建设为抓手，带领全体教师开启了课程开发之路。2014年开发了160课时的《蒲公英》种子课程，让具有地域和学校特色的项目在每个孩子心中发芽；2015年首创了《彩虹桥》家长课程和积点评价，家长课程让孩子拓宽视野，积点评价让孩子得到激励；

2016年设计了《野百合》活动课程，有每月主题节、各年级成长礼、罗小系列秀，给孩子们搭建了展示自我的舞台；2017年完善了100门《七色花》社团课程，以此满足不同孩子的发展需求；2018年出版了《启梦》一书，阶段总结课程建设之旅；2019年开启《启梦》2.0版建设之路，用项目化学习来深化学校课程，努力让每个孩子成为心智自由的学习者。所有的这一切，学校老师人人参与，没有一个例外。学校课程得以开发的同时，无论是老教师，还是小青年，跨学科教学的专业能力得以发展，课程整合意识、课程开发能力及课程执行力也得以提升。

（六）多样性项目创建，成就教师的职业幸福

每位教师都有发展的需求，都有成功的愿望。学校通过多样性的项目创建形成团队，如青芘坊、科技工作室、语文工作室、艺术教育团队、感恩教育研修团……发挥骨干教师引领作用，让他们在自己擅长的领域展现风采。如科技上我们一直有个梦想，梦想头脑奥林匹克项目能代表中国站上世界舞台，为此科技辅导员带领一批青年教师组成团队，集众人之长，使科技特色在传承中创新发展。在世界头脑奥林匹克总决赛、国际发明展、全国创新大赛等比赛中，荣获多项金奖。圆梦的同时，科技辅导员被评为"上海市乡村名师"，青年教师体会到了追逐梦想的快乐和实现梦想的幸福。多样性的项目创建，让教师在获得成功的同时，感受成长的快乐，职业的幸福。

（七）多平台辐射引领，助推区内的教师发展

2015年，学校被评为"区语文学科基地"。我们紧紧依托这一平台，做强学科教研、形成学科特色、助推教师成长。在做优自己的基础上，充分发挥辐射引领作用：一是以语文学科为例，推动其他学科建设，呈现了校内四大学科百花齐放的良好局面。学校也由原来的"区学科基地"升级成为"区规培基地"。二是通过承担多次区级教研和区交流活动，推广我们的多维教研模式，辐射带动区内学校的研修机制。三是通过夯实见习教师的规培活动，开展浸润式带教，为兄弟学校培养了76名见习教师，也造就了校内外一批骨干教师的成长。四是接待各类团队来访，通过参观、展示和介绍把有效的办学经验辐射至国内各个地区。除此之外，学校还是"市德育教导跟岗基地""区名校长干部带教基地""区年轻干部实践基地"，这些基地的带教实践，助推了校内外一批年轻校长、青年干部的成长。

教师的优质发展带动着学校的优质发展。学校现成为了家长称赞、学生

向往的老百姓家门口的优质学校。同时，一批优秀教师孕育而生。金志刚荣获全国未成年人思想道德建设先进个人、市优秀农村教师标兵、市教书育人楷模(提名)，王伟龙荣获"市乡村名师"称号，金志刚、朱金华、徐琳、高文芳等分别荣获"市园丁奖"等。一批青年教师也在各个领域崭露头角：4人参加了市优秀青年教师培训班，9人加入了区"青陶工程""青蓝工程"，6人加入了区教研员领衔的优秀青年教师团队。

姓　名	称　号
金志刚	全国未成年人道德建设先进个人
金志刚	上海市优秀农村教师标兵
金志刚	上海"为人为师为学"先进宣传典型
金志刚	上海市教书育人楷模(提名)
王伟龙	上海市乡村名师
朱金华	上海市优秀园丁
徐　琳	上海市优秀园丁
高文芳	上海市优秀园丁
金志刚	2018感动宝山人物
王伟龙	宝山区"四有教师"模范

姓　名	各 类 培 训 班
施瑜静	市优秀青年教师培训班
车凤珊	
罗　婷	
陈志婷	

（续表）

姓　名	各　类　培　训　班
张梦婷	区"青陶工程"培训班
林潇斌	
吴冰彦	
颜晓慧	
朱　艳	
施瑜静	区"青陶工程"培训班
沈静雯	区"青蓝工程"培训班
朱　艳	
范文涛	
颜晓慧	区教研员领衔的优秀青年教师团队
夏玲燕	
胡品贤	
吴冰彦	
朱　艳	
陈志婷	

　　我们就是通过坚持做好七件事情，从而创设良好的学校文化，丰厚教师主动发展的土壤，激发教师主动发展的内驱力，促使每位教师心怀梦想，主动作为，执着前行。

第三部分　未来思考

1. 师德建设适应时代需求

以《新时代中小学教师职业行为十项准则》为标准，明确新时代教师职业规范,将师德与教师的日常教学工作相结合,与新时代要求相结合,从不同视角下诠释师德观,深化师德师风建设。

(1) 培育传统历史视角下的师德素养。

(2) 培育社会舆情视角下的师德素养。

(3) 培育家校沟通视角下的师德素养。

(4) 培育自我调适视角下的师德素养。

(5) 培育团队合作视角下的师德素养。

2. 专业提升实施项目推进

我校现有"青芃坊"项目入选"区德业发展支持计划"优选项目,让我们看到项目化的校本研修使得培训目标更加明确,项目实施过程更加有效。因此,后续我们将逐步对现有系列培训课程通过项目化的方式推进,从而提升校本研修的有效性。

(1) 教学专业能力提升研修课程。

(2) 育德专业能力提升研修课程。

(3) 科研专业能力提升研修课程。

(4) 课程专业能力提升研修课程。

作为市优秀教师专业发展校,我们将冷静科学地面对并积极回应社会与时代对教育需求的挑战,熔铸品质教育,深化学校内涵,继续探索教师成长的规律,营造教师自我成长、追求卓越的专业发展氛围,助推教师的专业能力发展,成为新时代的"四有"教师。

(三) 青年教师培养:标本兼蓄　共享共赢

皮亚杰指出,"有关教育与教学的问题中,没有一个问题不总是与师资培养问题有联系的。如果得不到足够数量合格的教师,任何最使人钦佩的改革也势必要在实践中失败。"我们学校的教师发展中一项十分重要的战略任务是青年教师的培养。全校一线任课教师57人,由于最近几年老教师的退休,每年陆续进入多位青年教师,如今累计有23人,占任课教师的40%。为此,我们把青年教师的培养当作一项基础工程来抓,积极创造各种条件,为他们的快速成长铺路搭桥,创设平台,使一大批青年教师如雨后春笋,茁壮成长。

学校对教师发展问题首先作出顶层设计,系统规划,促进青年教师思想能力与实践能力的发展,实现青年教师发展的标本兼强。青年教师的发展的关键在于教育理论知识转化为教育教学实践能力,培养起正确的教育教学思维,在具体教育情境下解决教育实际问题,这才是他们教育教学上的本。只是停留在技术层面的教研与听课,还只是治标的问题。要促进青年教师发展,对学校而言重在营造良好的教师发展环境,对于青年教师个体来讲,学术性实践是关键。

我们学校着重做了以下几方面工作:

1. 制定发展目标,明确青年教师成长的方向

目标对人的行为具有导向和激励作用。明确的、有价值的目标能诱发人的动机和行为的产生,并指引人的活动方向。青年教师的成长和培养是有阶段性的,为此,我们学校针对不同阶段的青年教师提出了不同的培养目标。即"一年入门,三年合格,五年成骨干,七年挑大梁"的目标。

一年入门:通过一年的教学实践,初步熟悉教学模式。

三年合格:经过三年的教学实践,较好地熟悉本学科各年级的教材,较熟练地掌握教育教学方法,能够进行循环教学,成为一名合格的教师,教育教学效果较好。

五年成骨干:经过五年的教学实践,在本学科的教学方面有一套比较成熟的教学方法,教学成绩突出,在备课、上课等方面能够独当一面。

七年挑大梁:经过七年的教育教学实践,形成自己的教学风格,教学成效显著,成为校内本学科业务方面有影响的领军人物。

2. 加强师德教育,做一名合格的青年教师

青年教师刚刚参加工作时,往往工作热情高,都希望自己能成为学生心目中的好老师,但对如何把自己锤炼为一名合格的教师,往往并不十分清楚。为此,学校主要从以下三方面入手:

第一,加强对青年教师的师德教育。由书记每个星期五进行培训:学习《教师的职业道德及其内容》《教师必须注重言传身教》《遵循规律,教书育人》等内容。请学校优秀教师现身说法,用身边的典型人物、典型事例进行生动、活泼的师德教育。让青年教师逐渐明白作为为人师表的教师,理所当然应是道德的表率和文明的楷模,要爱岗敬业,要有"为学生服务"的心态,不能把自己看得高高在上,要爱学生、尊重学生,与学生建立平等的新型师生关系,以勤勤恳恳的态度、一丝不苟的精神去感染学生,用自己的知识和智慧去征服学生。在近几年中,多名青年教师写了入党申请书,并以党员的标准严格要求自己,在本职岗位上发挥了模范作用,在青年教师队伍中产生了良好的榜样激励作用。

第二,引导青年教师学术性实践。解决青年教师的教学思维缺失,必须从教学技术层面的改进提升到教育思想力建构的回归,否则容易造成教师发展的低水平反复,青年教师对教学中遇到的问题,就会只知其然,不知其所以然。因此,我们对青年教师的指导中,十分重视教学思维的培养,用教育教学理论解释教学行为。例如备课基本框架的逻辑关系与表达的逻辑性。教学内容与方法与教学目标之间的脱节,是当前教师备课中普遍的现象,我们就狠抓这个问题,培养青年教师的教学思维。我常提醒青年教师,不要像有种医生不会看CT片子,只是阅读CT报告,因此对病情的把握缺乏医理的解释。我要求青年教师要"学会发现自己的教学,解释自己的教学,欣赏自己的教学",所谓的"欣赏"就是能够在学术性实践上对自己的教学确信。

第三,鼓励青年教师学会反思。美国学者波斯纳曾提出一个教师成长公式,即"经验+反思=成长"。基于这一认识,学校要求新教师每天晚上写一定篇幅的反思,并把其纳入教学常规检查内容,第二天上交校长办公室。校长每天亲自阅览,书写批语。读着校长鼓励的话语,青年教师的心暖暖的,工作的劲头更足了。通过每天的反思,也大大提高了他们发现问题和解决问题的能力。

第四,鼓励青年教师多看书。学校不仅为青年教师赠送优秀书籍,还特地举办了读书座谈会。在会上,青年教师热烈交流,畅谈了自己近阶段读书过程的收获与感悟,并将自己读过的好书向大家推荐,共享其中的精华和快乐。校长也亲临会场,与青年教师畅谈读书心得。古人云:"最是书香能致远,腹有诗书气自华。"通过这次读书座谈会,青年教师们进一步认识到了读书的紧迫感和重要性,他们表示在今后一定要挤出时间多阅读好书,让读书逐渐成为生活的一部分。

3. 搭建成长平台,拓宽青年教师成长的途径

青年教师要持续快速成长,释放他们特有的激情和才华,必须搭建青年教师的成长平台,多渠道,多途径地为他们提供用武之地。

(1)落实"师徒结对"工程。

青年教师充满活力,知识水平高,接受新事物的能力强,然而,他们教学经验不足,如何在这张白纸上绘出灿烂的图画来,这就需要在他们走上讲台时有一个好的引导,好的榜样。师徒结对无疑是最好的途径,它是青年教师发展的阶梯。

俗语说:达者为师,能者为师。学校历年来非常重视青年教师"传帮带"

活动,每学期开学初,召开师徒结对会议,所选的师父都是学校业务过硬、经验丰富的骨干教师和学科带头人。被带教的老师定为三类:一是新上岗的老师,以树立正确的职业观念,熟悉教材教法,掌握教育教学的基本技能,尽快适应教学为目标;二是教育教学能力有待进一步提高的青年教师,以转变教育观念,改进教学方法,提高教学质量为目标;三是具有发展潜力的青年教师,以继承和发扬名优教师优秀教学思想和成功经验,形成自己的教学风格和教学特色为目标。

师父要全方位地对徒弟进行指导和督查,每月重点审阅徒弟至少两份自备教案,给予悉心指导。同时要经常深入徒弟课堂听课,每月至少听徒弟1节课,并认真做好听课记录。课后从课堂语言,课堂组织,学生习惯培养等方面给予针对性地点评和指导,对于徒弟难掌握的知识点,要示范引领。徒弟要主动自觉地向师父虚心求教,做到有疑必问,努力学习师父的敬业奉献精神和先进的教学方法。认真过好三关:知识关、备课关、上课关。一年的新教师必须全部手备教案,五年以内的青年教师三分之一手备教案。每学期至少听25节课,可以是师父的课,也可以是其他教师的课,做到取一家之本,采众家之长,逐步形成自己的教学风格。期末向学校领导汇报一堂实践课,上交两份经过师父修改的优秀教案,撰写一篇学习体会,一份拜师总结。

每当青年教师有比赛任务时,师傅们更是倾其所有,和徒弟一起一次次地研读教材,一次次地试教磨课完善教案,大到教学过程的设计,重难点的把握,小到教师的过渡语、点评等。这一学期,学校开展了青年教师教学比赛活动、家长半日开放活动。他们接受任务后,立刻和师父一起投入紧张的备课、试教活动中。教导主任高老师虽然要代表宝山区参加市级教学比赛,但是她仍尽心尽责地辅导新教师王信娟的比赛课,精彩的课堂获得了大家的一致好评。在家长半日活动中,毛菲菲、汤雯雯两位新教师虽然只踏上工作岗位一个多月,但是她们在课堂上表现出的那份沉稳与自信,让每一位听课老师刮目相看,同时也受到了家长们的好评。事后每位参赛教师对整个磨课、上课过程进行了认真的反思,教师会上精彩的交流赢得了老师们热烈的掌声。一句句发自肺腑的谢意也表达了徒弟对师父由衷的感谢。正是师父默默无闻的无私奉献,推动了青年教师,成就了青年教师,将一个个青年教师推上了高高的荣誉台!

(2)督促勤练基本功。

写一手漂亮的粉笔字,是每个教师的向往,也是为人师的基本技能。在信息技术高度发达的今天，多媒体辅助教学已经广泛被课堂教学所利用，传统的板书越来越被淡化和疏忽。为此，学校特地为每位青年教师发了一本字帖，要求每周完成2张钢笔字。学期末举行了一场别开生面的粉笔字比赛。比赛现场，老师们个个凝神运气，认真书写，充分展示了自己最高的书写水平。这些板书雄浑流畅，有顿有挫；横竖有法有章，干练整洁，体现了每位青年教师的基本素养，彰显出了他们背后付出的辛勤。通过本次比赛，不仅重新锻炼了教师们的书写能力，更重要的是加强了他们对于传统板书的重视程度。

（3）深入课堂听课。

为了切实提高课堂教学质量，帮助青年教师尽快成长，我校一直坚持领导深入课堂指导青年教师的制度。听课时主要看其课前准备情况、课堂组织能力、教学过程的清晰、学生的课堂学习习惯（倾听和表达）、赏识教育等，课后及时与任课教师反馈。在肯定他们课堂教学中优点的同时，指出了青年教师在教学设计方面存在的问题。经过领导的指导，授课的几位青年教师受益匪浅，在学到先进教学理念的同时也掌握了一些实用的教学方法。领导深入一线、一对一地进行指导，充分激发了每位青年教师的学习、钻研的热情，切实提高了青年教师的业务水平。

（4）开展阶段性跟踪指导。

青年教师具有一定的不稳定性，这不仅反映在待人处事上，也反映在平时的教学工作中。我们在教学业务上采用了阶段性跟踪指导的方法，对其备课、上课、作业批改等方面作定期跟踪。俗话说，五个手指头伸出来有长短，教师能力高低是客观存在的。在跟踪中，我们坚持鼓励的原则，促进青年教师不断地完善自我，不断地提高驾驭教材、课堂教学、作业指导等技能；在跟踪中，不断地挖掘青年教师的潜在能力，使其在教学中发挥自己的长处，逐渐形成自己的教学风格。如开学初，行政领导进行第一次随堂课听课活动，对于在课堂教学中有较大问题的教师进行跟踪听课，帮助其逐步提高驾驭课堂的能力。

（5）压担子促使快速成长。

给青年教师压担子，这是一种有意识的培养。"宝剑锋从磨砺出，梅花香自苦寒来。"布置工作时，学校常常有意识地把工作的重担往青年教师肩上放，给他们充分的实践机会。如让他们承担各种公开课的比赛，杨海燕和张虹两位青年教师承担了宝山区教育技术应用有效性教学评比；又如：在第十届中青年教学比赛中,六位青年教师参加了沪太路区域比赛。他们不负众望,积极备战,四位青年教师出了线,其中张虹、杨瑜两位青年教师将参加区里的决赛。让他们在教学第一线"唱主角""挑大梁",在实践中见世面、长知识、增才干,促使了一批青年教师迅速成长起来。压担子,压的是信任、压的是支持、压的是责任。青年教师在这种"信任、责任、压力"的感觉下,将其变成了前进的动力。为了更加促进他们向拔尖人才的目标迈进,学校又根据实际情况,为他们进一步展示才华提供位子,鼓励他们崭露头角、显示才华。如让青年教师担任教研大组长、年级组长,让青年教师担任同年级同学科的备课组长,让青年教师参加课题的研究。比如赵丽萍老师的《基于小学低年级数学跟进式学习诊断的课后学情分析与对策研究》,杨瑜老师的《小学语文课堂5分钟后学生言语训练针对性教学的策略研究》申报了区级课题……

总之,学校采取的一系列有效措施,提高了青年教师的综合素质,促进了我校素质教育的全面发展。青年教师的有效培养,为我们学校教育教学质量的不断提升提供了根本支撑,也为我们学校的可持续发展提供了不竭动力。我们将继续加大培养的力度,使其绽放绚丽的青春!

青年教师的培养是系统工程,我们学校用心实施,这是这项工作的前提。我们学校对青年教师怀着"诚心与尽心、爱心与慧心"精心培育,取得了丰硕成果。

用心实施 辐射引领 共享共赢

随着学校的搬迁扩班,学校呈年轻化的态势。如今任教10年以内的青年教师有39人,占了46%的比例。新教师队伍人数的壮大,虽然为学校增添了不少活力,但也使带教工作面临更大的挑战。因为它关系着学校的未来,为此学校特地成立了"青芃坊",寓意所有青年教师能如坊名一般,自平凡中破土而出,焕发出蓬勃朝气,为罗小的明天添砖加瓦!为了助推青年教师快速成长,学校高度重视,用心落实。

一、"诚心"支持,"尽心"配合

区见习教师规范化培训活动,如同一阵春风,带来勃勃生机。学校在校长带领下进行了全程管理与监督,使培训活动顺利实施,有效开展。

1. 案例撰写——老少搭配齐备战

我们及时了解了见习教师对于案例指导需求,邀请了经验丰富的科研主任徐老师为他们做讲座,事后,又一次次地指导修改。

2. 上课指导——教研团队来相助

学校专门成立了教研组团队，配合基地学校的师傅共同指导见习教师。每次试教，教研团队共同参与。一次次地磨课，使他们解读教材和驾驭课堂的能力有了长足进步。

3. 演讲操练——周五学习来练兵

学校不仅安排专家对见习教师给予指导和帮助，还多次利用周五学习时间进行大练兵，事后进行一对一交流，力求以最认真的态度，最充分的准备参加比赛。

二、"爱心"培养，"慧心"塑造

丰富多彩的活动，使一批批青年教师茁壮成长。

1. 目标制定，明确方向

明确的、有价值的目标能诱发人的动机和行为的产生，并指引人的活动方向。青年教师的成长和培养是有阶段性的，为此，我们学校针对不同阶段的青年教师提出了不同的培养目标，即"一年入门，三年合格，五年成骨干，七年挑大梁"的目标。

2. 师德培养，爱岗敬业

师德是教师之魂，育人之本。在日常工作中，党支部高度重视青年教师良好师德的培养，经常不定期地进行相关德育培训，有"明星班主任经验交流"、观看电影《放牛班的春天》、新教师工作交流等。一系列的活动，不仅帮助见习教师平稳地走好了教育生涯的第一步，同时进一步认识了教师职业的伟大，提升了教师职业的幸福感，树立了"学高为师，身正为范"的教育原则。

3. 师徒结对，辐射引领

为了充分发挥区、校两级骨干教师的"传、帮、带"作用，每学期学校都要开展师徒结队活动。要求师父做到"三带"：带师魂、带师能、带师德。要求徒弟做到"三学"：学思想、学本领、学做人。

4. 丰富活动，提供平台

学校一直把青年教师的培养当作一项基础工程来抓，积极创造各种条件，为他们的快速成长铺路搭桥，创设平台。

（1）开展随堂听课，常规指导不懈怠。

每学期，行政领导都会多次深入一线进行青年教师随堂课听课活动，课后及时反馈。领导的重视，有效激发了每位青年教师学习、钻研的热情。

（2）开展活力课堂，追求有效教学。

每学年第一学期，学校都会开展35周岁以下青年教师"活力课堂"比赛。邀请学校领导、教师、家长共同参与听课、评课活动。在此基础上，我们还积极开展学科组的交流、网络评课活动，为比赛创设浓厚的教学研讨氛围。

（3）开展师徒汇报，展望美好未来。

每学期末，学校积极开展师徒汇报课活动。徒弟们在师父的引领下，上出了一堂堂精彩的课，赢得了老师、家长的好评。

5. 练基本功，扎实功底

（1）练钢笔字。

在信息技术高度发达的今天，我们仍然高度重视青年教师的书写，特地为他们发了字帖，要求每周完成2张钢笔字。每学年开展钢笔字或粉笔字比赛。

（2）勤读书籍。

学校非常重视教师的读书活动，尤其是青年教师，要求每月阅读一本书，撰写一篇读后感，每学期末撰写一篇读书总结。在此基础上，每学年第二学期开展读书沙龙活动，旨在通过推荐、分享、朗诵、聆听等形式，来展示和诉说读书带给我们的精神升华和心灵启迪。

6. 专家引领，稳步发展

学校不仅加强自培力度，同时，还采用"走出去"和"请进来"的培养模式。走出去：经常安排全部"青芃坊"教师参加市级的听课活动。如语文的"浦江之约"、数学的"华人数学"大赛、英语的"两岸三地"教学研讨活动。请进来：即学校不定期的聘请各学科区教研员，定期聘请汪诗悦、金永珍、李明老师来到校诊断青年教师的课堂。专家们的一次次引领，一次次地诊断把脉，使我们的青年教师眼界更开阔，思想更深邃，教师的梯队建设初见成效。

7. 勇压担子，促使成长

"宝剑锋从磨砺出，梅花香自苦寒来。"为了给他们施展才能的空间，沈芸等9位青年教师担任了教研组长或备课组长一职。压担子，压的是信任、压的是支持、压的是责任，在这种"信任、责任、压力"下，他们将其逐渐变成了前进的动力。

如今，一批优秀青年教师小荷已露尖尖角。在第十二届区中青年教学比赛中，学校共派了15位教师参加区域比赛，其中"青芃坊"教师12人，4人顺利出线参加了区里的决赛，分别获得了二、三等奖。颜晓慧等12位教师加入了区教研员领衔的优秀青年教师团队；朱燕雯等11位优秀青年教师多次承担了区级公开课。徐丹丹等10位青年教师多次获得区级以上的奖项。

三、未来两年的工作思考与推进举措

第一，努力提升教师专业发展的内驱力。现在教师专业发展很大程度上是通过学校搭建的一系列平台和考核奖惩制度来推进，教师自我发展的内驱力还不够。

第二，"学陶师陶"日常化。充分挖掘学校"学陶师陶"先进事例，由部分带动全体，在校内创设爱岗敬业、爱生如子的良好师德氛围。

第三，继续为青年教师搭建发展平台，提供展示机会，满足青年教师的发展需要，同时构建青年教师的成长激励机制。

我们学校基于青年教师的心理特点，关注他们的个体成长与群体发展之间的双向互动，引导、倡导与支持青年教师的非行政性的专业群体，为青年教师专业发展营造适合他们的环境。

助力十年教龄内青年教师德业发展的"青芃坊"项目

我们罗店中心校是一所地处上海市北端的农村小学。随着2013年学校的搬迁扩班，教师队伍逐渐呈年轻化的态势。目前，10年以内教龄的教师有41人，占了教师总数的48.8%。青年教师队伍的壮大，虽然为学校注入了新鲜血液，增添了不少活力，但也给学校的管理和发展带来了新的挑战。如何为青年教师提供适合生长的土壤，让这些新苗早日发芽抽条、茁壮成长？这几年，我们通过不断实践，慢慢摸索出了一套较为有效的青年教师培养模式：

一、特色项目实践基础与已有成效

（一）建立团队，明确发展目标

为了促进十年教龄内青年教师的德业成长，学校成立了工作坊，命名为"青芃坊"，寓意罗小所有的青年教师能自平凡中破土而出，焕发出蓬勃朝气。同时，针对不同阶段的青年教师，学校提出了不同的发展目标，即"一年入门，三年合格，五年成骨干，七年挑大梁，十年形成自我风格"，让每位青年教师在成长之路上，明确目标，坚定前行。

（二）学陶师陶，树立良好师德

每周五上午第四节课，由学校支部成员轮流对青年教师进行职业道德、教育信念、个人规划方面的专题培训，开展学陶师陶交流、教育梦想演讲、赏

识教育分享、爱生故事讲述等内容丰富、形式多样的活动,引领青年教师树立良好师德。

(三)多维培养,提升专业能力

1. 师徒带教的"捆绑式"培养模式

针对刚踏入教师岗位一、二年的新教师,学校安排区、校两级骨干每周实施一对一捆绑带教工作,从教学技能、育德能力、班级管理等方面进行全方位指导,促使其在较短时间内适应教育教学岗位的基本要求,尽快入"门"。

2. 学科研讨的"主题式"培养模式

每月,"青芃坊"分四大学科定期开展主题引领下的课堂教学研讨活动,由学科分管领衔主持,青年教师轮流上课,骨干教师跟进指导,不断加强青年教师解读教材、设计教案和课堂驾驭能力,从而掌握基本的课堂教学方式,尽快入"行"。

3. 交流评比的"活动式"培养模式

每年,学校组织"青芃坊"教师开展"阅读交流""三笔字评比""活力课堂""命题设计""封闭式备课""个人风采秀"等系列评比活动,促使青年教师不断锤炼基本功,扎实自身功底。

4. 专家名师的"引领式"培养模式

针对一批有潜力的青年教师,学校着力加强培养力度:一方面鼓励走出校门,聆听名师课堂,更新观念,开阔眼界;另一方面邀请区教研员定期来学校把脉诊断,交流研讨,跟进指导。专家名师的专业引领,促使一批青年快速成长,成为学校强大的后备力量。

学校以多维的培养模式夯实青年教师队伍建设,获得了一定的成效,一批青年教师已初露锋芒:3人加入了特级教师潘小明主持的"青陶工程"团队;9人加入了区教研员领衔的优秀青年教师团队;11人承担了20余节区级公开课;9人已被评为新一轮校级骨干教师。2018年,我们15人参加区第十二届中青赛,其中12人是"青芃坊"成员,有4人获区等第奖,1人获市二等奖,成绩喜人。

二、未来两年的工作思考与推进举措

以习总书记"四有"教师为目标,通过"青芃坊"德业发展项目建设,培养有理想信念、有道德情操、有扎实学识、有仁爱之心的新时代青年教师队伍。

(一)师德建设,培育青年教师仁爱之心

以《新时代中小学教师职业行为十项准则》为标准,明确新时代教师职业规范,将师德与教师的日常教学工作相结合,与新时代要求相结合,从不同视角下诠释师德观,深化师德师风建设。

1. 培育传统历史视角下的师德素养。

2. 培育社会舆情视角下的师德素养。

3. 培育家校沟通视角下的师德素养。

4. 培育自我调适视角下的师德素养。

(二)价值引领,点亮青年教师教育梦想

1. 通过培训、交流、学习,形成积极的价值取向,激活青年教师主动发展的内驱力。

2. 制定个人发展目标,引导每位青年教师做最好的自己,做更好的自己。

3. 点亮青年教师的教育梦想,鼓励他们为梦想而提升自己、努力前行。

(三)课程开发,助推青年教师专业成长

1. 带领全体青年教师参与学校重点课题研究,通过基础型课程辅助资源的开发,提高课堂有效性,促进青年教师专业成长。

2. 继续搭建青年教师成长的平台,如活力课堂、读书沙龙、教学评优等,提供展示机会,满足青年教师的发展需要,助推青年教师专业成长。

(四)项目创建,成就青年教师职业幸福

1. 开展特色项目创建,形成各个特色项目团队,如OM梦之队等,发挥学校骨干教师引领作用,带动青年教师成长,让他们在获得成功的同时,感受到职业的幸福。

2. 开展学科项目创建,形成各个学科团队,发挥学校骨干教师引领作用,带动青年教师成长,让他们在展示风采的同时,感受到成长的快乐。

相信在罗小这片丰厚的土壤上,每位青年教师只要坚守梦想,坚持实践,定能让自己发芽抽条、茁壮成长、开花结果,成为德业发展的优秀青年教师。

我们学校持着开放的态度对待青年教师的培养,立足于校本,充分利用校外资源,为青年教师提供尽可能多的机遇、机会接触优秀的教师与专家,也尽可能地搭建多种平台,让青年教师拓展教育视野,开阔教育心胸。我们抓住学校创建"区见习教师规范化培训基地"的机遇,更进一步规范青年教师的培训,同时也在辐射引领中梳理青年教师培养经验,提升青年教师培养的能力。

制度保障规范管理精心培育助力成长
——罗店中心校创建"区见习教师规范化培训基地"申报陈述

作为创新优质学校,我校一直秉承着"要创办老百姓家门口的好学校,师资建设是首要"的宗旨,近年来十分重视教师培训。特别是随着学校规模的扩大,每年都有新教师投入到我们的教育队伍中,因此学校师训方面下足功夫,短短几年我校的青年教师已在区内教育教学活动中崭露头角,成绩喜人。2人加入了特级教师潘小明主持的"青陶工程"团队;4人加入了区教研员领衔的优秀青年教师团队;1人加入了"区体育兴趣化课改"工作室;1人加入了"自然碰触工作坊"。

一、规划先行、制度保障

一所优质的学校离不开强有力的师资培训,强有力的培训离不开顶层设计,优异的顶层设计来源于师训领导部门集体的智慧。因此,我校成立了校级师训办,由校级领导亲自领衔,德育室、教导处、科研室等部门共同参与。由校长(书记)、副校长、科研主任、教导主任等组成的核心团队把握学校师训工作的大方向,负责总体规划。我校寒、暑假中层研讨活动已成为一项制度,在放假前核心团队会确定研讨主题与学校新学期发展方向,中层干部利用假期思考自己新学期的工作设想,假期中安排时间研讨,会议上大家热烈发言,为学校新学期师训工作献计献策,从而使我校的师训工作高效运行。学校特意设立新教师、青年教师培养工作管理责任人,每学期制订好培养方案并撰写好总结,期末召开总结会议表扬先进。师训工作需要有好的规划,更需要制度的保障,我校有一套较为完善的师训制度,如师德考核、周五教师业务学习、教研(备课)组活动、每月业务考核、教学常规、暑期培训、师徒结对、新教师培养、新班主任培养、班主任例会等。值得一提的是我校的教学常规"六认真"制度,对备课、上课、作业、辅导、评价、反思等教学常规进行了细化,在总的制度下语、数、英、综合等学科分别有分学科的教学常规制度,作为一名新教师在认真学习教学常规后就能较快地胜任日常教育教学工作。

二、导师过硬、课程跟上

一直以来我校就重视师徒结对工作,因为这项工作既培育了新教师、青年教师,也推动了成熟型教师专业成长。在区新一届教学骨干评聘活动中,我校有1位教师成功评上学科带头人,7位教师评上教学能手,并且涉及学科广。除了区级骨干外还有一批校级骨干,区、校两级骨干组成了师德高尚、业务过硬的学科指导团队。指导团队成员是学校的中坚力量,在他们的努力下我校承担了1个市级课题、2个区级重点课题、16个区级一般课题;论文获得全国级、市级、区级各类奖项共52个;市级中青年教师教学评选二等奖1人,近两届区级中青年教师教学评选一等奖1人、二等奖2人、三等奖3人。而在教师培训课程方面我校有3位教师设计开发的教育教学培训课程被认定为教师培训区级共享课程。

三、培育有方、活动丰富

近几年,我校着力加强四大学科的建设,提出了打造语文特色学科、数学强势学科、英语精彩学科、综合魅力学科的设想,力求各门学科的均衡发展,促进学生全面发展。于是逐渐走出了一条多维教研的新路来。专家名师的"引领式教研"、延伸辐射的"异地式教研"、自助分享的"主题式教研"、校内评比的"活动式教研"、基于网络的"虚拟式教研"等。为了让新教师、青年教师能够更好地成长,学校特意成立了"青苋坊",在学校固定的每周教研活动外再增加活动的次数,组织理论学习、读书交流、教学观摩、外出学习等活动。因此,语文学科在区第七届教研组评比中荣获"优秀教研组"称号,并成为了宝山区"万名教师提质工程"之"语文学科基地"。数学学科、品社学科双双获区第八届优秀教研组称号。

四、平台选建、辐射引领

近三年,我校承担了区级层面的学科教研活动多达30余次,涉及语文、数学、英语、美术、音乐、自然、探究等各个学科,呈现百花齐放,齐头并进的局面。作为区语文学科基地,我们承担着周边兄弟学校见习教师的规培工作。学校围绕"扎实规培工作,引领青年入'行'"这一宗旨,从"各类讲座,有的放矢""聚焦课堂,践行教学""自主学习,广泛阅读""开展评比,提升素养"和"加强反思,不断改善"五个板块开展各项培训工作,为职初教师个人的可持续发展夯实基础,促使其能尽快适应、胜任教育教学岗位。在区见习教师"两选三评"活动中,我们基地的见习教师获得了比较良好的成绩。2015学年1人获一等奖,3人获二等奖;2016学年3人获一等奖,1人获二等奖,2人获鼓励奖。2015年,我校接受了市教委对聘任学校的督导调研,我校对青年教师的培养工作获得了市专家高度赞扬,并在区内进行了交流。最值得自豪的是2016学年全区语文学科课堂教学评比活动共设立了三个一等奖,我们基地校就占了两个。在区学科中期评审活动中荣获二等奖,并接受了区教研员和全体小学语文学科基地领衔人的调研,得到了大家的一致好评。我校是华师大普教研究中心实践基地,每年举行年会的时候我校总有教师积极参与评选并喜获奖项,2018年的活动放在我校举行,对于提升我校教师科研能力有着极大的推动作用。我校还是市德育跟岗基地,承担本区与外区的德育主任相关培训任务,充分发挥了辐射引领的作用。

五、创建基地的思考

第一,成立领导小组,结合见习教师实际需求和薄弱点,制定合理有效的培训制度和方案,做好见习教师规范化培训的顶层设计。

第二,精选师德高尚、业务精湛、有较强指导能力的优秀教师,组成带教团队,实现团队优势资源共享和个别带教相结合培训模式。

第三,着力开发有助于职初教师快速成长的系列性培训课程,全面提升其师德素养、课堂教学、教学研究、班级管理的基本技能。

"长风破浪会有时,直挂云帆济沧海。"近几年,我校全体教师始终以饱满的热情,高昂的斗志,团结一心,携手共进,迎接着一次又一次新的挑战!我校创新的师训模式、多维的教研活动、有效的青年带教、扎实的基地规培……均呈现了学校在教师培训方面形成一套行之有效的管理策略、培训方法、带教经验。本次申报"见习教师规培基地"如能成功,相信我校不仅能在区域内起到辐射示范引领作用,同时也能进一步助推全体教师的专业成长,实现双赢的良好局面。

(四)用科研引领教师专业发展

我们学校本着"深化教育科研兴校,服务学校科学发展"的理念,以"科研兴教、科研兴校"为指导思想,以提高教师教育、教学能力和促进学校发展为目标,以教师人人参与,关注研究过程为价值导向,强化学校发展统领性项目引领,增强学校教育科研力,促进学校发展内动力。在教师专业学习方面,以往的师训往往较多的是碎片式培训,培训过分注重技术层面,而缺乏以深层的理论诠释实践,缺乏指导实践的理论储备,也缺乏深化反思的研究提炼,在教师专业素养的建构上缺乏真正的引导力,因此,缺乏深度与系统的师训导致了浅学习的弊端。学校通过教育科研,努力解决这些问题。

我们确立学校教育科研的工作目的是科学地改进与发展学校的办学,提升学校的教育力,最终服务于学生快乐健康的成长。不能为"教科研"而教科研,不能脱离学校的教育教学,把教育科研与办学变成两张皮。我们坚持健全学校科研制度,完善学校科研运作机制,提升全体教师的科研意识、科学研究能力,提升学校科研的有效性。

我们的主要做法有:

1. 全力开展学校素质教育实验项目

我们在不同时期先后以学校行为组织和推动学校素质教育实验项目"'五恩'体验—践行教育模式的实践研究""小学生科学人文素养培育的统合性课程建设研究"(市教育规划课题)、"基于4R理论下农村小学科学人文素养培养的统合课程建设的实践研究"(市教育规划课题),同时学校还是区数学"智适应教学"实验校、"上海市义务教育项目化学习三年行动计划"项目实验校。我们加强对实验课题的领导和管理,强化学校行为,组织全校师生参与本课题研究和实践,注重研究过程对学校发展的引领,注重研究经历对教师发展的促进,注重研究成果对学生成长的实效,并及时总结经验予以推广。引导教师在课题研究中,注意理论与实践结合,在理论指导下实践,在实践基础上提升经验,注重提升教育理论素养,注重专业学习,加大专业文献阅读。

2. 全面推动教育教学实践课题的群众性研究

学校组织教师围绕学校统领课题,结合教育、教学等工作,开展子课题研究。以学校教育教学问题为导向,推进教研和科研相结合,促进教师人人参与科研,人人有课题。学校组织教师以本职工作为研究的实践出发点,以解决教育、教学过程中所需要解决的问题为目的,以科学的研究方法为手段,开展教育科研。学校通过科研使教研从教学技术层面提升到教学规律性探索与认识,使科研注重应用性研究,发挥科研方法论的指导作用。

3. 促进师训与科研整合

通过教学、教研、课题研究与师训结合,使教师重视专业学习,使教师养成对自身工作进行反思的良好习惯,增强教师的专业敏感性和解决实际问题的能力,培养教师的交流与合作精神。在课题研究时,各学科教研组在学校科研室、教导处积极组织下,积极开展对课题的课堂实践研究。学校努力探索"教研、科研、师训"三位一体的教师学习成长体系,以学术性实践与实践性研究建构起了教、研、训融合的培训体系。我们特别注意对教师科研培训,让教师结合自己的课题研究以及自身发展的需要,学习科研的基本知识与方法,学习怎样立项申报、研究实施、课题结题,学习与运用行动研究法、经验总结法、叙事故事研究法、文献研究法等。我们匡正了科研培训在学校中的地位,把科研培训作为校本培训的重要组成部分,切实把科研培训与师训整合起来,课题研究和教育教学实践协调起来,形成了教研训一体的培训体系。

4. 建构教育科研可持续发展的保障制度

学校完善校内外教育科研申报制度,建立校级科研课题申报制度,每两年组织课题两项评审。学校对教师申报各级各类教育课题给予支持,对批准的课题给予必要的人力和经费上的支持。建立科研成果推广制度,对校内的科研成果有计划地进行推广,同时有选择地推广适合本校的校外科研成果,使教育科研成果转化为教育力。学校完善学校教育研讨制度,根据需要组织主题研讨活动,每学期进行教育教学研讨会。学校完善教育科研激励制度,对积极投入教育科研,在教育科研中取得成绩者给予奖励。我们强化校科研室功能,明确校科研室职责与任务,强化科研室在课题管理中的功能。发挥科研室在学校统领性课题与重要项目中的组织作用,以及在教师课题研究中的指导作用。

5. 加强科研培训指导,促进科研与教研结合

学校组织教师教育科研的全员培训。每学期开设科研方法指导专题讲座,对教师进行教育科研一般方法的培训。加强教育科研方法和理论学习,提高教师研究能力。学校有组织地根据学校课题研究需要,组织力量对全体教师或者相关人员进行科研指导和培训,提高教师科研能力。对教师承担的课题予以积极支持,组织教研组协同,聘请校外专家进行指导,进行全程科研管理。

学校站在教师发展的高度上组织课题研究,摆脱为科研而科研的误区,营造教师积极参加课题研究的氛围,为教师提供丰富的专业发展的"营养"。教师的研究经历是教学实践不能替代的,尤其是教师教学思维上的锤炼、科学与人文培养上获得的思想与精神上的跃升。教育科研成为了学校文化的重要标识与学习发展的重要路径。

用科研引领教师专业发展
——课题引领下的校本化培训

随着教育改革的进一步深入,每所学校都在寻找适合自身可持续发展的道路来提升办学质量。但在这一过程中,学校将会面临许多的困难,如老师们喜欢探讨和改善自己的课堂教学行为,但总停留在解决问题的初始阶段,缺乏进一步地研究提炼,缺乏有效解决问题的经验,教师们自我发展的内驱

力缺乏。如何解决教师深入研究教育教学的动力问题？通过实践研究我们认为：教师专业化发展过程出现的问题可以用学校科研来引领，去解决。我们的做法是：

一、挑选龙头课题，为教师提供一个激发内需的专业化发展平台

所谓"龙头课题"，是指学校面对自己发展过程中现在或将来会出现的瓶颈问题进行罗列、定性和分层，将关键的、大家感兴趣问题作为学校全体老师重点研究的课题，并在区级以上的科研部门正式立项。我们利用和组织校内外教育资源，将教学、师训和科研工作结合起来，确立各学科子课题，分层落实教师研究点，以研究过程中出现的问题排解为目的，骨干引领，全员参与，分层培训。龙头课题研究是盘活学校教师自培工作，加快促进教师专业化发展的一种有效途径。

自从2005年以来，我们开始尝试龙头课题的实践研究。研究初期，我们在确定龙头课题的研究方向上走过一些弯路。一开始，我们确立的龙头课题是《地区教育资源开发与小学生创新品质培养的活动研究》。然而，我们发现教师因为对创新品质的抽象概念不理解，导致了教师们对研究内容不感兴趣，教师参与的数量和质量不高，没有借助课题研究，真正带动起全体教师的课题研究意识，教学业务能力没有得到有效的发展。到了2007年，随着教改的深入、教师专业化发展方向的定位，我们本着服务和提升教师课堂教学质量的工作理念，确立了《课堂教学"三维评价方案"对教学行为改进与评估的行动研究》为学校的重点课题，并被区教育学会立项为重点课题。这项课题研究的内容与每位老师教学业务水平相关，对教师个人的专业化发展也有积极的推进作用。学校的一批骨干教师分析了每位教师当前的课堂教育教学现状，修改学校课堂教学评价表，形成了各学科的三维目标课堂教学评价技术表及具体的课堂教学观测评价点，要求教师们依据观测点分步骤、有重点地进行改进。同时，我们通过大量的课例示范引领、个性化教师教学行为改进目标的制定、"一课两上"课堂实践演练、课后课例研究分析等方式，使全体教师关注课题，投入课例研究，使教师在实践研究中看到了深层次的问题危机，各学科的老师们都感到这样的研究非常实在、有用。我们又积极指导教研组开展活动，让老师们在教研组合作群体的帮助下，不断改善教学实践能力。有了良好的研究氛围，获得了教学上的小小进步后，老师们投入的积极性发生改变，教师学习的内驱力被激活。学校龙头课题的研究为教师提供了一个激发内需的专业化发展平台。

二、培训研究技能，为教师专业化发展提供解决问题的方法

学校老师们对龙头课题感兴趣，这是促进教师专业化发展迈出的第一步。然而，随着课题研究的展开，会碰到我们前所未有的困难和新事物，如对以往陈旧的课堂教学行为方式进行反思、创新及评价等。这对大部分老师来说是一项陌生的、困难的学习舞台。为了改变这些现状，我们必须针对性地开展课题研究培训，将教学、科研与师训工作结合，让科研引领师训，师训服务教科研。为此，我们在课题实施研究期间开展了各项培训活动。

当发现教师们对龙头课题中"三维目标教学"的理解与评价有些泛化时，我们组织了学校学科领导和学科骨干，研读新课程标准，学习新课程理念，收集他人三维目标课堂教学评价方案，尝试构建三维目标课堂教学评价技术表，并在区科研室和教研室的专家指导下进行了修改。为了使这份评价技术表能被全体老师所理解，我们先在教研组长层面开展了自培活动，让大家逐字逐句地进行研讨和修改。在讨论过程中，我们发现老师们对三维目标如何落实在课堂教学上存在问题。于是，我们利用业务学习的时间，邀请了科研室的专家作了题为《落实三维目标的课例研究》的讲座，并自培了《课堂三维教学目标的陈述》，使大家对三维教学目标落实课堂有了明确的操作方法。为了能让更多的教师将新课程理念创造性地体现在课堂实践中，我们一起学习《三维目标课堂教学评价技术观测点》，拍摄"三维目标"课堂教学录像，组织三维目标教学专题研讨，进行了如何运用"三维目标课堂教学评价技术表"开展教师教学改进行为的研究技能培训。配套的、及时地课题研究技能培训，就像一场干涸稻田中的及时雨，化解了教师心中的困惑，增强了课题研究的信心。它不仅落实了龙头课题的研究内容，而且改善了教师日常课堂教学行为。同时，也为教师的专业化发展提供了解决教学实际问题的一把有用钥匙。

三、建立子课题，为教师专业化发展指明一个奋斗的目标

教研组是教学研究工作的主阵地，也是有效落实龙头课题研究内容的重要阵地。学校子课题的实施均以教研组形式进行落实。在教研组子课题研究的过程中，我们将学科教研组长吸纳为龙头课题组成员，建立各学科子课题网络，并随着课题研究的展开，及时组织他们对课题最新理念和实施方法进行探讨与培训，让他们知道自己学科教学发展的近期目标，便于有目的地开展针对性活动，使全体教师在龙头课题的研究引领下形成良好的研究氛围，碰撞出智慧的火花，促进教师专业化发展。我们在实施《课堂教学"三维评价方案"对教学行为改进与评估的行动研究》过程中，要求教研组长在学期初按照"三维目标课堂教学评价技术表"，制订好教研组重点改进研究方案，明确学科教学改进要求，分解课题研究内容，落实研究人员的组织学习和实践内容，实施了教研组龙头课题引领下的"主题式校本教研系列活动"管理模式。要求各教研组围绕各自确定的主题，积极开展一至两次"一课两上"研究实践活动。利用周一至周四的教研组活动日，各教研组根据自己的实际情况，围绕课堂教学、课题研究、个人成长及课前、课后的教学工作，针对性地开展有效的反思与互学活动，切实解决了"教研训"过程中存在的实际问题，从而进一步规范了教研组的教研行为，确保了教研组课题引领下校本培训的质量。

教研组中的教师是课题研究活动的直接执行者和受益者。为了取得较好的活动效果，我们要求各组员按照教研组的子课题研究重点，以学科"三维目标课堂教学评价技术表"的实施为载体，分三个阶段在教研组教学实践课中推进实施，有目的地进行教学行为的自我调整。

第一阶段为规范性阶段：在月初提出当月"三维目标课堂教学评价技术表"的观测重点，确立自己研究的重点，并提前2天通知执教者听课，让他做好准备，以规范其教学行为，明确教学行为调整、改进的目标。听课时，除了观测基本性教学指标外，还要重点观测当月的重点调整、改进指标，课后给予指导和分析。

第二阶段为自我发展阶段：在学期中、后期，让执教者按照"三维目标课堂教学评价技术表"，自主选择他所要发展的指标，并在教导处申报备案。自己调整成熟后，邀请他人听课。他人听课时，除了观测要完成的当月的规定性指标和基本性指标外，还要落实自己改进的教学行为指标，突出听课的针对性和个性化。听课后给予指导和分析。

第三阶段为考核界定阶段：经过一个学期的教师教学行为的调整与磨合，从第二个学期开始，学校领导针对学科"三维目标课堂教学评价技术表"的观测指标，听随堂课。根据课堂教学"三维目标课堂教学评价技术表"的具体观测指标，进行衡量、鉴定，形成考核结果和鉴定报告。

实践证明：教研组和教师个人所组成的子课题研究网络，对教师的专业化发展有着明显的帮助。它不仅丰富了教研组活动的内容，提高了教研组活动的质量，而且使教师的个人发展获得了群体的合作智慧，增强了教师开展研究性学习的意识，加快了教师走向成熟的步伐。

四、搭建主题式校本教研，为教师专业化发展提供展示技能的舞台

在龙头课题研究过程中，我们十分注重发挥教研组的群体智慧，开展了形式多样的研讨活动，为教师交流、展示创造机会，从而获得成就感。其间，我们开展了以课题研究引领下的教研组"主题式校本教研活动"，具体活动内容有课题研究下的集体备课、专题研讨和教学研讨课等。

为了让教师们认识一种新的教研活动方式，我们利用教师业务学习的时间，对"主题式校本教研"活动做了专题介绍。在培训过程中重点阐述了什么是主题式校本教研，为什么要开展"主题式校本教研"活动，及怎样开展"主题式校本教研"活动。并针对学校教研组的实际情况，提出了教研组长要制订主题式校本教研的活动方案，有计划地落实主题式校本教研活动。另外提出：教师个人也要行为跟进，撰写教研组主题引领下的教学研究札记。

为了加深对主题式校本教研活动的了解，同时将这项活动推向新的高潮。学校英语教研组率先带头尝试，邀请了区科研室和教研室的有关专家，学校其他学科教师做场外观察。活动从主题引领的课堂教学课展示，到教研组围绕研究主题而展开的评课和研讨，全程地做了示范。本次教研活动效果非常好。场内、场外的教师积极参与，就课题研究的内容展开了激烈的互动研讨，教研活动的氛围特别高涨。整个主题式校本教研活动给大家留下了深刻的印象。在随后的几个学期中，我们又结合区的教学比赛，组织了语文、数学组和综合组教研组的主题式校本教研活动，一次次活动推动了学校教研组教研训一体化的培训活动。主题式校本教研活动不仅使教研组成员就一个大家共同关心的教学问题凝聚在一起，而且在研讨中大家放开胆子，充分展示各自的智慧和才能，老师们在合作群体中加快发展了自己的专业水平。

五、研究成果的发布，分享教师专业化发展成果的喜悦

在这几年中，学校为了提高教师的科研意识和研究能力，推动教师专业化发展的进程，让老师们获得研究成果的喜悦，每年举办一次教科研年会，人人参与，个个投稿，交流、展示和评比研究成果。让老师们宣讲自己的研究成果，引发大家关注身边的教育教学问题。我们的年会论文集已编制到第19本。每年都有十篇以上的优秀论文，特别是近三年，我们重点抓了教师们"一课两上"的课堂教学的实践过程研究，老师们撰写的教学案例具有较高的水平，在市和区里获得了层次较高的研究成果奖项。这些文章都被我们收藏和公布在校网中。另外，在日常教学研究过程中，我们还定期召开学校课题组中期汇报，及时发布每个教师在日常教学工作中课题研究的进展情况和研究收获，为教师间的互学活动营造了浓厚的研究氛围。

六、值得探讨的几个问题

（一）符合教师内需的培训才是有效的

科研引领教师专业发展，开展师资培训，不仅要考虑到社会对学校的需要，家长、学生对教师的需要，而且更重要的是考虑到学校和教师发展而引发的内需，培训内容应该体现现实性和前瞻性。在学校日常教育教学过程中，每学期都要给教师们安排各种培训任务和内容。如何规划好校本培训计划，安排好培训活动，这些都必须深入教师们的日常教学工作之中，与他们共同面对新课程改革，体验他们的真实情感，感触他们如饥似渴的内在需求，努力地激发他们内在的学习愿望，科学地安排好培训活动，这才是有效的培训。

（二）有思维与创新的培训过程才是吸引人的

经历了这几年的课题引领下的主题式校本教研活动的策划，我深深地体会到：培训过程必须给老师们以创新思维的启迪。这就要求策划者把握培训内容的重点及实质，合理把握培训内容的尺度，创造性地运用浅显的方式，给教师们以观念的启迪，讨论的生成，实践的快乐。给教师培训就像给学生上课，如果只是我说你听，听者会不断地削弱主动参与的愿望；没有交流互动的环节设计，教学只不过是走过场，讲完就了事。长此以往，学生会对教学活动形成一种定势——敷衍、没兴趣，这样就阻碍了他们参与学习的积极性，影响了他们的健康成长。

这些年来，学校开展的各项师训工作推动了教师的专业化发展。学校办学质量和社会声誉都在不断提高。最近，学校又被评为了宝山区教师发展示范校，师训和科研工作都受到了宝山区教师进修学院的好评，一支科研引领教师专业发展的师资队伍正在壮大。我们相信：随着我们探究问题的不断深入，学校肯定会拥有一支富有朝气、善于反思的研究型教师队伍，为学校可持续发展不断增添新鲜活力，学校也将会越办越好。

学校的重要统领性素质教育实验项目、学校发展方向的问题，我们都以课题形式推进，既有利于学校的科学决策与实施重大项目，又能更好地调动学校人力资源，获得校外教育资源的支持，例如专家的指导。同时通过重大项目的课题研究还能科学地、有意识地总结经验，对其他工作起到经验迁移作用。

以我们学校的乡村少年宫的建设为例，当时我们缺乏经验，为此组织了课题进行研究，系统地开展实践，最终我们成为了全国优秀乡村少年宫。

"蒲公英"学校少年宫与校内外教育融合发展的研究

摘要：当代未成年人的受教育来源主要是校内和校外两方面，学校少年宫作为在校内开设的培养未成年人兴趣爱好的活动场所，还没有完全与校外教育相统一，以致部分校外教育与校内少年宫教育彼此冲突或相悖，造成未成年人在初期认知世界、塑造人生观价值观的过程中出现认识误区。由此可见，学校少年宫应与校内、外教育融合发展，彼此交融接纳，最终达到我校一直秉承的办学理念——"播下兴趣的种子，奠基孩子的未来，让每一个学生健康快乐地成长的目标"。

关键字：学校少年宫、全面素质教育、融合发展

一、研究背景

学校少年宫是为中小学生的课外文化生活提供专业指导和便利条件的地方，是培养青少年兴趣爱好，促进其德智体美劳全面发展的校外活动场所。学校少年宫是未成年人思想道德建设的重要阵地，是传承中华优秀传统文化和技艺的重要基地，是学校开展美育教育、科技教育、文体活动的有效载体，是满足未成年人多方面兴趣需求，培育发挥其才艺技能的学习探究和实践活动的乐园。学校少年宫与学校课堂教育、品德教育等相辅相成，共同构建未成年人在校教育的有机整体。

小学是义务教育的奠基阶段，在这个阶段，我们的教育应该是播下兴趣的种子，为孩子的未来之路考虑，如果孩子在小学阶段就对学习没有了兴趣，那么我们的教育是可悲的。在这样的一个基础阶段中，教育的广泛性与全面性就显得尤其重要。孩子不能只专注于学习，忽视业余生活的趣味性，对周边环境保持漠不关心的认知态度；同样的，也不能执着于玩耍和兴趣爱好，将学生的本质抛之脑后。

2003年我校以感恩教育为德育特色项目，提出了"识恩、知恩、感恩、报恩、施恩"为主要内容的"五恩"教育体系，从"认知、情感、行为"三个维度展开，创设了一个充满爱心、值得感恩的世界，营造了一种积极向上、丰富博大的精神文化环境，形成了一个"知恩图报"的道德共识。

2012年我校创办宝山区第一所全国乡村学校少年宫——"蒲公英"学校少年宫后，学校积极把"五恩"教育与学校少年宫的活动相整合，结合我校的实际与特色，为孩子播下学习兴趣的种子、科技兴趣的种子、艺术兴趣的种子、运动兴趣的种子以及感恩意识的种子，形成了"学会感恩才能体会幸福"

第二章 学校的发展与战略管理 241

的校园主流文化。

二、研究意义

从现实角度来讲,学校少年宫与校内外教育融合发展具有重大意义。

第一,为社会教育资源的配置提供参考。社会是未成年人获取知识的重要渠道,我国社会教育资源极为丰富,尤其是校外教育资源。为了提高青少年的综合素质,应当利用其创新和实践的教育优势,在遵循国家教学大纲的基础上,丰富课外活动时间,使学习与兴趣有机结合,达到提高未成年人动手实操能力,双商同步提高的目标。

第二,单纯的学校教育已经渐渐被进步的社会需求所淘汰,全方面的教育体系正在逐步成为社会主流。家长期望孩子在未来的人生道路上能够发光发亮一展所长,对于学校少年宫这类场所显然是寄予希望的。

第三,学校少年宫与校内外教育融合发展,从长远角度来看,是为未成年人的健康发展提供保障。在课余时间参与学校少年宫的活动,对很多我校的孩子来说都是帮助其从沉重的课业负担中解脱。在倡导全面发展,注重综合素质,解放未成年人的天性的教育大环境下,学校并不是唯一的教育场所。既然任何有意义的环境都可以成为课堂,那把学校少年宫的兴趣教育和校内外教育融合在一起就是未成年人身心健康发展的重要保证。

三、研究内容

在当前的教育新形势下,学校少年宫与校内外教育融合发展的模式首先要立足于对学校少年宫和校内外教育的现状进行分析,总结出学校少年宫的教育特质以及功能,了解现有的学校少年宫和校内外教育的现状后,探寻可行的融合方式,互相弥补不足,整合教育资源,从而达到学校少年宫与校内外教育融合发展的最佳模式。

四、研究分析

学校少年宫教育强调的是兴趣培养和个性发展,在每个未成年人的身上进行潜能的挖掘,开拓新的视野,发掘未成年人的想象力和观察力,增长见识。与此同时,可以极大的满足未成年人的兴趣,展现个性才华,培养自信心,尤其对于那些即使动手能力强也会受到老师和家长的否定甚至压制的孩子,是一种极大的鼓励和帮助。最重要的是,学校少年宫具有社会教育性质,有利于突破传统家庭教育和学校教育的约束,利用广泛开展课外活动来培养团队协作能力与社交能力,在彼此学习进步的过程中,提高互助意识,相互克服困难,从而使核心素质得到全面发展。

根据多年来学校开展少年宫活动的研究结果显示,学校少年宫与校内外教育融合发展具有以下几点必要性。

1. 弥补学校教育不足的需要

(1) 立足素质教育,充分发挥校外教育优势。

新课程的改革和素质教育都强调要让学生的教育活动走进生活,在生活中体验新式教育活动带来的好处,从而培养出全面发展、品学兼优、视野开阔、生理心理健康的人。而学校少年宫的活动教育能够立足素质教育,充分发挥校外教育兴趣性、体验性、灵活性的优势,加强未成年人的思想道德建设,促进青少年健康全面成长,努力践行学校内教育与学校外教育相结合,课堂内外教学活动相结合,不断拓展教学与活动内容和组织形式的宗旨,充分尊重学生在教学活动中的主体地位,照顾个体差异,尽可能做到因材施教,取得良好的教育效果。

(2) 立足均衡原则,促进学生综合素质提高。

教育活动既要融入生活实践又要高于生活自然体验方式,注重理论联系实际。在实际教育活动中,大多数学生表达了自己的观点,他们希望老师在讲课过程中,多讲一些书本以外的东西,想更多地听到生活中的知识,而不是一味地把自己埋没在教科书中,而教育现状却远远达不到学生的期望。目前大多数学校开展的教育活动,不论是教育理论还是教育实践,都把教师定位于传道授业解惑的角色,教师在不断重复着同一个教学思路,这种被动式的传输教育所培养出来的学生缺少个性、独立思考和创新能力。学校少年宫教育主动承担起推进教育均衡化发展的社会责任,引导青少年及其家长更新教育理念,努力提高自身素质,逐步弥合"高智商,低情商"的巨大差距。无论是拓展教育项目、扩大教育容量,还是改变教育服务模式、主动与学校衔接,或是扩大服务对象范围、开展家长教育,都紧紧围绕教育均衡这一原则,很好地发挥了"实验""示范"的作用。既满足了学生的需要,又充分发挥了优势项目的品牌效应,积极引导学生的学习兴趣,有利于学生综合素质的提高。

(3) 立足改革创新,提供优质的教育服务。

校内外教育有其自身的局限性。学校的发展应当真正做到以人为本,把广大的学生放在教育的首位,根据学生对知识和能力的认识,从多方面进行教育,才能更好地促进学生全面和谐健康发展。学校与其他教育机构的合作并不代表着学校的地位将会被取缔,在整个教育体系中,学校仍占据着主导地位,是教育体系中的领军者,但学校也认识到学校少年宫活动的多种功能,及时加强沟通与合作。

因此在罗小，在"蒲公英"，每年有八大感恩主题月：三月感恩父母的养育、四月感恩先辈的奉献、五月感恩艺术的熏陶、六月感恩社会的关爱、九月感恩师长的教诲、十月感恩祖国的哺育、十一月感恩科技的启迪、十二月感恩伙伴的帮助；每月有感恩统一行动日，孩子们积极践行每一项感恩统一行动，将其逐渐落实于平日的学习生活中；每周有感恩校本课程，通过感恩童谣、感恩故事、感恩歌曲、感恩游戏、感恩活动等形式加以教育，引导学生发现、感受、体验，营造一种尊重传统美德、以感恩为核心价值的校园文化；每班有一个校外感恩实践点，在家长志愿者的带领下，孩子们定期到敬老院、幼儿园、图书馆、消防队等社会场所开展感恩社会活动，用实际行动报恩施恩，把爱的种子播撒到每一个角落。

2. 培养学生核心素养的需要

2016年9月，教育部正式发布"中国学生核心发展素养"，以科学性、时代性和民族性为基本原则，以培养"全面发展的人"为核心，分为文化基础、自主发展、社会参与三个方面。综合表现为"人文底蕴、科学精神、学会学习、健康生活、责任担当、实践创新六大素养"。

"蒲公英"学校少年宫为学生提供自由参与的机会，在这里，每个学生可以根据自身爱好、个性选择自己喜欢的课程，通过各类课程、实践活动，培养学习能力、交往能力、动手能力、创新能力，培养正确的价值观和人生观，促进学生核心素质全面提高。

学校少年宫活动使孤僻、内向、怪异性格的学生有机会交到很多志趣相投的朋友，大家一起学习进步，相互克服困难，提高互助意识，培养其团队协作的能力。一些善于思考、动手和实践能力比较强，而成绩不是很好的学生，经常会受到老师和家长的否定，甚至会受到各种各样的压制，但这类同学却能在"蒲公英"里专心学习自己感兴趣的知识，让天赋得到极大的施展，找到各自的人生闪光点。

3. 整合校外教育资源的需要

学校少年宫是一种教育形式多样、教学内容丰富的社会教育场所，其教育功能不同于学校教育，但双方的教育目标是一致的，通过不同的侧重点，促进广大未成年人全面健康发展。学校教育由于种种原因，例如师资力量、教学时间和教学内容等方面难以满足各层次学生的需要，从而提升了学校少年宫在教育活动中的地位，以弥补校内外教育的不足。

　　学校少年宫作为免费向学生开放的活动场所,备受广大学生和家长的青睐,既可以从不同的教育方面补充学校教育的不足,又能够整合教育资源,避免教育资源的不足和浪费,从而培养出更高层次的人才。

　　作为一所农村学校,家长对教育的重视程度不同、学生课外生活方式较单一、校外活动场所无法满足需要、学生精神文化生活贫乏等一系列实际问题始终存在。我们非常渴望看到我们农村地区的孩子也能在各方面得到锻炼和发展。因此,我校"蒲公英"学校少年宫创办至今在每个周末开设30多个活动项目,丰富多彩的社团活动不仅解决了学生课外活动问题,也在潜移默化中帮他们开阔视野、增长见识。

　　(1)"金色"管乐团。

　　"金色"不单单是指我们所用的乐器是金色的,更象征着孩子金色的童年。由于离市区有一定的距离,因此农村孩子的双休日都是比较枯燥乏味的。学校积极挖掘校外资源,依托罗店中学的师资优势,组建了少儿管乐团。初期,很多西洋乐器我们的孩子连见都没有见过,然而,在"蒲公英"的管乐团中孩子们能体验到高雅艺术之美。

　　(2)"蓝色"科技社团。

　　蓝色是永恒的象征,因此它成为了我校科技社团的代表色。作为全国特色学校、全国优秀科学教育实验基地,"蒲公英"结合学校的科技特色,科技长廊陈列出学校科技发展之路,并开设了科技创新、车模、OM、自然触碰等社团活动,开发了steam等科学课程,通过动手制作、用心观察,发展了学生的动脑动手能力,以及想象力。培养孩子爱科学、学科学的兴趣,勇于创新的科学精神,求实协作的科学态度,也为孩子的成长奠定良好的科学素质基础。今年5月,通过全校师生多年的共同努力,我校OM团队代表上海、代表中国参加第39届世界头脑奥林匹克决赛,并最终获得亚军。

　　(3)"绿色"棒球队。

　　"绿色"是活力的象征,棒球队的队员们也始终充满活力地活跃在绿色的球场上。学校少年宫通过棒球队和棒球梯队的建设,通过棒球文化的提炼,逐步打造出具有棒球特色的学校体育品牌。孩子们在棒球队中练就强健的体魄,感受棒球文化,促进身心健康发展。目前,已成为全国青少年棒球发展计划定点培训学校。

　　一种颜色代表着一个社团,一种颜色确定着一个目标,一种颜色树立着一个信念,一种颜色寄托着一个梦想。学校充分挖掘利用各方资源,以满足未成年人德智体美全面发展的需要，依托宝山区学校少年宫联盟的平台，以学校少年宫活动为载体，通过学校、家庭、社会多位一体的教育互动互联体制的创新，努力营造"政府支持、社会参与、学校主体、自主发展、整体推进"的社会教育氛围，建设丰富、多元、快乐的项目活动课程资源，充分挖掘学校少年宫育德树人的功能作用，促进未成年人综合素质的全面发展。学校聘请知名专家、专业特长突出的教师、当地的非遗传承艺人、退休教师、精神文明建设先进人物等到学校担任校外辅导员，充实学校少年宫的师资力量。

4. 传承传统文化的需要

学校少年宫是传承和弘扬中华优秀传统文化的基地，使学生在学校少年宫中始终受到优秀传统文化的熏陶和感化，把优秀传统文化的学习与学生思想道德素养的培育结合起来。"蒲公英"中常期开设彩灯、沪剧、书法、国画、国学诵读等中华传统艺术形式和非物质文化遗产的活动项目，并将"罗店彩灯"和"沪剧"两个"非遗"项目作为学校《启梦》课程的一部分，正在全校范围内进行推广和传习。学校专门聘请了罗店彩灯非遗传人——朱玲宝老先生，每周到校传授这项民间工艺，教孩子们制作彩灯、讲述相关知识。宝山沪剧团的施敏、金洁两位国家级演员也坚持每周到校，通过多年来的坚持，孩子们多次登上上海国际艺术节等舞台，在各类比赛中屡获奖项。因此，学校在2016年荣获"中华传统文化研习暨非遗进校园优秀传习基地"称号。

国家一级演员、国家级非遗传承人沪剧名家马莉莉老师曾到我校，以《灯，总是亮着》为主题畅谈她的沪剧人生，使全体师生、家长们对沪剧等传统戏曲有了新的认识，同时也为学校创沪剧特色之路起到了助推作用。传中华优秀传统文化，承中华优秀传统美德，学校少年宫需要持续拓展中华传统文化类课程建设，使之成为提升学生科学人文素养和优秀传统文化素养的重要载体。

总之，学校少年宫的建设是为了实现校内外资源的有效结合，通过丰富活动内容和形式，让未成年人共享校内外优秀教育资源和成果。通过活动培养学生的创造力和想象力，以此来鼓励他们对自己有梦想，对学校有梦想，对家庭有梦想，对国家民族有梦想。在感恩实践中，促进每一个孩子的全面发展和健康成长。

第三章　学校德育创新发展

一、抓住学校德育改革的紧迫性与实效性

（一）立德树人：教育的基本宗旨

人是教育的出发点和落脚点。立德树人是教育的立身之本、教育使命和活力之源。建设高质量基础教育体系，无法也不可能规避人的发展。把立德树人的根本任务落到实处，是构建优质基础教育的必然。推进高质量基础教育体系的构建，必须坚持五育并举，健全高品质的人的培养体系。

"立德树人"与素质教育、教育公平、高质量教育，以及五育并举构成我国教育事业发展总的目的要求。

《左传·襄公二十四年》有记载："'太上有立德，其次有立功，其次有立言'，虽久不废，此之谓不朽。"意为（为人）立德、（做事）立功、（思想）立言这三者都是可以让一个人精神不朽的，立德最为重要。伟大的文学家、思想家鲁迅指出"首在立人""人立而后凡事举"，强调"人生却不在拼凑，而在创造"。"立人"首先指追求个体的精神进化，"立人"还意味着反抗压迫，追求平等。关于"立人"的目标，鲁迅认为，中国人存在一种"无特操"现象。所谓"无特操"，就是善于变化，毫无信仰。对此，鲁迅指出，"人心必有所冯依，非信无以立""人到无聊，便比什么都可怕"。现代人应该有什么样的理想？鲁迅给出的答案是："幸福的度日，合理的做人""致人性于全，不使之偏倚"。鲁迅提出"尊个性而张精神"以立人，要有独立人格与群体精神；"张精神"针对物奴文化，要提升人生境界，不拜金主义。

"立德"对于"树人"具有基础地位和前提地位，"立德"要贯穿于教育的整个过程，"立德"对人的培养的其他教育活动起着决定作用，一切教育活动不得违背"立德"的根本目的。"立德树人"是所有教育任务的根本部分，少了"立德树人"，则不能完成任何教育任务。这要求任何教育任务的实现过程都要体现"立德树人"，体现出"立德树人"在教育中的不可或缺性。"教育目的是一种观念形态的东西，是思维活动的产物。这样一种思维运作过程并不像镜子映物那么简单直观，而必然要从人们各自的利益和需要出发，在选

择和取舍中体现人们的不同价值追求。因此,研究教育目的不能不与价值问题联系起来。"(黄济、王策三:现代教育论,人民教育出版社,2020)

"立德树人",在教育价值取向上坚持促进人的个性化和社会化和谐发展。古往今来人们对于教育的价值观取向存在着个人本位论和社会本位论两种看法。个人本位论是以满足个人的内在需要为基本来确定教育目的,以卢梭、裴斯泰洛齐、福禄培尔等教育家为代表;社会本位论是以满足社会的外在需要为基本来确定教育目的,以涂尔干、纳托尔普、凯兴斯泰纳等教育家为代表。其实这两种教育价值观念都较为偏颇。我们既要认识到教育促进人的发展必须要满足社会要求的一面,也要认识到教育促进人的发展的同时要满足个人内在需要的一面。

教育一方面要按照社会的要求来促进个体的发展,这是个体参与社会生活所必须具备的素质要求,以便个体适应社会发展的需求。另一方面教育要促进人的发展的个性化,要求个体发展要体现出独特性和差异性,这是由个体身心发展的内在规定性所决定的。这二者在人的发展中互为依赖。"立德树人"体现了"以人为本"的当代思想,也体现了"人的全面而自由发展"是教育对人的培养作用的总要求。在2022年教育部《义务教育课程方案》中明确提出"坚持德育为先,提升智育水平,加强体育美育,落实劳动教育"的德智体美劳全面发展的五育并举。"立德树人"的教育根本任务必须通过学校以及家庭、社会的培养以及教育教学等具体的行动来实现。"立德树人"应贯穿到教育教学活动的全过程。

(二)效字当头:学校德育的追求

当今时代,科学技术突飞猛进,世界文化多元并存,信息技术使信息传播超越国界,世界经济一体化日益明显,全球化时代和网络社会已经来临。我国正处于社会转型与经济体制转轨时期,给人们的各种生活带来巨大的变化,文化和价值观念的多元化,深刻影响人们的生活观念、道德素养、生活方式等。这些生活环境对学生的道德成长带来重大影响,给学校德育带来了新的挑战。在这样的时期,把握时代脉搏,以"立德树人"为教育导向,加强学校德育工作,是促进学校德育适应社会转型时期需要,是提高学校德育实效性的重要举措。

提高有效性,是改进与发展德育工作的关键。广大德育工作者做了大量工作,并取得了不少成绩,但德育实际效果在许多地方不尽如人意,主要是德育长期适应计划经济,不能适应市场经济;在当前多元文化开放时代,尽管我们的德育理念领先,但实际操作上却跟不上,经验缺乏,以教师的想法去替代学生的想法,这是德育实效性不强的主要因素。不研究生活的变化以及由此产生的影响,并采取相应的应对举措,将难以在社会转型时期取得德育的真正实效。

在市场经济体制基础上派生出的人的独立意识、效益意识、市场观念、平等竞争思想,等等,不仅反映了市场经济的需要,同样也符合人类社会和个体进步发展的必然趋势。这就要求学校德育应当充分吸收这种文化精神成果,以此充实德育内容,使学校德育能更贴近现实生活,更好地在实现现代化中发挥作用,也使德育自身更具有时代精神。尤其是市场经济所孕育的独立人格的发展,更是为我国德育提供了根本性变革的契机。同时,我们又面对着新的情况:长期封闭的、生产力不高的计划经济体制下的一些道德观念,与开放的市场经济中生机勃勃的经济活力要求的道德发生冲突;同时伴随着市场经济较快发展,非道德行为和现象所表现出来的道德滑坡不容忽视。主要表现为:一是物欲横流,追求享乐,纸醉金迷,一切行为向钱看,拜金主义流行。二是非利勿为,欺诈成性,假冒伪劣到了丧失人性的程度,"不坑白不坑、不骗白不骗"的心理,滋生出厚颜无耻且不择手段的唯利是图者。三是贪婪成性,贪污腐化,无视规则与法律的利己主义者损公肥私。四是流行躲避崇高,为了自身利益不惜牺牲人格、自我萎缩,在不少人那里媚俗成为一种时尚,他们躲避崇高就如同躲避瘟疫,精神生活平庸化,丧失了对美好信念和理想的基本追求,而以无信仰为荣。五是看客心态蔓延,明哲保身、处世冷漠成为许多人的生活信条,见死不救的现象屡见不鲜。这就要求学校德育工作要面对市场经济转轨中所出现的道德困境加以正确引导。尽管市场经济的属性,是以经济利益为驱动力的,但市场经济也需要有非自利的、公利性的"无偿行为",如尽义务帮助弱者、捐赠等。利己与互利的统一应该是市场经济的基本道德要求。在市场经济体制转轨的环境下,学校德育不仅不能忽视公利性的教育,而且也必须关注市场经济中利益主体平等、合理竞争、尊重规则。这就要求我们必须正确认识经济体制转轨对学校德育所带来的积极的与消极的影响,并赋予学校德育新的教育内容。

改革开放以来我国社会的结构性变化日益凸显。这种结构性变化正是我国社会发生现代化转型的重要标志。社会的结构性变化就是各种不同社会地位的社会角色之间的比例关系变化,这些社会角色之间的互动形态变化,以及规范和调节各种社会互动关系的价值观念变化。

这些结构性变化主要涉及社会基础结构,包括人口结构和家庭结构;社会空间结构,包括城乡结构和区域结构;经济活动结构,包括就业结构、职业结构和组织结构;社会关系结构,包括所有制结构、阶级阶层结构和利益关系结构;社会规范结构,也就是社会价值观念结构。这些社会结构性发展变化,既是我国现代化取得重要进展的表现,也蕴涵着对社会和谐稳定发展提出严峻挑战的结构性矛盾。社会结构的变化及其中存在的一些结构性张力和矛盾,是当前我国社会发展的重要阶段性特征。

当前,我国的社会转型进入了一个重要阶段,主要表现在经济增长速度加快,社会分化程度加大,利益格局差距加深。我国社会结构转型中正在主要解决二元社会结构,通过关注民生改变城市与农村、城镇居民与农民、贫与富的差距。

处在中国社会转型最深刻的时期,急剧的社会变迁对于社会成员的心理适应性提出了严重挑战,在适应性较弱者身上则出现了程度不同的"心理震荡"现象。"心理震荡"是指急剧的社会变迁对于人们心理系统的适应性和承受力产生的冲击超出了其所能积极应对和有效处理的阈限,从而表现出各种带有消极特征的心理感受和行为症状。社会变迁的速度快、程度深、力度强,使生活世界对于人们而言呈现出很大的陌生性,经济体制、社会结构、文化模式、价值观念等各个领域的深刻变化,对于人们原已形成的社会心理系统会形成巨大冲击,从而构成对于人们心理适应性的一种考验。社会竞争加剧所导致的压力感加重,生活节奏加快所带来的紧张感增加,改革过程中出现的社会问题引起心理失衡。下岗失业、贫富差距、腐败现象等使一些人产生了较强的失落感、相对被剥夺感、不公平感等。文化价值观念的变迁造成心理上的困惑,或是由于新旧价值观念和行为规范之间的冲突,或是由于新旧价值观念和行为规范之间难以及时有效地交接所形成的"空白",都会使人们在心理上出现一定的困惑感或迷茫感。随着社会流动的范围扩大、频率加快,以及生活环境的变化程度加大,会使人们经常或随时面对巨大的反差时,由于丧失了基本的熟悉,而增加了更多的陌生,这种情形会使人们一时难以形成应有的归属感、依赖感,在极端的情况下则会导致孤独感、无助感等。

认识和把握社会结构转型对我们深入理解和把握我国新时期德育有着重要意义。学校德育要针对社会结构性变化,关注随迁子女、留守子女、离异家庭子女等的教育,同时要强调理性精神、自立意识相结合,培养出一种更加崭新、全面的强势人格,面对艰难困苦时,不畏惧,高扬进取精神,增强迎难而上的品质,具有现代人所需要的心理特质。

文化多元并存对德育产生重要影响。多元文化的包容是社会前进的必然,也是社会进步的标志,它给教育带来了机遇与挑战。从时间角度看,传统文化与现代文化存在着冲突,从地域看,存在着东西方文化冲突,从人的角度看,存在着关于人的价值观的冲突。这些时空与人的主体的发展差异,就表现出文化的多元观念与表现形式,不同的生活方式、不同的艺术。多元文化的并存与发展.不仅有利于人类文化的发展与繁荣,也有利于民族文化的创新发展。罗素在《中西文化比较》一文中指出,"不同文化之间的交流过去已被多次证明是人类文明发展的里程碑。"一种民族文化只有在不断地海纳百川中才会绵延相继,更新长流。每一种文化都是人类文明的精华浓缩,每一种文化都值得被理解、被尊重、被赏识。在经济全球化和信息网络化的时代,世界各国各民族之间往来日益频繁,谁也不可能关起门来只学习自己的文化,而是要具有世界眼光,敢于和善于吸取世界各国各民族的优秀文化。当今文化多元并存已经成为德育面临的一个新挑战。多元文化背景更使学生面临着较多的价值选择,遭遇着更多的人生困惑,经历着众多的思想冲突,尤其是现今的网络信息时代,网络舆论与网络道德已经凸显成为德育的重要内容。

多元文化既可以并存,也会出现文化冲突。在文化多元化背景下,学校德育不能只看到不同文化之间的冲突,而应对不同文化保持正确的态度,善于认真研究和借鉴世界各国的文明成果,善于从其他国家和民族的文化中汲取营养,来丰富和完善自己。同时也要正确对待我国不同经济发展水平、不同历史与文化发展水平地区的文化。过去的德育基本忽视我国各地的文化差异,在教育内容上、方式上完全采取一刀切。但是随着我国社会转型,流动人口急剧增加,学校忽视学生间客观存在的文化差异,乃至文化冲突,实际上增强了师生间、生生间、家长与师生间的文化不协调。隐性的文化冲突,还没有引起足够重视,不时存在着外显的歧视,甚至排斥、拒绝等也是常见。学校要教育师生正确对待随迁学生,要尊重随迁学生的生活方式与观念,宽容那些与发达地区不同的生活行为。正确对待不同文化,宽容与接纳不同文化的人已经是学校教育须要严肃正视的问题。

由于经济因素的刺激,各文化领域在过度市场化情况下,娱乐文化的低俗、戏说文化的恶搞,暴力文化、鬼怪文化、赌博文化等纷纷出笼,多种乱象变换花样,对心智尚未成熟而吸收能力特强的学生的影响最为严重、普遍。学生里网瘾、追星、粉丝成群,杂乱的多元文化弥漫在孩子们的四周。学校德育要帮助学生确立正确的价值观。在物质生活富足的同时要关注学生的精神生活,丰富学生的精神世界,培养学生立德成人。

(三)学校德育的整体化改革

我们学校通过以感恩教育为主开展生活德育,从整体上推进学校德育的改革与发展,以解决学校德育缺乏整体性,与生活脱节的问题。我们通过平时观察与专题调研,发现不少教师的德育主要是采用消极教育。传统的学校教育有着明显的消极特征,习惯于从学生的问题入手来开展工作。教师总是把自己的全部或绝大部分注意力放在应对学生各种外显或潜在的问题上,并以病理学的范式来对待这些问题。即教师把工作重心放在了修补学生的各种问题上,重点是不良的学习习惯与各种问题行为。这种失去平衡的"类医学"式的消极教育,使学生许多良好的做人做事的行为与品质的发展受到极大的限制。这种单一的矫治技能导致教师只会用问题的眼光审视每一个学生,放大学生的问题已经成为传统教育条件下教师的通病。教师会习惯地采用专制压抑的手段对付学生,教育工作处于恶性循环,成天忙于当"警察",当"法官",却少有心灵的对话。从本质上说,这样的教育表现出了典型的非人性化特征,必然走进死胡同。

改变消极教育的病理学的范式来对待学生发展问题,已是十分紧迫的问题。大多班主任实施德育的主要方式是谈话以及主题班会。教育内容脱离学生的生活实际,少有学生在不同生活领域中所遇到的困惑或者不知如何处置的问题,而是以教师喜欢的"主题"来设定教育内容,因此概念性的话语不少,学生的"做人能力"更没有进入教师视野。在这类主题班会上大多是教师问问题学生作答式的教学,再加上朗诵、唱歌、跳舞。这种"空对空"的班会教育必须纠正。在个别教育中谈话是为了学生认错,"保证"以后不再犯错,再犯就会训斥、威胁,乃至变相体罚,心罚更是课内课外常见。改变这种脱离学生心理状况、道德认知与道德情感状态,偏离学生行为习惯形成与转变规律的消极做法,正是我们学校德育改革的出发点。

我们学校的德育不断改革与创新,继承陶行知先生的生活教育,创新新时期的生活德育,把感恩教育与生活结合,融于生活。陶行知也是根据当时社会条件以及我国社会在20世纪上半叶发生的巨大变化,提出生活教育。当今我们也处在社会改革开放的重大变化时代，生活德育在内容上、方法上以及目标上都须要审视与实现德育创新。陶行知的生活教育目的"是为民族、为大众、为人类求解放，谋幸福"，其核心是"教人求真，学做真人"，并提出了生活即教育、社会即学校、教学做合一等原理。我们学校开展生活德育也是基于宝山区生活德育的传统。陶行知先生曾在宝山举办过工学团，开展生活教育，1934年他在《宝山县观澜义务教育急成方案》中提出，"认定生活即教育，将生活与教育打成一片""认定社会即学校，将学校与社会打成一片"。陶行知主张教育与生活相结合，在此基础上提出生活即教育的理论。陶行知认为道德是构成生活的根本要素，所以人要过有道德的生活。没有道德，人无法生存，生活也就不再是人的生活。生活作为道德的"基础事实"，是和道德一体的，脱离了生活，道德也就成了僵死和抽象的条文。另外，陶行知还提出了"德育的基础和源泉是生活"。他认为，道德与社会生活是不可分割的，道德与社会生活是统一的整体。尽管时代不同了，但是我们应该继承与发扬陶行知在宝山区开展生活教育的传统，创造性地进行符合新时代要求的生活教育，包括生活德育。

我们学校开展生活德育就是贯彻"立德树人"的学校方案。生活德育强调"做人第一"，不是只让学生知道道德的概念，而是要学生在生活中做人。陶行知先生指出，"千教万教，教人求真；千学万学，学做真人。"学会做人是教育之本。国际21世纪教育委员会向联合国教科文组织提交的报告《学习内在的财富》中，对"学会做人"（learning to be）有这样一段解释："教育应当促进每个人的全面发展，即身心、智力、敏感性、审美意识、个人责任感、精神价值等方面的发展。应该使每个人尤其是借助青少年时代所受的教育，能够形成一种独立自主的、富有批判精神的思想意识，以及培养自己的判断能力，以便由他自己确定在人生的各种不同情况下他认为应该做的事情。"在当今社会我们面临社会转型，竞争激烈、价值观念冲突等，不少人发出了"做人难，难做人"的感慨，其实这一方面表明生活的复杂性，另一方面也说明教育存在的问题，缺少对学生足够的做人能力的培养，未能提高他们适应社会的生存与发展能力。社会生活使人们相信"谋事在能力，成事在做人"。生活德育要让学生会做人——社会角色的最佳表现，让学生有能力过有道德的生活。做人能力包括：爱的能力、分辨是非能力、承担责任能力、承受挫折能力、社会实践能力、人际沟通能力、合作能力、创新能力等。这些能力是过有道德生活所必须的，也是成为有道德的人必须具有的品德。

　　我们学校推进"五恩教育"就是以德目为抓手,使德育在内容上实在化,形式上不再脱离生活。从改变道德教育长期处于"空转"着手,从感恩教育入手,通过各类活动,开启学生的感恩之心,净化学生们的道德心灵,以适应社会转型时期复杂、多元的生活。学校通过"五恩体验—践行"教育营造一种尊重传统美德、以感恩为核心价值的校园文化。教条式的说教和灌输很难帮助学生在不同的、具体的生活情境下把握自己的道德行为,反而表现出对道德生活的漠然、心灵的黯然。这种非利益冲突的口号式教育培养了不少言行不一者。这样的感恩教育无疑是形式大于实质,不能产生任何效果。面对这种现象,小学德育应该为学生从小培育一颗善良的心灵,净化社会道德,为中华民族的美德回归作出应有的努力。通过道德教育让学生真正懂得感恩是一种文明,是一种品德,更是一种责任。人有了感恩之心,人与人、人与自然、人与社会才会变得更加和谐。

二、"五恩"教育:孩子,让世界充满感恩

(一)从感恩教育走向"五恩"教育

　　感恩教育对于学校德育来说是十分普通的事项,貌不惊人。但是要把它做实却不是容易的。我们学校多年来通过价值判断、聚焦,坚持数年,形成了"五恩"教育,突破了单一的感恩,从道德认知、情感与行为全面提出了"识恩,知恩,感恩,报恩,施恩"的教育内容,并总结出了"一个理念、二个基点、三个维度、四个原则、五个策略、六个途径"的操作体系。通过多年的"五恩"教育,"感恩才能感到幸福"的理念已经成为学校文化的核心价值,"感恩"也已成为全校师生认同的学校主流文化,并化为行动。

1. 感恩教育的必要性

　　感恩是一种美德。让生活充满阳光,让世界充满温馨。学会感恩,应该是学会做人的一条最基本的标准。

　　感恩作为一种道德品质,是人类共同的。"感恩",牛津字典给出的定义是:"乐于把得到好处的感激呈现出来且回馈他人。"美国有感恩节(Thanksgiving Day),家家团聚,举国欢庆,体现了美国人不忘先民开拓艰难的怀旧情绪和对上帝赐予的感谢。感恩在我国源远流长,自古就有"施恩不

图报"的美德,但也有"知恩不报非君子"的古训;有"鸦有反哺之义,羊有跪乳之恩"的名句,更有"受人滴水之恩,当以涌泉相报"和"衔环结草,以恩报德"的处世信条。"一日为师,终身为父",这讲的是对老师的感恩。"士为知己者死",讲的是知遇之恩。"与朋友交,言而有信",讲的是朋友间的诚信之恩。"谁言寸草心,报得三春晖",讲的是慈母之恩。"谁知盘中餐,粒粒皆辛苦",告诉我们的同样是感恩。

感恩虽然是我们的传统美德,但在当今社会上却出现了偏差。现在的学生大多是"抱大的一代",不少学生由娇而横,由爱生恨,甚至还恩将仇报。特别在社会转型时期,文化多元并存,对学生成长产生重大影响,既有积极的,也有消极的。但是面对这些消极影响,长期以来学校的道德教育没有给予应有的重视,大多教师还是习惯于对学生进行行为规范养成教育,德育工作处于"空转"状态,导致不少影响恶劣的舆论事件的发生。

面对这种现象,作为教育者,我们一直在思考这样一个问题:如何通过教育让学生真正懂得感恩是一种文明,是一种品德,更是一种责任?

2. 感恩教育的紧迫性

中国自古是个礼仪之邦,但是在物欲横流时,感恩作为一种美德在不少人身上缺失,感激之心已被麻木而浮躁的人所疏远和淡漠了。现在我们的学生大多是独生子女,一家人围着一个孩子转,总是想方设法地满足孩子欲求。不少孩子自私、只知接受、不懂付出的现象普遍存在。他们孝敬父母和长辈的意识越来越淡薄,甚至还恩将仇报。"五恩教育"前,学校有一项关于本校学生感恩情况的调查,发现学生感恩情感不强、感恩行为欠缺。例如问:"老师生病了,没来学校上课,你会怎么办?"80%的学生选择无任何反应,只有少数学生选择打电话问候及向他人打听情况。问及"长辈生日的时候,你会怎么做"时,有61%的学生选择没有任何表示,只有一小部分学生精心准备礼物向长辈送上生日的祝福。这表明他们对至亲的师长缺乏感恩之心。同时,社会上还有不少事例令人触目惊心,例如某地有位年迈的老人,曾无偿资助80多名贫困大学生,但那些大学生毕业后,竟没有一个人去看望她,甚至连一封问候、感谢信都没有。这种不良风气对学生的潜在影响不可低估。那些受到别人的资助却连一句感激的话也不会说的大学生,就是这种丑陋现象的折射。当代的学生,对亲人的关怀,对朋友的情谊,对陌生人的善举,普遍不懂得感恩,认为这些都是理所当然的。感恩品德缺失警示了感恩教育的紧迫性。

由此可见,对学生进行"感恩教育"已经迫在眉睫,让他们懂得和学会感恩,成为时代的呼唤。

3. 感恩是道德教育的重要内容

学生感恩品质亟须培养。上海市教委在《中小学生守则》增加了"学会感恩"的条款,填补了以往教育内容的一个空白。这也说明感恩道德品质培养的重要性。

唤醒和培养学生的感恩意识,是当前道德教育的重要抓手。感恩教育尽管并不陌生,但是大多还是停留在"感恩"单一的情感层面上,对感恩教育的本质认识不足。

长期以来忽视学生的主体意识和个体经历差异的教育,无法真正激发学生个体道德建构,也缺乏个体内在道德机制的建构,这样的感恩教育无疑是形式大于实质,不能产生任何效果。

我们反思学校2005年时期的感恩教育,在不同程度上存在下列状况:一是把感恩教育作为任务完成;二是缺乏感恩品德的系统培养,只是临时式教育;三是感恩教育泛化,什么都是感恩教育内容,缺乏价值指向;四是感恩教育处在活动操作层面,显得浅薄;五是德目教育对于教师来说较为生疏,更是缺乏应有的专业能力。感恩教育停留在具体的对恩惠的态度上,或者没有采取符合学生道德心理的方式来开展感恩教育,这是两个很大的缺陷。为什么不少学生在道德上显得浅薄、缺乏大度?就是没有对感恩的核心价值、中华民族传统道德品质的内核——"仁"与"义"(仁者百姓之所慕也,义者众庶民之高也——《淮南子·人间训》)产生认同。因此感恩教育必须要有新认识,要深入内核,又要浅出于学生生活。

学生感恩意识和感恩情怀的缺失与道德教育中的教条式的说教和灌输有关。面对这种现状,我们思考着这样一个问题:如何通过教育让学生真正懂得感恩是一种品德,更是一种责任?也思考着小学感恩教育如何"深入内核,浅出生活",从小培育一颗善良的心灵。基于这样的思考,我们讨论决定以"五恩"入手,开启学生感恩之心,增强感恩能力,提高教师的立德树人能力。

探索作为道德教育培养学生感恩的道德品质,从道德心理学角度思考,关注感恩的知情意行,以主体性的体验—践行的方式,并在学校文化层面上建构,使之融于学校价值观念之中,成为学校师生自觉行为的感恩教育是势在必行。感恩教育不应该采取说教或变相说教的方式,也不应该是临时性的一项活动。我们认为,从教育内容上与方法上进一步深入开展感恩教育的研究是十分有价值的。为此,学校通过"五恩体验—践行"教育营造一种尊重传统美德、以感恩为核心价值的校园文化。

4. 重视从基础德目着手加强道德教育

道德是人们共同生活及其行为的准则与规范。这是维护人类社会沿着理性、祥和、健康、快乐道路前进的动力。道德品质是道德在个体身上表现出来比较稳定的特征与倾向,简称"品德"。人们越来越多地发现个人品德与公共生活间的关系,对品德问题日益关注。希腊哲学家亚里士多德曾给好品德下了定义:是正当行为的生活——那些关乎别人和关乎自己的正当行为。富于美德的生活包括针对自己的美德,以及针对他人的美德,并且这两种美德彼此联系。道德教育应该重视以内容为本的道德教育,进而培养学生的品德所要求的道德性格特征和道德实践力。

道德教育中我们要关注德目的教育,德目就是具体的道德教育内容,是道德或品德条目,例如谦虚、谨慎、诚实、正直、勇敢、勤劳、俭朴等。它既是一定社会对道德文化发展过程中道德经验的概括,也是社会根据自身存在和发展的需要对个体品德所做的应然规定。其反映了某种特定道德价值观对理想道德人格的追求,对个体的道德行为具有导向作用。从人类整体看,德目乃是对德性经验和德性期望的概括化反映,是人们进行道德思维的基本概念。它是人类道德生活的宝贵财富,是构成人类道德文化的"网结"。由于人们将无形的道德经验"凝结"成可被感知的符号范畴,所以,德目对人类道德经验的传递和学习具有"抓手"的意义。

在对道德教育不足的担忧中,德育内容的空疏化实为主要。德国洪堡大学的教育学家汤克教授认为,品德教育分为两个方面,一是内容,二是方法。如果只谈方法,不谈内容,品德教育也会流于形式。从德目教育着手是德育新视角,道德教育需要从一个个德目的逐步确立并有效践履开始,从而使学生由一个个德目融合而成道德品质健全的人。因此,我们不仅要加强道德教育,而且更要提高道德教育的质量。当前中小学道德教育的缺失,不是在时间上,而是在道德教育内容的贫乏,主要以行为规范代替道德教育。基础性的德目教育不足,又忽视如何融入课程并建构它们的教育体系,没有反思道德教育基本问题的态度和意识,常使道德教育显得随心所欲。

德目教育的广泛开展,可以从根本上凸显美德和德性在人类精神文化和价值体系中的地位和作用,有效应对现代性危机,从而构建当代中国人的精神世界和价值世界,推进社会主义核心价值的践行,也提供了加强传统美德教育的当代路径。以德目教育为突破口,加强和改进学校德育是道德教育的一个新视角。本校坚持以感恩德目着手,培养学生良好的道德品质。

我们提出从以内容为本的德目着手,在一个个德目的养成及有效践履中,培养学生品德所要求的道德性格特征和道德践行力,使学生成为道德品质健全的人。从价值逻辑与心理发展逻辑两个维度出发,选择具有支配性作用的感恩德目,以弘扬"仁"为基础的传统美德。我们学校在办学过程中坚持了以感恩这个德目着手,培养学生良好的道德品质。感恩是一种美德,感恩让生活充满阳光,让世界充满温馨。学会感恩,应该是学会做人的一条最基本的标准。人类社会,人们都应有一些为大家所共同遵循的价值观,在道德教育领域,这些可以称之为道德共识。

感恩这个基础德目教育,是弘扬以仁为内核的优秀传统道德教育的必然需要。确认"感恩"这个德目在人的基础性道德关系——"处世""行事""立身"中具有普遍意义和价值,是道德品格的基础。

(二)"五恩"教育概况介绍

我们学校多年来一直把"感恩教育"作为实施德育的切入口,通过丰富多彩、富有童趣、受孩子们喜欢的活动教育引导学生。通过这些活动的积淀,我们越来越意识到感恩是一种能力,如何培养学生的感恩能力,是值得我们进一步探索和研究的问题。我们确立了《小学生"五恩"体验——践行教育模式的实践研究》课题,力求通过研究促进学校感恩教育特色的进一步提升,促进学校的整体发展。在研究中,我们还发现,我们开展的感恩教育,实际上是一个从"识恩"到"施恩"的整体过程。因此,我们把原先倡导的感恩教育提升为"五恩"教育。学校自2005年开始开展感恩教育,到2009年深化为"五恩"教育,使学校的感恩教育有了校本化的特征,使感恩教育更系统、更有针对性。

1. "五恩"教育的概念

感恩教育的理论如何与实践做到良好的契合,是本项目力图获得突破的着眼点。"以理服人,以情感人,情理交融,感人心灵",为了让学生在具体生活情境中受到道德感受、熏陶,使学生的道德认知、情意、行为提升,我们提出了"五恩"概念,"五恩"即"识恩,知恩,感恩,报恩,施恩"的简称。

"识恩"是对恩惠的概念上的识别,是知识的学习。"知恩"个体对给予或者接受的恩惠的感知。这两者同属于认知范畴。"感恩"属于情感范畴,是对给予的恩惠的情感体验,是作为道德概念"恩"成为道德信念"恩"的中介。"报恩"是对他人所施的恩进行报答。"施恩"是在他人没有给予恩惠的情况下主动给予他人恩惠。这后两者属于行为范畴,但有着明显不同,"施恩"是非受惠下主动给予他人恩惠,更为主动。施恩属于信念行为,更具道德价值。

　　"五恩体验—践行"教育模式是指主要通过体验、践行形式与途径建构成的五条策略。从认知范畴"识恩知恩",到情感范畴"感恩",再到行为范畴"报恩施恩",以感恩能力培养为重点,体验父母的养育、师长的教诲、朋友的帮助、社会的关爱与环境的赋予之恩,培养学生感恩的道德品质。"五恩"以识恩、知恩为逻辑起点层层递进,以报恩、施恩为归宿。感恩教育是一个全面的道德教育,因此有一个完整的"五恩"。

　　"五恩"的道德心理示意图如下:

　　"五恩"教育是道德教育,有着丰富的内涵:"五恩"是人性的表现,是人格的表征,也是基本的道德准则。"五恩"是一种"道德情感—行为"能力,有着感恩行为表现,感恩情感与行为不可分割。因此,"五恩"教育要重点培养感恩能力。在我们学校实施的"五恩"教育中,我们对学生提出的行动口号是:"感恩从谢谢开始,从点滴做起,从心灵绽放。"感恩作为道德品质以"感恩的真善美"为价值标准,感恩的行为表现有强度、深度、频度上的不同。

　　"五恩"教育通过多种形式与途径,对学生在"给予帮助"这个道德领域里,从认知、情感、行为上开展"五恩"教育活动,培养学生感恩的道德品质。"五恩"教育要结合现实生活,联系社会转型期间经济体制转轨、政治体制改革、社会建构转型、文化多元并存四个层面上与感恩有内在关系的社会现象,结合学生实际开展教育活动。

　　2. "五恩"教育的内涵

　　▲ "五恩"教育具有基础道德属性。感恩是基本的道德准则。美国道德心理学家里克纳曾指出,"尊重与责任是两个基本的道德准则"。他认为,"尽管在一个道德价值时常发生冲突的社会,尊重—责任以及他们的日常表现仍

然是共同的道德基础。承认这一共同的基础,是我们的学校进行价值教育根本的第一步。"(里克纳:美式课堂　品质教育学校方略,海南出版社,2001.2)

感恩作为一种美德,表现为一种生活态度,感恩应该是人的应该有的基本道德准则,是做人的起码修养,也是人之常情。感恩作为道德品质是以"感恩的真善美"为价值标准,这样我们才能在利益面前光明磊落,对得起自己的良心。

▲"五恩"教育也是我国传统道德的一个重要方面。《论语》中有先哲孔子的名言"礼者,德之基也"。"礼"是中国传统道德中重要而被广泛认同的道德规范,对个人修身与社会生活有重要意义。"礼"之"仪"是道德修养程度、文明程度的标志。重礼仪之人不仅能够保持个人的自尊获得他人的尊敬,而且有助于进德修业;不仅有利于个人道德境界的提高,而且还会对社会产生积极的影响。这表明感恩这个道德品质正是基于中华民族传统道德的继承。

▲"五恩"教育是以德报德的道德教育,更是一种以人性唤起人性的道德教育。如果人与人之间缺乏感恩之心,必然会导致人际关系的冷淡,所以,每个人都应该学会"感恩",这对于现在的孩子来说尤其重要。感恩是道德上的净化剂、内驱力,是人的高贵之所在。要让学生学会"感恩",其实就是让他们学会懂得尊重他人。对他人的帮助时时怀有感激之心,感恩教育让孩子知道每个人都在享受着别人通过付出给自己带来的快乐的生活。"感恩"是一个人与生俱来的本性,是一个人不可磨灭的良知,也是现代社会健康人格的表现。一个连感恩都不懂的人必定是拥有一颗冷酷绝情的心。在日常生活中、学习中所遇之事、所遇之人给予点点滴滴的关心与帮助,都值得我们用心铭记那无私的人性之美和不图回报的惠助之恩。唯有用纯真的心灵去感动去铭刻去永记,才能真正对得起给你恩惠的人。

"五恩"教育内容丰富,有着三个不同的层面:

第一,在人与自然的关系层面,人类应当对自然怀有感恩之心;

第二,在人与人的关系层面,人应该有相互感恩之心;

第三,在人与社会的关系层面,不同的主体应有不同的感恩目标诉求。

在道德价值的坐标体系中,坐标的原点是"主体",主体与他人,主体与社会,主体与自然,这些关系构成了感恩的关系。感恩是一切良好非智力因素的精神底色,感恩是学会做人的支点,感恩让世界这样多彩,感恩让我们的生活美丽。

▲"五恩"教育是全面的感恩教育,有完整的道德心理结构与内容结构。

"五恩"教育是一个整体,要实施整合性教育。"五恩"教育从感恩的认知、情感与行为上都要认真培养，但是不可孤立地割裂开来进行教育。我们应该通过多种形式与途径，从认知、情感、行为上整合地开展"五恩"教育活动，培养学生感恩的道德品质。"五恩"以识恩、知恩为逻辑起点层层递进，发展感恩道德情感与感恩行为能力，在感恩表现出来时感恩情感与行为是融合在一起的。感恩的行为有着强度、深度、频度上的不同，这就反映了学生感恩能力的水平。学会感恩，应该是学会做人的一条最基本的标准。

▲"五恩"教育是以报恩、施恩能力为重心的感恩教育，是一种强调生活践行的"感恩情感—行为能力"培养的教育。

"五恩"教育强调感恩能力培养。在我们学校实施的"五恩"教育中，我们对学生提出的行动口号是："感恩从谢谢开始，从点滴做起，从心灵绽放。""五恩"教育不是把学生培养成为道德口袋，而是能够在日常生活与学习中践行感恩。"五恩"教育要培养学生的感恩道德判断能力、感恩的情感能力、感恩的行为能力等。感恩道德判断能力意味着学生能知道感谢爱自己、帮助自己的人；明白"感恩，是一条人生基本的准则"，是一切生命美好的基础；懂得"感恩"是因为我们生活在这个世界上，一切的一切，包括一草一木都对我们有恩情；更能够判断感恩与非感恩，并作出正确的判断。感恩情感能力是对外界给予的恩惠的情感体验，产生感激之情、感恩之心。"感恩"之心是一种美好的感情，没有一颗感恩的心，孩子永远不能真正懂得孝敬父母、理解帮助他的人，更不会主动地帮助别人。怀有感恩之情，对别人、对环境就会少一份挑剔，多一份欣赏和感激。感恩将使人们建立对生活、对一切美好事物的信念，从而一生被美好的事物包围。感恩行为能力是能够正确地采取感恩行动，以报答或者主动施恩的能力。感恩能力是对他人给予的恩惠表示感谢，带着一颗真诚的心去践行感恩。感恩的人不应该为自己没有的东西斤斤计较，也不应该一味索取和使自己的私欲膨胀。学会感恩，也就是以行动去感恩。当孩子们感谢他人的善行时，常常会想到今后自己也应该这样做，这就给孩子一种行为上的暗示，让他们从小知道爱别人、帮助别人。

3. "五恩"教育的基本框架

"五恩"教育要遵循规律。学校坚持转变学校德育"就事论事"的运作方式，避免学生对教育内容与形式缺少真正属于自己的理解，避免感恩教育方式简单化。我们在开展"五恩"教育时反复研究这个人们非常熟悉的"感恩"问题，认真研究感恩教育的规律，形成了这个"五恩"教育的基本框架。

"五恩"教育有两个基本结构：一是要素结构，表明本教育模式的核心思想与基本内涵。二是操作结构,表明本模式的操作原则、策略与途径。"五恩"教育之所以成为模式,是因为它有着明确的思想、模式的要素以及稳定的运作方式。其基本要素-结构如下:

一个理念:

我们"五恩"教育的核心理念——"在生活中学会感恩,在感恩中学会生活"。真实的生活世界是德育资源丰富的道德源泉,"回归生活"是学校道德教育的必然趋势。我们所提出的"五恩"教育也不能脱离生活这个大的范畴。学校生活、家庭生活、社会生活中到处都充满着感恩,感恩是生活的真谛,生活为我们提供了丰富的感恩素材。作为教师,我们的任务就是对学生进行适时的价值引导,把生活中点滴的感恩素材提升为行之可效的德育经验,并反作用于德育实践。

两个基点:

我们提出的"五恩"教育,有两个基点:体验和践行。体验和践行是指感恩不能只停留在言语上。体验感恩教育,指向学会做人。"五恩"教育不是灌输道德概念而是重在培养学生感恩能力。我们强调它的价值取向是培养学生的感恩能力,对恩的感知能力、情感能力与行为能力。感恩能力的发展主要依靠体验,只有通过情感体验,才能使学生从感恩的概念认知转化为感恩的信念。同样,只有通过感恩生活实践,感恩能力才能得以发展。多年来我们学校坚持教师要提高德育能力,以此培养学生道德能力,让学生在社会转型时期中过有道德的生活,成为有道德的人。

三个维度:

(1)内容维度:生命的赋予之恩;父母的养育之恩;师长的教诲之恩;朋友的帮助之恩;社会的关爱之恩。要感恩生命,感恩父母,感恩师长,感恩伙伴,感恩社会。这也是最基本的,学生平时接触最多的人和事。

(2)形式维度:我们突出感恩方式,即在言语上,感恩要从说"谢谢"开始;在行动上,感恩要从身边的点滴小事做起;在情感上,感恩要内化为学生心灵深处的一种情感体验,然后外显为行为表现。

(3)心理维度:我们提出的"五恩"教育包括道德认知、道德情感和道德行为。这三者互相作用形成个体的感恩品质。

四个原则:

(1)从他律走向自律,提高感恩的水准。

(2)从有形走向无形,提高感恩的层次。

（3）从物质走向精神,提高感恩的品格。

（4）从直接走向间接,提高感恩的动机。

五性策略:

（1）情境感恩方式选择策略。

（2）增强体验践行水平策略。

（3）整合融合动态交互策略。

（4）立足民族走向世界策略。

（5）立足自我面向社会策略。

六条途径:

（1）节庆教育整合。

（2）课程教学融合。

（3）主题教育活动。

（4）社会实践活动。

（5）行规养成结合。

（6）环境文化熏陶。

七大整合:

（1）与入学教育整合。

（2）与家长学校整合。

（3）与日常活动整合。

（4）与评价工作整合。

（5）与课程教学整合。

（6）与社会生活结合。

（7）与研究学生整合。

（三）"五恩"教育:感恩教育的创新

1. "五恩"教育创新的理论基础

自古以来,国内外许多教育家、心理学家纷纷阐述了道德认知、道德情感、道德行为的发展,形成了诸多理论。其中著名的有科尔伯格、班杜拉、陶行知等,典型的有知情意行理论、行为主义理论、生活教育理论等。

（1）心理过程理论。

"五恩"所指的"知恩、识恩、感恩、报恩、施恩"可以从心理过程原理上得到支持。德育心理学认为品德有一个心理过程,即知情意行的过程,所谓"知礼躬行""通情达理"等,这在一定程度上反映了品德形成的实质和规律。当代德育理论,把道德认知、道德情感、道德意志、道德行为,既看作品德构成要素,也看作德育的切入点。知情意行几个要素是相互作用的,"知"是基础,"行"是关键。在德育心理过程中,具有多种开端,即不一定恪守知情意行一般的培养顺序,可以根据学生品德发展的具体情况,确定从哪儿开始。陶行知先生,姓名由"知行"改为"行知",就反映了德育的多开端性。科尔伯格的两难问题,探讨的是道德认知;班杜拉的社会学习理论,探讨的是榜样,即知、情对行为的影响等。可以认为,知情意行理论在其基本精神上,得到了西方心理学研究成果的支持。

(2)知情意行理论。

我国的知情意行理论,与西方德育理论,就其心理机制而言是一致的。历来心理学家对行为进行解释时,有的将行为决定于外在原因,有的将行为决定于内在原因。"勒温采格式塔"心理学观点,将个体行为变化视为在某一时间与空间内,受内外两种因素交互作用的结果。"勒温"称个人在某时间所处的空间为"场","场"一词他借用物理学上"力场"的概念,其基本要义是:在同一"场"内的各部分元素彼此影响;当某部分元素变动,所有其他部分的元素都会受到影响,此即"勒温"的场论(field theory)。他用场论来解释人的心理与行为,并用以下公式表示个人与其环境的交互关系:$B=f(P\,E)$(B: Behavior,行为;P: Person,个人;E: Environment,环境;f: function,函数)。此公式的含义是,个人的一切行为(包括心理活动)是随其本身与所处环境条件的变化而改变的。

同时,行为主义者认为,学习是刺激与反应之间的联结,他们的基本假设是:行为是学习者对环境刺激所做出的反应。他们把环境看成是刺激,把伴而随之的有机体行为看作是反应,认为所有行为都是习得的。行为主义学习理论应用在学校教育实践上,就是要求教师掌握塑造和矫正学生行为的方法,为学生创设一种环境,尽可能在最大程度上强化学生的合适行为,消除不合适行为。

"五恩"教育强调其落脚点是感恩践行,关注学生的感恩品行从他律走向自律,关注学生在感恩品行养成中的主体价值。"五恩"教育必须突出感恩品行养成的个体与环境的互动。

(3)生活教育理论。

生活教育理论的倡导者、美国学者杜威提出"教育即生活"理论,在《民

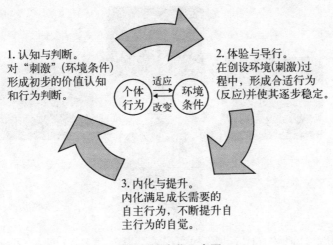

1. 认知与判断。
对"刺激"(环境条件)
形成初步的价值认知
和行为判断。

2. 体验与导行。
在创设环境(刺激)过
程中，形成合适行为
(反应)并使其逐步稳定。

3. 内化与提升。
内化满足成长需要的
自主行为，不断提升自
主行为的自觉。

个体
行为
适应
⇄
改变
环境
条件

人的行为变化示意图

主主义与教育》中认为，一方面，教育是存在于生活中的，是生活的一部分，是必需品，没有教育，人类生活就要停止；另一方面，生活是教育的源泉，为教育提供了丰富的内容。因为，在人的成长过程中，无论从生活的内容，还是生活的范围而言，都与人有密不可分的联系，生活的每一方面都有教育的意义，学校教育的任务就在于如何联系生活，使儿童逐步适应并改造生活。教育家卢梭认为：应让学生从生活中，从各种活动中进行学习，反对让儿童被动地接受成人的说教或单纯地从书本上进行学习，他认为教师的职责不在于教给儿童各种知识和灌输各种观念，而在于引导学生直接从外界事物和周围环境中学习，同学生的生活实际相结合。

我国教育家陶行知先生提出了"生活即教育""学校即社会""教学做合一"的思想。"生活即教育"是其思想的核心。

1996年联合国21世纪世界教育委员会向联合国教科文组织提交的报告《教育——财富蕴藏其中》明确地提出了在当今时代极其严峻的形势下，教育必须与社会生活紧密结合作为应对之策，并将"学会共同生活"作为教育的四个支柱之一。

国内外许多教育家、心理学家关于道德认知、情感、行为发展的观点，为"五恩"教育提供了理论支持。

2. "五恩"教育的创新之处

学校依据品德心理结构，从"感恩"品德形成渐进过程构建了"识恩、知

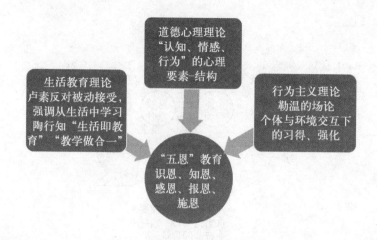

恩、感恩、报恩、施恩"的"五恩"教育模式。从道德认知、情感、行为的统一意义上完整地提出"五恩",经研究时文献检索,没有发现有学者或者实践者提出,"五恩"在这方面的理论研究与实践上具有创新意义。

学校从道德认知、道德情感、道德行为的道德心理机制上,以"五恩"为指向结合生活内容进行道德教育,而不是纯行为规范养成,使学校德育教育在内容上、形式上都有转变,这是一种道德教育的探索。同时,我们着重研究感恩教育中提高学生体验的强度、深度、频度以及践行的善形、真性、美性,以期系统实施感恩教育,"五恩""三度""三性"构成了感恩教育特色。

以德目教育探索学校德育发展的有效方式,解决了学校道德教育空泛化、流于形式的现状。在当前学校对德目的重要道德教育价值认识不足的情况下,"五恩教育"成功地从道德维度与心理维度上首创了"五恩"体验-践行教育模式,突破通常碎片化道德教育方式,通过德目培养学生良好的道德品质,具有实践创新引领价值。

"五恩"教育模式中感恩品德内容与品德心理形成过程结构如下:

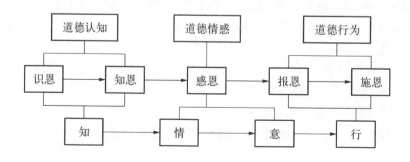

（1）"五恩"教育的理论创新。

20世纪的西方道德教育理论是以反对传统的道德灌输开始的。人们普遍对道德说教和灌输在理论上做了批评，在实践中进行抵制，关注对道德主体的尊重和主体性道德的高扬，这被视为对道德教育理论和实践的一个重大贡献。"五恩"（"识恩、知恩、感恩、报恩、施恩"）从道德心理学角度，作为道德教育内容的一个核心被提出，再结合社会主义荣辱观，使感恩教育的本质认识更加深入和系统。正是在这样的背景下，我们结合了以往的经验，试图用一种更开放的、发展的视点，通过"五恩"概念的提出，从道德认知范畴（"识恩、知恩"）、道德情感范畴（"感恩"）、道德行为范畴（"报恩、施恩"）建构，并以"一个理念、二个基点、三个维度、四个原则、五个策略、六个途径、七类方式"建构"五恩"教育的操作系统，强调"五恩"教育作为主体性德育，摒弃传统的说教灌输，突出"五恩"教育的体验—践行，形成了"五恩"教育的质的理论。感恩教育关键是从认识上升到意识行为，从情感认同到理性规范，我们需要的是一个能操作的感恩教育理论模型，因此我们要进行整体把握与必要细化，以具体的"五恩"教育内容在理论上建构适宜学校的道德教育模式。这不仅是从理论上总结我校小学生感恩教育的经验，而且也为丰富学校道德教育理论做出努力。

提出的"基础德目的支配"观点与"感恩情感-行为能力"的"三度""三性"在理论观点上创新。

"五恩教育"成功地从道德教育逻辑与心理学逻辑上创造性地建构德目教育，并通过实践进行了理论观点的验证，获得教育界的肯定，六次获得全国性、市、区级别的重要科研奖项。"五恩"教育在价值维度上把握"基础德目在不同层次德目中起到统摄作用"，明确提出，"基础德目在德目体系中具有价值的核心位置，对其他德目起着支配作用，最终决定个体的品德面貌与道德成长"，并提出了"德目教育重在培养学生德目践行能力"这个思想。我们在"五恩"教育中着重关注"感恩情感—行为能力"，着重研究了提高感恩情感—行为表现的强度、深度、频度（即三度），以及感恩践行的善性、真性、美性（三性），这在德目教育上是首创，对于提高德目教育有效性有着指导意义。

（2）"五恩"教育的实践创新。

提出"'五恩'体验—践行教育模式"，突出施（报）感恩的方式研究，强调在学生的生活情境下开展教育活动，改变道德教育喊口号或者灌输的方法，以学生的道德行为的养成为重要目标，这具有实践上的创新价值。

　　长期以来学校的道德教育没有得到应有的重视,大多教师习惯于对学生进行行为规范养成教育,导致社会上缺少善性、缺少良知现象屡见不鲜。这在一定程度上说明学校道德教育存在着不足的问题。"八荣八耻"提出了加强基础道德教育的迫切任务,为学校道德教育指明了方向。改变忽视道德教育的态度,转变道德教育缺乏有效实施的局面,是当今学校的重要任务。

　　感恩教育的理论如何与实践做到良好的契合,是本项目力图获得突破的着眼点。"五恩"教育解决了道德教育中方法太过单一、过程过于程式化的弊端,"以理服人,以情感人,情理交融,感人心灵",让学生在具体生活情境中获得道德体验和熏陶,使学生的道德认知、情意、行为得以在真善美中提升。通过"五恩"教育的途径、方式以及操作路径,建构了小学"'五恩'体验—践行教育模式",提升了学校的道德教育实践水平。

　　操作体系创新具有德目实践方式上的创新价值。从四维结构上架构"五恩"教育的整体框架,提出"五恩"教育的"三五"实践形态,具有操作体系上的创新。

　　学校德育不仅要把握德目体系中诸多德目的内在逻辑关系,还要关注每个德目的道德心理结构,以要素-结构理论建立起教育逻辑,发挥其教育功能。"五恩"教育从道德认知、情感与行为上全面提出了感恩的五个心理要素与感恩教育五个教育内容,提出了"一个理念、二个基点、三个维度、四个原则、五个策略、六个途径"的操作体系,还在五恩教育的评价机制上进行了创新。我们创建了"感恩卡"导行和"积点评价机制",将德育工作融于日常的教育与生活之中,形成了长效机制。

　　通过对感恩的心理特征及形成机制,以及对感恩教育的内容、策略和评价等进行的系统研究,学校德育在内容上、形式上有了明显改进,课题项目在提高学生体验的强度、深度、频度,以及践行的善形、真性、美性等方面,形成了具有较强可操作性的成果,为学校道德教育特色化发展提供了新的路径,同时也成为小学开展感恩教育的较新的特色案例。

　　(3)"五恩"教育的研究创新。

　　首先是在研究思路上的创新:

　　第一,从内容与方法上建构"五恩"教育模式,强化感恩德目的价值,明晰感恩品德的五个方面内容;从道德心理学角度思考,关注感恩心理过程,建构"五恩"教育。

　　第二,以我国优秀的传统道德教育方式与国外积极的道德教育方法整合开展"五恩"教育。通过主体性"体验—践行"方式展开,强调"感恩情感—行为能力"。

第三,在学校文化层面上建构"五恩"教育,使之融于学校核心教育理念之中,成为师生的自觉行为。

其次是在研究技术路线上的创新:

在研究中采取了应用性研究路线:总结实践—形成初步认识—再实践—理论概括—推广与验证。从文献研究出发,把握感恩的"五恩"心理要素;从感恩教育现状调研出发,为针对性地展开"五恩"教育研究提供事实基础。在较系统的再实践基础上,提炼操作策略,形成一套有理论基础、操作性与针对性强的"五恩"教育方式;在推广实践中,检验已获得的理性认识和经验的正确性,不断深化认识,完善实践形态。

(四)十六年的感恩教育历程

学校于2005年开展感恩教育以来,"感恩才能幸福"的理念已成为全校师生认同的主流文化。本项目形成了具有完整教育内容、有创意的实施体系、有科学的教育方法、有特色的教育途径。

"小学生'五恩'体验—践行教育模式的实践研究"系2010年上海市宝山区教育科学研究重点课题。这个课题旨在总结学校感恩教育的经验,探索实施"五恩"教育的系统操作,获得规律性认识,进一步建构"'五恩'体验—践行教育模式",从感恩认知、体验到感恩实践锻炼的持续活动中,形成一套有理论基础,操作性、实用性与针对性强的"五恩"教育操作方式,促进学校感恩教育特色的进一步提升,有效开展日常道德教育,提高教师道德教育能力,促进学校整体发展。

自2009年10月开始课题研究以来,历经多年的艰辛实践与研究,成功地完成预定的研究任务,公开出版专著《孩子:让世界充满感恩——"'五恩'体验—践行"教育模式的实践研究》。在此期间,学校获得了全国小公民道德建设实验学校、上海市中小学行为规范示范校、上海市少先队红旗大队等称号;"'五恩'体验—践行教育模式"项目被上海市教委评为2011年上海市优秀德育项目,2022年还获得上海市基础教育教学成果二等奖。

我们经历了"五恩"教育的课题提出、实践研究、推广发展三个阶段:

● 第一阶段:(2005.01—2009.08)

学校在德育工作中,以"感恩"为抓手,提出了"基础德目"的理论观点,组织关于学生感恩品德以及感恩教育现状的调查,增强了感恩教育的意识,积极探索有效实施感恩教育的方式,初步形成学校德育工作的特色。

● 第二阶段:(2009.09—2014.08)

开展"五恩"课题研究,提出"五恩"教育的主要概念体系,运用"七个整合",完善了"五恩"教育实践框架体系。运用行动研究法,以六条途径的实施为研究载体,完善了"五恩"体验—践行教育模式。以获得上海市德育优秀项目与公开出版《孩子,让世界充满感恩》(文汇出版社,2013.11)为标志,彰显了学校德育工作品牌。

● 第三阶段:(2014.09—2021.06)

开展推广与验证性实践研究,开发了《心存感恩——幸福一生》的"五恩"校本课程,进一步完善"五恩"教育的八大活动与每年的八个感恩主题月,创建了"积点评价机制",实现了"五恩"教育实践形态的稳定,并不断创新教育活动方式。同时从"五恩"教育经验辐射到学校教育各方面,凸显学校的感恩文化。在区内、市内外进行项目成果推广,产生了广泛影响。

在这16年中,我们不断进行德育创新。内容方面,从道德心理机制上把握感恩的"五恩"的心理特征、心理过程,与"五恩"培养路径结合起来进行深入的研究,并结合学校的实际情况,提出感恩教育的校本化路径,这在研究的视角、内容上具有新意,为改进当前小学德育提供了充分的借鉴。

我们着力突破了关键问题。联系学生的生活情境开展"五恩"教育,并系统归纳"施(报)感恩的方式"是课题研究的关键。这主要是长期以来教师形成了脱离学生道德心理建构的形式主义德育程式,最典型的是主题班会的程式化,学生往往出现"嘴上说一套,行为另一套"。这样的转变是艰巨的,是我们必须突破的。

我们的"五恩"教育在丰富学校文化上下功夫。校园文化不是贴在墙上、挂在嘴上的口号,而是全校师生认同的核心价值,并能付之于行动。学校从具体的感恩行为培养,逐步认识到有效开展"五恩"教育的重要性,并不断丰实"五恩"教育的内涵,即"五恩"教育是一项德目教育、"五恩"教育内容具有丰富性、"五恩"教育以感恩能力为重心、"五恩"教育是一个整体教育。同时我们认识到关键是营造学校文化。我们提出的"五恩"教育它有一个核心的理念,即"在生活中学会感恩,在感恩中学会生活,感恩才能感到幸福"。

我们的"五恩"教育坚持与生活相结合,走生活德育之路。"回归生活"

是当代德育的必然趋势,真实的生活世界是德育素材丰富的道德源泉。学校生活、家庭生活、社会生活中到处都充满着感恩,感恩是生活的真谛,生活为我们提供了丰富的感恩素材。作为教师,我们的任务就是对学生进行适时的价值引导,把生活中点滴的感恩素材提升为行之可效的德育经验,并落实于德育实践。

我们的"五恩"教育坚持重在培养学生感恩能力。"五恩"教育不是灌输道德概念而是重在培养学生感恩能力。在"五恩"教育中,"体验和践行"是我们着重教育的两个基点。体验和践行强调感恩不能只停留在言语上,体验性感恩教育指向学会做人。感恩教育不是灌输,我们强调它的价值取向是培养学生的感恩能力,对恩的感知能力、情感能力与行为能力。感恩能力的发展主要依靠体验与践行,只有通过情感体验,才能使学生从感恩的概念认知转化为感恩的信念。只有通过感恩生活实践,感恩能力才得以发展。多年来我们学校坚持教师要提高育德能力,以此培养学生道德能力,让学生在社会转型时期中过有道德的生活,成为有道德的人。

思想理论杂志于2014年11月发表文章介绍我们学校的"小学生'五恩'体验—践行教育模式"及其实践经历。

探索小学生"五恩"体验—践行教育模式
推进适应社会转型时期的小学校园文化建设

【亮点扫描】感恩教育尽管并不陌生,但是大多停留在"感恩"单一的情感层面上,我校开展的"五恩"体验—践行教育模式试图用一种更开放、更发展的视角,通过"五恩"概念的提出,从道德认知(识恩、知恩)、道德情感(感恩)、道德行为(报恩、施恩)三方面加以建构,并以"一个理念、二个基点、三个维度、四个原则、五个策略、六个途径、七类方式"形成"五恩"教育的操作体系,摒弃了传统的说教灌输,突出了"五恩"的两个基点:体验—践行,来探讨适宜学校的道德教育模式。这不仅从理论上总结了我校小学生"五恩"教育的经验,而且也为充实学校道德教育理论依据做出了努力。

我校通过价值判断、聚焦,坚持数年,形成了"五恩"教育体系,突破了单一的"感恩"教育,从道德认知、情感与行为三方面全面提出了"识恩,知恩,感恩,报恩,施恩"的教育内容。通过多年的努力,"懂得感恩才能体会幸福"的德育理念已逐渐成为校园文化的核心价值,"感恩"也已成为全校师生一致认同的主流文化。

一、目标与思路

中国是个礼仪之邦，自古以来有着"施恩不图报"的传统美德，也不乏"知恩不报非君子""滴水之恩当涌泉相报"等古训。然而，现在的学生大多是独生子女，一家六口人围着一个孩子转，对他们的要求总是想方设法地满足，使孩子养成了懒惰、骄横的坏习惯，自私自利、只知接受、不懂付出的现象也普遍存在。这样"抱大的一代"，直到成年进了高等学府以后，依然只知道对父母撒娇撒野，一旦家长不遂其心愿，就由娇而横，由爱生恨，甚至还恩将仇报。乌鸦有反哺之义，羊有跪乳之恩，我们的一些孩子却根本没有感恩意识，丧失了做人最起码的道德。面对这种现象，作为教育者，我们一直在思考这样一个问题：那就是如何教育好我们的下一代，让中华民族的美德重新回归？基于这样的思考，我们从感恩教育入手，通过各类活动，开启学生的感恩之心，净化学生的道德心灵。学校通过"五恩体验—践行"教育营造一种尊重传统美德、以感恩为核心价值的校园文化。

二、实施方法与过程

学校于2005年开始实施感恩教育，到2009年深化为"五恩"教育，使学校的感恩教育有了校本化的特征，使感恩教育更系统、更有针对性。

（一）强化环境布置，营造感恩氛围

环境是一种教育资源，也是一种极佳的教育手段。鉴于这样的认识，我校以"氛围渲染造校园感恩教育之声势"的思路，对校园环境进行了精心设计。画廊里布置的是学校感恩活动动态，走道上张贴的是简短浅显的感恩格言，墙面上悬挂的是一幅幅感恩宣传画，教室里展示的是学校感恩教育活动的主题词，广播里播放的是感恩活动主题歌。除此之外，队员们自行设计的感恩娃头像，每月"感恩之星"的事迹照片也随处可见。

（二）结合每月主题，感恩分层推进

学校结合每月活动主题，形成了每年八大系列感恩教育活动：3月感恩父母的养育、4月感恩先辈的奉献、5月感恩艺术的熏陶、6月感恩社会的关爱、9月感恩师长的教诲、10月感恩祖国的哺育、11月感恩科技的启迪、12月感恩伙伴的帮助。今年9月10日教师节那天，大队部策划了感恩师长主题活动。活动一："一份清晨的感恩"。当老师们迈着匆忙的脚步走进校园，校门口的孩子们恭恭敬敬地献上了队礼，"老师，祝您节日快乐！"伴着脆生生的祝福，还献上了学校统一购买的雀巢咖啡和一张精致的感恩卡。活动二："一声课前的问候"。在队干部的策划下，各中队均准备好了一份特殊的礼物献给这天进入教室的老师,有的是一句奋进的口号,有的是一个温馨的祝福,有的是一串独特的感谢,这是课前带给恩师的惊喜。活动三:"一次课间的行动"。十分钟的下课时间是那么短暂,这一天,孩子和老师们走得那么近,靠得那么紧。看,有的为老师倒杯茶,有的给老师捶捶背,有的到办公室跟自己喜欢的老师说上一两句心里话,师生间洋溢着浓浓的温情。我校有一位白血病患儿,现在身体已基本恢复。然而,在他生病的几年中,他的妈妈,一位伟大的母亲经历了常人无法想象的艰辛,忍受了常人难以忍受的痛苦。孩子很懂事,非常感谢妈妈常年来为他的付出,学校利用这一契机,组织开展了专题升旗仪式。今年3月8日,140多名家长代表受邀共同参与了此项活动。活动中,队员代表生动地讲述了这位母亲的感人故事,在场的每一个人都被深深地打动了。在老师的鼓励下,孩子向母亲献上了学校为他准备的鲜花,并用激动的言语表达了自己的感激之情,整个校园都笼罩在浓浓的温情之中。

(三)挖掘课程资源,"五恩"有效融合

课堂是感恩教育的重要渠道,我校每一位教师都能充分挖掘教材内容,运用适宜的方式,把"五恩"教育有效融合于各学科课程教学之中。

1. 重视挖掘课程资源

在平时的教学中,很多老师都发现,其实我们的学科教材中有着丰富的感恩教育素材,我校每一位任课教师达成共识,充分挖掘课程中的教材内涵,寻找切入点,把感恩教育真正与课程教学相融合,对学生进行潜移默化的教育。我们发现:语文教科书中所表现的"恩"是丰富多彩的,有自然之恩、祖国之恩、社会之恩、师长之恩……同样,英语、思品、音乐、美术、自然等学科中也有很多的教育素材,我们积极挖掘整合,教育学生从爱父母做起,爱人类,爱社会,培养了学生博大的胸怀。

2. 重视校本课程建设

学校成立了校本课程编写组,共同编写了感恩校本教材。在校本课程建设中,我们采用不同形式推进。低年级段把重心放在学校,以引导教育为主,加强感恩师长和感恩伙伴的教育;中年级段把重心放在家庭,以讨论交流为主,加强感恩父母和感恩长辈的教育;高年级段把重心放在社会,以实践体验为主,加强感恩社会的教育。从本学期开始,我们把感恩校本课程放在快乐半日活动时间内进行,更有效地保证了校本课程的推进。

(四)组织主题活动,强化体验践行

感恩来自生活,也必将回归生活,学校根据学生在生活中所遇到的感恩实际问题,组织主题教育活动。教育内容落到实处,教育形式有的放矢。全体队员在学校、家庭、社会共同营造的充满爱心的大环境中,从"受爱"到"施爱",从知恩到报恩,逐渐形成了良好的道德品质。我们为每位学生定制了"感恩卡",举行了感恩卡首发仪式,引导学生懂得知恩,及时感恩,大声说出自己的感谢。我们每月开展感恩统一行动,鼓励学生积极践行,并利用班会进行活动小结,开展考章加星。我们利用午间休息时间教唱一首首感恩歌曲,《烛光里的妈妈》《感谢》《长大后我就成了你》《国家》等优美的旋律时时萦绕在每个学生的耳边。音乐课上,老师把《感恩的心》这首歌曲的手语操教给每一个孩子,在歌声和手操中,孩子们深深陶醉,也感受到了因感恩之心所带来的快乐和幸福感。

（五）构建教育网络,拓宽实践基地

"五恩"重在体验,贵在践行,学校通过搭建平台,加强与家庭和社区的联系,达成共识,形成教育合力。如:学校利用每年一年级新生第一次家长会的机会,对全体家长开设"感恩第一课"讲座。让到我们学校学习生活的孩子和家长能第一时间了解学校的特色并配合共同开展好教育。学校经常通过家长和社区问卷了解队员的行为变化;经常邀请家长参与各种感恩活动,家长们给予了很大的支持,他们言传身教,努力做孩子的表率。在教育过程中,我们还利用社会资源建立了各类实践基地,为学生提供了知恩报恩的场所,为学生的实践体验活动提供了有力的保障。

（六）科研稳步推进,提升感恩实效

为了不断激发队员的感恩意识,把这种意识内化为学生自身的需求,学校成立了德育课题组,确立了课题《感恩教育中激发少年儿童自主行为的策略研究》并进行了相关问卷调查。此调查荣获上海市少先队调研奖一等奖,论文荣获宝山区少先队专题调研论文一等奖。同时,学校与上海三知理论研究所合作,共同开展《小学生"五恩"体验——践行教育模式的实践研究》,通过专家引领,全体教师的科研水平和科研能力稳步提升,我们这个课题作为区《社会转型时期学校生活德育的实践研究》课题的子课题,被评为上海学校德育"德尚"系列研究课题成果一等奖。

（七）教师率先垂范,打造感恩团队

感恩作为一种校园文化,不仅仅是对学生的要求,更应该是对教师的要求。我们在全体教师中开展"做知恩感恩的先锋!"、三个"一"系列活动。即当你让孩子帮你拿东西、发本子、收作业时,别忘了对给予你帮助的孩子说一声:"谢谢!"当同事帮你看管班级、分发作业、完成任务时,别忘了对给予你帮助的同事说一声:"辛苦您了!"当你要求家长配合你共同完成某一项任务、参与某一项活动时,别忘了对给予你帮助的家长说一声:"麻烦您了!"其身正,不令而行;其身不正,虽令不从。教师身体力行,才能使我们的校园始终充满感恩的气息。

三、工作成效与经验总结

（一）工作成效

随着"五恩"教育的推进,一种"懂得感恩才能体会幸福"的校园文化精神正在我校逐步形成。教师们怀着感恩学校、感恩家长的情怀努力工作着;学生们怀着感恩师长、感恩社会的激情勤奋学习着;家长们怀着感恩学校、感恩教师的共鸣积极配合着。在全校教职工的共同努力下,学校近年来收获累累,显著的办学成果为学校的发展奠定了良好的基础,也提供了广阔的空间。

（二）基本经验

第一,深入开展"五恩"教育必须营造师生一致认同的感恩校园文化。

第二,"五恩"教育重在体验、践行和培养学生的感恩能力。

第三,"五恩"教育要遵循发展规律,不能以教师意志为转移。

第四,从实践中提炼有效的"五恩"教育原则。

四、发展构想

一是进一步思考感恩教育与道德教育的关系,从道德教育整体上发展"五恩"教育,使之适应学校文化建设的新阶段。

二是学校应该注意教师道德教育能力提高的经验研究,通过分析与提炼,获得有价值的规律性认识,为以后教师道德教育能力的发展提供有效的路径。

三、建构充满爱的"五恩"教育

（一）"五恩"教育的价值指向——真善美

师生以"感恩的真善美"为价值标准,对所遇到的实际问题衡量、反思自己的感恩品德,并注重道德自律。师生通过感恩的道德行为,丰富自己的精神生活,在感恩中建构主体道德价值。

首先,在认知价值上,强调"真性",感恩要真实、真诚。让学生明白什么是感恩,为什么要感恩,提高感恩道德认知能力。

其次,在行为价值上,强调"善性",感恩要有益于他人与社会,爱人助人。

要求学生在日常行为中有良好的感恩表现,在践行中发展感恩能力。

再次,在情感价值上,强调"美性",感恩要丰盈情操,净化心灵。让学生对感恩有积极的情感体验,对感恩有着愉快感、赞赏感、幸福感,激发起感恩的理智感与美感,让学生生活中充满着感恩。

我们提出"五恩"教育品质的"一性三度"。感恩质量是感恩教育实效的表征,感恩品质应该具有感恩的价值性,表现出感恩品质的强度、深度、频度。我们从感恩品质的"一性三度"上以提高学生感恩水平。

感恩品质的价值性。感恩有着极高的道德价值。学生以真、善、美的道德标准衡量、反思自己的感恩品德,并注重自己的道德自律。学生通过感恩的道德行为表现丰富自己的精神生活,丰富精神世界,在感恩中建构主体道德价值。学生通过感恩品行的认知、情感、行为的发展,更好地理解感恩不仅是道德概念,也是一种道德准则,更是一种道德能力,不断践行中形成感恩的道德信念。

感恩的"三度"以及这三者的整体水平都会影响感恩品质。

频度。感恩教育的频度越高,学生感恩习惯越稳定。在同一感恩教育内容或者主题上增加教育活动次数,为学生创设同一主题体验与践行机会,可以组织同一主题的不同形式活动,也可拓展感恩教育内容和变化感恩教育形式,来增加感恩教育频度。

强度。感恩教育作用力必须达到一定的强度,才能引起学生的感知与体验。在感恩教育活动中要聚焦感恩主题,关注主题上提供学生感知、体验、践行的强度。感恩主题的清晰度越高,越能引发感恩心理的增强。

深度。感恩教育活动不在于"热闹",要让学生获得对感恩主题的深刻体验,注重学生的深度参与,突出多向交互。关注学生个体与群体感恩体验的差异性,促进不同学生对感恩认知、情感与行为的发展。

(二)"五恩"教育的八大系列

感恩作为一项道德,是人们共同生活及其行为的准则与规范。感恩道德必须以道德基本属性来确定其基本内容。同时不同的德目又规范着人们生活的特定方面,调节人类多元关系的特定方面,因此感恩又有着其特定道德范畴。

感恩品德是有其内容结构的,明晰感恩的内容才能有效地组织教育活动。我们依据学生的可接受性与他们的生活经历,从儿童的社会接触序列上,确定了"五恩"教育的五个方面的主要内容:生命的赋予之恩;父母的养育之恩;

师长的教诲之恩；朋友的帮助之恩；社会的关爱之恩。我们基于这五个方面，确定了以固定的节庆、校本活动节形成学校"五恩"教育活动八大系列：

（1）感谢母亲的养育（妇女节）

（2）感谢先辈的奉献（清明节）

（3）感谢艺术的熏陶（红五月感恩艺术活动）

（4）感谢社会的关爱（"六一"为家庭困难学生献爱心）

（5）感谢老师的教诲（教师节）

（6）感谢祖国的哺育（国庆节）

（7）感谢科技的造福（11月科技节活动）

（8）感谢伙伴的帮助（12月感恩节活动）

我们依据感恩教育目标，将"五恩"教育内容学段分层。"五恩"教育在内容上要根据学生的道德发展的年龄特征，按照不同学段分层递进。为了更好地创设育人环境，我校在实施感恩教育过程中以年级段为单位，通过内容分层、目标分解、年龄分段逐步完善感恩教育内容，为培养队员自主行为创设良好的环境氛围。

年级段	分层目标	分层内容
低年级	做最有力量的大拇指 做乐于助人的食指 做勇敢攀登的中指 做默默奉献的无名指 做灵巧活泼的小指	1. 认识自我，完善自我，发展潜能 2. 尊敬师长，友爱同学，对老师有礼貌，和同学友好相处 3. 热爱学习，迎难而上，勇于战胜自我 4. 关心老师，关爱伙伴，随时准备帮助别人 5. 兴趣广泛，个性健康，创建快乐和谐集体
中年级	勇于创造，争做学习的主人 心怀感恩，争做生活的主人 学会自主，争做集体的主人	1. 热爱学习，文明守纪，遵守学校的各项规章制度 2. 尊重父母长辈，说话有礼貌，做力所能及的事，为家庭尽责任 3. 及时感谢别人的帮助 4. 关爱父母长辈，及时分享生活经验 5. 建立快乐、和谐的队集体，营造团结、向上的氛围
高年级	热心服务，争做学校的主人 懂得尽责，争做国家的主人	1. 遵守学校及公共场所的各项规章制度 2. 做热爱学校的好少年，做文明守纪的小公民 3. 用实际行动关爱生活中需要帮助的人 4. 开展社会实践活动，倡导"哪里有红领巾，哪里就有新风尚"

（三）"五恩"教育的实践形态

我们的"五恩"教育通过长期实践，归纳总结出两个基点、四个原则、五个策略、六个途径的"五恩教育"操作体系。

1."五恩"教育的两个基点

"体验和践行"——我们确立的"五恩"教育的两个基点。体验和践行是指感恩不能只停留在言语上，体验性感恩教育，指向学会做人。感恩教育不是灌输，我们强调它的价值取向是培养学生的感恩能力，对恩的感知能力、情感能力与行为能力。感恩能力的发展主要依靠体验，只有通过情感体验，才能使学生从感恩的概念认知转化为感恩的信念。只有通过感恩生活实践，感恩能力才得以发展。因此多年来我们学校坚持教师要提高育德能力，以此培养学生道德能力，让学生在社会转型时期中过有道德的生活，成为有道德的人。

2."五恩"教育的四项原则

我们学校在长期的感恩教育中，注重从实践中提炼有效的教育原则，以便使学校感恩教育从就事论事层面提升到教育文化层面上，以思想引领实践。我们学校总结出了"五恩"教育的五项原则，并认真贯彻。

（1）从他律走向自律，提高感恩的水准。我们通过"五恩"教育活动从被动的感恩到主动的报恩与施恩，达到"滴水之恩，当涌泉相报"水平。

（2）从有形走向无形，提高感恩的层次。我们在感恩教育中不仅注重学生的有形的感恩行为，更要关注无形的做到以善报恩。

（3）从物质走向精神，提高感恩的品格。提倡感恩不以物质感恩为主，而更应该注重以精神上的方式报恩，以德报恩。

（4）从直接走向间接，提高感恩的动机。我们要求学生做好事不是为了表扬，或者别人的感恩，而是一种道德的享受，"施恩不图报"的道德幸福感。

3."五恩教育"的五项策略

"五恩教育"重视教育操作，形成实在的教育策略。我们在"五恩"教育中努力转变灌输式的德育，建构"体验—践行"的德育。我们在实践中形成了如下的行动策略：

（1）情境感恩方式选择策略。在具体的不同的感恩情境下，让学生自主选择符合感恩价值的感恩方式，让学生学会选择，掌握属于自己的感恩方式。而不是简单地告诉他们"应该怎么做"，导致道德思维的萎缩。

（2）增强体验践行水平策略。在感恩教育中我们避免说教，以枯燥无味的方式强迫学生接受，而是通过设计多种学生喜欢的活动，让学生在具体感恩情境中体验，从而提高他们感恩的情感水平，并组织与引导学生践行感恩，注重感恩能力的培养。

（3）整合融合动态交互策略。"五恩"教育无论在教育内容上、教育方式上都需要整合，融合为生活教育，在感恩活动中需要师生交互、动态地发展感恩能力。

（4）立足民族走向世界策略。感恩具有普世价值，是人性的表征。通过我国和世界的感恩事例教育培育学生的感恩品质，防止感恩的全盘西化的做法。

（5）立足自我面向社会策略。感恩道德品质不仅是社会道德规范，而且也是个体道德品质。"五恩"从道德的认知、情感、行为角度出发以感恩道德引领学生个体道德品质的发展。

4. "五恩"教育的六条途径

"五恩"教育不能停留于纸上谈兵，必须建设多种途径，为学生的感恩品德发展提供情感体验与践行的途径。我们形成了"五恩"教育六个途径：

（1）利用节庆围绕感恩主线，开展八大系列感恩活动。

我校重视利用固定的节庆这个感恩教育路径，例如"三八"妇女节、教师节、国庆节等开展"五恩"教育。结合每月主题，感恩分层推进。我们每年结合节庆日，围绕感恩主线，开展八大系列感恩主题活动，同时，12月31日，是我校一年一度的"感恩节"，我们结合"感恩之星"的表彰进行全年感恩活动的总结。

○ 感谢母亲的养育。

每年三月八日这一天，我们把部分学生的母亲请到学校，全校举行感谢母亲为主题的升旗仪式，开展了向全校女教师及学生母亲唱一首歌、诵一首诗、说一句话、献一支花活动。随后各班召开了别开生面的主题班会。孩子和家长第一次在班上面对面的交流，这是心灵的撞击，孩子激动地述说着自己平时难以启齿的心里话，教室里呈现出一个个感人场面，孩子第一次发自内心的话语，使在场的母亲感动得热泪盈眶，不懂事的孩子终于长大了。整个活动，真正让学生体验真情，感悟亲情，激发起学生爱的情感，从而丰富情感积淀，把亲情回报付诸实践。

○ 感谢先辈的奉献。

四月清明祭先烈，学生每年举着队旗来到罗店中学先烈纪念碑前，认真地聆听老师讲革命英雄事迹,心中流淌着对革命烈士的感恩之情,感受到今天美好生活的确来之不易。纪念碑前,学生向革命烈士敬献了花圈,表述了对革命先烈无限怀念和崇高的敬意。

○ 感谢艺术的熏陶。

红五月中,学校开展了感恩艺术的教育活动。学校大队部组织开展了"感恩卡设计""感恩词征集""感恩歌曲大合唱"、征文比赛、摄影比赛、童谣、创作等一系列活动,在活动中学生陶冶情操,净化心灵。

○ 感谢社会的关爱。

"六一"是孩子们的节日,社会各界为队员们送来了礼物,学校教师为孩子们节目精心组织活动。我们因势利导,对学生进行感恩社会的教育。学校每年"六一"前夕都会组织党团员教师为家庭困难学生献爱心。一位在节日当天收到礼物的孩子在自己的日记中这样写道:"每年的'六一'我都特别快乐,因为我总能收到一份特别的礼物,我感谢老师,感谢学校,更感谢社会这个大家庭。"

○ 感谢老师的教诲。

每年9月10日教师节,少先队大队部开展"感恩师长"主题的节庆活动。学生们以年级组为单位选择恰当的方式表达自己对教师节日的祝福。一声声温暖的话语,一张张自制的精美贺卡,一束束鲜花,一首首载满祝福的点播歌曲萦绕校园,此时此刻,师生沉浸在幸福、欢乐的海洋里,尊师重教蔚然成风。

○ 感谢祖国的哺育。

十月份学校开展"感恩祖国"活动,其中有感恩祖国诗词朗诵、"我为母校献一计"等活动,引导队员为祖国的繁荣富强而发奋学习。

通过感恩教育六大系列活动,校园内外悄悄地发生着变化,学生们开始实实在在地开展感恩行动。

○ 感谢科技的启迪。

学校结合11月科技月,开展"感谢科技的启迪"活动,不仅从小让学生学习知识,明白科技是双刃剑,同时培育学生从小感恩科技,要让科技造福人类。

○ 感谢伙伴的帮助。

小学生的感恩要由近及远,感恩身边的人是很实在的。学校在12月组织"感谢伙伴的帮助"活动,让学生感知伙伴对自己的帮助,并以感恩之心,报恩施恩。学校把每年的12月31日定为感恩节,总结一年来感恩活动的成果,开展"感恩之星"的表彰。学校要求教师、家长、学生用感恩之心对待生活,定期发掘生活中的感人事,人人记录自己生活中的感恩小故事。

（2）整合课程教学,融"五恩"教育于主渠道。

课堂是感恩教育重要渠道。我校每一位教师能充分挖掘课程教材的内容,运用适宜的方式,把"五恩"教育有内在联系地融于课程教学之中。推进课程教学整合,通过课程教学形成全校教师人人是德育工作者,形成学校全时空的感恩教育。

○ 学校重视感恩教育校本教材的建设。

学校成立了校本课程编写组,编写了《感恩师长、伙伴》的校本教材,目前正在实践过程中。在校本课程建设中,我们采用不同形式推进。一年级的教材中以儿歌为主;二年级的教材中以故事为主;三年级以游戏的形式开展教学;四年级重点挖掘童话中的感恩素材;五年级重在实践活动,以任务驱动开展教学。

○ 发挥德育课程内容,深入开展"五恩"教育。

德育课程中有着丰富的感恩教育的内容,我校每一位任课教师能充分挖掘德育课程的教材内涵,寻找切入点,把感恩教育真正落实在德育课程之中,对学生进行潜移默化的教育。如思想品德《关心体贴父母》这一课,执教老师从郁达夫体谅父母的品质说起,引出"父母生养我们,不辞辛劳。请同学们列出一张父母每天为我们操劳的表格"。老师又进一步引导大家:学会理解父母,体谅他们也是子女的一份孝。最后在这位老师的引导下,同学们懂得了父母的养育之恩是报答不完的。

○ 挖掘课程教学资源,学科教学整合感恩教育。

学科教学具有丰富的感恩教育资源,有许多可以对学生进行感恩教育的内容。语文教科书中所表现的"恩"是丰富多彩的:有自然之恩,如《只有一个地球》让我们认识到地球母亲对人类的意义,体会到她对人类的恩情是不可替代的。有父母之恩,如《新年礼物》中年年辛劳无怨无悔的父亲,还有《秋天的怀念》中给残疾儿子重燃生活信心的病重的母亲,等等。通过音乐、数学、自然常识等学科,我们挖掘八大感恩,教育学生从爱父母做起,爱人类,爱社会,培养学生博大的胸怀。

（3）组织主题教育活动,强化学生体验与践行感恩。

开展主题教育活动,以各个班级为主开展来自学生实际生活中发生的感恩问题进行教育，通过真实情境的再现让学生辨析、体验，或者践行等方式开展教育活动。班级根据学生所遇到的感恩上实际问题，组织主题教育活动，主题来自学生的实际生活有针对性，教育内容落到实处，教育形式有的放矢。全体队员在学校、家庭、社会共同营造的充满爱心的大环境中，从"受爱"到"施爱"，从知恩到报恩，逐渐形成了良好的道德品质。为了使每项主题活动能得到更深入的开展，从2009年开始，我校以年级段为单位以不同的侧重点分层推进感恩教育。低年级段把重心放在学校，以引导教育为主，加强感恩师长和感恩伙伴的教育；中年级段把重心放在家庭，以讨论交流为主，加强感恩父母和感恩长辈的教育；高年级段把重心放在社会，以实践体验为主，加强感恩社会的教育。我们开展了"我和父母间的感人故事""我和孩子间的温馨瞬间"故事征集活动，在全校师生、家长中开展了感恩口号征集活动，并将感恩写入学校的校训。改变以往道德教育中方法太过单一、过程过于程式化的弊端，"以理服人，以情感人，情理交融，感人心灵"，让学生在具体生活情境中受到道德感受、熏陶，使学生的道德认知、情意、行为在真善美中得以提升。

（4）构建感恩教育网络，结合社会实践拓宽实践基地。

我们学校不断构建感恩教育网络，拓宽社会实践基地，开展感恩教育。在感恩教育启动阶段，学校德育领导小组就注重加强活动的指导和过程的管理，经常召开会议专题讨论，不断提高活动的实效性。学校通过搭建平台，加强与家庭和社区的联系，达成共识，形成教育合力。如学校经常通过家长和社区问卷了解队员的行为变化，经常邀请家长参与各种感恩活动，家长们给予了很大的支持，他们言传身教，努力做孩子的表率。学校还大力倡导感恩文化，利用升旗仪式和红领巾广播讲感恩小故事，组织队员学唱感恩歌曲、诵读感恩诗文，等等。

组织学生社会实践活动，以各班学生到社区开展敬老爱幼的实践活动，让学生在真实的社会环境中增强报恩的情感，提高报恩、施恩的能力。在教育过程中，我们利用社会资源建立实践基地，为学生提供知恩报恩的场所。学校选取了校区邻近的敬老院、消防队和文化馆作为校级感恩教育基地，在校级基地建设的基础上，引导各中队建立中队体验基地，同时引导各假日小队建立不固定的实践基地。这样，我们通过大队、中队、假日小队三级组织，在全校范围内建立了三级实践基地，形成了教育基地建设的网络化，为学生的实践体验活动提供了有力的保障。

（5）以感恩道德引领行为规范养成，推进志愿者服务的施恩。

我们学校结合行为规范养成教育，把感恩列入学校日常行为规范的养成内容之中，也作为各班评比内容，以引领感恩品德引领感恩行为的养成，同时通过感恩行为的培养促进学生感恩品德的发展。组织志愿者服务或设立服务岗，组织学生在校内或者校外开展志愿者活动，以无私的行动去服务，锤炼施恩不图报的精神，以及施恩的能力。

（6）强化环境布置，营造感恩氛围，突出感恩文化。

环境是一种"五恩"的教育资源，环境是一种极佳的感恩教育手段。鉴于这样的认识，我校以"氛围渲染造校园感恩教育之声势"的思路，对校园环境进行了精心设计。画廊里布置的是学校感恩活动动态，走道上张贴的是简短浅显的感恩格言，墙面上悬挂的是一幅幅感恩宣传画，教室里展示的是学校感恩教育活动的主题词，广播里播放的是感恩活动主题歌。除此之外，队员们自行设计的感恩娃头像，每月"感恩之星"的事迹照片也随处可见。

学校要广泛、深入开展"五恩"教育，必须营造感恩的学校文化。

校园文化不是贴在墙上、挂在嘴上的口号，而是全校师生认同的核心价值观，并能付之于行动。学校从具体的感恩行为培养逐步认识到有效开展"五恩"教育的关键是营造学校文化。我们提出的"五恩"教育它有一个核心的理念——"在生活中学会感恩，在感恩中学会生活，感恩才能感到幸福"。

5."五恩"教育的七大整合

为了更好地推进"五恩"教育，去年起，学校提出了感恩教育的七大整合：

（1）与新生培训整合。每年，我们利用新生入学预备期对全体一年级新生开展专题讲座，规范他们的言行。

（2）与家长学校整合。把和父母间的行为礼仪要求，和教师、伙伴间的礼仪要求通过预备期传达下去并由班主任老师开展相应的训练。我们利用新生第一次家长会的机会对全体家长开设"感恩第一课"讲座，让到我们学校学习生活的孩子和家长能第一时间了解学校的特色并配合共同开展好教育。

（3）与日常活动整合。学校为每位学生定制了感恩卡，引导他们懂得知恩，及时感恩。我们教育学生，在得到他人的帮助后，除了说一声"谢谢！"还应及时递上一张小小的、充满温情的卡片。

（4）与评优工作整合。推行了感恩卡之后，我们把此项工作与教师学生的评优考核工作相结合。学校在鼓励学生主动送出感恩卡的同时，也鼓励学生、教师积累保存感恩卡。我们把一学期累计收到感恩卡的数目作为评比校

"感恩之星"队员、"感恩之星"教师的一项指标,作为评比校、区优秀队员的一项指标,作为推荐校、区、市级优秀教师的一项指标。

（5）与校本课程整合。学校开设感恩校本课程。为了更好地推进此项工作,我们成立了校本课程编写组,由教师自行编写了感恩校本课程,目前,1—2年级的感恩校本课程已着手实施。在校本课程的编写过程中,我们以年级段为单位从不同的侧重点分层推进感恩教育。如低年级把重心放在学校,以引导教育为主,加强感恩师长和感恩伙伴的教育;中年级把重心放在家庭,以讨论交流为主,加强感恩父母和感恩生命的教育;高年级把重心放在社会,以实践体验为主,加强感恩社会的教育。各年级段的教育内容既有其内在的联系又有不同的侧重。

（6）与德育科研整合。在进行《小学生"五恩"体验—践行教育模式的实践研究》的同时,我校少先队正在进行着《感恩分层教育中培养少年儿童自主行为的策略研究》,此课题经上海市少先队学会与上海市少年儿童研究中心评审通过,被列为2009年上海市少先队立项课题。同时,我们撰写的《感恩分层教育中培养少年儿童自主行为策略的调查》荣获上海市少先队调研奖一等奖。这也将促进学校感恩教育的进一步发展。

（7）与社会服务整合。我们学校所倡导的"五恩"教育从空间上而言,其实也可以归结为学校、家庭和社会三个维度。我们结合社区服务、社会公益活动等开展"五恩"教育活动。

"生活处处皆德育",让德育走进学生的生活,把德育融入我们的日常学习生活中,构建"生活化的德育场",是我们当今德育的发展方向,也是我校"五恩"教育所追求的目标。

6. "五恩"教育的系统实施

（1）注重内容形式匹配。

形式与内容是辩证法的重要范畴,是揭示事物的内在要素和它的结构以及表现方式的一对哲学范畴。世界上任何事物都存在着自己的内容和形式。感恩教育同样也存在着内容与形式的统一问题,即感恩教育中的教育内容与教育途径的统一,亦即匹配。

内容决定形式,形式依赖于内容,并随着内容的发展而改变。形式又对内容具有能动的反作用。形式适合内容时就促进内容的发展,形式不适合内容时就阻碍内容的发展。感恩教育途径对教育内容的能动作用主要表现为两种情况:当教育途径与教育内容不相适应时,没有很好地体现教育内容内在本质和要求时，就不能达到预定的目标和效果，会导致教育失败。当教育途径与教育内容保持统一时，就能更好地满足教育内容的内在要求。只有当教育途径与教育内容匹配时，感恩教育才能处于和谐的存在状态之中。

感恩教育途径匹配要正确处理好两个关系。第一，教师的道德教育途径与学生的道德学习途径关系。感恩教育是教师的教育与学生的学习的双向活动。教师的教育途径是为学生的学习服务的，起着引领学生养成感恩品行的作用。考虑感恩教育途径时应该充分考虑如何使学生养成感恩品行。第二，关于感恩的习得与学习的关系。感恩教育中存在着两种学习的方式：习得（acquisition）与学得（learning）。"习得"与"学得"在感恩学习中起着互补的作用。习得是一种在自然的生活感恩中获得经验。学得指在正式的感恩教育下，如主题教育活动等，有意识地学习与养成感恩品行。在学生感恩品行发展过程中，习得与学得的作用是兼而有之的。感恩教育强调通过感恩进行感恩教育，并提高感恩行为能力。这是基于儿童感恩学习的主要途径是通过习得和学得来强调感恩的重要性。感恩学习必须通过践行才能获得。"五恩"教育强调感恩情感、感恩能力等必须通过践行才能形成。

（2）关注途径过程整合。

"五恩"教育途径是实现"五恩"教育目的、完成特定感恩教育内容所采取的具体渠道，是在教育实践中形成的较为稳定的教育组织形式。每一种途径都有自己的特点和功能，具有不可代替性；各种途径之间互为补充、相辅相成。在实施"五恩"教育中应处理如何选择合适的教育途径，即匹配之后，就要合理整合，才能发挥感恩教育途径的综合效应，有效地促进学生感恩品行的发展。

有效整合学校德育途径，要注重感恩教育途径的横向整合。正确认识感恩教育与德育、智育及其他各育的关系。在整合感恩教育途径的过程中，教师要认真分析不同教育途径对学生的感恩品行的影响，选择有利于提高感恩教育实效性的途径。教师要从感恩教育的整体出发，找到自己的位置，明确自己的感恩教育责任。我们还要意识到，我们每个教师都应该在感恩教育途径之中承担着感恩教育任务。

不同的感恩教育途径的整合，提高了感恩教育的实效。不断地研究感恩教育途径的整合，会使我们更加清晰地把握各种感恩教育途径的作用与功能，明确不同感恩教育途径所承担的任务。不同感恩教育途径的整合中，必然涉及学校多种职能部门，要做到密切配合，合理安排，切实从感恩教育整体需要出发,建设学校感恩教育途径。

(3)正确处理两个关系。

"五恩"教育的系统化,很重要的环节就是正确处理好匹配与整合。"五恩"教育途径必须系统化,避免碎片化。系统论指出,整体大于部分之和。系统化的特点就是有序化,各种教育途径的匹配与整合,可形成整体功能。

结构关系揭示的是要素间的关系,每个要素都有其在系统中的地位与作用,也就是我们在实施"五恩"教育过程中要强化每个要素,以增强"五恩"教育的整体功能。结构关系强调整体关照,模式各要素应该在系统的整体要求下运作,并建立关系,发挥出整体功能。这就表明"五恩"教育的策略、途径、方法等要素是互相关联的整体,同时在实施中"五恩"教育策略必须与"五恩"教育内容匹配。

结构关系在本质上要求"五恩"教育关注教育过程。关系在过程中呈现作用,过程依据关系展开。因此教育过程需要不断优化,而过程的优化又必须正确处理模式中的各要素及其关系。

在"五恩"教育实施中要注意各要素在操作上的整合,必须在"五恩"教育目标指引下,重视主体与环境、内容与形式、途径与过程的整合与匹配,形成"要素-结构-功能"系统链,发挥好"五恩"的各要素整合的整体教育功能。

四、"五恩"教育从特色到品牌

(一)"五恩"教育品牌的内涵

学校品牌是学校名称、标识与学校独特文化内涵的结合,是学校在长期实践过程中形成的以教育教学质量为基础的得到社会认可的无形资产。学校品牌建设是素质教育发展的需要,是基础教育均衡发展的需要,是教育发展到一定阶段的必然选择。我们学校品牌是以育人为目的的品牌,是为学生的成长奠定基础的品牌,是具有独特文化个性的品牌。

学校于2005年开展感恩教育以来,"感恩才能幸福"的理念已成为全校师生认同的主流文化。本项目形成了具有完整教育内容、有创意的实施体系、有科学的教育方法、有特色的教育途径。

该项目被评为了2011年上海市十大德育优秀项目,《思想理论教育》杂志作专题报道，2013年11月《孩子，让世界充满感恩》专著由文汇出版社出版。《感恩分层教育中培养少年儿童自主行为的策略研究》获上海市少先队工作调研奖一等奖；2013年12月该项目荣获华东师范大学普教研究中心第十九届科研成果一等奖；2014年4月获宝山区第十二届教育科研成果一等奖；2016年3月荣获上海市教育科学研究院第五届学校教育科研成果三等奖；2016年11月荣获中国教育学会2016年度优秀论文二等奖；2023提1月荣获上海市优秀教学成果二等奖。

我们学校的感恩教育历经基本发展阶段，然后向"五恩"教育的特色阶段，并进一步发展，成为学校教育品牌。学校品牌是高水平的学校特色。学校品牌从教育服务的观点出发，对学校特性进行了总结。学校品牌首先表现在教育品位的独特性，教育品质的优质性，教育品位的高层次性，得到社会与教育同行的认同后，其效应的扩散性。学校品牌是一种以人为载体的品牌，学校品牌是一种需要迟效评价的品牌，育人是学校品牌的核心。(闰德明.学校品牌的涵义、特性及其创建思路[J].教育研究,2006.6)"特色"是学校充分利用自身的优势资源，彰显出自身的生命活力，对学校发展进行科学准确的特色定位，并在此基础上努力发展自身的特色，努力提高办学水平，努力得到师生、家长、兄弟学校、社会公众的认可，形成自己的品牌，达到学校发展的更高级阶段。可以说学校特色是学校品牌的基础，学校品牌是学校特色的发展目标；学校特色不一定会成为学校品牌，但是学校品牌一定是在学校特色的基础上发展而来。

我们学校在创建学校品牌的过程中，努力克服学校品牌建设中容易出现的标签化、表面化、过度化、短期化的倾向，以学校品牌的价值判断为先，加强了学校品牌建设的独特性、整体性、系统性。我们从"学校品牌是系统化的学校特色"这个认识出发，在长期的教育教学实践中，以某方面优势为切入点，形成自己的特色。当学校特色上升为学校精神，而学校精神统领学校各方面的工作，围绕学校精神形成学校理念系统、学校行为系统与学校视觉系统时，就形成了学校品牌，可以说学校品牌是学校育人特色的系统化。

我们的学校品牌主要从三个方面来建设：理念系统、行为系统和视觉系统。其中理念系统是学校品牌的核心与基础，行为系统是其在行为方面的表现，视觉系统是其在视觉方面的展现。学校品牌的理念识别系统是由学校的价值观、教育观、学生观等构成，行为系统是由学校品牌的建设行为以及教育品牌所呈现的水平与质量表现出来的。学校品牌的视觉系统是学校教育理念与学校品牌的物化,以及传播。

学校品牌建设应该围绕教育质量建设、学校文化建设以及学校形象建设来进行。质量建设是基础教育学校品牌建设的基础,学校文化建设是基础教育学校品牌建设的保障,学校形象建设是基础教育学校品牌建设的依托。

从学校品牌角度出发,提升学校的办学质量可以通过切合实际的学校品牌定位、科学合理的学校品牌评价以及学校品牌创新来实施。其中定位是从社会公众的角度出发,通过30年的教育教学改革,基础教育有了很大的发展,取得了有目共睹的成绩。但是还存在一些问题,如基础教育领域的同质化现象还比较普遍,一些地区的中小学无论是办学目标还是教育理念,无论是改革目标还是具体措施,学校与学校之间缺少差异,学校个性日益模糊,日益趋同,有人将这种现象表述为"千校一面,万人同语"。(程红兵:千校一面万人同语——当下基础教育同质化现象批判[N]中国教育报,2005-10-18(5))。

当今社会,经济全球化、政治多极化、科技发展日新月异,需要多层次、多类型的人才。为满足社会的需要,学校应彰显办学特色,并将学校的特色上升为学校品牌。通过学校品牌建设使学校工作得以全面提升。得到社会认可的学校品牌,往往具有深刻的文化内涵,对师生的思想观念与行为举止,对师生的工作与学习会产生潜移默化的影响。品牌是学校最宝贵的资产,是学校的核心竞争力,学校之间的竞争已演进为学校品牌之间的竞争。"创建学校品牌已经不是一个要不要的问题,而是历史的必然。"

教育品牌概念第一次出现于国家政策性文件《2003—2007年教育振兴行动计划》之中,提出"实施中国教育品牌战略"。世界品牌实验室(World Brand Lab)2004年编制的《世界最具影响力的100个品牌》中,哈佛大学、麻省理工学院、牛津大学和剑桥大学榜上有名,分列第23,29,36,44位,让人们看到品牌的力量在教育领域的体现。打造学校品牌,提升学校品牌价值,用学校品牌驱动学校持续健康发展,成为许多学校内涵发展的办学大计。

我认为基础教育学校品牌与企业品牌的目的不同。育人是学校品牌建设的出发点和归宿。基础教育学校品牌是为学生的成长奠定基础的品牌,必须符合学生身心发展特点,必须是具有教育普适意义的品牌。学校品牌的核心是对学校理念、学校精神的追求和凝练,也是学校在长期的教育教学实践中积淀和发展起来的,对学校成员的价值观念、精神面貌与行为方式,产生重要影响,通过学校品牌塑造把学校独特的精神与教育品质融入其所培养的学生发展之中。

（二）"五恩"教育品牌的知名度

我们学校在塑造"五恩"教育品牌中不仅注重教育品牌的功能、质量和价值这内在三要素，而且也十分重视知名度、美誉度这些外在要素。学校品牌的知名度是公众对学校品牌知晓的程度，美誉度是公众对学校教育质量肯定与称赞。我认为学校的美誉度比知名度更重要。学校品牌的知名度实际上是中性的，美名远扬与臭名昭著都会形成较高的知名度，而美誉度是有褒义倾向性的统计指标。学校美誉度不是靠宣传、造势、招生营销等手段能建立起来的，而是依靠学校教育教学的高质量让社会公众认同与肯定。学校通过自身的教育教学到质量满足社会公众的需求，会为学校赢得较高的美誉度。学校的美誉度是与与生俱来的教育价值所决定的，不是涂脂抹粉、外部力量搞出来的。学校教育教学质量的提高通过不同形式、不同渠道传递给学校成员与社会公众，以提升师生的自信心与自豪感，以赢得社会公众的信任与支持。学校品牌的价值在于培养人，需要通过培养人的质量取信于社会公众，从而扩大其知名度，提高美誉度，不能盲目扩大知名度而忽视培养人的主要目标。学校应立足于育人的质量提高其美誉度。

我们学校通过"五恩"教育的品牌形成与发展，促进了学校内涵发展。我们通过"'五恩'体验—践行教育模式的实践研究"课题打造学校教育品牌。这个课题研究取得了很好的实践效果，产生了广泛的实践效益，主要表现在：第一，学校办学特色得到了进一步提升，人文价值得到了积淀，师生的教育价值观得到更新和统一。第二，一大批中青年教师和学校骨干教师得到了迅速的成长，他们教育教学水平和教育科研能力得到了进一步的提升。第三，学生体验与践行"五恩"行为意识明显加强，队员的感恩自主行为不断得以提升。第四，学校也在此基础上，形成感恩校本教材，并在课堂中实施，教师的课程执行力也得到了专业的发展。课题研究成果荣获上海市德育特色项目，被上海市学生德育发展中心授予专项奖励，在更广阔的领域得到了推广、发展和延续。

提高品牌内在品质，通过科研来提升办学，我们借助教育科研项目使我们学校的感恩教育建立在德育科学理论之上，夯实了感恩教育的实践，建构起了"五恩"教育的"体验—践行教育模式"。从道德认知、情感、行为的统一的基础上，提出"五恩"教育，把中国特有的感恩教育与道德认知心理理论结合起来，从道德心理机制上，对"五恩"的特征、心理过程和培养路径进行深入的研究，并结合学校的实际情况，提出感恩教育的校本化路径，这在研究的视角、内容上具有新意，为改进当前小学德育提供了充分的借鉴，为小学生的道德教育的特色化建设提供新的样例。通过对感恩的心理特征及形成机制的研究，对感恩教育的内容、策略和评价等进行的系统研究，学校德育在内容上、形式上有了明显的改进，课题在提高学生体验的强度、深度、频度以及践行的善形、真性、美性等方面形成具有较强可操作性的成果，为学校道德教育特色化发展提供新的路径，也是小学开展感恩教育的较新的特色案例。学校的这个课题，提出"'五恩'体验—践行教育模式"，突出施（报）、感恩的方式研究，强调在学生的生活情境下开展教育活动，改变道德教育喊口号或者灌输的机械方法，以学生的道德行为的养成为重要目标，这具有实践上的创新价值。

教育科研提高了学校品牌的质量。学校获得了全国特色学校、全国中小学优秀文化传承学校等全国级荣誉15项；获市文明校园、市行为规范示范校、市少先队示范校、市家庭教育示范校、市首届德育教导跟岗基地等市级荣誉26项；获区文明单位、区素质教育示范校等区级荣誉38项。本项目负责人荣获第五届全国未成年人思想道德建设先进工作者，数十名教师先后获得市优秀德育管理者、区育德之星、区优秀班主任等荣誉。一百多名学生先后获得市、区级美德少年、新时代好少年等称号。

学校开展感恩教育16年间，承担区级以上各类办学展示活动113次。本项成果作为本区"社会转型时期学校生活德育的实践研究"主要研究成果（该项目荣获2012年度上海学校德育"尚德"系列研究课题一等奖）进行推广，有关论文与不少案例刊载于该项目的专著《走向生活的学校德育》之中。金志刚校长在全国、市、区级会议、论坛上交流发言43次，为外省市培训班开设12次讲座，承担了三个外区7名德育主任的跟岗任务，先后承担区干部带教基地6名校长和4名年轻后备干部的带教任务，累计向全国范围内1500多所学校介绍展示本项目，辐射推广"五恩"教育研究成果。

央视教育台、上海电视台《光明日报》《解放日报》《文汇报》《新民晚报》等媒体报道了"五恩教育"的办学特色，为我校赢得了良好的社会声誉。学校微电影《启梦》成为2015上海教师节献礼节目，在全国范围内多次获奖。

第四章　学校课程教学系统建构

一、学校课程改革任重道远

（一）正视学校课程教学的问题

面对着七百年的历史古镇资源和百年老校厚重的文化积淀、面对着老百姓对家门口优质学校的迫切期盼、面对着一张张个性张扬又充满好奇的稚嫩笑脸,我们该做些什么?

我们回顾自己学校现有的课程设置,对照课程改革与发展的基本要求,作为课程实施的基层单位,要在分析与把握学校课程的实情基础上规划与实施学校课程。然而,学校现有的拓展型课程,内容繁杂,没有核心培育价值理念,开设的课程内容,不能满足学生日益增长的学习需求。学校中的许多孩子利用双休日,在爸爸妈妈陪同下,乘2个小时的公交汽车,外出付费补文化课程和艺术课程,每个家庭花费了大量的物力和财力。那么,作为学校为什么不帮我们的孩子提供一个家门口的优质的学习场所,并且引导这些有学习需求的孩子们,在罗店中心校学习的五年中,有一段与其他学校不一样的学习经历、选择,播下一颗属于自己的学习兴趣的种子呢?

于是,我们想到了课程建设。我们确立自己的课题研究方向,那就是:小学生科学人文素养培育的统合性课程建设研究。设想通过该课题的实施和研究,在进一步传承和发掘学校所有课程资源的基础上,以拓展型课程为突破口,进行融合科学人文素养培育的统合性课程建设,配合基础型课程内容和学校办学目标等,形成系列统合性课程教学资源,为罗店地区的孩子们播下科学人文兴趣的种子,奠定孩子健康成长的未来。课程是实现学校培养目标的重要载体和关键,课程能为我们搭起传承和发展的桥梁,课程能播下兴趣的种子,满足每个孩子渴望知识、探索求知的学习欲望。当然,课程也最能体现学校的核心发展力。

当时学校的课程设置中,以学科课程为本位的传统色彩比较明显,拓展型课程知识化倾向严重,学校课程设置不能适应学生综合素养的培养,也不能满足学生日益增长的学习需求,学校课程综合改革已成为必然。"课程整合"是我国目前基础教育课程改革方案的重点内容之一。《课程纲要》中指出：改变课程结构过于强调学科本位、科目过多和缺乏整合的现状。

（二）课程整合：突破碎片化实施课程的现实需要

上述这些现象表明课程教学缺乏整合思想，碎片化地对待课程教学，导致教学低效，反过来又以机械式的加时加重学生课业负担以图"提高"分数。面对二期课改，教师怎样适应课程教学三维目标？上述这样的情况必须在教学实践中真正予以解决，才能有效推进课程教学改革。

如何真正落实课程教学三维目标在实践上仍然是一个严峻的挑战。教师缺乏课程教学统整能力的主要表现是：把三维目标割裂为三种目标，孤立地实施，学科之间缺少联系。课程统整是针对各学科课程孤立进行的不足，实现基于学生过去学习经历，面对现在的发展，正视未来的需求的课程统整，从生存、生计、生活与生命四大层面架构课程的整合。同时也意味着基础教育的九年一贯制的课程学习的整合，是在素养整体观导向下分阶段发展学生的核心素养水平，而不是核心素养碎片化培养。

传统教学偏重知识而忽视能力，忽视学生体验，忽视学习过程和方法，忽视通过学科学习培养学生正确的价值观念、态度、情感；教师备课重在教材的知识灌输，而忽视培养学生的学习经验，例如语文教学中的过度分析、数学教学中忽视数学能力的培养、应答式主导英语教学……我们开展课程教学统整，就是力图改变这些传统做法。课程教学改革更需要在微观的教学层面上推进，不能把三维目标作为嘴上的口号。

在课改中要解决的不仅是提出理论、理念，更为重要的是如何实现这些理念。传统的课程观试图以一种僵化的目标指导教学行动和对教学结果进行评价。当前的实际情况显示，三维目标在实际教学中仍然是一个没有得到解决的问题，教师教学统整能力薄弱。这样的情况表明教师缺乏系统论观念，缺乏课程教学整合思想，在具体的教学行为上表现出碎片化倾向，就事论事，知其然不知其所以然，缺乏独立思考能力。这些问题必须在教学实践中真正予以解决，才能有效推进课程教学改革。

新的九年义务教育课程结构调整，要求小学阶段以综合为主，初中设置分科与综合相结合的课程。从教育生态学视角看，课程是教师、学生、教材、环境四个因素动态交互作用的一种"生态系统"。分门别类的教材只是课程的一个因素，只有和其他课程因素整合起来，成为课程"生态系统"，课程才能发挥整体效应。我们以"科学人文素养"和"统合性课程建设"等关键词进行了文献检索和研究,文献表明课程建设的总体操作管理经验基本成熟,而在学科融合科学人文素养方面还有许多发展的空间。为此,我们提出了"小学生科学人文素养培育的统合性课程建设研究"这一课题,通过这项课题的研究和实施,落实学校"双素养"培育的办学目标。在发掘学校课程资源的基础上,以拓展型课程为突破口,建立融合科学人文素养培育的统合性课程体系,配合基础型课程等,形成系列统合性课程教学资源,为农村地区的孩子们播下科学人文素养的种子,奠定孩子健康成长的未来。

二、 学校课程教学的理性思考

学校的课程改革与发展需要理性的思考,要学习国内外先进的课程理论,对课程实践进行深入的思悟。

学校的课程以全面推进素质教育为宗旨。《基础教育课程改革纲要(试行)》明确指出,"基础教育课程改革的具体目标:改变课程过于注重知识传授的倾向,强调形成积极主动的学习态度,使获得基础知识与基本技能的过程同时成为学会学习和形成正确价值观的过程。改变课程结构过于强调学科本位、科目过多和缺乏整合的现状,整体设置九年一贯制的课程门类和课时比例,设置综合课程,以适应不同地区和学生发展的需求,体现课程结构的均衡性、综合性和选择性。改变课程内容'繁、难、偏、旧'和过于注重书本知识的现状,加强课程内容与学生生活以及现代社会科技发展的联系,关注学生的学习兴趣和经验,精选终身学习必备的基础知识和技能。改变课程实施过于强调接受学习、死记硬背、机械训练的现状,倡导学生主动参与、乐于探究、勤于动手,培养学生搜集和处理信息的能力、获取新知识的能力、分析和解决问题的能力,以及交流与合作的能力。改变课程评价过分强调甄别与选拔的功能,发挥评价促进学生发展,教师提高和改进教学实践的功能。改变课程管理过于集中的状况,实行国家、地方、学校三级课程管理,增强课程对地方、学校及学生的适应性。"

这是我们学校课程改革与发展的导向,多年来以此推进学校的课程改革。我们学校在提倡知识经济与教育创新,响应现代信息技术的学习革命,跨越认知神经科学与教育科学之间鸿沟的背景下,以德育为核心,以创新精神与实践能力为重点实施素质教育。

我们学校的课程教育改革十分重视学习当代先进的课程教学理论，吸取这些理论与思想的合理内核，以统整的思想作为学校的课程改革的主要理论依据，从知识观、学习观、课程观、教学观层面入手，建构学校课程框架，以此推进学校的课程教学。

（一）科学人文素养统合性课程的后现代主义理论依据

我们不断学习课程教学理论，从课程教学理论的实践发展中获得启示。课程研究正在超越"课程开发"研究模式，走向"课程理解"下的课程开发，同时也从主要以"量的研究"走向重视"质的研究"，关注课程参与者的价值合理性，尊重课程参与者的主体性。

泰勒课程理论，又称"目标模式"。四个基本问题——确定教育目标、选择教育体验（学习经验）、组织教育体验、评价教育体验——构成了著名的"泰勒原理"。泰勒课程理论对学校课程有着很大影响，但是"泰勒原理"倾向于把课程开发过程变成一种普适性的、划一性的模式，这种预设的、决定主义的课程模式弊端是显而易见的：遏制课程开发中的创造性；忽视不同学校实践的特殊性；教师在课程开发中的主体性、创造性得不到应有的尊重；学习者是被控制的对象，在课程开发和教育过程中被置于客体地位，其主体性不可避免地受到压抑；工具化的知识观与社会效用标准观，使课程扮演着社会适应及社会控制的手段之角色，而对社会文化的批判、改造及重建缺乏责任意识及使命感。

近年来我们重视吸取后现代主义课程理论合理部分，超越泰勒课程原理。叶澜指出，"后现代主义提出的问题是尖锐的，是具有新思想的。至少让我们意识到过去被忽视的方面，意识到可以怀疑而未曾怀疑过的东西，是一种对自己精神世界的冲击和开启。"钟启泉强调：在教学过程中，将诸如"协同合作""伙伴关系""相互依存""多样性""开放性""整体性"等教育生态观念贯穿其间，将教学超载、关系失衡、无视人性、话语泛滥、权力控制、缺少和谐的课堂来一番彻底的改革，使之成为迷人的后现代生态课堂。

我们吸取后现代主义课程观的三个主要观念。

第一，斯拉特瑞的"两个改变"。著名课程教学专家斯拉特瑞认为，以泰勒原理为基础，表现为行为主义的课程计划，无背景的目标、竞争和外在的评价，教师/学生、意义/情景等二元对立，价值中立的信息传递，线性的发展模式。他指出，"技术的、分离的现代思想意识不仅摧残了人类的灵魂，而且威胁到人类的生存。"（Slattery，1995）他提出了两点主张：一是改变课程与教学的组织方法，一方面，加强课程的综合性、一体性，减少过细的分门别类，重视学生的学习经验以及文化、经验、关系、自然等的有机整合，寻求知识间的关联。教学上，亦需"把握整体学习经验，实地考察、开设讲座、研究自然、参观博物馆都是应当提倡并鼓励的"；另一方面，要改善现行课程与教学中的教-学关系。二是改变课程与教学的实施环境，传统的、现代的教室已经与后现代的整体观和生态观格格不入。

第二，高夫的"强调课程整体性"。高夫强调课程整体性，倡导加强课程的整体研究，尤其推崇STS（科学、技术、社会）研究，"STS运动的理论前提之一就是，学生们应该研究事物的性质、机械的工作方法以及人类社会之间是如何相互联系的，而不是在化学、物理和历史3个独立的科目中分别研究这3个方面的问题。"

第三，米勒的"课程要加强自身内与外联系"。米勒认为，（后现代社会的）这种支离破碎性已渗透到人类生活的方方面面，在个体方面，已难称其为统一体，我们的身、心分离，片面发展。教育在这方面"功不可没"，很多情况下，正是教育的误导使身心发展相分离；上述支离破碎情况在教育中亦无例外。"我们把知识划分为学科、单元、课，然而学生常常并不能理解学科之间、学科中的事实之间的联系，或者学科与生活的相互关系。"米勒还认为，今天我们生活的世界是一个联系日益密切的整体世界，为了人类的生存，我们不仅需要加强身外的联系，人类、自然、社会、民族等各方面的依存、沟通，还需要加强身内的联系，全面发展人的身、心，或知觉、情感、理智等。整体课程势在必行。

（二）科学人文素养统合性课程的多元理论依据

我们学校近年来推进科学人文素养统合性课程的建设，这是学校课程建设的重要的发展标志，也是近年来对课程理论学习、实践与研究的结果。我们将后现代主义课程论与心理学、教育学等理论融合，来创新学校的课程建设。后现代主义课程理论认为，知识并非固定的或普遍的，而是社会建构而成的。分科课程缺少坚实的认识论基础，所以须要对课程进行整合。这就要求学校课程打破分科课程一统天下的格局，采用课程整合的模式，把科学知识的教育与社会生活、人文哲史、生命成长教育等融合起来，创造统整的课程范式。我们的统合性课程开发与学生个体知识、兴趣爱好结合，与我们的罗店本土知识相结合，形成具有科学人文素养、浓厚地方特色的课程资源文化链，为课题拓展了课程开发的空间。

发展心理学的研究表明，个体心理发展是在各种心理过程相互作用的互动关系中进行的，并认为个体心理发展是主客体相互作用的结果，主客体相互作用的桥梁是活动和动作，主客体相互作用是指外界环境作用于主体，主体对环境采取一系列活动之间的相互作用。因此，当知识相互联结时，个体的学习效果最好。我们围绕培育科学人文素养这个重心来组织统合性课程，我们将有联系的课程组成课程群，在课程群中促使学生在认知、情感和态度等多方面的和谐发展，从而解决了分科课程不利于照顾学生个体的差异，不利于发挥学生的主体性与学习的主动性的问题。

加德纳多元智能认为人的智能是潜在的、多样的和各不相同的。学校认识到以往过于强调学生在逻辑—数学和语文（主要是读和写）两方面的发展，并不是学生智能的全部，不同的学生会有不同的智能组合，这为我们重视课程体系内容的多样化，从而提出了"1个课程主题8项课程领域"提供了理论支持。通过这些领域的选择与学习，最大限度地满足了学生智能发展的需求，顺应了不同学生个性化、多元化的发展；调动教师的多元智能，实施有适应性的专长教学。

我国学生发展核心素养体系明确了学生应具备的适应终身发展和社会发展需要的必备品格和关键能力，综合表现为人文底蕴、科学精神、学会学习、健康生活、责任担当、实践创新等六大素养，具体细化为18个基本要点。各素养之间相互联系、互相补充、相互促进，在不同情境中整体发挥作用。以扎实的科学素养和丰实的人文素养促进课程统合是培养综合素养的需要，遵循了教育心理学的基本规律。

三、 学校课程教学改革的艰辛历程

（一）学校课程改革的三个阶段

近十年来学校课程教学改革经历的三个阶段，以课题研究，推进课程教学实践。

1. 学校课程改革框架形成阶段

在2014年制定的学校发展规划中提出总体目标："以新课改理念为指导，积极推进'以生为本的有效课堂'的研究与实践，构建师生和谐的课堂氛围。在教学管理、质量监测、教学评价、校本教研等方面贯彻'绿色指标'，实现新的突破，实现教与学的最优化，实现教师与学生共同成长。"同时，还提出："加强'以生为本的有效课堂'教学研究，实现从'知识的课堂'到'能力的课堂'再到'创新的课堂'的转型，从以教师为中心、以教科书为中心的教学向着'以生为本''以学定教'的转型，课堂中更注重体验性学习方式，把学习变为学生的主动性、能动性、独立性不断生成、张扬、发展、提升的过程。"

我校的立项课题《小学生科学人文素养培育的统合性课程建设研究》被批准为宝山区教育科学重点课题。我们将通过这一课题，以小学生科学人文素养培育为目标，以"播种兴趣，遇见未来，奠基幸福"为核心教育价值观，依托"3+"课程体系为载体，以科学素养与人文素养相结合为原则，统合性地构建"3+"课程框架，并按照"科学与社会课程、人文与艺术课程、健康与运动课程及+课程"四大课程内容为抓手，在课堂实践中，建设并形成以科学人文素养为教育目标的统合性课程，播下兴趣的种子，让每一个不一样的学生在学习活动中通过获得成功的一刹那，遇见自己的未来，并在师生共同的努力下奠基未来的幸福，从而改变现实教学中严重存在的着重能力培养，轻人文素养的现象。另外，"课程整合"是我国目前正在实验之中的基础教育课程改革方案的重点内容之一。教育部颁发的《纲要》，在基础教育课程改革的具体目标中指出：改变课程结构过于强调学科本位，科目过多和缺乏整合的现状……新的九年一贯制义务教育课程结构将调整为：小学阶段以综合为主，初中设置分科与综合相结合的课程。其中新课程观指出：课程是教师、学生、教材、环境四个因素动态交互作用的"生态系统"。分门别类的教材只是课程的一个因素，只有在和其他因素整合起来，成为课程"生态系统"的有机构成时，这个因素才能发挥应有的作用。学校基于上述课程理念的启示，选择"统合性课程建设"，引导教师发掘身边教育资源中的科学素材和人文素材。

2. 学校课程改革整体实施阶段

在这阶段我们学校依据核心概念的内涵，分析学校现有课程资源，尝试以学校科学人文素养的核心课程理念和"3+"课程模块，统合学校课程资源，构建并形成科学人文素养统合性课程体系。

在这以后,我们学校运用文献研究法与经验总结法,形成"人文科学素养融合"与"统合性课程建设"的基本认识与实施框架,提出了课题实施方案。我们通过网络相关项目资料搜寻、学习与分析,明晰了"科学人文素养""统合性课程"以及"培养科学人文素养的统合性课程体系"的内涵、理论依据及其内涵表现性特征。组织开展科学人文素养相关的专题研讨和培训。学校课程构建并优化适合学校科学人文素养培育的外部硬环境,发掘切实可行、操作性强的科学人文素材,寻找有机融合的统合点,构建科学人文素养统合性课程体系及相关课程内容编制基本框架。

确立科学人文素养统合性课程建设的理念、课程建设原则、课程体系结构以及课程实施策略。以学校科学人文素养培育的核心理念和"3+"课程模块,从课程和活动两个维度,统合"基础性课程""拓展型课程""探究性课程""蒲公英社团活动"以及"44项科学人文素养培育的行动系列",形成培育科学人文素养统合性课程体系等。根据整理的科学人文素材编目,进行专家论证,制定切实可行、操作性强的科学人文素材内容及相关的评价标准。

我们围绕学校龙头课题《促进小学生深度学习基础型辅助课程资源开发的实践研究》完善课程资源包,构建优质课程资源体系,丰富适合学生个性化发展的课程资源。学校围绕课题核心,实行教研组主题教研展示和备课组实践课研讨系列活动,形成"解读教材—集体备课—试教完善—实践研讨—反思教学"深入研讨流程,真正体现打磨课堂,研磨课堂,落实课题的教研过程。通过这个课题提高教师课程整合能力,鼓励优秀教师承担精品课程建设任务,使教师从课程的践行者转变为课程的设计者和生产者,将课程资源建设与促进教师专业发展相结合,培养和提升教师课程自主研发能力。

我们主要运用案例研究法、行动研究法与经验总结法,开展课堂实践研讨。我们在科学人文素养融合建设统合基础课程的基础上,开展拓展课程的研究,着重研究与总结科学人文素养融合的统合性课程建设的途径,形成了课程建设的统合实施策略和统合性课程建设的统合机制,形成了课堂教学评价指标。另外,营造浓郁的科学人文素养校园的软环境,形成一些相应课程管理制度,制定相关活动的评价标准。同时我们开展中期检查,邀请专家来学校指导,完成阶段工作总结和经验提炼,形成阶段性经验总结。

3. 学校课程改革总结推广阶段

在这个阶段，学校进一步以现代课程理论对学校的课程改革实践进行总结。我们关注课程发展的趋势，后现代课程观，尤其是建设性后现代主义课程研究的代表人物多尔的4R课程理论更是给予我们课程实践启示。

正如吉林师范大学教育科学学院赵雯馨指出的，"多尔以众多优秀学者的思想理论为基础，创造性地提出了'后现代课程观'理论。后现代主义课程观以4R理论为核心，涵盖了具有丰富性、回归性、关联性、严密性的知识观、课程观等。"（赵雯馨：多尔的"4R"后现代主义课程观对我国当代课程的启示，科教导刊，2021年第3期）

"他试图以4R标准取代19世纪末20世纪初创造的3R和反映现代主义思想的'目标—行为'取向的泰勒原理。他指出，正如3R在19世纪末20世纪初曾经是课程的基础一样，我认为，在本世纪末下世纪初可以让4R作为课程的基础。"（汪霞：后现代异域的课程话语——多尔建设性后现代主义课程理论评析，全球教育展望，2003年第6期）

基于课程改革的趋势，我们在设计基础上进一步开展了"基于4R理论农村小学科学人文素养培养的统合课程建设的实践研究"，并被批准为2021年宝山区教育科研重点课题。并以此反思与总结我们学校课程改革的经验。

这个阶段，我们在学校课程改革方案指导下，进一步整理课程实施资料，全面梳理与总结本项研究与实施成果，完成本课题研究结题报告，并推广本课题的初步研究成果。在指导学生开展"3+"课程体系和44项科学人文素养的特色品牌文化融合教育的基础上，积累优秀研究成果。同时，积极组织相关的科学人文素养活动的展示平台，调查分析师生科学人文素养的实施效果，呈现成果，公布师生在活动中的评议结果，并给予及时鼓励与宣传，营造科学人文素养学习的氛围。

我们认真整理本课题所积累的课程实例、教学案例、有关的经验总结等，按照行动研究的扎根理论对研究的资料进行梳理，概括与凝练出相关的理性认识，形成研究成果，几经修改讨论完成了课题研究报告。

我们在近4年中，首先在校内积极推广与运用本课题的研究成果，不断深化与强化科学人文素养融合的统合性课程建设。同时在校外也进行了推广，派出教师作建设交流与学科人文融合教学展示的统合课程。

（二）学校课程教学改革的基本走向：融合、统整

我们学校课程教学改革坚持"融合、统整"。"课程统整"作为"课程分化"的对应物，自然引起了人们的关注。学校课程教学以培养学生核心素质为目标。核心素养既不是单纯的知识技能，也不是单纯的兴趣、动机、态度，而是综合运用知识技能解决现实课题所必需的思考力、判断力与表达力及其人格品性。传统知识本位的分科课程由于过于强调学科知识的系统性，导致学科孤立、边界固化。（刘登珲：促进核心素养有效转化的课程统整策略探讨，教育发展研究，2018.6）所以要发展核心素养，就要打破分科主义。基于核心素养的课程教学之间应该是广域、综合、交叉，以实现融合、统整。课程统整强调打破学科的边界，整合不同学科知识，整合学生的学习，整合学生的社会经验，以促进学生的学习。我们的课程教学强调融合、统整，把课程看作是一种交互过程。教学必须认真解决教学目标间的统整，课程教材与多元解读之间的统整，教学设计与实施之间的统整，以及师生的教与学之间的统整。课程教学统整不仅是教学目标本身之间的统整，而且是教学目标与课程的整合、教学设计之间的统整，与师生的教与学之间的统整，也是与教学环境之间的统整。教学整合是世界教学改革的共同认识，已经成为世界教学论的重要潮流。

我们学校的"融合"课程理念是课程的理想境界，"融"是指课程的深度，要调动一切课程教学手段，促进学生的发展。"合"是指课程的广度，要对学生进行全面的整合教学。在融合之中培养与自然融合、与社会融合、与自我融合的健康的下一代，这就是我们课程教学的价值取向。课程的"融合"意味着课程是一个开放的系统，才能实现融合。学校课程是学校课程系统内外间的整合，也是课程主体——学生在与环境的互动中融合、成长发展的。学校课程从社会生活、个人发展与课程三者的辩证统一出发，培养能适应社会发展又能自我充分展现的学生。课程的统整需要德育、智育、体育、美育、劳育五育融合，确立学生身心健康发展观，学生在生理、心理、社会性方面的整体发展体现教育规律。

克服碎片化的课程教学倾向，应该以正确的课程目标为导向，实现课程教学统整。实现内涵式发展在学校层面上进行课程统整，是课程教学实践的内在逻辑。在学校层面上进行课程统整，增强学校的课程领导力，使基于核心素养的课程教学统整有核心、有方向、有内涵，促进学校课程改革，实现课程教学内涵式发展。

四、"启梦"——学校课程文化的再构

（一）课程理念的凝练

我们学校的课程理念是"播下一颗颗兴趣的种子，（开）启（点）亮一个个孩子的梦想"。我认为学校的课程理念应该与学校理念保持一致性，具有内在逻辑关系。我们学校的办学理念是"播下兴趣的种子，奠基孩子的未来——让每个学生健康快乐地成长"。课程是学校教育的基本路径，学校课程理念应该集中体现以学生为中心的教育思想，用学校课程开启点亮学生的梦想。

梦想，是每个人的美好的愿望，可能在不同时期、不同的年龄段有不同的表现。梦想不一定会实现，可能只是一个美好的期望。但是有梦想的生活才是有意义的，它是我们生活和学习的动力！梦都是美的，所以美梦成真也成了我们长久以来的信仰。如果只把梦想当作梦，那么这样的人生可以说没有什么亮点。但梦想使人伟大，当我们能够把梦想作为目标来执着追求，就可能会将梦想作为自己的理想。理想则会使我们明确心中的目标。

梦想最大的意义是给予人们一个方向，一个目标。梦想也可以通过一定的方式和途径，通过自己的努力和拼搏成为现实。践行力则是指实践及执行力。执行力是指有效利用资源、保质保量达成目标的能力，完成预定目标的操作能力。执行力包含完成任务的意愿，完成任务的能力，完成任务的程度。因此，梦想的践行力，对个人而言就是指对于梦想的期盼、因梦想而产生的目标以及完成目标的执行能力。

我们学校致力通过学校课程助成学生梦想，从小学生的自身出发，以儿童的角度和学生成长的需求，建构有助于学生梦想实现的学校课程体系。我们要从小培养小学生追求美好梦想的理想。美好的"梦想"对于儿童成长的重要性显而易见。我们应该改变只是从中学阶段才开始关注梦想、理想的现状，而从孩子的人生观、价值观、世界观形成的起步阶段——小学中高年级阶段就开始去分析、引导。这样，对于个人来说，"梦想"可能更有意义，更具实际价值，更有实践性，实现梦想的道路可能更宽阔，时间更短，整个社会也能更有效地利用好各种资源来为梦想服务。

在小学阶段以后，更多的梦想则可以称之为"理想"。没有小梦想何谈大理想？做梦更灿烂的应该是孩童时期，等到了少年，则可以将自己的梦想进行规整，规划。同时，只有更了解孩童时期的梦想成因，才能让家庭、学校、社会共同来参与，为不同的梦想提供更多的途径，多样化地为小学生的"梦想"践行出力，才能为少年时期的理想打下扎实的基础。

梦想很重要，有了梦想才有了希望。"只要心中能有一个愿望，有一个梦想，那么它就会为你指引方向，促使你进步"，有了梦想之后，梦想的践行力就更重要了。这就是我们着手开始调查小学生的梦想及其践行力的原因。

（二）课程目标的确立

我们学校基于当代社会与教育发展，从学校办学理念与学校发展的目标出发，确立了学校课程目标——构建学校课程统合性建设目标。

为了合理定位学校科学人文素养的课程体系，确定课程内容的框架结构，我们基于学校办学理念、学校文化，聚焦课程需求，确定了统合性课程目标、内容结构以及建设策略等。我们学校的课程目标有着两层意义："人文科学素养融合"与"统合性课程体系建设"。

学校统合性课程体系具有合目的性、层次性、地域性、多形式的、可选择性的融科学人文素养，是一种基础型、拓展型和探究型课程统合课程体系。

第一，确立基础型课程统合性建设目标。注重学科间统合、不同学习领域间的统合，实现科学人文素养融合的课程建设。

第二，确立拓展型课程统合性建设目标。结合学校育人目标，结合学生发展需求，结合教师个性特长，整合罗店地域特色和学校资源特色，充实限定拓展与自主拓展的课程，实现科学人文素养综合发展。

第三，确定探究型课程统合性建设目标。包括探究型课程的整体构建，分类梳理，在不同课程形式中整合探究内容与探究方法，丰富探究型课程类型，融通科学人文素养。

这些科学人文素养目标的构筑和确立，进一步规范了学校发展方向，起到了科学的指导性作用和目标的引领作用。我们学校以一种有别于传统现代主义"技术理性"的课程观，以"丰富性、回归性、关联性、严密性"为学校课程的基本标准，其表征是以人为本、多元、不确定、情境、对话。学校课程的课程目标应该是整体的、系统的，其确立的方式应该是统整的。正如迪兹伯里指出的："后现代社会最鲜明的特征就是它的系统性，从前彼此分割的文化、生态系统等,如今在彼此间获得了惊人的联系,一切一切都统统连在了一起。"(何曙芝:生态化课程:面向未来的职业教育课程展望,职业技术教育,2013年第19期第34卷)在这课程思想基础上,秉持多元性、差异性、创造性、开放性,意味着打破科学知识垄断课程内容的局面,容纳各种知识于课程之内;回归生活,加强科学世界与生活世界的沟通;加强人文课程,培养学生探究、怀疑、批判意识;消除教师绝对权威,使教师成为"平等中的首席";扩展课程外延,使教学也成为课程建构过程。

开启梦想 点亮成长
——罗店中心校"启梦"课程助力学校教育改革发展之生动例证

我们的初衷:

罗店中心校地处上海市"一城九镇"之一的古镇"金罗店",是一所百年农村老校。陶行知先生曾经对农村学校寄予厚望,称之为"今日中国改造乡村生活之唯一可能的中心"。伴随着上海基础教育改革发展的进程,校本课程成为国家课程的重要补充,校本课程开发成为学校积极回应教改精神的重点工作。学校不断思考如何开发突出学校特色和地域文化性格,能满足不同学生发展需求的优质校本课程,使其对农村孩子成长提供持久的助力,让他们在校本课程的浸润下提高与发展综合素养。

我们的实践:

一、构建课程框架

学校在原有"科学人文素养"课程体系的基础上,把重点放在拓展性课程的开发与实施上,因为我们想给每个孩子播下兴趣的种子,让每个孩子找到适合兴趣发展的个性课程。经过梳理和架构,我们把校本拓展型课程命名为"启梦"。之所以命名为"启梦",是因为希望"启梦"课程能开启、点亮孩子的梦想,奠基、成就他们的未来。

二、开发课程内容

(一)"蒲公英"种子课程

作为限定拓展课,旨在让学生了解具有地域特色和学校特色的众多社团项目。课程分为四大板块,一至五年级每周1课时,五年共计160课时。

"走进罗店"板块:把罗店和学校的历史、名人、景点、美食等都汇编进来,并设计了"魅力罗店小调查"活动,作为此板块的一项学习成果。

"崇尚科学"板块:把学校的头脑OM、生物与环境、创造发明、车模竞技

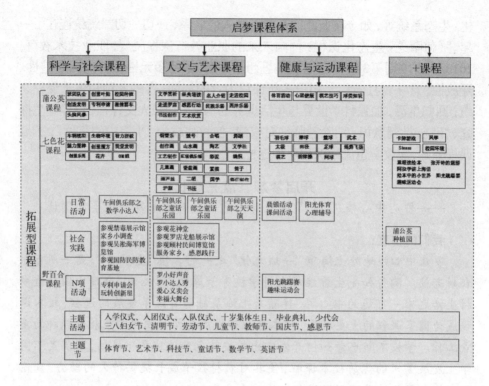

等科技特色项目,根据难易程度和学生年龄特点分别编入各个年级。

"践行感恩"板块:按不同形式加以推进,有感恩童谣、感恩故事、感恩歌曲、感恩游戏和感恩实践。

"播种兴趣"板块:以"蒲公英"学校少年宫社团为主要内容,重在知识的普及和兴趣的培养,内容涉及棋类、球类、乐器、诗词、国画、书法等各方面。

《蒲公英》种子课程目录

	第 一 学 期	第 二 学 期
一 年 级		
第一板块 走进校园	1. 学校的历史	1. 学校的标志
	2. 学校的特色	2. 说说我们的校园
	3. 学校的活动	3. 画画我们的校园

（续表）

	第 一 学 期	第 二 学 期
第一板块 走进校园	4. 参观校园	4. 服务我们的校园
第二板块 崇尚科学	1. 纸飞机留空	1. 认识校园植物
	2. 纸制斜塔	2. 创意叶贴1
	3. 纸船承重	3. 创意叶贴2
	4. 安全降落	4. 叶贴故事
第三板块 践行感恩	1. 老师，您早！	1. 老师辛苦了
	2. 我爱您，老师！	2. 唱给老师的赞歌
	3. 好朋友	3. 我的好朋友
	4. 排好队，向前走	4. 手牵手儿一起走
第四板块 播种兴趣	1. 飞行棋	1. 绘本阅读1
	2. 跳棋	2. 绘本阅读2
	3. 斗兽棋	3. 绘本阅读3
	4. 五子棋	4. 绘本阅读4
二 年 级		
第一板块 走进罗店	1. 北欧新镇	1. 宝山寺
	2. 东方假日田园	2. 大居建设
	3. 花神堂	3. 龙船展示馆
	4. 闻道园	4. 罗溪公园
第二板块 崇尚科学	1. 剪纸比长	1. 无土栽培与种植

（续表）

	第 一 学 期	第 二 学 期
第二板块 崇尚科学	2. 纸桥比长	2. 水培植物栽种
	3. 纸绳拖重	3. 种黄豆
	4. 头脑风暴	4. 种风信子
第三板块 践行感恩	1. 会说话的眼睛	1. 她用生命拯救了13个学生
	2. 程门立雪	2. 我爱老师
	3. 三个好朋友	3. 神奇的苹果
	4. 快乐的一天	4. 负荆请罪
第四板块 播种兴趣	1. 乒乓球	1. 排球
	2. 羽毛球	2. 足球
	3. 棒球	3. 网球
	4. 篮球	4. 桌球
三 年 级		
第一板块 走进罗店	1. 罗店的由来	1. 罗店的美食
	2. 昨天的罗店	2. 罗店的农业
	3. 艺术之乡	3. 罗店的建设
	4. 历尽沧桑	4. 农民的生活
第二板块 崇尚科学	1. 动手制作1	1. 罗小创造之足迹
	2. 动手制作2	2. 什么是创造发明
	3. 动手制作3	3. 怎样确立小课题
	4. 动手制作4	4. 缺点列举法

（续表）

	第 一 学 期	第 二 学 期
第三板块 践行感恩	1. 感恩的心	1. 拉住妈妈的手
	2. 世上只有妈妈好	2. 我爱妈妈的眼睛
	3. 妈妈的吻	3. 鲁冰花
	4. 父亲	4. 烛光里的妈妈
第四板块 播种兴趣	1. 笛子	1. 长笛
	2. 葫芦丝	2. 黑管
	3. 二胡	3. 萨克斯
	4. 古筝	4. 圆号
四 年 级		
第一板块 走进罗店	1. 陈伯吹与儿童文学	1. 中国科学院院士陈佳洱
	2. 丁婉娥与沪剧	2. 原国家卫生部部长钱信忠
	3. 潘光旦与优生学	3. 我为家乡做贡献
	4. 沈延太拍摄长江	4. 服务罗店,服务家乡
第二板块 崇尚科学	1. 组合发明法	1. 设问发明法
	2. 联想法	2. 创意金点子
	3. 扩缩发明法	3. 创造发明我能行
	4. 希望点列举法	4. 专利申请
第三板块 心理健康	1. 心理健康活动课1	1. 心理健康活动课1
	2. 心理健康活动课2	2. 心理健康活动课2
	3. 心理健康活动课3	3. 心理健康活动课3

（续表）

	第 一 学 期	第 二 学 期
第三板块 心理健康	4. 心理健康活动课4	4. 心理健康活动课4
第四板块 快乐生活	1. 心理健康活动课1	1. 心理健康活动课1
	2. 心理健康活动课2	2. 心理健康活动课2
	3. 心理健康活动课3	3. 心理健康活动课3
	4. 心理健康活动课4	4. 心理健康活动课4
五 年 级		
第一板块 走进罗店	1. 罗店的明天	1. 小组合作,调查交流1
	2. 畅想罗店	2. 小组合作,调查交流2
	3. 描绘罗店	3. 魅力罗店调研报告
	4. 魅力罗店小调查	4. 总结、评价、表彰
第二板块 崇尚科学	1. 头脑风暴语言题1	1. 激情赛车
	2. 头脑风暴语言题2	2. 操控指导
	3. 头脑风暴动手题1	3. 赛车训练
	4. 头脑风暴动手题2	4. 赛车比拼
第三板块 践行感恩	1. 大声说出"感谢"	1. 妈妈知多少
	2. 洗脚	2. 老人的艰难
	3. 推小车送大娘	3. 内心表白倾真情
	4. 家庭趣味运动会	4. 人海茫茫
第四板块 播种兴趣	1. 古典诗词	1. 古代诗人

（续表）

	第 一 学 期	第 二 学 期
第四板块 播种兴趣	2.国画赏析	2.著名书画家
	3.经典书法	3.著名音乐家
	4.篆刻技术	4.著名科学家

（二）"七色花"社团课程

为了适应学生学习基础差异、满足学生多元发展的学习需求，学校统合校内外教育资源，开发了少年宫课程、"快乐半日活动日"课程和"330"课程，作为自主拓展课程。在课程专家的引领下，规范课程编制，在学生的选择和学校的审核后，51门课程投入教学，为学生进一步发展自己的个性特长，选择学习、主动发展提供了有力的帮助。

（三）"野百合"活动课程

每一个孩子兴趣爱好不同、喜欢的活动类型也各不相同。敏锐地回应学生发展需求是学校创新发展的根本要求。为此，学校创设活动课程，统合性地规划了五大类别的课程体系，推出40多个活动项目，内容主要包括："数学节、英语节、科技节、感恩节、彩灯节、童话节、体育节、艺术节"八大主题活动和"一年级的小红星儿童团入团仪式、二年级的少先队入队仪式、三年级的十岁生日集体班会、四年级的大手牵小手活动、五年级的小学毕业典礼"五个年级的成长礼活动。每个罗小学生都能在自己喜欢的活动课程中得到智力开发及能力提升。

三、形成实施模式

学校坚持改革创新，建立了完善的校本课程实施体系，从课程开发、教学、评价、管理等方面不断对"启梦"课程体系进行深化和完善，形成了"限定+自主+评价"的模式。

形 式	内 容	时 间	作 用
限定拓展 （教师走班）	"蒲公英"种子课程 （每周1课时，每学期 16课时，5年160课时）	快乐半日活动	让学生了解具有地域特色和学校特色的众多社团项目，起到普及作用

（续表）

形　式	内　容	时　间	作　用
自主拓展 （学生走班）	"七色花"社团课程 （100多门社团课程供 孩子们自主选择）	双休日少年宫 快乐半日活动 每天课后服务	满足学生个性发展需求
课堂评价 （自评互评） 学生评价 （教师奖励积点， 学生自主兑换）	"启梦"课程评价表 （百分制） "积点"评价机制 （物质奖励） （活动奖励） （荣誉奖励）	"蒲公英"课堂上 "七色花"课堂上 "野百合"课堂上 平时行为表现	孩子在校内外的每一次 参与、每一份努力、每一 个进步，都给予积点奖 励，激励孩子成长

我们的收获：

学校以校本课程建设与开发作为培育农村学生综合素养的重要突破口，在教育改革实践中各项成绩突出，广受认同和嘉奖。学校获得全国特色校、全国乡村学校少年宫、全国优秀科学教育基地、全国宋庆龄创造发明示范基地、全国头脑奥林匹克特色校、全国生态文明教育特色校、全国青少年棒球发展校、全国中华优秀文化艺术传承校、全国足球特色校等荣誉；农村娃2次代表中国站上世界头脑奥林匹克总决赛的领奖台，勇夺世界亚军和季军，还登上了国际艺术节和央视的舞台，获得国际发明展金奖，拥有120多项发明专利。

我们的承诺：

做上海基础教育改革发展的先行者一直是罗店中心校的自觉追求，学校将继续聚焦课程改革，发挥育人主阵地作用，营造教育新生态，与师生齐同发展，将教改之路走实走深，一路向未来。

宝山区罗店中心校开展科学人文素养课程建设

近年来，罗店中心校荟萃学校特色，在传承中寻找最近发展区，积极开展农村小学科学人文素养教育的统合性课程建设。学校确立了课程的核心理念，即"播种兴趣、遇见未来、奠基幸福"，试图为学生发展播下学习兴趣的种子、科技兴趣的种子、艺术兴趣的种子、运动兴趣的种子和感恩意识的种子，让每一个不一样的孩子在学习和活动中通过获得成功的一刹那,遇见自己的未来,感悟自己的未来,并在师生的共同努力下为孩子的幸福未来奠基。

学校科学人文素养课程分为四大模块:科学与社会课程、人文与艺术课程、健康与运动课程和+课程。它与国家规定的基础型、拓展型、探究型课程之间是互为融通的。学校把基础型课程、拓展型课程、探究型课程以及学校周六的"蒲公英"少年宫课程都按这四大模块进行了梳理。学校从"分科课程"和"活动课程"两个维度展开课程实施,编排了科学人文素养培育的活动系列,分为日常活动、社会实践活动、主题活动、节日纪念日活动、学科活动和N项活动六大板块。

在课程实施的过程中,学校针对基础型课程的性质,实施了不同的课程配置方案,同时关注学习兴趣的培养,开展形式多样的赏识教学实验。在拓展型课程领域,形成了限定+自主的实施模式。在探究型课程实施中关注主题式社会实践活动。少年宫课程中重点开展兴趣的专项培训。目前,学校根据科学人文素养课程目标自主开发了160课时的科学人文素养限定拓展课,在自主拓展型课程领域开设了20几个课程项目,在蒲公英学校少年宫中开设了近30门课程。

学校努力满足孩子的需求,用孩子喜欢的方式进行科学人文素养教育。积极采纳孩子们的想法,用儿童特有的眼光装点校园;集全体教师之力共同开发校本科学人文素养核心课程;设计和开展形式多样的"科学人文素养"活动,给每一个孩子提供成长和展示的舞台;关注过程性评价,通过形式多样的评价活动促进孩子快乐成长。特别是学校积极开展的积点评价活动深受孩子们的喜爱。评价内容涉及学科类、活动类、行规类三个方面,孩子在校内外的每一次参与、每一份努力、每一个进步,学校都会通过赠予积点的方式给予相应的肯定。孩子们可以用积点兑换琳琅满目的奖品、各种各样的活动和令人羡慕的荣誉。其中,和校长喝下午茶、和老师共进午餐、到喜欢的老师家里去玩等最赚人气。

为了扎实推进课程建设,学校积极打造一支具有科学人文素养的教师团队。通过搭建平台、组建团队、校本培训、项目引领等途径不断激发每一位教师主动发展的内驱力,以教师的优质发展带动学校的优质发展。学校集聚全体教师的智慧,通过团队合作共同开发科学人文素养课程;利用教师暑期培训开展团队拓展游戏,体验水培种植、陶艺制作等课程;通过每周五教师科学人文素养微讲座给每个老师上台展示的机会;开展青年教师活力课堂、中年教师魅力课堂、骨干教师风采展示等活动，搭建面向全体教师的发展平台；让有特长的教师自主申报项目，用项目引领带动专业成长；通过评比学生、家长心目中的好老师，用身边的榜样带动教师队伍的整体提升；鼓励教师开展赏识教育，每年开展"爱生月"主题活动，通过各种活动增进师生感情，融洽师生关系。学校全体教师达成了这样的共识：对学生成长有利的事，再麻烦也要做；对学校发展有利的事，再辛苦也要做。"学生健康快乐地成长，学校更快更好地发展"是老师们的共同愿景。

目前，罗店中心校全体师生正迈开大步走在科学人文素养课程建设的路上，为把学校建设成为"环境整洁优美的花园、科学人文素养的乐园、农村孩子幸福的家园"而不懈努力。

五、"双素养五性统合性课程体系"的建构

（一）统合性课程体系的基本框架

我们学校建构了"统合性课程体系"，即"人文科学素养融合"与"统合性课程体系建设"，形成具有"双素养、五性、3+统合性课程体系"。"双素养"是学校的学生培养目标的具体化，也是学校的教育理念。"五性"是指课程体系的基本特征，即合目的性、结构性、地域性、丰富性、可选择性。"3+统合性课程体系"是指围绕以"播种兴趣，遇见未来，奠基幸福"为内核的学校教育理念，以科学人文素养为培育目标内容，在基础性课程、拓展型课程、研究型课程三门学科课程和校本化的活动课程中，依托"科学与社会课程、人文与艺术课程、健康与运动课程及+课程"即"3+"课程为载体，形成课程内容与形式统合的一种校本课程体系，简称"3+统合性课程体系"。

我们的新课程体系主要解决了"双素养"导向下的学校统合性课程建设中的三个问题。

我们依据发展心理学、后现代主义课程论，围绕学校课程理念，确立"双素养"培育目标，并以此设计课程内容总体结构。把"科学人文素养"课程体系分为四大板块，即科学与社会、人文与艺术、健康与运动及"+"课程。从开发德育与科学类校本课程着手，以学生学习需求，生成和开发"+"课程。

以横向课程内容维度与纵向课程形式维度整合，通过"学科统合性课程"

和"统合性活动课程"两大类型课程统合,日常活动、社会实践、主题活动、学科活动与N项活动五大板块活动课程与"科学与社会""人文与艺术""健康与运动"及"+"课程内容板块对应,创编了160课时"双素养"统合性限拓课程、40门快乐活动日统合性选择课程,形成"双素养五性3+统合性课程体系"。

本课题运用系统论的"要素—结构—功能"理论观点,对应"课程—课程群(板块)—课程体系"轴建构,并从辩证法的内容与形式一致性法则出发,创建"双素养、五性、3+统合性课程体系",具有教育理论上的概括性与解释性;对于农村小学针对办学中现实存在的学科课程分割,从传统泰勒课程原理走向课程生态理论指引下的课程统整,从课程建设机制与路径策略融合两个维度上,推进统合性课程体系建设,具有校本实践理性概括的独特性。

从学校的办学校情出发,把课程建设放在学校文化,特别是学校教育理念之中,以"科学人文素养"为挈领,建设学校统合性课程体系,形成了以"播种兴趣、遇见未来、奠基幸福"为课程理念的,以综合素养发展为目标的,以"课程体系"轴为主线的"双素养五性3+统合性课程体系"建设实践形态,使学校课程建设与发展有深厚的学校文化支撑,也有国家教育发展导向的支持,学校课程建设走上了一条高成长性发展之路,具有实践创新意义。实践中归纳出来的"一带一群"整合策略、"一补一"整合策略等五条统合途径与策略,是教师群体实践探索后的经验提炼,丰富了"双素养五性3+统合性课程体系"的实践形态,具有学校课程建设的普遍意义。

这个"双素养五性,3+统合性课程体系"有着六个方面的特征:

一是强调课程目标的生成性和创造性。泰勒在《教学设计的原理》一书中指出了课程设计的目标模式的四个基本原理。这是一种在传统教育实践中普遍应用的、典型的"目标—手段"的课程设计模式。多尔反对目标模式所指出的目标的固定性!认为课程目标是多变的、丰富的、不断生成的。

二是统整的课程体系强调课程内容的丰富性、开放性和建构性,需要达成一种促进探索的课堂气氛。

三是课程建构的过程性、自组织性和解释性。多尔认为课程是师生共同探索新知识的复杂过程,课程作为一种过程不是传递所知道的,而是探索所不知道的知识过程。

四是课程实施的反思性、启发性、隐喻性。多尔认为课堂教学中的学习和理解来自对话和反思。

五是师生关系的平等性、合作性、民主性。多尔主张师生关系更少地体现为有知识的教师教导无知的学生，而更多地体现为一群在共同探究有关课题的过程中的相互影响，教师与学生在一起探索达成的共识，教师的作用是"平等中的首席"，教师的权威不再是超越性的、外在的，而成为共有的、对话性的。

六是课程评价的形成性、动态性、情境性。只从正确或错误的教导来看待学生对问题的回答，这一传统做法显然是不恰当的。教师应利用学生的回答帮助学生理解他们与当时的情境之间的关系。

当今的新基础教育课程改革中，应该坚持更全面、更深刻地理解和把握课程的动态本质，构建非精确性的、生成性的、情境性的、张扬学生的主体意识和个性的发展课程目标和评价体系，应该强调课程内容的丰富性、自组织性和解释性，促使课程和教学的进一步融和与同步，建立平等、合作、互动的师生关系，让师生都参与到课程的开发、实施过程中来。

（二）统合性课程体系内容的结构

我们围绕"播种兴趣　遇见未来　奠基幸福"的课程理念，设计课程内容总体结构。把"科学人文素养"课程体系分为四大板块，即：科学与社会、人文与艺术、健康与运动及"+"课程；根据学校实际，开发德育与科学类校本课程，并随着课程资源的不断更新和学生实际需求的增加，生成和开发"+"课程。基础性课程、拓展型课程、探究型课程和蒲公英社团活动课程之间互为融通，这简称"3+"科学人文素养课程体系。

以科学人文素养融合为目标，将横向课程内容维度与纵向课程形式维度整合，通过"学科统合性课程"和"统合性活动课程"两大类型课程的统合，建设学校课程体系。学科课程包含了基础性课程、拓展型课程和探究性课程；包含蒲公英社团活动和活动课程系列。活动课程我们又分成日常活动、社会实践、主题活动、N项活动、学科活动五大板块。这些活动也与"科学与社会""人文与艺术""健康与运动"及"+"课程板块一一对应，从而更好地把握各项活动内容的定性，更好地实现"明事理、知荣辱、能感恩、善学习、勤实践、会创新"的"双素养"育人目标。

（三）"双素养"统合性课程建设的机制新构

课程运作是课程决策、课程设计、课程实施与课程评价各环节动态展开、

活动分类	科学与社会	人文与艺术	健康与运动	+课程	
日常活动	午间俱乐部之奇思妙想 午间俱乐部之数学小达人	午间俱乐部之歌曲欣赏 午间俱乐部之童话乐园 午间俱乐部之书海漫游 午间俱乐部之天天演	晨锻活动 课间活动 阳光体育 心理辅导		活动课程
社会实践	家乡小调查 参观吴淞海军博物馆 参观禁毒展示馆 参观国防民防教育基地	参观花神堂 参观罗店龙船展示馆 参观顾村民间博览馆 服务家乡，感恩践行		亲子农业种植	
主题活动		入学仪式、入团仪式、入队仪式、十岁集体生日、毕业典礼、少代会 三八妇女节、清明节、劳动节、儿童节、教师节、国庆节、感恩节			
N项活动	专利申请会 玩转创新屋	罗小好声音 罗小达人秀 爱心义卖会 幸福大舞台	阳光跳踢赛 趣味运动会		
学科活动		体育节、艺术节、科技节、童话节、数学节、英语节			

明事理、知荣辱、能感恩、善学习、勤实践、会创新

有机转化的过程。课程建设机制是指课程建设的内在方式、原理，即课程建设应该遵循的规范与程式。课程建设机制有四个特点：一是价值取向，强调合理性；二是整体规划，注重统整性；三是实践运作，重视有效性；四是理论研究，注重科学性。从这些特点进行系统分析，建构学校课程建设机制。课程建设机制的转向，要求在课程建设过程中，建立课程运行机制，改进课程运作机制，加强课程运作的评价机制，厘清课程建设所指涉的环节的内在联系，使课程决策、课程设计、课程实施以及课程评价成为一个有机的整体，保证课程运作的科学性、合理性、可行性。

1. 强化统合性课程建设的运行机制

课程建设是一个系统行为，它既要考虑到学生的学习能力、技能和经验，也要考虑教师的教学水平和教学策略。而课程开发的机制是所有课程开发过程中不可分割的基础部分。其目的是为了创造教学有系统、有效果、有力量的课程体系，全面改善和提高学生学习效果。

我们学校首先从顶层设计层面制定了《日常运作的统合性课程建设的工作运行机制图》，形成在《课程纲要》规范内学校课程发展变化的工作运行机制。学校以"双素养"培育目标引导统合性课程建设工作，结合学生关于课程需求的现状进行科学规范的课程开发与实施。

课程建设的运行需要全体教师对课程设置再认识。我们引导教师再认

识课程的功能和设置,转变教师的课程角色,从而使课程发挥出最大育人功能。在初始阶段,安排教师们充分地学习和研讨,学习关于课程开发的相关理念和技能,从而使所编课程实现规范性和针对性,更好地服务于培育科学人文素养的要求。

2. 强化"双素养"培育的运作机制

我们不断强化侧重于"双素养"培育的统合性课程建设的操作性的运作机制,优化课程建设的工作状态。以课程基础理论为着眼点,强化教师课程统合意识,适当参照"课程群"的组群模式,建立了"科学与社会""人文与艺术""健康与运动"及"+"课程群。课程群建立后,在开发统合性课程上明确了编制方向。我们重视课程群内基于"双素养"培育的资源融合。教师在同一课程群的课堂教学设计中,可以考虑课程群中其他学科适宜的课程资源的融合。

学校以运作流程图来规范统合性课程建设。

3. 强化"双素养"统合性课程的评价机制

通过课程建设评价体系的构建,力求学校课程教学有所遵循,并且有利于促进课程目标的实现、促进学生更好的发展、促进教师角色的转换、促进课程教学的改进与发展。强化"双素养"统合性课程的评价机制,一要关注教学目标评价,评估课程的教学目标是否明确、合理和可衡量。这包括确定课程目标是否与学生需求和预期结果一致,以及目标是否能够指导教学活动和评估学生的学习成果。二要关注教学内容评价,评估课程的教学内容是否充实、有效和适应性强。这包括检查教材、课程大纲、教学资源和活动等,以确定它们是否与课程目标一致,并能够促进学生的学习和发展。三是要关注学习成果评价,评估学生在课程中所取得的学习成果和能力发展。这包括使用多种评估方法(例如考试、作业、项目、演示等)来衡量学生的知识水平、技能掌握程度和综合能力,并确定他们是否达到了课程设定的学习目标。通过对这三个方面的评价可以把握课程的有效性和改进点,以提供更好的教学和学习体验,以便未来的课程做出调整和改进。

我们学校还研究推出"双素养"课程要求,推进校本化多元评价。为验证和评价"双素养"课程教学效果,各教研组制定"双素养"基本要求,删选、重组、建设及尝试课程群组的建构。同时通过情境创设,从学习兴趣、学习习惯和学习成果三个维度,展开对课程要素统合性的多元化评价。我们也设计了"双素养"课堂学习评价表、学习小组个人自评单,开展基础性课程课堂即时评价和学生自我评价。同时全面实施"双素养"课程的积点评价机制。通

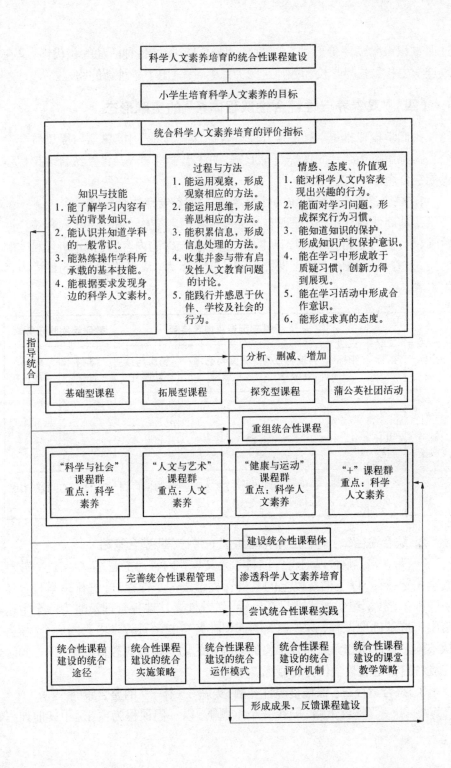

过课堂积点激励评价形式,既激励学生学习与参加各种活动的积极性,又在改进学生和家长与学校和教师之间关系中,探索出了一种新的路径。

(四)"双素养五性统合性课程体系"的实践形态

我们学校在推进"双素养五性统合性课程体系"中,总结与提炼统合途径与实施策略相结合的课程建设形态,关注小学科学人文素养统合性课程建设的统合途径与实施策略。

1. 统合途径一:编制统合性检索,学科间整合点明晰策略

在基础性课程中,梳理现有基础性课程内容结构,编制课程内容统合性检索,确定学科间的整合点,以主体化整合教与学的内容,建构年级学科间的协同,并在实践基础上完善课程内容检索。下为"双素养"培育的课程内容检索表:

一级指标	二级指标	三级指标	基础型课程内容检索			教研组团队任务单	
			科技与社会课程	人文与艺术课程	健康与运动课程	学科骨干	学科成员
科学人文素养	知识与技能						
		教学目标	各学科教师按照科学人文素养的培育目标和设定的问题情境进行协同教学				

2. 统合途径二:内容主体化重组,"一带一群"整合策略

"一带一群"整合以培育一项科学人文素养内容为主题,为落实这一教育教学主题目标,以三门及以上的基础课程组成一个课程群,进行跨学科合作协同教学,教学组织形式凸显活动性、游戏性。其课程管理策略为一个主题带出一群基础型课程,这些相关的课程在各自的学科教学中为同一个主题,从不同学科性质和角度展开丰富的多样化的同一主题的教育教学工作,同时完成各自拟定的教学任务和目标。

3. 统合途径三:课程资源性补融,实施"一补一"的整合策略

"一补一"整合策略,即在一个主题下,以一门课程为主,运用其他课程

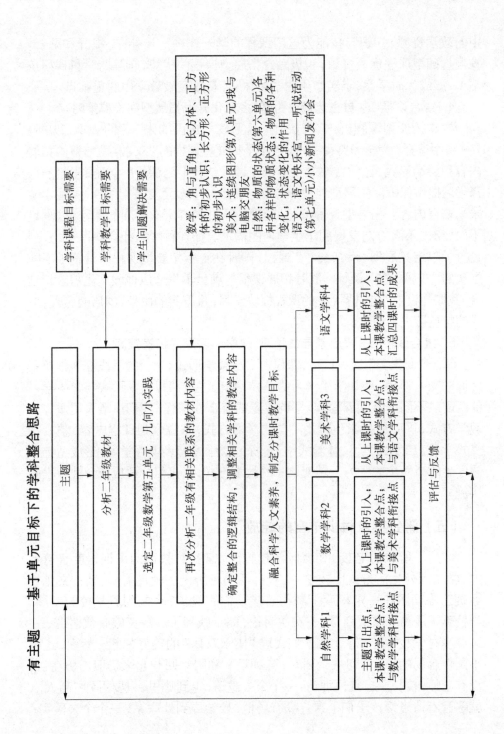

有主题——基于单元目标下的学科整合思路

中的教学资源、知识与技能为这门课程的学习作进一步补充、提升和融合。挖掘基础型课程优质资源，积极融合拓展型课程的优势，创建跨学科课程统整单，形成优质学案，丰实学生的学习体验，有效突破教学中的重难点。

4. 统合途径四：自主选择性为基，多元化开发拓展型课程群策略

构建拓展型课程群内容，关注"遇见孩子自己的未来"的需求，以"限定＋自主选择"为学习路径，不仅丰富了拓展型课程的"双素养"培育的拓展内容和活动形式，还结合小学生学情在课程结构上为课程的实施、学生的选择学习提供保障。拓展型课程群开发与满足学生多元发展相结合，关注学生未来培育内容。拓展型课程群开设类型不同、内容层次不同的课程，以满足不同层次、不同方向发展的学生学习的需求。如在科学与社会课程中，分别设置了限定拓展型"激情赛车"课程，同时在自主拓展型课程中设置了不同层次的"车辆模型"课程。同时拓展课程与满足学生适应地域文化需求相结合，我们开设了"走进罗店"的课程板块学习，将罗店的由来、罗店的名人、罗店的特色搬进了课堂。

5. 统合途径五：适应差异性学习，教学学习形式拓宽策略

基于"双素养"课程目标、课程内容与教学形式、学习的手段等课程要素之间的交互作用，叠加学生学习的差异，我们注重课程教学形式与学生学习的匹配。不同统合的课程群、不同主题的统合性课程，我们注重采用适宜的教学方式，同时引导学生运用不同的学习方式，根据学习课程内容，整合接受式学习、启发式学习、体验式学习、探究式学习与表现性学习，形成适宜不同学生的个性化的学习。转变单一的教学方式，优化组合适应统合性课程的实施。

（五）蒲公英乡村少年宫的绽放

作为一所农村老校，和城区学校相比，家长对教育的重视程度普遍不够、学生课外生活方式比较单一、校外活动场所无法满足需要、精神文化生活贫乏等问题在一定程度上制约着孩子们的成长，也制约着学校的发展。学校班子成员一次次商量，一次次讨论，终于找到了一条突破瓶颈之路——创办乡村学校少年宫，让孩子们实现"快乐双休"的美好梦想。然而，这可不是件容易的事，一切从无到有，各种艰辛和困难回想起来仍旧历历在目。没有老师，校长亲自登门拜访，一个个去邀请，走到哪里，只要看到"高人"，就琢磨着请来给孩子们上课。没有场地，校领导到处联系，一个个去落实；

没有课程,老师们挑灯夜战,一门门去设计。艰辛的付出换来了七百多名学生免费参与其中的"蒲公英"乡村学校少年宫,换来了每个双休日孩子们快乐活动的身影和自信满满的眼神,换来了目前的19个活动项目、23个活动小组,换来了全国乡村学校少年宫的称号,换来了家长的认可、孩子的喜爱、教师的投入。

如今,每个周末的早晨,罗店中心校门口总是热闹非凡,簇拥着不少家长与好奇的居民,还有开心的小朋友。他们卸下了作业的包袱,从学业的压力中解放了出来;他们一身轻松,放下了沉甸甸的书包,拿着自己的"玩具"满怀喜悦地来到"蒲公英"——一个他们向往的地方。这里,有这批"农村娃"之前看都没看到过,然而如今已能熟练演奏的铜管乐队;这里,使这批"农村娃"走上绿茵场,和一些国际学校的孩子一同参与上海市棒球联赛;这里,让这批"农村娃"传承着家乡的文化,唱起了沪剧、扎起了彩灯;这里,令这批"农村娃"走进了上海市军体俱乐部,在青少年车模竞技中过关斩将;这里,老师们在倾注汗水、艰辛付出的同时也品尝到了成就孩子们梦想的快乐。

1. 我们举办乡村少年宫有着深厚的学校发展背景

学校少年宫是为中小学生的课外文化生活提供专业指导和便利条件的地方,是培养青少年兴趣爱好,促进其德智体美劳全面发展的校外活动场所。学校少年宫是未成年人思想道德建设的重要阵地;是传承中华优秀传统文化和技艺的重要基地;是学校开展美育教育、科技教育、文体活动的有效载体;是满足未成年人多方面兴趣需求,培育发挥其才艺技能的学习探究和实践活动的乐园。学校少年宫与学校课堂教育、品德教育等相辅相成,共同构建未成年人在校教育的有机整体。

小学是义务教育的奠基阶段,在这个阶段,我们的教育应该是播下兴趣的种子,为孩子的未来之路考虑,如果孩子在小学阶段就对学习没有了兴趣,那么我们的教育是可悲的。在这样的一个基础阶段中,教育的广泛性与全面性就显得尤其重要。孩子不能只专注于学习,忽视业余生活的趣味性,对周边环境保持漠不关心的认知态度,同样的,也不能执着于玩耍和兴趣爱好,将学生的本质抛之脑后。

2003年我校以感恩教育为德育特色项目,提出了"识恩、知恩、感恩、报恩、施恩"为主要内容的"五恩"教育体系,从"认知、情感、行为"三个维度展开,营造了一个充满爱心、值得感恩的世界,营造了一种积极向上、丰富博大的精神文化环境,形成了一个"知恩图报"的道德共识。

当代未成年人对于教育的来源主要是校内和校外两方面,学校少年宫作为在校内开设的培养未成年人兴趣爱好的活动场所,还没有完全与校外教育相统一,以至于部分校外教育与校内少年宫教育彼此冲突或相悖,造成未成年人在初期认知世界、塑造人生观价值观的过程中出现误区的现象。由此可见,学校少年宫应与校内、外教育融合发展,彼此交融接纳,最终达到我校一直秉承的办学理念"播下兴趣的种子,奠基孩子的未来,让每一个学生健康快乐地成长"的目标。2012年我校创办宝山区第一所全国乡村学校少年宫——"蒲公英"学校少年宫后,学校积极把"五恩"教育与学校少年宫的活动相整合,结合我校的实际与特色,为孩子播下学习兴趣的种子、科技兴趣的种子、艺术兴趣的种子、运动兴趣的种子以及感恩意识的种子,形成了"学会感恩才能体会幸福"的校园主流文化。

我们开展了"'蒲公英'学校少年宫与校内外教育融合发展的研究",在学校农村少年宫的举办中我们秉持学校少年宫与校内外教育融合发展。我们坚持校内外教育资源重新配置,为社会教育资源的配置提供参考。社会是未成年人获取知识的重要渠道,我国社会教育资源极为丰富,尤其是校外教育资源,为了提高青少年的综合素质,应当利用其创新和实践的教育优势,在遵循国家教学大纲的基础上,丰富课外活动时间,使学习与兴趣有机结合,达到提高未成年人动手实操能力,达到双商同步提高的目标。单纯的学校教育已经渐渐被进步的社会需求所淘汰,全方位的教育体系正在逐步成为社会主流,家长期望孩子在未来的人生道路上能够发光发亮一展所长,对于学校少年宫这类场所显然是寄予希望的。我坚持从长远角度来看学校少年宫与校内外教育融合发展,为未成年人的健康发展提供保障。在课余时间参与学校少年宫的活动对很多我校的孩子来说都是帮助其从沉重的课业负担中解脱。在倡导全面发展,注重综合素质,解放未成年人的天性的教育大环境下,学校并不是唯一的教育场所,既然任何有意义的环境都可以成为课堂,那把学校少年宫的兴趣教育和校内外教育融合在一起就是未成年人身心健康发展的重要保证。

2. 举办乡村少年宫的教育价值

在当前的教育新形势下,学校少年宫与校内外教育融合发展的模式首先要立足于学校少年宫和校内外教育的现状进行分析,总结出学校少年宫的教育特质以及功能。了解现有的学校少年宫和校内外教育的现状后,探寻可行的融合方式,互相弥补不足,整合教育资源,从而达到学校少年宫与校内外教育融合发展的最佳模式。

学校少年宫教育强调的是兴趣培养和个性发展,在每个未成年人的身上进行潜能的挖掘,开拓新的视野,发掘未成年人的想象力和观察力,增长见识。与此同时,可以极大地满足未成年人的兴趣,展现个性才华,培养自信心,对于学困生即使动手能力强也会受到老师和家长的否定甚至压制的孩子是一种极大的鼓励和帮助。最重要的是,学校少年宫具有社会教育性质,突破传统家庭教育和学校教育的约束,利用广泛开展课外活动来培养团队协作能力与社交能力,在彼此学习进步的过程中,提高互助意识,相互克服困难,从而使核心素质得到全面发展。

根据多年来学校开展学校少年宫活动的研究结果显示,学校少年宫与校内外教育融合发展具有必要性与优势,弥补学校教育不足的需要。

(1)立足素质教育,充分发挥校外教育优势。

新课程的改革和素质教育都强调要让学生的教育活动走进生活,在生活中体验新式教育活动带来的好处,从而培养出全面发展、品学兼优、视野开阔、生理心理健康的人。而学校少年宫的活动教育能够立足素质教育,充分发挥校外教育兴趣性,体验性,灵活性的优势,加强未成年人的思想道德建设、促进青少年健康全面的成长为目标,努力践行学校内教育与学校外教育相结合,课堂内外教学活动相结合,不断拓展教学与活动的内容和组织形式,充分尊重学生在教学活动中的主体地位,照顾个体差异,尽可能做到因材施教,取得良好的教育效果。

(2)立足均衡原则,促进学生综合素质提高。

教育活动既要融入生活实践又要高于生活自然体验方式,注重理论联系实际。在实际教育活动中,大多数学生表达了自己的观点,他们希望老师在讲课过程中,多讲一些书本以外的东西,想更多地听到生活中的知识,而不是一味地把自己埋没在教科书中,而教育现状却远远达不到学生的期望。目前大多数学校开展的教育活动,不论是教育理论还是教育实践,都把教师定位于传道授业解惑的角色,教师在不断重复着同一个教学思路,这种被动式的传输教育所培养出来的学生缺少个性、独立思考和创新能力。学校少年宫教育主动承担起推进教育均衡化发展的社会责任,引导青少年及其家长更新教育理念,努力提高自身素质,逐步弥合"高智商,低情商"的巨大差距。无论是拓展教育项目、扩大教育容量,还是改变教育服务模式、主动与学校衔接,或是扩大服务对象范围、开展家长教育,都紧紧围绕教育均衡这一原则,很好地发挥了"实验""示范"的作用。既满足了学生的需要,又充分发挥了优势项目的品牌效应,积极引导学生的学习兴趣,有利于学生综合素质的提高。

（3）立足改革创新,提供优质的教育服务。

校内外教育有其自身的局限性。学校的发展应当真正做到以人为本,把广大的学生放在教育的首位,根据学生对知识和能力的认识,从多方面进行教育,才能更好地促进学生全面和谐健康的发展。学校与其他教育机构的合作并不代表着学校的地位将会被取缔,在整个教育体系中,学校仍占据着主导地位,是教育体系中的领军者,但学校也认识到学校少年宫活动的多种功能,及时加强沟通与合作。

（4）立足学生发展,促进学生综合素养的发展。

"蒲公英"农村少年宫基于培养学生核心素养的需要开展丰富的活动课程。2016年9月,教育部正式发布"中国学生核心发展素养",以科学性、时代性和民族性为基本原则,以培养"全面发展的人"为核心,分为文化基础、自主发展、社会参与三个方面,综合表现为"人文底蕴、科学精神、学会学习、健康生活、责任担当、实践创新六大素养"。"蒲公英"农村少年宫为学生提供自由参与的机会,在这里,每个学生可以根据自身爱好、个性选择自己喜欢的课程,通过各类课程、实践活动,培养学习能力、交往能力、动手能力、创新能力,培养正确的价值观和人生观,促进学生核心素质全面提高。

"蒲公英"农村少年宫活动使孤僻、内向性格的学生有机会交到很多志趣相投的朋友,大家一起学习进步,相互克服困难,提高互助意识,培养其团队协作的能力。对于一些善于思考、动手和实践能力比较强,但成绩不是很好的学生,经常会受到老师和家长的否定,甚至会受到各种各样的压制。这类同学却能在"蒲公英"里专心学习自己感兴趣的知识,让天赋得到极大的施展,找到各自的人生闪光点。

（5）整合校外教育资源的需要。

学校少年宫是一种教育形式多样、教学内容丰富的社会教育场所,其教育功能不同于学校教育,但双方的教育目标是一致的,通过不同的侧重点,促进广大未成年人全面健康的发展。学校教育由于种种原因,例如师资力量、教学时间和教学内容等方面难以满足各层次学生的需要,从而提升了学校少年宫在教育活动中的地位,以弥补校内外教育的不足。

3."蒲公英"农村少年宫的丰富精彩活动

学校少年宫作为免费向学生开放的活动场所,已备受广大学生和家长的青睐,既可以从不同的教育方面补充了学校教育的不足,又能够整合教育资源,避免教育资源的不足和浪费,从而培养出更高层次的人才。作为一所农村学校,家长对教育的重视程度不同、学生课外生活方式较单一、校外活动场所无法满足需要、学生精神文化生活贫乏等一系列实际问题始终存在。我们非常渴望看到我们农村地区的孩子也能在各方面得到锻炼和发展。因此,我校"蒲公英"学校少年宫创办至今在每个周末开设30多个活动项目,丰富多彩的社团活动不仅解决了学生课外活动问题,也在潜移默化中开阔视野、增长见识。

（1）"金色"管乐团

"金色"不单单是指我们所用的乐器是金色的,更象征着孩子金色的童年。由于离市区有一定的距离,因此农村孩子的双休日都是比较枯燥乏味的。学校积极挖掘校外资源,依托罗店中学的师资优势,组建了少儿管乐团。初期,很多西洋乐器我们的孩子连见都没有见过,然而,在"蒲公英"的管乐团中孩子们能体验到高雅艺术之美。

（2）"蓝色"科技社团

蓝色是永恒的象征,因此它成为了我校科技社团的代表色。作为全国特色学校、全国优秀科学教育实验基地,"蒲公英"结合学校的科技特色,科技长廊陈列出学校科技发展之路,并开设了科技创新、车模、OM、自然触碰等社团活动,开发了Steam等科学课程,通过动手制作、用心观察,发展了学生的动脑动手能力,以及想象力。培养孩子爱科学、学科学的兴趣,勇于创新的科学精神,求实协作的科学态度,也为孩子的成长奠定良好的科学素质基础。今年5月,通过全校师生多年的共同努力,我校OM团队代表上海、代表中国参加第39届世界头脑奥林匹克决赛,并最终获得亚军。

（3）"绿色"棒球队

"绿色"是活力的象征,棒球队的队员们也始终充满活力地活跃在绿色的球场上。学校少年宫通过棒球队和棒球梯队的建设,通过棒球文化的提炼,逐步打造出具有棒球特色的学校体育品牌。孩子们在棒球队中练就强健的体魄,感受棒球文化,身心健康发展。目前,已成为全国青少年棒球发展计划定点培训学校。

一种颜色代表着一个社团,一种颜色确定着一个目标,一种颜色树立着一个信心，一种颜色寄托着一个梦想。学校充分挖掘利用各方资源，以满足未成年人德智体美全面发展的需要，依托宝山区学校少年宫联盟的平台，以学校少年宫活动为载体，通过学校、家庭、社会多位一体的教育互动互联体制的创新，努力营造"政府支持、社会参与、学校主体、自主发展、整体推进"的社会教育氛围，建设丰富、多元、快乐的项目活动课程资源，充分挖掘学校少年宫育德树人的功能作用，促进未成年人综合素质的全面发展。聘请知名专家、专业特长突出的教师、当地的非遗传承艺人、退休教师、精神文明建设先进人物等到学校担任校外辅导员，充实学校少年宫的师资力量。

我们学校每年有八大感恩主题月：三月感恩父母的养育、四月感恩先辈的奉献、五月感恩艺术的熏陶、六月感恩社会的关爱、九月感恩师长的教诲、十月感恩祖国的哺育、十一月感恩科技的启迪、十二月感恩伙伴的帮助；每月有感恩统一行动日，孩子们积极践行每一项感恩统一行动，将其逐渐落实于平日的学习生活中；每周有感恩校本课程，通过感恩童谣、感恩故事、感恩歌曲、感恩游戏、感恩活动等形式加以教育，引导学生发现、感受、体验，营造一种尊重传统美德、以感恩为核心价值的校园文化；每班有一个校外感恩实践点，在家长志愿者的带领下，孩子们定期到敬老院、幼儿园、图书馆、消防队等社会场所开展感恩社会活动，用实际行动报恩施恩，把爱的种子播撒到每一个角落。

学校少年宫是传承和弘扬中华优秀传统文化的基地，使学生在学校少年宫中始终受到优秀传统文化的熏陶和感化，把优秀传统文化的学习与学生思想道德素养的培育结合起来。"蒲公英"中常期开设彩灯、沪剧、书法、国画、国学诵读等中华传统艺术形式和非物质文化遗产的活动项目，并将"罗店彩灯"和"沪剧"两个"非遗"项目作为学校《启梦》课程的一部分，正在全校范围内进行推广和传习。专门聘请了罗店彩灯非遗传人——朱玲宝老先生，每周到校传授这项民间工艺，教孩子们制作彩灯、讲述相关知识。宝山沪剧团的施敏、金洁两位国家级演员也坚持每周到校，多年来的坚持，多次登上上海国际艺术节等舞台，在各类比赛中屡获奖项。因此，学校在2016年荣获"中华传统文化研习暨非遗进校园优秀传习基地"称号。

国家一级演员、国家级非遗传承人、沪剧名家马莉莉老师曾到我校以《灯，总是亮着》为主题畅谈她的沪剧人生，使全体师生、家长们对沪剧等传统戏曲有了新的认识，同时也为学校创沪剧特色之路起到了助推作用。传中华优秀传统文化,承中华优秀传统美德,学校少年宫需要持续拓展中华传统文化类课程建设,使之成为提升学生科学人文素养和优秀传统文化素养的重要载体。

总之,学校少年宫的建设是为了实现校内外资源的有效结合,通过丰富活动内容和形式,让未成年人共享校内外优秀教育资源和成果,通过活动培养学生的创造力和想象力,以此来鼓励他们对自己有梦想,对学校有梦想,对家庭有梦想,对国家民族有梦想,在感恩实践中,促进每一个孩子的全面发展和健康成长。

六、学校课程改革的理性深化

随着学校课程发展,我们进一步深化现代课程理论指导下的课程改革。我们学校申报立项了2021年上海市教育科学研究规划课题。我们探索在当代后现代主义课程观与我国课程改革的融合上,对具有前瞻性的课程理论作出校本性的解释与实践。旨在通过符合课程发展的4R课程要求,实施课程统合,克服学校课程建设中的碎片化,课程建设水平的模糊性。

我们在学校课程进一步改革中着力形成校本化的"双素养三层次"的校本化的课程,丰富适宜小学生学习的课程,发展学生的人文素养与科学素养。着重探索"人文科学素养融合"与"统合性课程体系建设",即在农村小学课程中的课程内容以及实施这两大问题,探索形成学校课程"八统合"的系统操作方式。从课程内容维度、课程形式维度与课程生态维度上分别展开研究,同时关注不同学科、不同课程类型的统合。使教师掌握基于4R课程基恩要求的统合方法,积累教师来自实践的具体的"统合方法"群与经验总结,固化课程统合经验。我们着力转变教师的非统合的课程教学观念与教学方式,提高教师教学系统思维能力与品质。

在课程的进一步深化改革中,我们以课程统合的机制建设与策略运用,推动学校课程生态优化,形成具有"五性"特征的课程生态,为学生提供绿色的课程。依据4R课程要求,推进学校各类课程统合、学校农村少年宫课程统合,并实现这两者之间的统合,从"课程要素—课程结构—课程功能"上完善学校课程体系,形成促进学生人文学科素养发展的"双素养三层次"学校课程体系。

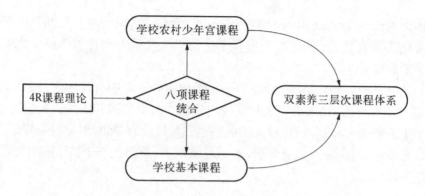

下面介绍本人主持的2021年上海市教育科学研究规划课题：

基于4R理论农村小学科学人文素养培养的
统合课程建设的实践研究

一、选题依据

（一）国内外相关研究的学术史梳理及研究动态

1. 4R课程理论

多尔在名著《后现代课程观》中提出的"4R"是指丰富性（Richness）、回归性（Recursive）、关联性（Relational）、严密性（Rigorous），意蕴丰厚。"我们需要将科学（Science）的理性与逻辑、故事（Story）的想象力与文化，以及精神（Spirit）的感觉与创造性结合起来"（即3S），并指出"长期以来，我们独一地膜拜科学的祭坛。为此我呼吁我们也应该尊重故事（story）与精神（spirit）"。

吉林师大赵雯馨教授指出："多尔通过对混沌理论、皮亚杰（Jean Piaget）的生物学世界观、普利高津（Prigogine）的自组织与耗散结构理论以及杜威（John Dewey）的经验认识论和怀特海（Alfred North Whitehead）有机过程论的充分吸收和借鉴，创造性提出了以4R为标准的后现代主义课程观。"多尔的4R课程理论之所以被称为是课程论发展上的伟大贡献，是因为它以后现代主义视角，提供了一种有别于传统现代主义"技术理性"的课程观。"多尔的课程理论奠定了建设性后现代主义课程研究的基础，他的成就是巨大的。"（汪霞，2003）

综合罗秋明《3S与4R：多尔的后现代课程观》、陈运包等的《多尔后现代课程观的"4R"模体与启示》、晋军刚等的《后现代视角下多尔的4R课程理论》、侯前伟的《启示与困惑：解读中国课程改革进程中的后现代课程观》、张雪的《以4R理论为核心的多尔后现代主义课程观及其影响》等文献观点，4R课程理论对我们当今的基础教育课程改革中如何更全面更深刻地理解和把握课程的动态本质，构建非精确性的、生成性的、情境性的张扬学生的主体意识和个性的发展课程目标与形成性、动态性、情境性评价体系，如何体现课程内容的丰富性、开放性与建构性，课程建构的过程性、自组织性和解释性，课程实施的反思性、启发性、隐喻性，促使课程和教学的进一步融和与同步，建立平等、合作、互动的师生关系，让师生都参与到课程的开发、实施过程中来等多方面都具有深刻的指导意义。

　　2. 统合课程建设

　　统合课程译自"integrated curriculum"。顾明远认为，"统合课程是以客观世界的整体性和系统性为依据，按一定的关系将分门别类的课程要素（即学科知识要素）有机地组合，形成多维联系的结构性课程。"（顾明远：教育大辞典，上海教育出版社，1998）。"integrated"有着"完整的；整体的；结合的；完整统一的；组成部分和谐的"等意义。"统合"是指构成整体的不同部分之间有关系，而且可透过个别部分之间的紧密连接，成为一个有意义的整体。统合课程是课程整合的产物。李方教授主编的《课程与教学基本理论》中认为，在内涵上，整合课程并不完全等同于综合课程，在哲学视野下具有的一般意义为"有系统的整体性及其系统核心的统摄、凝聚作用而导致的若干相关部分或因素合成为一个新的统一整体的建构、序化过程"。他同时还指出，"在思想上将对象的各部分联合为整体，将它的各种属性、方面、联系等结合起来"。

　　"课程统合"（curriculum integration）是贯穿课程研究领域的一个重要话题。国外关于课程统整的研究最早可以追溯到赫尔巴特课程统合理论，以学科知识为中心，聚焦的是知识性统整，其学生齐勒以德性发展作为宗旨提出了"中心统合法"课程统整理论。20世纪初，一批进步主义教育家针对传统学科课程积弊，提出了早期的将儿童作为课程整合中心的课程统整理论，如帕克提出应以儿童的主体性活动为中心进行课程的统一与整合；杜威关注"儿童经验的形成与外界环境的联系"的儿童中心整合理论；布鲁纳提出的结构中心整合论；人本主义的"认知—情意"整合论。比恩作为20世纪90年代以来"课程统整"研究领域的重要代表人物，以人为中心，明确提出课程统整分为经验统整、社会统整、知识统整和课程设计统整四个经典主题。从本质上看，之后的课程统整理论都没有超越比恩所提出的四大主题，比恩的理论标志着课程统整的研究走向成熟。（刘登珲：2001）

关于课程统合对学生学业成就影响的代表性研究不少。"八年研究"的证据表明，接受统合课程的学生在大学的学业成就表现优于或不低于接受传统分科教学的学生；利伯曼的研究证实了通过统整课程可以缩小不同学生学业成就间的差异，尤其是对学业成就不利的儿童更有价值。哈格里夫斯的研究证明：课程统合不仅提高学生的学业成就，而且对学习动机、创造性思维、教师与学生关系具有显著促进作用。(刘登珲，李凯：2017)清华大学附属小学以整合的方式进行课程改革，建构"1+X"课程体系，表明课程的结构影响学生的素养，培养和发展的正是学生整体素养、综合思维方式、创新和探究能力。

综上所述，国内外一些教育学者强化了统合的实质，特别是强调给予师生在课程统合中更多的机会和作用，对于当前基于综合素养培养的课程统合具有重要借鉴意义，课程统合是课程建设的必然要求。

（二）本项目相对已有研究的独到学术价值和应用价值等

1. 本课题的学术价值

在课程实践中存在着把综合课程当作统整课程，着力于学科之间的综合，而忽视了学校教育中普遍存在的课程本身的统合。同时经CNKI以关键词"4R课程理论"作文献检索，只发现2项文献。以主题词"4R课程理论"只发现20条，为高校学者"4R"的理论介绍与评论，或者"4R"在高校学科运用。关于4R课程理论的研究与实践在我国小学尚未发现报道。

本课题提出的"统合课程建设"的三个层次：一是课程本身的统合，二是课程间的统合，三是学校课程体系的统合。这些统合旨在解决每门课程与儿童统合、与社会生活的统合，人文素养与科学素养统合，课程教学的目标间的统合，课程教学要素间的统合，教学设计与实施之间的统合，师生的教与学间的统合，课程与学校教育生态之间的统合，即"八统合"。并在学理上认为，"八统合"是教师、学生、教材、环境四个因素动态交互作用的"生态系统"功能。课程只有在和其他因素统合起来，成为课程"生态系统"时，课程才能发挥应有的作用。课程的"三层次统合""八统合质量要求"的观点在学术上还是首次提出。全面把握"统合"的概念内涵，不仅有利于课程教学理论上对统合课程研究的深化，也有利于课程品质的提升。

2. 本课题的应用价值

我国著名学者钟启泉、李方曾在他们21世纪初的著作中对4R理论作了高度的评价，但是经CNKI以主题词"4R课程理论"作文献检索，2014年后4R课程理论才得以译介与阐述，没有发现有关课题研究报道。

本课题基于4R课程理论的统合课程建设，契合当今课程发展的方向，同时对4R课程理论如何在学校课程中实际操作的应用性研究，使理论转化为应用，具有实践价值，因而具有广泛的应用前景。

本课题符合当前综合素养培养的基本要求，也是五育并举的实施校本路径。本校在近几年来建设并形成以科学人文素养为培育目标的统合性课程，来改变现实教学中严重存在着的重能力培养、轻人文素养的现象。该项目也使学校科学人文素养的文化品牌得到更多家长和社会的认同。

二、研究内容

（一）本项目的研究对象

1.“4R”与“统合课程”的关联研究

4R的“丰富性、回归性、关联性、严密性”，及其所包含3S的科学理性、故事人文、创造精神，与本课题的价值指向学生的人文素养科学素养培养是一致的。通过“4R”的课程形式维度及其“3S”的内容维度，来促进统合课程的实现。这项研究着力于理论转化为实践的研究。

2.“4R”课程的四项基本标准在统合课程建设中的应用

明确在课程教学中的4R标准的基本内涵与操作要点，并以此来提升学校各类课程教学的实施。以下是预研究中对“4R”实施的假设，拟在实践中验证：

4R	内　涵	核 心 词 语	操 作 要 点
丰富性	联系的，不是割裂的，互相依存	不确定性、多样性	生成、多层、情境、经验、解释
回归性	“回归性反思”，“起点”和“终点”不明确性	反思、有意义的理解	过程与方法、反思自身、质疑
关联性	课程内在结构的关联及与其生存环境的关联	开放性、交互	对话、生成、情境、探索、感悟
严密性	寻找不同的方案和联系，使认识较为全面与严密	多元、感悟	多角度思考、批判性思维、意义建构

3. 课程“八项统合”的实施

从课程内容维度上研究课程与儿童的统合、课程与社会生活的统合、人文素养与科学素养的统合。

从课程形式维度上研究课程教学的目标间的统合、课程教学要素间的统合、教学设计与实施之间的统合。

从课程生态维度上研究师生的教与学间的统合、课程与学校教育生态之间的统合。

4."双素养三层次"的课程统合实施

开展以人文科学"双素养"为目标、以4R课程标准为导向、以"课程要素—课程结构—课程功能"体系为"统合轴"的实践研究,从三个层面展开课程统合研究:

(1)课程本身的统合。学校的三类课程要从统合视角进行课程开发、实施。结合学校的区级重点课题《促进小学生深度学习的基础型辅助课程资源开发的实践研究》成果,使课程统合与深度学习整合,在统合中促进学生学习方式转变。寻找学科主题统合的统整内容和相应的聚焦点,发掘各学科课程目标和课程内容中的统合点。

(2)课程间的统合,形成一些综合课程。在学科课程中进行跨学科三维目标上的统合;开发与实施融合课程(fused curriculum)、广域课程(broad-fields curriculum)等,进一步开发富有"三农"气息的统合课程,丰富学校少年宫课程的进一步统合。

(3)学校课程体系的统合。针对目前学校课程丰富而体系不够系统化的现实,再构科学人文素养兼蓄的课程体系。依据上述的八项统合对学校现有的"科学人文课程建构图"进行再构,采取完善、修改、新设等方式,将现有的"纵向四列"科学与社会课程、人文与艺术课程、健康与运动课程和"+课程模块"以及"横向四排"基础课程、拓展课程、探究课程和学校少年宫课程进行统合,促使课程名实一致,更集约。

(二)本项目的总体框架

本课题拟在4R课程理论下,在三个层次上借助八项统合进行课程统合,推进学校各类课程统合、学校农村少年宫课程统合,并实现这两者之间的统合,从"课程要素—课程结构—课程功能"上完善学校课程体系,形成促进学生人文学科素养发展的"双素养三层次"学校课程体系。

(三)本项目的重点难点

重点在课程的八项统合上,特别是农村小学课程教学中的统合实施。课程统合质量以课堂教学为落脚点。

难点是转变农村教师中普遍存在的非统合教学思想，例如三维目标的割裂、教学分析形式化、教学偏离学科特质、教学过程缺乏逻辑性等。促进教师以统合思想为重点的教学思维品质的提升是本课题的难点。

（四）本项目的主要目标

1. 形成"双素养三层次"的校本化的课程体系，丰富适宜小学生学习的课程，发展学生的人文素养与科学素养。

2. 形成学校课程"八统合"的系统操作方式，使教师掌握基于4R课程标准的统合方法。积累教师来自实践的具体的统合方法与经验总结，固化课程统合经验。

3. 转变教师的非统合的课程教学观念与教学方式，提高教师教学系统思维能力与品质。

三、思路方法

（一）本项目研究的基本思路

项目内容上的思路：

第一，本项目旨在通过符合课程发展的4R课程标准，实施课程统合，克服学校课程建设中的碎片化，课程建设水平的模糊性。

第二，八项统合从课程内容维度、课程形式维度与课程生态维度上分别展开研究，同时关注不同学科、不同课程类型的统合。

第三，以课程统合的三个层次逐步展开，形成学校课程体系的再建构，推动学校课程生态优化，为学生提供绿色的课程。

项目方法上的思路：

第一，突出课程统合对课程教学的作用的证据收集与分析。

第二，重在课程统合的操作，在研究过程中强调实在性，突出操作性。关注教师课程教学统合案例与经验的积累。

（二）具体研究方法、研究计划

本研究采取综合研究方式，主要采用文献研究法、经验总结法、个案研究法与行动研究法。

本项目研究主要分三个阶段实施：

1. 准备阶段（2021.4—2021.6）

主要通过文献研究与专家咨询，以及近几年学校课程改革与发展的研究性回顾，梳理了学校课程改革与发展中存在的问题，发现需要解决的主要问题，明确课题研究方向，组织课题申报。

2. 研究阶段(2021.8—2022.1)

主要进行三方面研究工作:

(1)开展"4R"与"统合课程"的关联研究与"4R"课程的四项基本标准在统合课程建设中的应用,并进行4R课程理论的教师培训,使教师明确4R课程理论的要义与操作要点。

(2)分学期开展"八项统合",重点在教学中的统合行动研究,形成与积累案例、叙事故事。

(3)开展"双素养三层次"课程体系建设研究,重点在学校各类基本课程与农村少年宫课程统合研究,形成与积累经验总结与案例。

3. 结题阶段(2023.2—2023.8)

系统梳理本课题研究内容与过程,分析与整理研究成果,形成本课题的结题报告与专著。

(三)本项目的可行性

本校近年来承担过市规划课题《基于形成性评价下的小学学困生学习诊断及跟进策略的研究》(获上海市级教学成果一等奖)、区重点课题《促进小学生深度学习的基础性辅助课程资源开发的实践研究》《地区教育资源开发与小学生创新品质培养的活动研究》《"'五恩'体验—践行"教育模式的实践研究》(荣获上海市德育优秀项目)。本校近年来积极开展课程开发与课程体系建构,有良好的实践研究基础。

本项目的研究主题"4R"课程理论以及"课程统合",国内外都有一定的理论阐述,对本课题的研究提供了借鉴。同时本课题预研究较为充分,已完成文献研究综述报告,也从实践角度提出了一些假设,具有操作性。

学校近年来重在学习课程建设,本课题将列入学校规划,作为学校行为实施,在研究上将提供最大的支持。本课题得到本市与本区教育专家的真挚的支持与指导,为课题研究提供了学术上的指引。

四、创新之处

创新一,本课题提出的"统合课程"不仅是指若干学科内容的综合课程,更应该是课程要素多元统合性的课程。课程的统合性是所有课程应该达到的一种水平要求,即"八统合",在理论上丰富与发展了"统合课程"的概念与内涵。

创新二,4R课程理论从文献研究中发现大都是译介性的理论阐述,在我国基础教育中还没有系统的课题研究,本课题提出的"4R"的具体操作——

在课程建设中"4R"实施的应用假设（见表）是4R理论转化为实践的一次有创新价值的探索。

创新三，本课题提出了课程统合的"三层次"与"八统合"，是课程统合的实践创新。

五、预期成果

（一）本项目成果形式

成果一，课题结题报告：《基于4R课程理论的农村小学科学人文素养培养的统合课程建设的实践研究》。

成果二，专著：《基于4R课程理论的科学人文素养培养的统合课程建设》。

（二）本项目使用去向与预期社会效益

第一，本项目研究作为学校办学特色，成为新优质学校创建的成果。

第二，"基于4R课程理论的科学人文素养培养的统合课程建设"的经验在区域内推广，并在以本校为主的教育集团中主推。

这个课题对于我们学校的课程建设具有总结性意义，是学校课程研究与实践的整体性反思，与进一步理性实践。学校发展的项目必须有高度，能统领学校工作，并且要有前瞻性。学校的统领项目不能只是技术层面上的课题，这会使学校的定位没有高度，教育的发展走不远。据此提出《基于4R课程理论的学生表现性学习的实践研究》的课题。

当前我国教育正处于前现代（传统）思想、现代思想与后现代思想的交会处，我们的教育思想观念也处在各种社会思想的激荡之中。后现代主义对教育的影响主要表现在教育课程专家将后现代主义的思想观点引入课程理论研究，关心后现代状态下，如何建构一种新的课程，以摆脱现代主义教育理论和观点所带来的弊端。后现代主义课程是建构性的和非线性的，建构主义的课程是透过参与者的行为和相互作用而形成的，不是那种预先设定的课程。4R课程以"新型师生关系"打破了历史因素的制约，以"4R"为标准突破了学生心理因素的瓶颈，以"多样化"的教学方式克服了文化因素的阻碍，以"动态社区"的课堂应对教学条件因素的限制。"基于4R课程理论的科学人文素养培养的统合课程建设"的取向是课程与学习，不仅符合大方向，而且对提高学校的教育、教学能起到直接作用，其内涵丰富，操作性强，而且学校有一定的基础。本课题的思想是先进的，关键在于落实。要研究一定的途径，一般的方法与特定的方法相结合。

七、"双素养五性3+统合性课程 体系"的品牌效应

我们学校在长期的课程教学改革与发展中,运用系统论的"要素—结构—功能"理论观点,对应的"课程—课程群(板块)—课程体系"轴建构,并从辩证法的内容与形式一致性法则出发,创建"双素养五性3+统合性课程体系"。它具有教育理论上的概括性与解释性,对于农村小学摆脱办学中现实存在的学科课程分割,从传统泰勒课程原理走向课程生态理论指引下的课程统整,从课程建设机制与路径策略融合两个维度上,推进统合性课程体系建设,具有校本实践理性概括的独特性意义。

从学校的办学校情出发,把课程建设放在学校文化,特别是学校教育理念之中,以"科学人文素养"为挈领,建设学校统合性课程体系,形成了以"播种兴趣、遇见未来、奠基幸福"为课程理念的、以综合素养发展为目标的、以"课程体系"轴为主线的"双素养五性3+统合性课程体系"建设实践形态,使学校课程建设与发展有了深厚的学校文化支撑,也有国家教育发展导向的支持,学校课程建设走上了一条高成长性发展之路,具有实践创新意义。实践中归纳出来的"一带一群"整合策略、"一补一"整合策略等五条统合途径与策略是教师群体实践探索后的经验提炼,丰富了"双素养五性3+统合性课程体系"的实践形态,具有学校课程建设的普遍意义。

科学人文素养统合性课程建设的过程是不断提升学校办学品位的过程,给我们学校的整体发展带来了不少新变化。教学形式、教学内容更加丰富了;教师的课程领导力显著增强了;学校教师团队更有凝聚力了;学校管理有层次效率高了;师生关系融洽了;孩子更喜欢学校,更喜欢学习了,更有才艺更加自信了……这种变化让我们感到兴奋,也使我们更加坚定了前行的脚步。

(一)各项特色融合成长,已成为学校发展中的名片

学校科技教育已成品牌。学校从20世纪80年代中期起步实施科技教育。几十年来,在科教兴国的方针指引下,运用多种形式和方法,组织学生开展

丰富的科技教育活动,形成了创造发明、头脑OM和车辆模型三个品牌项目。在师生共同努力下,科技成果斐然,学校被命名为:全国特色学校、全国科技教育优秀试验基地,上海市创新培育基地、上海市知识产权试点学校、上海市科技特色学校,最近,又被教育部教师发展基金会命名为全国科学教育校本培训重点学校。学校积极帮助和指导学生开展各类科技创新的课题研究,每年上海市科技创新大赛以及全国发明展的各类比赛中都能获得一、二、三等奖。在今年上半年结束的中国上海第25届头脑OM长期题比赛中获得二等奖,在市军体俱乐部组织车辆模型比赛中每年都有一、二、三等奖获得,同时又积极参加市、区等其他各级各类比赛,也都获得了较好的成绩。另外学校还积极做好知识产权试点工作,每年都能申请专利,至今已申请专利120多项。随着罗店新镇的不断建设与开发,学校与时俱进地将车辆模型、创造发明、头脑OM有机整合。这两年,学校OM比赛代表中国,两次参加世界比赛,并获得亚军和季军。与此同时,学校充分开发相关资源,建设校本科技教育体系,将其融入学校文化之中,使学校的OM科学教育不断延伸,为学生创设了一个很好的创新品质和人文素养形成的环境,推动学校科技教育健康有力地发展。学校统合性课程建设中,学科教学的整合"延展度"不断增强。在统整过程中教师们采用的整合方法,激发了学生学习的积极性。

学校语文特色展露端倪。语文学科是我校较为成熟的特色学科之一。该团队现共有30名成员,其中区学科带头人1人,4位区级骨干教师,占全校语文教师人数的16.7%。全体语文教师团结协作、奋发向上。团队作风是"勤学、善思、实干、创新"。团队座右铭是"团队里没有个人英雄,只有集体碰撞的智慧火花"。在平时的教学中,他们互帮互助,资源共享,结下了兄弟姐妹般亲密的情谊。有了这种和谐的气氛,组内教研风气浓厚,通过组内课题引领,积极研究学生、研究教材、研究课堂、研究作业,探索"扎实高效"的教学途径,使语文学科在务实中创新,在和谐中发展。该团队为了推广学生的优秀作文,提高学生写作水平,创办了《萌芽小报》,开展了如以"童话伴我行"为主题的首届罗店中心校童话节,有"我读童话""我讲童话""我编童话"和"我画童话"四项活动内容,深受同学们的喜爱。在团队成员的共同努力下语文教研组收获累累:荣获区优秀教研组称号,年年被评为校优秀教研组。团队成员曾获得2013年市中青年教学大赛二等奖,第十届、第十一届区中青年教学比赛一、二、三等奖,市君远奖教学比赛二等奖,区信科技渗透课教学比赛二等奖等荣誉。同时,组内教师多次承担区级研讨课和展示课,被评为区语文学科基地。可以说,我校的语文学科在区里已经有了一定的知名度。

蒲公英学校少年宫生机勃勃,被评为全国先进。我们的学校少年宫取名为"蒲公英",其寓意是"蒲公英"在花朵成熟的时候,就会随风飘落,不管她是落在青青的草地上还是落在悬崖峭壁上,都会顽强地生长。我们真心希望,每一个孩子都能像蒲公英一样顽强、努力地学习、生活,开出美丽的花朵。我们的办宫理念是:播下兴趣的种子,成就孩子的未来。目前,学校少年宫有83个活动项目,包括棒球、铜管乐、二胡、葫芦丝、儿童画、山水画、瓷盘画、素描、沪剧演唱、科技创新、车模、韵律操、足球等,涵盖了音乐、舞蹈、美术、体育、科技、文学、信息技术、创作等各个方面。我们以校内教师为主要力量,同时积极聘请校外志愿者、家长志愿者和一些专业人士。每周六,全校七百多名学生免费参与其中,参与率达到85%。《光明日报》《解放日报》、宝山电视台等多次报道了我们的学校少年宫。每年六一,我们邀请全校家长到校观看孩子们在学校少年宫中学到的本领,得到了家长的一致认可。孩子们在少年宫活动中动手、动脑、发明、创造,满足各方面的需要。我们是宝山区第一所学校少年宫,也是宝山区唯一一所全国级乡村学校少年宫试点校。

(二)学科统整,改变了学生课堂学习

学科整合提高了学生学习的效率。现在我们实施的科学人文素养统合性课堂,与以往的课堂相比,大大增加了学生对知识背景、学习过程体验的摄入量,孩子们学习知识,以及构建知识结构模型,也更为健全,其课堂学习效率是大大提升的。如五年级英语教材中有一课《The Louvre Museum》,原先因为学生对于教材内容不熟悉、教材背景常识不够了解,课堂教学中学生对知识理解存在较大的困难。而现在,教师运用学科整合理念,对课堂难点知识进行课外的补融,安排学生事先对于相关资料进行收集,增加课外关于人类历史与不同时期或是国家文化等了解,从而学生对于一些抽象词汇,如human history和culture有了更加具体的认识,使学生在学习英文时理解了意思,更快更好地掌握了单词的理解与运用。

学科整合促进了教师全科意识培养。学科整合,要求教师的教学关注点不仅仅落在自己所教的学科上,而且要对于本年级其他学科的知识和学习内容也要有所了解。自从学校开展了学科整合后,老师们围绕科学人文素养的培育目标,合作梳理了基础性课程中的所有内容,更加关注学科间三维目标的联系和学科间相互统整的整合点,引导并激发了老师们全科认识和兴趣。

通过这一教材研究的实践过程,教师对整个年级各个学科所涉及的知识点更加清晰了,也为更好服务课堂、组织课堂教学起到了积极的推进作用。

通过课程统合的实施,学校课程以儿童为中心的特色更为凸显。小学阶段的课程要回归儿童性,课程的实施就需要有一个回归孩子天真的载体,如专家建议的罗小科学城堡、罗店活力小镇等。让孩子们在课程为之创设的空间中获得交往,获得体验,在生活情境中、交往过程中自然而然地接受科学人文素养的熏陶和培育。希望这样一个城堡、小镇的活动能够影响到孩子的学习生活、影响到师生交往、影响到每一个孩子每天进入学校的一种期待,甚至影响到孩子整个的一个小学生活。

我们的统合性课程建设还在积极地探索和完善之中。我们面对孩子,必须以高度负责任的态度,全校上下共同投入到课程建设中,依托课程、抓好教学,使每一个罗小人通过课程和教学,播种兴趣的种子,让每一个不一样的学生在学习活动中通过获得成功的一刹那,遇见了自己的未来,并在师生共同的努力下奠基未来的幸福,使学校赢得社会更广泛的认可,让我们的孩子更加受益、更加幸福!

(三)学校课程的品牌影响力不断增强

本项目的实施提升了学校办学品位,学校成为了本区有影响力的小学。"双素养五性3+统合性课程"特色课程已成为学校发展中的名片。

基于"双素养"培育统合性课程体系建设,形成了创造发明、头脑OM和车辆模型三个品牌项目,学校被命名为全国特色学校、全国科技教育优秀试验基地、上海市创新培育基地、上海市知识产权试点学校、上海市科技特色学校;被教育部教师发展基金会命名为全国科学教育校本培训重点学校,也是宝山区唯一一所全国级乡村学校少年宫试点校,《光明日报》《解放日报》、宝山电视台等多次做了报道。每年上海市科技创新大赛以及全国发明展的各类比赛中都能获得一、二、三等奖。在中国上海第25届头脑OM长期题比赛中获得二等奖,在市军体俱乐部组织的车辆模型比赛中每年都有一、二、三等奖获得,同时又积极参加市、区等其他各级各类比赛,也都获得了较好的成绩,另外学校还积极做好知识产权试点工作,每年都能申请专利,至今已申请专利120多项。

学校感恩教育形成特色,"学会感恩才能体会幸福"已成为全校师生一致认同的主流文化。学校公开出版专著《孩子,让世界充满感恩》,荣获上海市德育优秀项目。学校被评为上海市行为规范示范校、上海市少先队示范校、上海市红旗大队、上海市"十二五"家庭教育基地学校、宝山区家庭教育指导优秀校、宝山区德育先进集体、宝山区行为规范"五星级"示范校等。

学校坚持多年办"一刊三报"：汇集教师优秀教育教学研究成果的《罗小之声》教育学刊；展示学生日常优秀作文的《萌芽小报》；及时与家长沟通校园动态信息的《彩虹桥小报》；反映教师良好风貌、弘扬正能量的《教工通讯》。

课程统合促进了教师的发展，仅语文教研组就有区学科带头人1人，4位区级骨干教师，市中青年教学大赛获二等奖一次，区的一、二、三等奖获奖人次增多，市君远奖教学比赛中获二等奖，区信科技术渗透课教学比赛获二等奖等。该组被评为区语文学科基地，荣获区优秀教研组称号。

我的结语

　　从播下一颗种子开始,让我们的孩子茁壮成长。这是我的办学追求,这也是办学一切工作的出发点。

　　我们的学校犹如一片沃土,在阳光雨露滋润下,种子长成小树,又长成一棵棵大树。这就是我们的办学追求——从播下一颗种子开始。

　　发展中的学校,发展中的课程,发展中的孩子。学校课程是一个发展的概念。学校课程是一种适合学生身心发展规律的、连接学生经历与经验的、引导学生个性全面发展的学习体系及其得以成长的途径。学校课程对学生而言,是实现教育目的、培养全面发展人才的保证,是教师教和学生学的依据。课程是学生认识世界的"桥梁"或"中介",规定了学校教什么和学什么的基本问题,构成了学生达到教育目标与培养目标所应学习的基本内容体系。学校课程在每位学生的学习和成长过程中起着非常重要的角色,提供了知识和技能的学习,帮助学生了解世界和自我成长。

　　我校长期来秉持正确的办学思想,扎实推进学校课程改革,构建学校课程体系,推进品牌课程建设,形成了有较高知名度的感恩教育。学校通过构建个性化的课程,尊重学生个性化选择,最大限度适应不同学生的发展需要,有利于促进学生独立性、自主性和创造性的发展。学校课程的意义不仅在于传授知识,更在于培养学生的个性、能力和品德,为他们提供全面发展的平台和机会。

　　近十年来基于国家对学校教育发展提出的新要求,我们进一步把学校发展目标确定为:"追求品质发展,争创一流学校",成为上海市文明校园。于是对课程建设也提出了更高目标,加强学校课程的顶层设计,形成有效课程发展。

　　我们的课程实践——让办学理念落地生根。"启梦"课程,架构学校课程体系,培育科学人文素养,为孩子的未来奠基。"立德树人,五育并举"让各项工作百花齐放。我校的校训是"崇尚科学、践行感恩"。崇尚科学,传承了近四十年的科技教育培养学生的创新意识与能力；践行感恩，对应的是绵延了近二十年的感恩教育。《启梦》课程开发、实施的过程中，学校传统的"科技"和"感恩"两大特色品牌变得更强，学校各项工作呈现百花齐放、齐头并进的良好态势。

近几年，常有人问我们：为什么你们学校的工作能呈现出全面开花的局面？为什么你们的老师都干劲十足？你们的孩子都那么阳光自信？为什么你们学校能取得那么多荣誉、获得那么多奖项？大家之所以这样问，是因为我们罗店中心校是一所地处上海市北端的农村小学，是因为我们的生源很普通，一半是本地农村孩子，一半是外来务工人员子女。家长本科以上学历占19%，初中以下学历占29%。这样的生源却总能焕发出勃勃的生命力。追溯这几年的办学足迹，我们有务实的办学理念，我们有明确的办学追求，我们有鲜明的发展项目，我们有共同的核心价值：点亮教师教育梦想，为孩子的未来奠基，也就是我们有教育的追求，教育的梦想。

我很高兴看到教育改革与发展让这所百年老校焕发了生机，增强了新质教育力，我校前程似锦！

图书在版编目(CIP)数据

从播下一颗种子开始 / 金志刚著. -- 上海：文汇
出版社,2024.6. -- ISBN 978 - 7 - 5496 - 4280 - 9

Ⅰ. G40-53

中国国家版本馆CIP数据核字第2024CX1246号

从播下一颗种子开始

作　　者 / 金志刚

责任编辑 / 熊　勇
封面装帧 / 薛　冰

出版发行 / 𝕄文匯出版社
　　　　　上海市威海路755号
　　　　　（邮政编码200041）
经　　销 / 全国新华书店
排　　版 / 南京展望文化发展有限公司
印刷装订 / 启东市人民印刷有限公司
版　　次 / 2024年6月第1版
印　　次 / 2024年6月第1次印刷
开　　本 / 720 × 1000　1/16
字　　数 / 380千
印　　张 / 22.5

ISBN 978 - 7 - 5496 - 4280 - 9
定　　价 / 58.00元